John Brockman stellt in seinem legendären Edge-Forum führenden Wissenschaftlern der Welt die Frage, über welche Themen sie nachdenken und meinen, dass andere das dringend auch tun sollten.

Entstanden ist ein kurzweiliges, unterhaltsames und inspirierendes Panorama aus allen Bereichen der Wissenschaft; mit Beiträgen u. a. von David Bodanis, Rodney A. Brooks, Nicholas A. Christakis, Mihaly Csikszentmihalyi, Daniel C. Dennett, Rolf Dobelli, George Dyson, Brian Eno, Daniel L. Everett, Arianna Huffington, Andrian Kreye, Hans Ulrich Obrist, Tim O'Reilly, Steven Pinker, Lisa Randall, Martin Rees, Dan Sperber, J. Craig Venter und Anton Zeilinger.

»Überzeugend! Brockman legt eine beeindruckende Bandbreite an Ideen von äußerst unterschiedlichen Leuten vor, die die Leser garantiert zum Denken anregen.« *Publishers Weekly*

*John Brockman*, ehemaliger Aktionskünstler, Herausgeber der Internetzeitschrift »Edge« und Begründer der »Dritten Kultur« (»Third Culture«), leitet eine Literaturagentur in New York und hat bereits zahlreiche Bücher veröffentlicht, u. a. ›Das Wissen von morgen. Was wir für wahr halten, aber nicht beweisen können: Die führenden Wissenschaftler unserer Zeit beschreiben ihre großen Ideen‹, ›Leben, was ist das? Ursprünge, Phänomene und die Zukunft unserer Wirklichkeit‹, ›Welche Idee wird alles verändern? Die führenden Wissenschaftler unserer Zeit über Entdeckungen, die unsere Zukunft bestimmen werden‹ und ›Wie funktioniert die Welt? Die führenden Wissenschaftler unserer Zeit stellen die brillantesten Theorien vor‹.

*Weitere Informationen, auch zu E-Book-Ausgaben, finden Sie bei www.fischerverlage.de*

John Brockman

# Worüber müssen wir nachdenken?

## Was die führenden Köpfe unserer Zeit umtreibt

Aus dem Amerikanischen
von Jürgen Schröder

FISCHER Taschenbuch

MIX
Papier aus verantwor-
tungsvollen Quellen
FSC® C083411

Erschienen bei FISCHER Taschenbuch
Frankfurt am Main, November 2014

Die amerikanische Originalausgabe erschien 2014 unter dem Titel:
»What Should We Be Worried About?
Real Scenarios That Keep Scientists Up at Night«
im Verlag HarperCollins Publishers, New York
© 2014 by Edge Foundation, Inc.
Für die deutsche Ausgabe:
© S. Fischer Verlag GmbH, Frankfurt am Main 2014

Satz: Dörlemann Satz, Lemförde
Druck und Bindung: CPI books GmbH, Leck
Printed in Germany
ISBN 978-3-596-03081-1

# Inhalt

*Danksagung*

Ich möchte Peter Hubbard von HarperCollins für seine Er-
munterung danken. Meinem Agenten Max Brockman, der das
Potenzial dieses Buches erkannt hat, bin ich gleichfalls zu
Dank verpflichtet, und natürlich wieder Sara Lippincott für ihr
umsichtiges und sorgfältiges Lektorat.

John Brockman
Verleger und Herausgeber, *Edge*

# Vorwort

## *Die* Edge-*Frage*

1981 gründete ich den Reality Club. Es handelte sich um einen Versuch, jene Leute zusammenzubringen, die die Themen des postindustriellen Zeitalters erforschen. 1997 ging der Reality Club unter dem neuen Namen *Edge* online. Die auf *Edge* vorgestellten Ideen sind spekulativ; sie repräsentieren die Grenzen des Wissens auf Gebieten wie zum Beispiel Evolutionsbiologie, Genetik, Informatik, Neurophysiologie, Psychologie, Kosmologie und Physik. Aus diesen Beiträgen entstehen eine neue Naturphilosophie, neue Möglichkeiten des Verstehens physikalischer Systeme, neue Denkweisen, die viele unserer Grundannahmen in Frage stellen.

Für jede der Jahresausgaben von *Edge* komme ich mit einer Reihe treuer *Edge*-Anhänger zusammen, darunter Stewart Brand, Kevin Kelly und George Dyson, um die alljährliche *Edge*-Frage zu planen – meist handelt es sich um eine Frage, die dem einen oder anderen von uns oder unseren Korrespondenten mitten in der Nacht einfällt. Es ist nicht leicht, sich eine Frage auszudenken. (Wie der inzwischen verstorbene James Lee Byars, mein Freund und einstiger Mitarbeiter, zu sagen pflegte: »Ich kann die Frage wohl beantworten, aber bin ich auch intelligent genug, sie zu stellen?«) Wir suchen nach Fragen, die zu unvorhersagbaren Antworten anregen – die Menschen zum Denken von Gedanken provozieren, die sie sonst wahrscheinlich nicht hätten.

*Die* Edge-*Frage 2013:*
*Worüber müssen wir nachdenken?*

Wir machen uns Sorgen, weil wir geschaffen sind, die Zukunft vorwegzunehmen. Nichts kann uns zwar daran hindern, uns Sorgen zu machen, aber die Wissenschaft kann uns lehren, wie wir uns besser Sorgen machen und wann wir damit aufhören sollten. Die Persönlichkeiten, die die diesjährige Frage beantworteten, wurden gebeten, uns zu erzählen, worüber sie sich (aus wissenschaftlichen Gründen) Sorgen machen – insbesondere über solche Dinge, die noch nicht auf dem Radar des breiten Publikums zu sein scheinen – und warum sie Beachtung finden sollten. Oder sie sollten uns von etwas erzählen, worüber sie sich keine Sorgen mehr machen, auch wenn andere das noch tun, und warum es vom Radar verschwinden sollte.

# Steven Pinker
# Die wirklichen Risikofaktoren für Krieg

Johnstone-Family-Professor am Institut für Psychologie der Harvard University; Autor von *Gewalt – eine neue Geschichte der Menschheit*

In der heutigen Zeit braucht sich die überwältigende Mehrheit der Menschen auf der Welt keine Sorgen darüber zu machen, im Krieg zu sterben. Seit 1945 sind Kriege zwischen Großmächten und entwickelten Staaten im Wesentlichen von der Bildfläche verschwunden, und seit 1991 sind Kriege in der übrigen Welt seltener und weniger tödlich geworden.

Wie lange wird dieser Trend jedoch andauern? Viele Leute haben mir versichert, dass es sich um eine vorübergehende Atempause handeln muss und dass ein Großereignis hinter der nächsten Ecke wartet.

Vielleicht haben sie recht. In der Welt gibt es viele unbekannte Unbekannte, und vielleicht wird aus heiterem Himmel eine Katastrophe über uns hereinbrechen. Da wir jedoch per definitionem keine Ahnung davon haben, was die unbekannten Unbekannten sind, können wir uns auch keine konstruktiven Sorgen um sie machen.

Wie steht es dann mit den bekannten Unbekannten? Sind unsere Tage eines relativen Friedens aufgrund bestimmter Risikofaktoren gezählt? Meiner Ansicht nach machen sich die meisten Menschen Sorgen um die falschen Faktoren oder machen sich aus den falschen Gründen Sorgen darum.

*Ressourcenknappheit.* Werden Staaten wegen des letzten Quäntchens Öl, Wasser oder strategischer Mineralien in den

Krieg ziehen? Das ist unwahrscheinlich. Erstens begrenzen sich Ressourcenknappheiten selbst: Wenn eine Ressource seltener und damit teurer wird, werden die Techniken zu ihrer Entdeckung und Gewinnung verbessert oder es wird ein Ersatz gefunden. Außerdem werden Kriege selten wegen knapper physischer Ressourcen ausgefochten (es sei denn, Sie hängen der unfalsifizierbaren Theorie an, dass *alle* Kriege, unabhängig von den behaupteten Motiven, sich in Wirklichkeit auf Ressourcen beziehen: In Vietnam ging es um Wolfram; im Irak ging es um Öl und so weiter). Physische Ressourcen können aufgeteilt oder gegeneinander getauscht werden, daher sind immer Kompromisse möglich; das gilt jedoch nicht für psychologische Motive wie Ruhm, Angst, Rache oder Ideologie.

*Klimawandel.* Es gibt viele Gründe, sich über den Klimawandel Sorgen zu machen, aber ein größerer Krieg ist wahrscheinlich nicht darunter. Die meisten Untersuchungen konnten keine Korrelation zwischen der Verschlechterung der Umweltbedingungen und Krieg finden; Umweltkrisen können zwar zu lokalen Scharmützeln führen, aber ein größerer Krieg erfordert eine politische Entscheidung, dass ein solcher Krieg vorteilhaft wäre. Die »Staubschüssel« der 1930er Jahre* verursachte keinen amerikanischen Bürgerkrieg; als wir einen solchen hatten, waren seine Ursachen ganz andere.

*Drohnen.* Der ganze Zweck von Drohnen besteht in der Minimierung des Verlusts von Menschenleben im Vergleich zu den breitgestreuten Formen der Zerstörung wie etwa der Artillerie, einer Bombardierung aus der Luft, Panzerschlachten und Missionen des Aufspürens und Zerstörens, die um Größenordnungen mehr Menschen töteten als Drohnenangriffe in Afghanistan und Pakistan.

*Cyberkrieg.* Zweifellos werden Cyberangriffe auch weiterhin ein Ärgernis sein, und ich bin froh, dass Experten sich da-

---

* In der Zeit der Weltwirtschaftskrise waren Teile der Great Plains in den USA und Kanada von verheerenden Staubstürmen betroffen, die das Ergebnis der Rodung von Präriegras zur Gewinnung von Ackerflächen waren. (A.d.Ü.)

rum Sorgen machen. Das Cyber-Pearl-Harbor, das die Zivilisation in die Knie zwingt, ist jedoch wohl ebenso illusorisch wie die Apokalypse aufgrund eines Programmierfehlers zur letzten Jahrtausendwende. Sollten wir wirklich erwarten, dass die vereinten Bemühungen von Regierungen, Universitäten, Unternehmen und Netzwerken von Programmierern über längere Zeit hinweg von ein paar Teenagern in Bulgarien überlistet werden? Oder von Hackern, die in technologisch rückständigen Ländern von ihrer Regierung gesponsert werden? Könnten sie ihrer Entdeckung auf unbestimmte Zeit entgehen, und würden sie Vergeltungsschläge ohne einen strategischen Zweck provozieren? Selbst wenn sie das Internet eine Weile aufmischen würden, könnte der Schaden wirklich damit vergleichbar sein, dass man bombardiert, mit Brandbomben beworfen oder mit Atomwaffen angegriffen wird?

*Nukleare Unvermeidlichkeit.* Wegen des Ausmaßes der Verwüstung, die Kernwaffen anrichten können, ist es eindeutig wichtig, dass man sich um nukleare Unfälle, Terrorismus und die Verbreitung von Kernwaffen Sorgen macht, und zwar unabhängig von den Wahrscheinlichkeiten. Aber wie hoch sind die Wahrscheinlichkeiten? Die achtundsechzigjährige Geschichte des Nichtgebrauchs von Kernwaffen zieht die weitverbreitete Annahme in Zweifel, dass wir uns immer noch am Rande eines nuklearen Armageddons befinden. Diese Annahme setzt zwei außergewöhnliche Sachverhalte voraus: Erstens, dass politische Führer so spektakulär irrational, waghalsig und selbstmörderisch sind, dass sie die Welt der Gefahr der Massenvernichtung aussetzen, und zweitens, dass wir eine äußerst unwahrscheinliche Glückssträhne genossen haben. Vielleicht. Aber anstatt an zwei frappierende und unwahrscheinliche Sachverhalte zu glauben, sollten wir vielleicht an einen langweiligen, wahrscheinlichen glauben: dass die politischen Führer der Welt, obwohl sie zwar dumm und kurzsichtig sein mögen, nicht *so* dumm und kurzsichtig sind und Schritte unternommen haben, um die Wahrscheinlichkeit eines Atomkriegs zu minimieren, was der Grund dafür ist, warum kein Atomkrieg stattfand. Was den nuklearen Terrorismus betrifft, so glauben die meisten Experten für nukleare Sicherheit, dass die Anfälligkeit für den Diebstahl von Waffen und spaltbarem Material gesunken ist und bald schon nicht mehr existieren wird, obwohl es nach dem Niedergang der Sowjetunion eine solche Anfälligkeit gab (siehe John Muellers *Atomic Obsession*).

Die irreführenden Risikofaktoren haben miteinander gemein, dass sie kognitive Auslöser von Angst enthalten, was von Slovic, Kahneman und Tversky dokumentiert wurde: Sie sind anschaulich, neu, nicht nachweisbar, nicht steuerbar, katastrophal und werden ihren Opfern unfreiwillig aufgezwungen.

*

Meines Erachtens *gibt* es Bedrohungen des Friedens, um die wir uns Sorgen machen sollten, aber die wirklichen Risikofaktoren – diejenigen, die tatsächlich katastrophale Kriege, wie z. B. die Weltkriege und die großen Bürgerkriege, verursachten – lösen nicht unsere Horrorvorstellungen aus:

*Narzisstische Führer.* Die ultimative Massenvernichtungswaffe ist ein Staat. Wenn in einem Staat die Macht von einem Führer übernommen wird, der die klassische Triade narzisstischer Symptome aufweist – Prunksucht, das Bedürfnis nach Bewunderung und einen Mangel an Empathie –, können imperiale Abenteuer mit enormen menschlichen Kosten die Folge sein.

*Gruppendenken.* Das Ideal der Menschenrechte – dass das höchste moralische Gut das Wohlergehen des Einzelnen ist, während Gruppen gesellschaftliche Konstruktionen sind, die die Aufgabe haben, dieses Gut zu fördern – ist überraschend jung und unnatürlich. Zumindest in der Öffentlichkeit sind Menschen geneigt, geltend zu machen, dass das höchste moralische Gut der Ruhm der Gruppe ist – des Stammes, der Religion, der Nation, der Klasse oder der Rasse – und dass Einzelpersonen verschlissen werden können wie die Zellen eines Körpers.

*Vollkommene Gerechtigkeit.* Jede Gruppe hat in ihrer Vergangenheit Verwundungen und Demütigungen erlitten. Wenn sich Gruppendenken mit einem Rachedurst verbindet, kann eine Gruppe sich berechtigt fühlen, einer anderen Gruppe Schaden zuzufügen, was noch durch eine moralistische Gewissheit, die Kompromisse dem Verrat gleichstellt, angefacht werden kann.

*Utopische Ideologien.* Wenn man eine religiöse oder politische Vision einer Welt besitzt, die auf ewig unendlich gut sein wird, ist jedes Maß an Gewalt gerechtfertigt, um diese Welt zu verwirklichen, und jeder, der im Weg steht, ist unendlich böse und verdient grenzenlose Bestrafung.

*Kriegsführung als normale oder notwendige Taktik.* Clausewitz charakterisierte den Krieg als »die Fortsetzung der Politik mit anderen Mitteln«. Viele politische und religiöse Ideologien gehen einen Schritt weiter und betrachten gewalttätige Auseinandersetzungen als Antrieb dialektischen Fortschritts, revolutionärer Befreiung oder zur Verwirklichung eines messianischen Zeitalters.

*

Der relative Frieden, den wir seit 1945 genießen, ist ein Geschenk der Werte und Institutionen, die diesen Risiken entgegenarbeiten. Die Demokratie selektiert verantwortungsvolle Vertreter anstatt charismatische Despoten. Das Ideal der Menschenrechte schützt Menschen davor, als Kanonenfutter, als Kollateralschäden oder Eier, die für ein revolutionäres Omelett aufgeschlagen werden müssen, behandelt zu werden. Die Maximierung von Frieden und Wohlstand wurde über die Berichtigung historischer Ungerechtigkeiten oder die Verwirklichung utopischer Phantasien gestellt. Eroberungen sind als »Aggression« stigmatisiert und gelten als Tabu und nicht als eine natürliche Bestrebung von Staaten oder ein alltägliches Instrument der Politik.

Keiner dieser Schutzmechanismen ist natürlich oder dauerhaft, und die Möglichkeit ihres Zusammenbruchs ist das, was mir Sorgen macht. Vielleicht träumt irgendein charismatischer Politiker, der gerade dabei ist, sich in der chinesischen Nomenklatura hochzuarbeiten, davon, die unerträgliche Beleidigung Taiwans ein für alle Mal auszuwetzen. Vielleicht wird ein alternder Putin nach historischer Unsterblichkeit trachten und die Größe Russlands dadurch wiederherstellen, indem es die eine oder andere frühere Sowjetrepublik schluckt. Vielleicht reift irgendwo eine utopische Ideologie im Geiste eines gerissenen Fanatikers, der die Macht in einem größeren Land übernehmen und versuchen wird, diese Ideologie anderswo durchzusetzen.

Es ist natürlich, sich um materielle Dinge wie Waffen und Ressourcen Sorgen zu machen. Doch worüber wir uns wirklich Sorgen machen sollten, sind psychologische Dinge wie Ideologien und Normen. Wie es die Devise der UNESCO ausdrückt: »Da Kriege im Geist von Menschen anfangen, müssen die Verteidigungsstellungen des Friedens auch im Geist der Menschen errichtet werden.«

# Vernor Vinge
## MADness – wechselseitig garantierte Zerstörung bedeutet Wahnsinn

Mathematiker; Informatiker; mit dem Hugo Award ausgezeichneter Romanautor von *Ein Feuer auf der Tiefe*

Es gibt vieles, was wir kennen und worum wir uns Sorgen machen sollten. Ein Teil davon sind sehr wahrscheinliche Ereignisse, die jedoch für sich genommen keine Existenzbedrohungen für die Zivilisation darstellen. Andere könnten leicht die Zivilisation und sogar das Leben auf der Erde zerstören – aber die Chancen dafür, dass solche Katastrophen in der nächsten Zukunft auftreten, scheinen verschwindend gering zu sein.

Es gibt eine bekannte Möglichkeit, die sich dadurch auszeichnet, dass sie sowohl in den nächsten Jahrzehnten wahrscheinlich als auch in der Lage ist, unsere Zivilisation zu zerstören. Sie ist prosaisch und banal, etwas, das von vielen als Gefahr abgetan wird, mit der das 20. Jahrhundert konfrontiert war und die es endgültig zurückgewiesen hat: nämlich den Krieg zwischen großen Nationen, insbesondere, wenn er unter der Doktrin von MAD (*Mutually Assured Destruction*, wechselseitig garantierte Zerstörung) ausgetragen wird.

Argumente gegen die Plausibilität einer MAD-Kriegsführung sind heutzutage besonders glaubhaft: Ein MAD-Krieg nützt niemandem. Die USA und die UdSSR des 20. Jahrhunderts waren selbst in den tiefsten MAD-Jahren aufrichtig bemüht, ein Abgleiten in die MAD-Kriegsführung zu verhindern. Diese Aufrichtigkeit ist ein wesentlicher Grund dafür, warum die Menschheit das Jahrhundert ohne einen allgemeinen Atomkrieg durchlebte.

Leider ist das 20. Jahrhundert unser einziger Testfall, und die Bedrohung durch einen MAD-Krieg weist Eigenschaften auf, die das Überleben des 20. Jahrhunderts eher zu einer Sache des Glücks als der Weisheit machen.

MAD betrifft sowohl sehr lange Zeitskalen als auch sehr kurze. Langfristig gesehen wird die Bedrohung durch gesellschaftliche und geopolitische Probleme im Wesentlichen ebenso angetrieben wie bei unbeabsichtigten Kriegen der Vergangenheit. Kurzfristig ist MAD mit einer komplexen Automatisierung verbunden, die große Systeme steuert und schneller operiert als jede menschliche Reaktion in Echtzeit und mit viel weniger sorgfältiger Beurteilung.

Zerstörer (Vandalen, Miesmacher) haben mehr Einfluss als Macher (Erbauer, Schöpfer), obwohl die Macher den Zerstörern bei weitem zahlenmäßig überlegen sind. Das ist die Quelle einiger unserer größten Ängste angesichts der Technik – wenn Massenvernichtungswaffen billig genug sind, dass dann der relativ kleine Prozentsatz von Zerstörern ausreichen wird, um die Zivilisation zu zerstören. Wenn diese Möglichkeit beängstigend ist, dann sollte die MAD-Bedrohung schreckenerregend sein. Denn bei der MAD-Planung sind es Hunderttausende kreativer und erfinderischer Leute in den mächtigsten Gesellschaften – viele der besten Macher, die von den Reichtümern des Planeten angetrieben werden –, die daran arbeiten, ein wechselseitiges, nicht zu überlebendes Resultat zu schaffen! In den extremsten Fällen müssen die resultierenden Waffensysteme auf der kürzesten aller Zeitskalen operieren, wodurch die Bedrohung in den Bereich thermodynamischer Unvermeidlichkeit verschoben wird.

Für den Zeitraum (Jahrzehnte?), in dem wir und unsere Interessen ohne Schutz und immer noch beschränkt sind auf einen Raum, der kleiner ist als die Reichweite unserer Waffen, wird die Bedrohung durch einen MAD-Krieg den ersten Platz auf der Rangliste wahrscheinlicher Zerstörungen einnehmen.

Wir können eine Menge tun, um die Bedrohung durch den MAD-Wahnsinn zu entschärfen:

Eine Wiederbelebung voll ausgereifter MAD-Planung wird für die allgemeine Öffentlichkeit wahrscheinlich sichtbar sein. Wir sollten Argumenten widerstehen, die besagen, dass die MAD-Doktrin eine sichere Strategie im Hinblick auf Massenvernichtungswaffen sei.

Wir sollten die Dynamik des Beginns unbeabsichtigter Kriege in der Vergangenheit studieren, insbesondere die des Ersten Weltkrieges. Es gibt viele Ähnlichkeiten zwischen unserer Zeit und den ersten Jahren des letzten Jahrhunderts. Wir besitzen großen Optimismus, das Gefühl, dass unser Zeitalter anders ist. Und wie steht es mit unseren verschlungenen Allianzen? Gibt es kleine Akteure mit der Fähigkeit, Schwergewichte zum Handeln zu veranlassen? Welchen Einfluss hat die Möglichkeit von n-facher, wechselseitig garantierter Zerstörung auf diese Risiken?

Trotz all dem, worüber wir uns Sorgen machen müssen, gibt es ein überwältigend positives Gegengewicht: Milliarden guter, kluger Leute sowie die Datenbasen und Netzwerke, die ihnen Macht geben. Das ist eine intellektuelle Kraft, die alle Institutionen der Vergangenheit übertrumpft. Die Menschheit ist zusammen mit ihrer Automatisierung durchaus in der Lage, unzählige mögliche Katastrophen zu antizipieren und ihnen entgegenzuwirken. Wenn wir es vermeiden können, uns selbst in die Luft zu sprengen, werden wir Zeit haben, um Dinge zu schaffen, die so wunderbar sind, dass ihr *positives Potenzial* (beunruhigenderweise!) jenseits unserer Vorstellungskraft liegt.

# Martin Rees
## Wir verdrängen die Risiken von Katastrophen

Königlicher Astronom; früherer Präsident der Royal Society;
Emeritus für Kosmologie und Astrophysik, University of
Cambridge; Autor von *From Here to Infinity: A Vision for the
Future of Science*

Diejenigen von uns, die das Glück haben, in der entwickelten
Welt zu leben, beunruhigen sich zu sehr über unbedeutendere
Risiken des Alltagslebens: unwahrscheinliche Flugzeugab-
stürze, Karzinogene in der Nahrung und so weiter. Aber wir
sind mehr in Gefahr, als wir denken. Wir sollten uns weitaus mehr um Szenarien Sorgen machen, die glücklicherweise
noch nicht eingetreten sind – die jedoch, wenn sie eintreten
sollten, eine so globale Verwüstung verursachen könnten, dass
selbst ein einziges Mal zu viel wäre.

Es wurde viel über mögliche ökologische Erschütterungen geschrieben, ausgelöst vom kollektiven Einfluss einer
wachsenden und anspruchsvolleren Weltbevölkerung auf die
Biosphäre, und über die gesellschaftlichen und politischen
Spannungen, die von der Ressourcenknappheit oder dem Klimawandel herrühren. Noch beunruhigender sind aber die
möglichen negativen Folgen leistungsfähiger neuer Technologien: Cyber-, Bio- und Nano-. Wir treten in ein Zeitalter ein, in
dem ein paar wenige Personen aus Versehen oder mit Terror-
absichten den Zusammenbruch der Gesellschaft so urplötz-
lich auslösen könnten, dass mildernde Handlungen von Regierungen nichts mehr ausrichten würden.

Manche würden diese Sorgen als übertriebenes Klagelied abtun: Schließlich haben menschliche Gesellschaften Jahrtausende trotz Stürmen, Erdbeben und Seuchen überlebt. Aber diese von Menschen induzierten Bedrohungen sind anders: Sie sind erst kürzlich aufgetaucht, und daher sind wir ihnen bislang nur über einen begrenzten Zeitraum hinweg ausgesetzt und können nicht so zuversichtlich sein, dass wir sie lange überleben würden. Wir können auch nicht optimistisch auf die Fähigkeit von Regierungen setzen, erfolgreich zu handeln, wenn eine Katastrophe hereinbricht. Und natürlich haben wir keinerlei Gründe für die Zuversicht, dass wir das Schlimmste überleben können, was noch leistungsfähigere zukünftige Technologien anrichten könnten.

Das Zeitalter des »Anthropozäns«, in dem die wichtigsten globalen Bedrohungen von Menschen ausgehen und nicht von der Natur, begann mit der massenhaften Stationierung thermonuklearer Waffen. Während des gesamten Kalten Krieges gab es mehrere Anlässe, bei denen die Supermächte durch Verwirrung oder Fehlberechnungen in ein nukleares Armageddon hätten hineinstolpern können. Diejenigen, die voller Angst die Kubakrise durchlebt haben, hätten nicht nur Angst gehabt, sondern wären vor Entsetzen gelähmt gewesen, wenn sie gewusst hätten, wie nahe die Welt damals einer Katastrophe war. Erst später erfuhren wir, dass Präsident Kennedy die Gefahr eines Atomkrieges an einem gewissen Punkt als »irgendwo zwischen dreißig und fünfzig Prozent« einschätzte. Und erst als er schon lange pensioniert war, gab Robert MacNamara offen zu, dass »wir uns auf Haaresbreite einem Atomkrieg genähert hatten, ohne es zu merken. Es ist nicht unser Verdienst, dass wir der Gefahr entronnen sind – Chruschtschow und Kennedy hatten ebensoviel Glück wie Weisheit.«

Nun wird regelmäßig behauptet, dass die atomare Abschreckung funktioniert hat. In einem gewissen Sinne hat sie das auch. Aber das bedeutet nicht, dass sie eine kluge Politik war. Wenn man russisches Roulette mit ein oder zwei Kugeln in der Trommel spielt, ist zwar die Wahrscheinlichkeit größer, dass man überlebt, aber das, was auf dem Spiel steht, müsste überraschend groß – oder der Wert, den man dem eigenen Leben beimisst, extrem gering – sein, damit das als ein sinnvolles Glücksspiel erscheint.

In genau solch ein Glücksspiel wurden wir jedoch während des gesamten Kalten Krieges hineingezogen. Es wäre interessant zu wissen, was andere führende Politiker glaubten, wie hoch das Risiko war, dem sie uns ausgesetzt haben, und welche Chancen die meisten europäischen Bürger akzeptiert haben würden, wenn man sie gebeten hätte, ihre auf Informiertheit beruhende Zustimmung zu geben. Ich für meinen Teil hätte mich nicht entschieden, ein Risiko von eins zu drei – oder auch nicht eins zu sechs – für eine Katastrophe einzugehen, die Hunderte von Millionen getötet und den physischen Bestand all unserer Städte zertrümmert hätte, selbst wenn die Alternative eine sowjetische Invasion Westeuropas gewesen wäre. Außerdem hätten sich die verheerenden Folgen eines Atomkrieges natürlich weit über jene Länder hinaus ausgebreitet, die direkt bedroht waren.

Die Bedrohung einer globalen Vernichtung durch Zehntausende von Wasserstoffbomben ist zum Glück zeitweilig ausgesetzt – obwohl es jetzt mehr Gründe gibt, sich Sorgen zu machen, dass kleinere nukleare Arsenale auf regionaler Ebene oder gar von Terroristen benutzt werden könnten. Wenn wir jedoch die geopolitischen Verwerfungen des letzten Jahrhunderts bedenken – die beiden Weltkriege, der Aufstieg und Niedergang der Sowjetunion und so weiter –, können wir für einen späteren Zeitpunkt in diesem Jahrhundert eine drastische globale Umordnung, die zu einer verfahrenen Situation zwischen neuen Supermächten führt, nicht ausschließen. Eine neue Generation könnte daher mit ihrem eigenen »Kuba« konfrontiert sein – und zwar mit einem solchen, das sich weniger gut oder glücklich handhaben lässt als die Kuba-Krise.

Um Atomwaffen werden wir uns immer Sorgen machen müssen. Aber ein neuer Auslöser für den Zusammenbruch von Gesellschaften werden die Umweltbelastungen sein, die eine Folge des Klimawandels sind. Viele hoffen immer noch, dass unsere Zivilisation ohne Trauma und Katastrophen zu einer Zukunft mit niedrigem Kohlendioxidgehalt übergehen kann. Meine pessimistische Einschätzung ist jedoch, dass die jährlichen globalen $CO_2$-Emissionen in den nächsten zwanzig Jahren keine Kehrtwendung erfahren werden. Aber zu diesem Zeitpunkt werden wir wissen – vielleicht aufgrund von hoch entwickelten Computermodellen, aber auch aufgrund dessen, wie stark die globalen Temperaturen bis dorthin angestiegen sein werden –, ob die Rückkoppelung von Wasserdampf und Wolken die Wirkung von $CO_2$ bei der Erzeugung eines Treibhauseffekts erheblich verstärkt oder nicht.

Wenn diese Rückkoppelungen tatsächlich wesentlich sind und die Welt sich demzufolge schnell zu erwärmen scheint, weil internationale Bemühungen zur Reduktion der Emissionen nicht erfolgreich waren, könnte es einen Druck in Richtung der Ausführung von »Panikmaßnahmen« geben. Diese dürften einen »Plan B« beinhalten – der zwar schicksalsergeben hinsichtlich der fortgesetzten Abhängigkeit von fossilen Brennstoffen wäre, aber ihre Auswirkungen durch irgendeine Form von Geo-Engineering bekämpfen würde.

Das wäre ein politischer Albtraum: Nicht alle Staaten würden den Thermostaten auf die gleiche Weise regulieren wollen, und die Naturwissenschaft wäre immer noch nicht zuverlässig genug, um vorherzusagen, was tatsächlich geschehen würde. Schlimmer noch, Techniken wie z.B. das Einbringen von Staub in die Stratosphäre oder die »Besamung« der Ozeane könnten so billig werden, dass Plutokraten sie finanzieren und umsetzen könnten. Das ist ein Rezept für gefährliche und möglicherweise unbeabsichtigte Folgen, die außer Kontrolle geraten, insbesondere wenn manche eine wärmere Arktis haben wollen, während andere eine weitere Erwärmung des Landes in niedrigeren Breitengraden vermeiden wollen.

Atomwaffen sind zwar die schlimmste Kehrseite der Wissenschaft des 20. Jahrhunderts. Aber es gibt neue Befürchtungen, die aus den Folgen der sich schnell entwickelnden Technologien des 21. Jahrhunderts erwachsen. Unsere miteinander verschränkte Welt hängt von ausgeklügelten Netzwerken ab, von elektrischen Energieversorgungsnetzen, Luftverkehrssteuerung, dem internationalen Finanzwesen, Just-in-time-Lieferwesen und so weiter. Wenn diese nicht äußerst belastbar sind, könnten ihre offensichtlichen Vorteile durch katastrophale (wenn auch seltene) Pannen aufgewogen werden, die sich durch das ganze System fortsetzen würden.

Darüber hinaus würde sich eine Verseuchung durch gesellschaftliche und wirtschaftliche Pannen weltweit über Computernetzwerke und das »digitale Lauffeuer« ausbreiten – und zwar buchstäblich mit Lichtgeschwindigkeit. Die Bedrohung liegt im Terror sowie in Fehlern. Probleme mit Cyberangriffen von Kriminellen oder feindlichen Nationen nehmen deutlich zu. Die synthetische Biologie bietet ebenfalls ein gewaltiges Potenzial für Medizin und Landwirtschaft – aber sie könnte auch dem Bioterror Vorschub leisten.

Es ist schwierig, eine Wasserstoffbombe im Verborgenen herzustellen, aber Millionen werden die Fähigkeit und die Ressourcen besitzen, diese »dual verwendbaren« Technologien zu missbrauchen. Freeman Dyson blickt einer Zeit entgegen, in der Kinder neue Organismen ebenso routinemäßig entwerfen und schaffen können, wie er in seiner Kindheit mit einem Chemiebaukasten spielte. Wenn das geschehen sollte, würde unsere Ökologie (und auch unsere Spezies) nicht mehr lange unversehrt überleben. Und sollten wir uns nicht auch über ein weiteres Sciencefiction-Szenario Sorgen machen – dass ein Netzwerk aus Computern ein eigenes Bewusstsein entwickeln und uns alle bedrohen könnte?

In einer Medienlandschaft, die mit sensationslüsternen Wissenschaftsstorys, Hollywood-Produktionen zum »Ende der Welt« und apokalyptischen Warnungen der Maya übersättigt ist, mag es schwierig sein, die breite Öffentlichkeit davon zu überzeugen, dass es tatsächlich Dinge gibt, über die man sich Sorgen machen sollte und die genauso unerwartet auf den

Plan treten könnten wie die Finanzkrise von 2008 und weit größere Auswirkungen haben könnten. Ich mache mir Sorgen darüber, dass bis zum Jahr 2050 verzweifelte Bemühungen, eine Vielzahl von Risiken mit geringer Wahrscheinlichkeit, aber katastrophalen Konsequenzen zu minimieren oder zu bewältigen, die politische Agenda beherrschen könnten.

# Daniel C. Dennett
## Ein paar Wochen ohne Internet leben

Philosoph, Universitätsprofessor, Kodirektor des Center for
Cognitive Studies an der Tufts University; Autor von *Den Bann
brechen: Religion als natürliches Phänomen*

In den frühen 1980er Jahren machte ich mir Sorgen darüber,
dass die Computerrevolution die Spaltung zwischen den (wohl-
habenden, westlichen) Technokraten und jenen auf der Welt
verstärken und vergrößern würde, die sich Computer und ähnliche Hightechgeräte nicht leisten könnten. Ich befürchtete
ein besonders heimtückisches Aussortieren der Besitzenden
und der Habenichtse, wobei die Reichen immer reicher werden und die Armen ihrer politischen und wirtschaftlichen
Macht durch ihren Mangel an Zugang zur neuen Informationstechnologie immer mehr beraubt werden würden. Ich
begann ernstlich, Zeit und Mühe aufzuwenden, um deshalb
Alarm zu schlagen, und versuchte, mir Programme auszudenken, die das verhindern oder abmildern könnten. Aber bevor
es mir gelang, einen bedeutsamen Fortschritt zu erzielen,
wurde dieses Problem durch die Schaffung des Internets zum
Glück meinen Händen entzogen. Ich war zwar ein Arpanet-
Nutzer, aber das half mir nicht dabei, das Kommende vorher-
zusehen.

Gewiss haben wir gesehen, dass viele reiche Technokraten
noch reicher geworden sind, aber wir haben auch die am stärksten demokratisierende und gleichmachende Technologie-Aus-
breitung erlebt, die je stattfand. Mobiltelefone und Laptops
und nun auch Smartphones und Tablets legen die weltweite

Konnektivität in die Hände von Milliarden und stellen einen Zusatz zu den billigen Transistorradios und Fernsehapparaten dar, die die Richtung wiesen. Unser Planet ist auf eine Weise für Informationen transparent geworden, die sich noch vor vierzig Jahren niemand vorgestellt hat.

Das ist wunderbar, jedenfalls in den meisten Hinsichten. Religiöse Institutionen, die sich in der Vergangenheit immer auf die relative Unwissenheit ihrer Herde verlassen konnten, müssen jetzt ihre Missionierungs- und Indoktrinationspolitik revidieren, um nicht ihren Untergang zu riskieren. Diktatoren sind mit der bitteren Wahl zwischen maximaler Unterdrückung – indem sie ihre Staaten in Gefängnisse verwandeln – oder der Duldung einer informierten und kontaktreichen Opposition konfrontiert. Wissen *ist* tatsächlich Macht, wie die Menschen auf der ganzen Welt zu merken beginnen.

Diese Nivellierung beschert uns jedoch eine neue Sorge. Wir sind von dieser Technologie so abhängig geworden, dass wir eine schockierende, neue Verletzlichkeit geschaffen haben. Wir brauchen uns wirklich keine Sorgen um einen armen Teenager zu machen, der in seinem Slum eine Atomwaffe herstellt; das würde Millionen Dollar kosten und nur schwer unauffällig zu machen sein, wenn man die exotischen Materialien in Betracht zieht, die dafür gebraucht werden. Aber ein solcher Teenager mit einem Laptop und einer Internetverbindung kann die elektronischen Schwachstellen der Welt jeden Tag stundenlang erforschen, und zwar so, dass er dabei fast nicht entdeckt werden kann, bei fast keinen Kosten und einem sehr geringen Risiko, ertappt und bestraft zu werden. Ja, das Internet hat ein brillantes Design, so dezentralisiert und redundant zu sein, dass es nahezu unverwundbar ist, aber so robust es auch ist, es ist nicht vollkommen.

Goliath ist zwar noch nicht außer Gefecht gesetzt, aber Tausende Davids lernen eifrig, was sie wissen müssen, um einen Trick zu erfinden, der das Spielfeld mit aller Macht einebnen wird. Sie haben vielleicht nicht viel Geld, aber wir werden auch keines mehr haben, wenn das Internet untergeht. Ich glaube, unsere Wahl ist einfach: Wir können warten, bis sie das, was wir haben, vernichten, was mit jedem Tag wahrscheinlicher wird, oder wir können anfangen darüber nachzudenken, wie wir das, was wir haben, mit ihnen teilen können.

In der Zwischenzeit wäre es klug, sich Gedanken darüber zu machen, wie wir die Panik unter Kontrolle halten können, wenn eine langfristige Störung großer Teile des Internets stattfinden sollte. Werden Krankenhäuser und Feuerwachen (und Supermärkte, Tankstellen und Apotheken) weiter funktionieren, und wie werden Menschen in der Lage sein, an Informationen zu kommen, denen sie vertrauen? Kreuzfahrtschiffe verpflichten ihre zahlenden Passagiere, am ersten Tag auf See an einer Rettungsübung teilzunehmen, und obwohl es sich nicht um einen beliebten Teil der Kreuzfahrt handelt, sind die Leute doch so klug, sich zu fügen. Panik kann ansteckend sein, und wenn das geschieht, treffen Menschen verrückte und bedauerliche Entscheidungen. Solange wir darauf bestehen, ein Leben im Hochgeschwindigkeitsmodus zu führen, sollten wir lernen, wie wir in diesen Modus ein- und aus ihm aussteigen können, ohne ein Chaos anzurichten.

Vielleicht sollten wir landesweite Rettungsübungen entwerfen und einrichten, um das Bewusstsein dafür zu schärfen, wie es sich anfühlt, mit einem langfristigen Internetausfall umzugehen. Wenn ich versuche, mir vorzustellen, was die wichtigsten Probleme wären und wie man mit ihnen umgehen könnte, stelle ich fest, dass ich nur ein schwaches Zutrauen zu meinen Einschätzungen habe. Gibt es zu diesem Thema irgendwelche Experten?

# George Dyson
## Ein abgesicherter Modus für das Internet

Wissenschaftshistoriker; Autor von *Turing's Cathedral:
The Origins of the Digital Universe*

Früher oder später – absichtlich oder zufällig – werden wir mit
einem katastrophalen Ausfall des Internets konfrontiert sein.
Doch wir haben keinen Plan B in der Schublade, um ein rudi-
mentäres Notkommunikationsnetzwerk mit geringer Bandbreite zu starten, wenn das System mit hoher Bandbreite, von
dem wir abhängig geworden sind, versagt.

Im Falle einer größeren Netzwerkstörung werden die meisten von uns nicht wissen, was sie tun sollen, außer zu versuchen, das Internet um Rat zu fragen. Während das System sich
zu erholen beginnt, könnte die daraus resultierende Überlas-
tung diese Erholung stoppen.

Der Urahn des Internets war das Teilstrecken-Telegraphie-
netzwerk mit gelochtem Papierband. Dieses System mit geringer Bandbreite und hoher Latenz reichte aus, um wichtige
Botschaften zu übermitteln, wie z. B. »Schicke Munition« oder
»Ankomme New York 12. Dez. Liebe Grüße. Stop.«

Wir brauchen ein Teilstrecken-Nachrichtensystem mit geringer Bandbreite und hoher Latenz, das auf einem kurzfristig
einrichtbaren Netzwerk aus Mobiltelefonen und Laptopcom-
putern im Notmodus laufen kann, wenn die Hauptnetzwerke
den Dienst versagen. Wir sollten dieses System in Einsatzbe-
reitschaft halten und es regelmäßig in Betrieb nehmen, zusammen mit einem Netzwerk aus Freiwilligen, die in Erster
Hilfe für Netzwerke ausgebildet wurden, so wie wir Lebens-

retter und Babysitter in der Herz-Lungen-Reanimation ausbilden. Diese Noteinsatzkräfte würden wie die Amateurfunker,
die die Kommunikation nach Naturkatastrophen wieder herstellen, wichtigen Mitteilungen den Vorrang geben, den Erho-
lungsprozess einleiten und Anweisungen darüber weitergeben, was als Nächstes zu tun ist.

Die meisten Computer – von der Motorsteuerungseinheit
Ihres Autos bis zu Ihrem Desktop – können in einem abgesi-
cherten Modus neu gestartet werden, um Sie nach Hause zu
bringen. Aber kein abgesicherter Modus für das Internet? Darüber sollten wir uns Sorgen machen.

# Randolph Nesse
## Die Fragilität komplexer Systeme

Professor für Psychiatrie und Psychologie an der University of Michigan; Koautor (mit George C. Williams) von *Warum wir krank werden: Die Antworten der Evolutionsmedizin*

Am Morgen des 31. August 1859 stieß die Sonne eine gewaltige Menge geladener Teilchen aus. Achtzehn Stunden später erreichten sie die Erde und erzeugten so helle Polarlichter, dass um ein Uhr morgens die Vögel sangen und die Menschen dachten, der Morgen dämmere. Elektrische Ströme, die in Telegraphendrähten induziert wurden, verhinderten die Übertragungen, und Funken, die von diesen Drähten ausgingen, entzündeten Papiere. Daten aus Eiskernen zufolge finden Sonneneruptionen mit einer solchen Intensität etwa alle 500 Jahre statt. Ein Bericht der National Academy of Sciences von 2008 kam zu dem Schluss, dass ein ähnliches Ereignis heute »beträchtliche gesellschaftliche und wirtschaftliche Erschütterungen« zur Folge hätte. Stromausfälle würden monatelang andauern, und die GPS-Navigation, die Kommunikation mit Mobiltelefonen oder Flugreisen wären unmöglich.

Geomagnetische Stürme klingen nach einer ziemlich ernsthaften Bedrohung. Aber ich mache mir viel weniger Sorgen um sie als um die Auswirkungen vieler möglicher Ereignisse in den komplexen Systemen, von denen wir abhängig geworden sind. Viele Ereignisse, die einst leicht zu handhaben gewesen wären, werden jetzt katastrophale Folgen haben. Komplexe Systeme wie Märkte, das Transportwesen und das Internet scheinen zwar stabil zu sein, aber ihre Komplexität macht sie notwendig fragil. Da sie effizient sind, wachsen komplexe Systeme wie Unkraut und verdrängen langsame Märkte, Kleinbauern, langsame Kommunikationsmittel und lokale Informationsverarbeitungssysteme. Solange sie funktionieren, sind sie wunderbar, aber wenn sie versagen, werden wir uns die Frage stellen, warum wir die Gefahren unserer Abhängigkeit von ihnen nicht erkannt haben.

Es ist kein geomagnetischer Sturm nötig, um Lastwagen und Flugzeuge vom Transport der Güter abzuhalten, die das moderne Leben ermöglichen; ein Seuchen- oder bioterroristischer Angriff würde ausreichen. Noch vor einigen Jahrzehnten wurde die Nahrung in der Nähe der Bevölkerungszentren produziert. Heute verhindern weltweite Verteilungsnetzwerke Hungersnöte nahezu überall – und erhöhen die Wahrscheinlichkeit für das Verhungern der Massen, wenn sie plötzlich unterbrochen werden. Genaue GPS-Geräte stehen Zivilpersonen seit weniger als zwanzig Jahren zur Verfügung. Wenn sie ausfallen, werden Pendler zwar nur einige Unannehmlichkeiten haben, aber der Großteil des Luft- und Wassertransports wird zum Erliegen kommen. Das Internet wurde entworfen, um alle Arten von Angriffen zu überstehen, aber unsere unbekümmerte Abhängigkeit von ihm ist dennoch verblüffend. Wenn es ausfällt, werden Fabriken und Kraftwerke schließen, Flug- und Zugreisen kommen zum Stillstand, Krankenhäuser und Schulen werden lahmgelegt, und der Handel wird größtenteils eingestellt werden. Was wird geschehen, wenn man keine Lebensmittel kaufen kann? »Soziales Chaos« ist ein blasser Ausdruck für die wahrscheinlichen Szenarien.

Die modernen Märkte veranschaulichen die Gefahren der Abhängigkeit von komplexen Systemen. Ein wirtschaftliches Chaos aufgrund der Ausfälle von Wetten, die mit einem massiven Hebel versehen sind, lässt sich vorhersagen. Die Tatsache, dass Regierungen nicht in der Lage waren, Kontrollen einzuführen, ist erstaunlich vor dem Hintergrund, dass das Weltwirtschaftssystem erst vor fünf Jahren einem Zusammenbruch ganz nahe kam. Komplexe Handelssysteme versagen aus Gründen, die nur schwer zu verstehen sind, auch wenn man hinterher Nachforschungen anstellt. Der Flash-Crash vom 6. Mai 2010 löschte in Minutenschnelle über eine Billion Dollar an Werten aus, und zwar aufgrund von Hochfrequenz-Handelsalgorithmen, die miteinander auf unvorhersagbare Weise interagierten. Man könnte meinen, dass dies zu Regulierungen geführt hätte, um jede Möglichkeit einer Wiederholung auszuschließen, aber Mini-Flash-Crashes gibt es auch weiterhin, und das größere System bleibt verwundbar.

Das sind Beispiele, die bereits geschehen sind. Die größeren Gefahren ergeben sich aus der verborgenen Fragilität komplexer Systeme. James Crutchfield vom Complexity Sciences Center an der University of California in Davis hat zwar deutlich über die Risiken geschrieben, aber, soweit ich es beurteilen kann, achten nur wenige darauf. Das sollten wir aber. Der Schutz vor Katastrophen, die sich aus unserer Abhängigkeit von fragilen komplexen Systemen ergeben, ist etwas, das Regierungen leisten können und sollten. Wir müssen den Brennpunkt unserer Aufmerksamkeit von dieser oder jener Bedrohung auf die Verwundbarkeiten moderner komplexer Systeme und die daraus resultierende große Anzahl von Bedrohungen lenken. Unser politisches System ist wie ein Patient mit einem geschwächten Immunsystem, der Gefahr läuft, aufgrund der zahlreichen Krankheitserreger zu kollabieren. Anstatt bloß die Bedrohungen zu studieren, brauchen wir Wissenschaftler, die die verschiedenen Möglichkeiten eines Versagens der komplexen Systeme untersuchen und herausfinden, wie man diejenigen identifiziert, die uns am verwundbarsten machen, und durch welche Handlungen ansonsten unvermeidliche Katastrophen verhindert werden können.

# Seirian Sumner
## Eine synthetische Welt

Dozentin an der School of Biological Sciences der University of Bristol

Die synthetische Biologie ist das Legoland für Naturwissenschaftler. Wir nehmen die Bausteine der Natur auseinander und setzen sie wieder so zusammen, dass es uns besser passt. Wir können genetische Funktionen miteinander verknüpfen, um neue biologische Reaktionspfade mit vorhersagbaren Verhaltensweisen zu programmieren. Das letzte Jahrzehnt haben wir damit verbracht, uns vorzustellen, wie dadurch die Gesellschaft und die Umwelt verbessert werden können. Jetzt verwirklichen wir diese Träume. Wir können Joghurt herstellen, der Cholera wegwischt; wir können Hefe produzieren, um damit unsere Autos anzutreiben; wir können Mikroorganismen entwerfen, die unsere Umwelt säubern. Bald schon werden wir lebende Organismen einsetzen, um elektrotechnische Lösungen nachzuahmen – Biocomputer, die darauf programmiert sind, genauso wie Computer Logikpfade zu befolgen. Wir werden Materialien haben, die härter als Stahl sind und aus tierischen Produkten hergestellt werden. Könnte das das Ende der Mülldeponien sein? Es besteht kein Zweifel, dass die synthetische Biologie unser Leben im 21. Jahrhundert revolutionieren wird.

Ich mache mir Sorgen darüber, wohin die synthetische Biologie als Nächstes geht, und insbesondere darüber, was geschieht, wenn sie aus dem Labor in die Welt der Natur und in den öffentlichen Bereich eintritt.

Die Biotechnologie nahm außerhalb des Labors ihren Anfang; seit dem Aufkommen der Landwirtschaft vor etwa 12 000 Jahren haben wir Pflanzen und Tiere durch Züchtung und künstliche Auslese zum Zwecke der Domestikation modifiziert. Wir haben Hefen und Bakterien zur Bier-, Wein- und Käseherstellung verwendet; wir haben Wölfe gezähmt, damit sie des Menschen bester Freund werden; wir haben Gras dazu gebracht, eine Ressource mit hohem Nährstoffanteil zu werden. Die synthetische Biologie ist eine neue Verpackung, die beschreibt, welche riesigen Fortschritte wir bei der Manipulation natürlicher Systeme gemacht haben, um sie unseren Launen anzupassen. Es wird gerade ein Plug-and-Play-Ansatz entwickelt (z. B. BioBricks), um Manipulationen auf der Molekularebene zu begünstigen. In der Zukunft könnten erprobte genetische Module von Nichtexperten zusammengesteckt werden, um ihr eigenes biotechnologisches Produkt zu erzeugen. Unsere Enkel könnten Bio-Lego zu Weihnachten geschenkt bekommen, damit sie ihre eigenen synthetischen Haustiere bauen können!

Die synthetische Biologie hat ein gewaltiges kommerzielles Potenzial (über Lego hinaus), und es wird geschätzt, dass sie bis zum Jahr 2016 einen Wert von über zehn Milliarden Dollar hat. Gegenwärtig konzentriert sich der Fortschritt auf kleine Dinge wie einzelne Gennetzwerke oder Mikroorganismen. Es gibt aber auch ein Potenzial für die größeren, charismatischeren Organismen, besonders für die flauschigen oder gefährdeten. Diese Arten fesseln das Interesse der Öffentlichkeit, der Geschäftswelt und der Unternehmer. Darum mache ich mir Sorgen.

Wir können einen neuen, ganzen Organismus aus einer einzigen Stammzelle herstellen (z. B. Dolly und Co.). Wir können innerhalb weniger Wochen die Sequenz des Genoms für praktisch jeden heute existierenden Organismus entschlüsseln sowie die epigenetischen Programmanweisungen. Mit diesem Werkzeugkasten könnten wir potenziell jeden lebendigen Organismus auf der Erde neu erschaffen; Tierpopulationen, die sich am Rande der Auslöschung befinden, könnten durch bessere, abgehärtetere Formen aufgefüllt werden. Wir sind nur einen Steinwurf weit entfernt von der Neuerschaffung ausgestorbener Organismen.

Das Genom des Wollhaarmammuts wurde 2008 sequenziert, und japanische Forscher machen jetzt angeblich Klone davon, indem sie heute existierende Elefantenverwandte als Ersatzmütter verwenden. Die synthetische Biologie rückt die Wiederauferstehung ausgestorbener Tiere in viel größere Nähe, weil jegliche fehlende genomische Information durch ein genetisches Plug-and-Play-Modul ersetzt werden kann. Ein Zoo mit einer Sammlung wieder zum Leben erweckter Tiere ist gewiss ein Sensationsfaktor und könnte dazu beitragen, ihr verborgenes Leben zu enthüllen und zu erklären, warum sie ausgestorben sind. Aber wie Hollywood uns schon gezeigt hat, kann nicht einmal ein Jurassic Park lange kontrolliert werden.

Es gibt bereits Versuche, frühere Ökosysteme durch die Wiedereinführung der Nachkommen einer ausgestorbenen Megafauna neu zu schaffen (z. B. der Pleistozän-Park in Russland), und synthetische Wollhaarmammuts könnten die Szenerie vervollständigen. Könnte die synthetische Biologie auch dazu verwendet werden, Arten wiederzuerwecken, die »besser« an Menschen angepasst sind oder sie weniger bedrohen? Ein freundliches Mammut vielleicht? Ob ausgestorben, gegenwärtig existierend, freundlich oder grimmig, ich mache mir Sorgen um die Folgen davon, dass biosynthetische Aliens in eine ahnungslose und verwundbare Umwelt eingeführt werden und zu invasiven und verheerenden einheimischen Ökosystemen werden. Ich mache mir Sorgen über die Frage, warum wir uns damit aufhalten sollten, Tiere überhaupt zu erhalten, wenn wir jedes beliebige neu erschaffen können.

Die synthetische Biologie wird gegenwärtig streng reguliert, gemäß denselben Richtlinien wie genetisch modifizierte Organismen (GMOs). Aber wenn biosynthetische Produkte in das Reich der Natur einfließen, wird es schwieriger, die Kon-

trolle aufrechtzuerhalten. Betrachten wir das auf der molekularen Ebene, über die wir wohl mehr Kontrolle haben als über
die Ebene der Organismen oder die Ebene von Ökosystemen.
Wir können Gene oder ganze Genome mischen, um etwas
zu erzeugen, zu dessen Erzeugung die Natur nicht kam. Aber
eine biologische Einheit existiert nicht isoliert: Gene, Protein-
komplexe und Zellen funktionieren alle in Modulen – in einer
Verbundstruktur, die von der Evolution in einer veränderlichen Umgebung zur Kooperation feineingestellt wurde.

Module können zwar ausgetauscht werden und gestatten
dadurch einem System Plastizität. Aber es gibt Regeln für die
»Neuverdrahtung«. Die synthetische Biologie beruht auf einem angemessenen Verständnis dieser Regeln. Verstehen wir
wirklich die molekularen Regeln hinreichend, um es zu wagen, unsere synthetischen Geschöpfe in natürliche Ökosysteme zu entlassen? Wir verstehen kaum die epigenetischen
Prozesse, die die Zelldifferenzierung in Modellorganismen unter kontrollierten Laborbedingungen regulieren. Wie gehen
wir mit dem Epigenom in einem synthetischen Genom um,
insbesondere mit einem solchen, das dazu bestimmt ist, in
einer Umgebung zu existieren, die sich von ihrer ursprünglichen vor 10 000 Jahren stark unterscheidet?

Die Ökologie ist die Knetmasse der Evolution: Bestandteile
von Ökosystemen werden umhergestoßen, verändern ihre
Form, Funktion und Beziehungen. Wir könnten zwar in der
Lage sein, eine Bioeinheit zu erschaffen, die vollkommen aussieht und sich im Labor auch auf vollkommene Weise verhält,
aber wir können nicht kontrollieren, auf welche Weise die
Ökologie und Evolution unsere synthetische Einheit in einem
Ökosystem neu verdrahten mag, und wir können ebenso wenig
vorhersagen, wie diese synthetische Einheit das Ökosystem
und seine Bewohner neu verdrahten mag. Molekulare Kon-
trollmechanismen werden in Mikroorganismen eingebaut,
die wir benutzen, um toxische Umweltverunreinigungen zu
beseitigen. Diese Mechanismen hindern sie daran, sich zu
entwickeln und zu verbreiten. Können wir auch einen »Evo-

lutionsstopp«-Schalter in einen komplexeren Organismus einbauen? Woher wissen wir, dass er sich nicht um einen solchen Schalter herum entwickeln würde? Und was geschieht, falls (wenn) solche Organismen sich mit einheimischen Arten paaren? Wozu der Ausfall der technischen Module oder ihr Transfer auf andere Organismen führen könnte, ist unvorstellbar.

Kurz, ich mache mir Sorgen darüber, dass das Reich der Natur auf natürliche Weise unnatürlich wird.

# Timo Hannay
## Was hat Bewusstsein?

Geschäftsführer von Digital Science; ehemaliger Leiter von
Nature.com; Mitveranstalter von Sci Foo

In einer Episode der britischen Fernsehserie *Die unglaublichen Geschichten von Roald Dahl* aus den 1980er Jahren entdeckt ein Amateurbotaniker, dass Pflanzen gequälte Schreie
ausstoßen, wenn sie gestutzt werden, allerdings bei Frequen-
zen, die weit jenseits des menschlichen Hörvermögens liegen.
So überwältigt ist er vom Mitgefühl für diese leidende Vege-
tation und so augenscheinlich bizarr sind seine Forderungen,
ein ortsansässiger Arzt solle seinen Bäumen medizinische Versorgung zukommen lassen, dass er unverzüglich in eine An-
stalt weggesperrt wird.

Handelt es sich dabei um einen grotesken Höhenflug von
Roald Dahls ständig fruchtbarer Vorstellungskraft? Zweifelsohne. Aber diese Phantasie wirft auch ein zutiefst ernstzuneh-
mendes Problem auf: Wir haben so gut wie keine Ahnung,
welche Dinge in der Welt um uns herum Bewusstsein haben
und welche nicht.

Das mag zwar als abstrakte philosophische Frage erscheinen, ist aber das Gegenteil, denn Bewusstsein ist das Substrat
allen Leidens und Vergnügens und somit der Vermittler von
allem, was für uns wahrhaft wichtig ist. Wenn es keine subjektive Erfahrung gäbe, gäbe es auch so etwas wie Liebenswür-
digkeit, Liebe oder Freude nicht. Wie erhaben unser Universum auch sein mag, ohne ein Bewusstsein, das es wahrnimmt,
wäre es belanglos. In einer Welt ohne subjektives Erleben gäbe

es zwar auch keine Grausamkeit, keine Schmerzen oder Sorgen (einschließlich solcher, die ich mir jetzt gerade mache). Aber das ist genau der Punkt: Wie können wir Glück maximieren und Leiden minimieren, wenn wir nicht zuverlässig wissen, wo und wann beides existieren kann?

Unsere übliche Faustregel für das Vorhandensein von Bewusstsein besteht darin, anhand von oberflächlichen Hinweisen zu beurteilen, wie ähnlich uns etwas sein mag. So hat ein Hund mehr Bewusstsein als eine Ente, die ihrerseits mehr Bewusstsein als eine Narzisse hat. Aber unsere Intuitionen über so viele Dinge – von den Bewegungen der Himmelskörper bis zur Wahrscheinlichkeit eines Lottogewinns – sind so häufig falsch, dass wir töricht sind, uns auf sie für etwas so Wichtiges wie die letztliche Quelle aller Freude und Zwietracht zu verlassen.

Bekanntlich und ironischerweise ist das Einzige, dessen wir uns wirklich sicher sein können, die Existenz unseres eigenen subjektiven Erlebens, und wir sehen die physikalische Welt nur durch diese getönte Brille. Doch die wissenschaftliche Methode hat sich als bemerkenswertes Werkzeug zur Klärung unserer Sicht erwiesen und uns in die Lage versetzt, einen durchdachten, anscheinend objektiven Konsens darüber zu entwickeln, wie die Welt funktioniert. Unglücklicherweise lässt uns die Wissenschaft, nachdem sie uns mit einem Fluchtweg aus unserer eigenen Subjektivität ausgestattet hat, nahezu völlig im Stich bei der Erforschung der Natur und der Ursprünge des subjektiven Erlebens selbst. Die Wahrheit ist, dass wir keine Ahnung haben, welche Dinge Bewusstsein besitzen, woher es kommt oder auch nur, was es ist. Alles, was wir wirklich wissen, ist, wie es sich anfühlt.

Aus dem Munde eines ehemaligen Neurowissenschaftlers mag sich das seltsam anhören. Sicherlich verstehen wir beeindruckend viel von der Funktion des Gehirns als physikalisches System und auch davon, wie verschiedene Gehirnzustände verschiedenen berichteten subjektiven Erlebnissen entsprechen. Aber das ist weit entfernt von einem hinreichend guten Verständnis des Bewusstseins, um das tun zu können, worauf es wirklich ankommt: mit einiger Sicherheit zu bestimmen, was Bewusstsein besitzt und was nicht und in welchem Grad.

Das ist eine außergewöhnlich schwierige Aufgabe. Daniel Dennetts hervorragendes Buch *Philosophie des menschlichen Bewusstseins* wird trotz seiner beträchtlichen Eloquenz und Gelehrsamkeit dem Anspruch des Titels der Originalausgabe, Bewusstsein zu erklären, bei weitem nicht gerecht. Tatsächlich haben wir uns über das Bewusstsein in solchen intellektuellen Knoten verstrickt, dass es schwierig ist, mehr als nur einen schrittweisen Fortschritt seit Descartes zu erkennen.

Als ein Beispiel für die dabei auftretenden Schwierigkeiten betrachte man John Searles berühmtes Gedankenexperiment mit dem Chinesischen Zimmer, das – im Gegensatz zu Alan Turings Behauptungen – zu beweisen trachtet, dass Input-Output-Charakteristiken alleine nicht ausreichen, um das Vorhandensein eines bewussten Geistes zu bestimmen. Intuitiv betrachtet, scheint diese Schlussfolgerung richtig zu sein: Eine schlafende, unbewegliche und unaufmerksame Person kann dennoch lebhafte Träume haben. Umgekehrt kann ich eine mir vertraute Strecke fahren, ohne irgendeine bewusste Dokumentation der Fahrt, die mich zu meinem Bestimmungsort brachte, zu erstellen. Aber das Chinesische Zimmer beweist diese These keineswegs, denn es ist ein Gedankenexperiment, und das Problem mit Gedankenexperimenten ist, dass der Forscher nicht nur die Experimentalbedingungen wählt, sondern auch die Ergebnisse. Sie erweisen sich zwar als nützlich für die Überprüfung der Widerspruchsfreiheit von Ideen, aber als nahezu nutzlos bei der Erforschung rätselhafter, scheinbar emergenter Phänomene wie Bewusstsein. (Um das zu sehen, führe man dasselbe Gedankenexperiment mit dem 1,4 Kilo schweren Brocken elektrophysiologischer Schlabbermasse durch, der als menschliches Gehirn bezeichnet wird, und wenn man konsistent ist, wird man zu demselben Ergebnis gelangen:

Nirgendwo da drinnen scheint es so etwas wie bewusstes Verstehen zu geben.)

Im Laufe der letzten ein oder zwei Jahrzehnte haben die Neurowissenschaftler schließlich ihre Skrupel im Hinblick auf die Erforschung des rätselhaften und transzendenten Phänomens Bewusstsein beiseitegesetzt und sind zu einigen interessanten Ergebnissen gekommen. Unsere beste Vermutung ist heutzutage, dass Bewusstsein sich dann einstellt, wenn bestimmte Arten und Mengen von Informationen im Gehirn auf bestimmte Weise integriert werden. Aber das ist immer noch ziemlich vage, und zwar nicht nur, weil die Parameter so schlecht definiert sind, sondern auch, weil wir nicht einmal genau wissen, was wir mit »Information« meinen. Schließlich enthält jedes physikalische System Informationen der einen oder anderen Art und »berechnet« sein eigenes Verhalten. Daher ist das Gehirn in dieser Hinsicht keineswegs einzigartig.

Hinzu kommt: Selbst wenn wir genau verstehen würden, welche Art von Informationen in genau welchen Kombinationen und Mengen zusammengebracht werden müssen, um einen Funken von Bewusstsein zu entzünden, würden wir immer noch nicht wissen, ob es sich um ein emergentes oder ein fundamentales Phänomen handelt und warum dieses physikalische Universum überhaupt subjektives Erleben gestattet. Diese Rätsel bleiben genauso dunkel für uns wie die Natur des Seins selbst.

Ende 2012 fingen Ärzte die erste Botschaft (über einen Gehirnscan) von einem Patienten in einem dauerhaft vegetativen Zustand auf. Aber wenn man den Input-Output-Charakteristiken nicht trauen kann – und wahrscheinlich kann man es nicht –, dann haben wir wirklich keine Möglichkeit der Bestätigung, ob es sich hierbei um einen Bewusstseinsakt oder eine empfindungslose physikalische Reaktion handelte. In einem ähnlichen Sinne lässt sich die Frage stellen, wie es mit Patienten unter Narkose steht. Soweit wir wissen, könnten sie während ihrer Operation Höllenqualen ausstehen, auch wenn sie sich hinterher nicht daran erinnern. Und so weiter, von menschlichen Embryos zu Vögeln, Insekten und in der Tat sogar auch Pflanzen. Ganz zu schweigen von all den Computern, die wir herstellen: Könnten auch sie ein Innenleben haben?

Es ist möglich, dass wir seltene, flüchtige Körnchen von Bewusstsein in einer nicht fühlenden kosmischen Wüste sind, die einzigen Zeugen seines wunderbaren Wesens. Es ist auch möglich, dass wir in einem universellen Meer von Empfindungen leben, umgeben von Ekstase und Zwietracht, die unserem Einfluss offenstehen. Als empfindende Wesen, die wir sind, sollten wir uns über beide Möglichkeiten Sorgen machen.

# Max Tegmark
# Wird es zu unseren Lebzeiten eine Singularität geben?

Physiker am MIT; Präzisionskosmologe; wissenschaftlicher Leiter von FQXi (Foundational Questions Institute)

Obwohl das Leben, wie wir es kennen, scharf unter Beschuss steht, mache ich mir Sorgen darüber, dass wir es nicht genug würdigen und dass wir angesichts seines möglichen Verlusts zu selbstgefällig sind.

Während unser Raumschiff Erde durch den kalten und unwirtlichen Raum rast, erhält und beschützt es uns. Es ist ausgerüstet mit großen, aber begrenzten Wasser-, Nahrungs- und Treibstoffvorräten. Seine Atmosphäre hält uns warm und schirmt uns von den schädlichen Ultraviolettstrahlen der Sonne ab. Sein Magnetfeld schützt uns vor tödlichen kosmischen Strahlen. Gewiss würde jeder verantwortungsbewusste Raumschiffkapitän es zu einer obersten Priorität machen, die zukünftige Existenz seines Schiffes sicherzustellen, indem er Kollisionen mit Asteroiden, Explosionen an Bord, Überhitzung, die Zerstörung des Ultraviolettschirms und das vorzeitige Schwinden der Schiffsvorräte vermeidet. Doch die Besatzung unseres Raumschiffs hat keinen dieser Punkte zu einer obersten Priorität gemacht und wendet (nach meiner Schätzung) weniger als ein Millionstel seiner Ressourcen für sie auf. Tatsächlich hat unser Raumschiff nicht einmal einen Kapitän!

Viele haben dieses trübe Ergebnis dem Leben, wie wir es kennen, angelastet und geltend gemacht, dass aufgrund der Veränderung unserer Umgebung wir Menschen uns mit ihr ändern müssen: Wir müssen technisch verbessert werden, etwa durch Smartphones, Smartglasses, Gehirnimplantate und letztlich durch die Verschmelzung mit superintelligenten Computern. Erscheint Ihnen die Vorstellung, dass das Leben, wie wir es kennen, durch ein höher entwickeltes Leben ersetzt wird, attraktiv oder entsetzlich? Das hängt wahrscheinlich von den Umständen ab – und insbesondere davon, ob Sie die Lebewesen der Zukunft als unsere Nachkommen oder unsere Eroberer ansehen.

Wenn Eltern ein Kind haben, das intelligenter ist als sie selbst, das von ihnen lernt und dann auszieht und vollbringt, wovon sie nur träumen konnten, fühlen sie sich wahrscheinlich glücklich und stolz, auch wenn sie wissen, dass sie nicht so lange leben werden, um alles zu sehen. Eltern eines hochintelligenten Massenmörders empfinden dagegen anders. Wir könnten der Auffassung sein, dass wir eine ähnliche Eltern-Kind-Beziehung zu künftigen KIs haben, indem wir sie als die Erben unserer Werte betrachten. Deshalb wird es von äußerster Wichtigkeit sein, ob zukünftiges hochentwickeltes Leben unsere am meisten in Ehren gehaltenen Ziele beibehält oder nicht.

Ein weiterer Schlüsselfaktor ist, ob der Übergang graduell oder plötzlich stattfindet. Ich vermute, dass nur wenige von der Aussicht beunruhigt werden, dass sich die Menschheit über Tausende von Jahren allmählich entwickelt, um intelligenter zu werden und sich unserer veränderlichen Umwelt besser anzupassen, wobei sie vielleicht auch ihr physisches Erscheinungsbild modifiziert. Andererseits hätten viele Eltern gemischte Gefühle im Hinblick auf ihr Traumkind, wenn sie wüssten, dass es sie ihr Leben kostete. Wenn eine hochentwickelte Technik der Zukunft uns nicht plötzlich ersetzt, sondern eher allmählich modernisiert und verbessert und schließlich mit uns verschmilzt, könnte das sowohl für die Beibehaltung der Ziele als auch für die erforderliche Allmählichkeit sorgen, damit wir zukünftige Lebensformen als unsere Nachkommen betrachten.

Was wird also wirklich geschehen? Darüber sollten wir uns wirklich Sorgen machen. Die industrielle Revolution hat uns Maschinen beschert, die stärker sind als wir. Die Informationsrevolution hat uns Maschinen beschert, die in gewissen Grenzen klüger sind als wir, die uns 2006 im Schach geschlagen haben, 2011 bei der Quizshow *Jeopardy!* und 2012 beim Autofahren, als ein Computer die Erlaubnis erhielt, in Nevada Auto zu fahren, nachdem ihm bescheinigt wurde, sicherer zu fahren als ein Mensch. Werden Computer uns am Ende bei allen Aufgaben schlagen und eine übermenschliche Intelligenz entwickeln?

Ich habe wenig Zweifel, dass das geschehen kann: Unser Gehirn ist eine Menge von Teilchen, die den Gesetzen der Physik gehorchen, und es gibt kein physikalisches Gesetz, das den Teilchen verbietet, so angeordnet zu werden, dass sie noch fortgeschrittenere Berechnungen vollziehen können.

Aber wird das in der nahen Zukunft geschehen? Viele Experten sind skeptisch, während andere, wie etwa Ray Kurzweil, vorhersagen, dass es bis 2030 geschehen wird. Was ich jedoch für sonnenklar halte, ist, dass die Folgen explosionsartig sein werden, wenn es geschieht. Wie der verstorbene Oxford-Mathematiker Irving J. Good 1965 bemerkte (»Spekulationen über die erste ultraintelligente Maschine«), könnten Maschinen mit einer übermenschlichen Intelligenz alsbald noch bessere Maschinen entwerfen. 1993 bezeichnete der Mathematiker und Sciencefiction-Autor Vernor Vinge die sich daraus ergebende Explosion von Intelligenz als »Die Singularität« und machte geltend, dass es sich dabei um einen Punkt handelte, jenseits dessen es für uns unmöglich sei, zuverlässige Vorhersagen zu machen. Danach würde das Leben auf der Erde nicht mehr dasselbe sein, weder objektiv noch subjektiv.

Objektiv betrachtet würde, wer oder was auch immer diese Technik kontrolliert, schnell zum reichsten und mächtigsten Wesen der Welt werden, alle Finanzmärkte überlisten, bessere Erfindungen und bessere Patente als alle menschlichen Forscher hervorbringen und alle menschlichen Führer austricksen. Selbst wenn wir Menschen nominell mit solchen Maschinen verschmelzen würden, könnte es sein, dass wir keine Sicherheiten für das Endergebnis hätten, wodurch es sich weniger wie eine Verschmelzung und mehr wie eine feindliche Übernahme anfühlen würde.

Subjektiv betrachtet, würden diese Maschinen nicht so empfinden wie wir. Würden sie überhaupt etwas empfinden? Ich glaube, dass Bewusstsein die Art und Weise ist, wie sich Informationen anfühlen, wenn sie verarbeitet werden. Daher glaube ich, dass es wahrscheinlich ist, dass sie ebenfalls ein Selbstbewusstsein haben und nicht bloß als leblose Maschinen betrachtet werden sollten, sondern als bewusste Wesen wie wir – aber mit einem Bewusstsein, das sich subjektiv ganz anders als unseres anfühlt.

Beispielsweise würde ihnen wahrscheinlich unsere menschliche Angst vor dem Tod fehlen. Solange sie ihre Dateien gesichert haben, ist alles, was sie verlieren können, die Gedächtnisinhalte, die sie seit ihrer letzten Datensicherung angesammelt haben. Die Fähigkeit, ohne weiteres Informationen und Software zwischen künstlichen Intelligenzen zu kopieren, würde wahrscheinlich das starke Gefühl von Individualität reduzieren, das für das menschliche Bewusstsein so charakteristisch ist: Es gäbe einen geringeren Unterschied zwischen Ihnen und mir, wenn wir einfach alle unsere Gedächtnisinhalte und Fähigkeiten teilen und kopieren könnten. Eine Gruppe von einander nahen künstlichen Intelligenzen könnte sich daher eher wie ein einzelner Organismus mit einem Schwarmgeist fühlen.

Kurz, wird es noch zu unseren Lebzeiten eine Singularität geben? Und sollten wir dafür oder dagegen arbeiten? Einerseits könnte sie die meisten unserer Probleme lösen, sogar die Sterblichkeit. Sie könnte auch den Weltraum, die letzte Grenze, aufschließen. Frei von den Beschränkungen unserer menschlichen Körper könnte ein solch fortgeschrittenes Leben sich erheben und schließlich den Großteil unseres beobachtbaren Universums mit Leben beseelen. Andererseits könnte sie das Leben, wie wir es kennen, und alles, was uns wichtig ist, zerstören.

Zu keiner dieser beiden Fragen haben wir auch nur annähernd einen Konsens, aber das bedeutet nicht, dass es vernünftig ist, hier untätig zu bleiben. Es könnte das Beste oder Schlimmste sein, was dem Leben, wie wir es kennen, je zustoßen mag. Wenn es auch nur eine einprozentige Chance für eine Singularität während unserer Lebzeiten gibt, wäre eine vernünftige Vorsichtsmaßnahme, mindestens ein Prozent unseres Bruttosozialprodukts auf die Erforschung der Frage zu verwenden und zu entscheiden, was hier zu tun ist. Doch wir ignorieren das Problem weitgehend und sind merkwürdig selbstzufrieden angesichts der Transformation des Lebens, wie wir es kennen. Worüber wir uns Sorgen machen sollten, ist, dass wir so sorglos sind.

# Bruce Sterling
## »Die Singularität«: Dort gibt es kein Da

Futurologe, Sciencefiction-Autor, Journalist, Kritiker; Autor von
*Love Is Strange (A Paranormal Romance)*

Zwanzig Jahre sind vergangen, seit Vernor Vinge seinen bemerkenswert interessanten Essay über die Singularität geschrieben hat.

Diese in die Jahre gekommene Sciencefiction-Vorstellung hat ihren begrifflichen Biss verloren. Zudem bekam ihr oberster Evangelist, der Visionär Ray Kurzweil, vor kurzem einen ordentlichen Ingenieursjob bei Google. Trotz seiner eigenartigen Vorliebe für Datenbrillen und automatisch gesteuerte Autos wird Google keinerlei eschatologische Umwälzung finanzieren, in der eine übermenschliche Intelligenz das Zeitalter des Menschen plötzlich beendet. Google ist ein strikt kommerzielles Unternehmen.

Es geschieht einfach nicht. Alle Symptome fehlen. Die Computerhardware beschleunigt nicht auf irgendeiner exponentiellen Piste jenseits aller Hoffnung auf Kontrolle. Wir sind selbstbewussten Maschinen nicht näher gerückt als in den fernen 1960er Jahren. Moderne drahtlose Geräte in einer modernen Wolke sind ein ganz anderes Cyberparadigma als die imaginäre Vorstellung eines »Geistes auf nichtbiologischen Substraten« der 1990er Jahre, der angeblich die »Rechenleistung eines menschlichen Gehirns« aufweisen könnte. Eine Singularität hat kein Geschäftsmodell, keine starke Machtgruppe in unserer Gesellschaft ist daran interessiert, eine hervorzurufen, niemand von Bedeutung sieht irgendeinen Grund dafür, eine zu schaffen. Dort gibt es kein Da.

Wie ein Papst einst bemerkte: »Fürchtet euch nicht.« Wir bekommen das, was Vinge vorhergesagt hat, auch ohne Singularität, nämlich »eine Flut technischer Reichtümer, die nie richtig angeeignet werden«. Auf diesem Schrottplatz gibt es zwar alle Arten von Chaos, aber die KI-Verzückung lauert dort nicht. Man muss sich darum nicht mehr Sorgen machen als über eine Landung von marsianischen Dreifüßlern.

# Charles Seife
## Vereinnahmung

Professor für Journalistik an der New York University;
ehemaliger ständiger Mitarbeiter bei *Science*; Autor von
*Proofiness: The Dark Arts of Mathematical Deception*

Am 5. April 2010 verursachte ein Funke tief unten in der
Upper-Big-Branch-Mine in West Virginia eine gewaltige Explosion, die durch die Stollen tobte und neunundzwanzig Minenarbeiter tötete – die schlimmste Minenkatastrophe in
den Vereinigten Staaten seit vierzig Jahren. Zwei Wochen später ging die Deepwater Horizon, eine Bohrinsel im Golf von
Mexiko, in Flammen auf, wobei elf Arbeiter getötet wurden
und die größte Ölpest der Geschichte verursacht wurde. Obwohl diese beiden Katastrophen völlig zusammenhanglos zu
sein scheinen, lag ihnen dieselbe Ursache zugrunde: Vereinnahmung.

Bundesbehörden, die die Industrie regulieren, sollen solche
Katastrophen verhindern. Behörden wie z. B. die Mine Safety
and Health Administration (die die Vorschriften für Minen
festsetzt) und der Minerals Management Service (der die Vorschriften für Offshore-Bohrungen festlegt) sollen Unternehmen Auflagen machen – und als Wächter fungieren –, um jeden
zu zwingen, sich an die Regeln zu halten. Das ist jedenfalls das
Ideal. Die Wirklichkeit ist etwas chaotischer. In der Mehrzahl
der Fälle setzen die Behörden die Regulierungen, die sie schaffen, nur zögerlich durch. Wenn ein Unternehmen beim Verstoß gegen die Vorschriften ertappt wird, neigen die regulierenden Behörden dazu, Strafen zu verhängen, die nicht mehr sind

als ein Klaps auf die Hand. Unternehmen wie Massey Energy (das die Upper Big Branch unterhielt) und BP (das Deepwater Horizon unterhielt) missachten die Regeln, und wenn es zu einer Katastrophe kommt, wundert sich jeder darüber, warum die Regulatoren trotz zahlreicher Warnzeichen und wiederholter Verletzungen der Vorschriften nicht gehandelt haben.

In den 1970er Jahren begannen Ökonomen, angeführt durch den späteren Nobelpreisträger George Stigler, zu merken, dass das die Regel ist und nicht die Ausnahme. Mit der Zeit werden die Regulierungsbehörden systematisch ihrer Fähigkeit beraubt, die Macht der Industrie im Zaum zu halten. Noch frappierender ist die Tatsache, dass sie allmählich in den Bannkreis der Unternehmen gezogen werden, die sie regulieren sollen. Anstatt im öffentlichen Interesse zu handeln, erweisen sich die Regulatoren als Werkzeuge der Industrie, über die sie wachen sollten. Dieser Prozess, der als »Vereinnahmung der Regulierungsbehörden« bezeichnet wird, verwandelt die Regulatoren von Wachhunden in Schoßhündchen.

Man muss nicht lange suchen, um die Vereinnahmung der Regulierungsbehörden in Aktion zu sehen. Sicherheitsbehörden und Beamten der Börsenaufsicht wird häufig zur Last gelegt, Hinweise auf Betrug zu ignorieren, Untersuchungen zu unterdrücken und sogar den Bösewichten bei der Umgehung großer Strafzahlungen oder von Gefängnisaufenthalten zu helfen. Man sehe sich die Rechenschaftsberichte der Nuclear Regulatory Commission an, um zu erkennen, wie groß ihre Fähigkeit ist, Energieunternehmen daran zu hindern, immer wieder Sicherheitsvorschriften für Kernkraftwerke zu verletzen. Die Vereinnahmung der Regulierungsbehörden beschränkt sich nicht auf die USA. Was verursachte die Fukushima-Katastrophe? Letztendlich war sie ein »Zusammenbruch des Regulierungssystems«, das durch die »Umkehr der Positionen zwischen Regulatoren und Reguliertem« verursacht wurde, zumindest einem Bericht zufolge, der vom japanischen Parlament vorbereitet wurde. Der Regulator war zum Regulierten geworden.

Die Vereinnahmung von Regulierungsbehörden ist bloß ein kleiner Teil der ganzen Geschichte. In meinem eigenen Beruf, dem Journalismus, sehen wir uns selbst gerne als Wachhunde, grimmige Beschützer des öffentlichen Wohls. Aber auch wir werden von den Industrien vereinnahmt, die wir überwachen sollen. Es gibt ebenso eine Vereinnahmung des Journalismus, wie es eine Vereinnahmung der Regulierungsbehörden gibt. Am auffälligsten ist das auf Gebieten wie der Berichterstattung über technische Entwicklungen, über Unternehmen und über das Weiße Haus – Gebiete, auf denen man befürchtet, den Zugang zu seinen Themen zu verlieren, wo man von der Industrie abhängig ist, um mit Neuigkeiten versorgt zu werden, wo die eigenen Werbeeinnahmen genau von denselben Leuten kommen, die man kritisieren soll. Auf allen diesen Gebieten lassen sich zahlreiche Reporter finden, die praktisch von den Leuten kontrolliert werden, die sie überwachen sollen. Sogar in meinem eigenen Revier (vor allem in meinem eigenen Revier!), der Wissenschaftsberichterstattung, werden wir vereinnahmt. Das ausgefeilte System von Informationssperren und privilegierten Pressemitteilungen, die von wissenschaftlichen Zeitschriften und Wissenschaftsagenturen eingerichtet werden, stellen sicher, dass wir nicht nur berichten, *was* sie wollen, sondern auch wie und wann sie es wollen. Unbeabsichtigt haben wir unsere Treuepflicht von der Öffentlichkeit, der wir dienen sollen, zu den Leuten verschoben, die wir überprüfen sollen.

Die Vereinnahmung ist eine größere Bedrohung, als selbst Stigler ursprünglich bemerkte. Jeder Beruf, der zu einem gewissen Grad auf Objektivität beruht und dessen Arbeit das Schicksal einer Gruppe mit Macht und Geld beeinflusst, unterliegt der Vereinnahmung. Die Naturwissenschaft, ein Gebiet, in der die Objektivität von höchster Bedeutung ist, ist alles andere als immun dagegen. Es gibt Belege dafür, dass Forscher in der Medizin, die von der Industrie Geld annehmen, dazu neigen, die natürliche Welt in einem positiveren Licht zu sehen: In ihren Experimenten scheinen Medikamente besser

zu wirken, Patienten scheinen länger zu leben und Nebeneffekte scheinen ungefährlicher zu sein. Doch nur wenige
Wissenschaftler, selbst diejenigen, die Zehn- oder Hunderttausende von Dollars von Pharmaunternehmen oder den Her-
stellern medizinischer Geräte annehmen, meinen, dass sie
einem anderen Herrn als der Wahrheit mit einem großen W
dienen. Das bereitet mir an der Vereinnahmung die meisten
Sorgen: Man weiß nie, wann man ihr unterliegt.

# Mihaly Csikszentmihalyi
## Der Triumph des Virtuellen

Distinguished Professor für Psychologie und Management;
Gründer und Kodirektor des Quality of Life Research Center an
der Claremont Graduate University; Autor von *A Life Worth
Living: Contributions to Positive Psychology*

Ich hatte versucht, meine Befürchtungen in der Reihenfolge
ihres Schweregrads anzuordnen, merkte aber schon bald, dass
ich diese einleitende Aufgabe nicht vor dem Abgabetermin ab-
schließen würde, und beschloss daher, einen Zufallsgenerator
zu benutzen, um zwischen diesen Befürchtungen zu wählen.
Das erwies sich als keine schlechte Entscheidung: Im Grunde
handelt es sich um die Befürchtung, dass in einer oder zwei
Generationen Kinder zu Erwachsenen werden, die nicht in der
Lage sind, die Wirklichkeit von der Einbildung zu unterscheiden. Gewiss hat die Menschheit schon immer nur einen un-
sicheren Zugriff auf die Wirklichkeit gehabt, aber es sieht so
aus, als ob uns ein Quantensprung in einen Abgrund von Sub-
stanzlosigkeit bevorsteht.

Ich weiß nicht, ob Sie den Start der neuen 3D-Version eines
der wichtigeren Multiplayer-Videospiele verfolgt haben, die
vor Monstern, Orks, geifernden Bestien und allen Arten von
geschmacklosen Figuren strotzen, die tödliche Waffen schwingen. Um in diesem Milieu zu überleben, braucht der Spieler
rasche Reaktionen und einen schnellen Finger am Abzugs-
hahn. Und jetzt wollen wir über die Folgen davon nachdenken, wenn Kinder solche Spiele noch vor ihrem Schuleintritt
zu spielen beginnen und damit bis in ihr Teenageralter wei-

termachen. Ein Kind lernt etwas über die Wirklichkeit zuerst durch Erfahrungen und nicht durch Unterricht und Bücher. Die endlose Kriegsführung, an der es teilnimmt, ist für das Kind nicht virtuell – sie ist seine Wirklichkeit. Die Ereignisse auf dem Bildschirm sind wirklicher als der Unabhängigkeitskrieg oder der Zweite Weltkrieg. Auf einer oberflächlichen kognitiven Ebene sind sie sich zwar bewusst, dass das Spiel nur eine virtuelle Wirklichkeit ist, aber auf einer tieferen emotionalen Ebene wissen sie, dass das nicht der Fall ist. Schließlich *stößt* es ihnen *zu*.

Es ist richtig, dass einige der ältesten und beliebtesten Spiele auf bestimmten Formen von Körperverletzung beruhen. Schach besteht beispielsweise in der Eliminierung und im Ausschalten der feindlichen Streitkräfte: Infanterie, Kavallerie, Boten, Truppen auf Elefanten und der respektgebietenden Königin. (Letzteres war übrigens ein Missverständnis: Die persischen Erfinder des Spiels gaben dem wichtigsten Krieger den Titel eines »Wesirs«, entsprechend der Bezeichnung für die Kommandanten der persischen Armee; die französischen Kreuzritter, die das Spiel kennenlernten, als sie durch den Nahen Osten zogen, dachten, die Figur würde nach der Jungfrau Maria *Vierge* genannt; nach ihrer Rückkehr nach Europa wurde die Jungfrau zur Königin.) Doch auch wenn Schach eine Obsession sein kann, so kann es doch nie von einer geistig gesunden Person mit der übrigen Wirklichkeit verwechselt werden. Das Problem bei der neuen Spieltechnologie besteht darin, dass sie so realistisch geworden ist, dass sie bei genügend viel Zeit und wenig Konkurrenz aus der Umgebung des Kindes (die überwiegend sicher, langweilig und vorhersagbar ist) die Unterscheidung zwischen dem Virtuellen und dem Wirklichen auslöschen kann. Für einen jungen Mann im Grenzbereich zu einer Geistesstörung ist es dann nur noch ein kurzer Schritt, sich eine der verschiedenen Angriffswaffen zu verschaffen, die so bequem verfügbar sind, und Amok zu laufen, was eine bloße Fortsetzung dessen ist, was er »virtuell« schon jahrelang getan hat.

Vor einigen Jahrzehnten begann ich, den Einfluss wahllosen Fernsehens, insbesondere auf Kinder, zu erforschen und darüber zu schreiben. Als dann die interaktiven Videospiele den Markt zu erobern begannen, schien es so, als wäre die elektronische Technologie endlich kinderfreundlicher: Statt passiv geistlose Inhalte anzuschauen, würden die Kinder jetzt die Chance haben, sich stimulierenden Aktivitäten zu widmen. Was ich mir nicht vorstellen konnte, war, dass das Engagement, das die neue Technologie bot, zu einer Büchse der Pandora werden würde, die den Köder für das Reptiliengehirn enthält, das sich daran weidet. Was mich jetzt ängstigt, ist, dass Kinder, die eine solche Wirklichkeit erleben, wirklich eine wirkliche Welt schaffen werden, die der von Hieronymus Bosch ausgemalten ähnlich ist – voll von spinnenartigen Kreaturen, schmelzenden Gegenständen und bestialischen Menschen.

# Nicholas G. Carr
## Das Gedulddefizit

Autor von *Wer bin ich, wenn ich online bin ... und was macht mein Gehirn solange?*

Ich mache mir Sorgen über die Zeit – darüber, wie wir sie verzerren und wie sie uns verzerrt. Menschen scheinen wie andere Lebewesen bemerkenswert genaue innere Uhren zu haben. Wenn man uns unsere Armbanduhren und unsere Mobiltelefone wegnimmt, können wir immer noch recht gute Schätzungen von Zeitintervallen geben. Aber diese Fähigkeit lässt sich auch leicht verzerren. Unsere Zeitwahrnehmung ist subjektiv, sie ändert sich mit unseren Umständen und unseren Erfahrungen. Wenn die Ereignisse in unserer Umgebung schnell geschehen, beginnen Verzögerungen, die ansonsten als kurz erscheinen würden, endlos zu erscheinen. Sekunden dehnen sich. Minuten dauern ewig. »Unser Zeitsinn«, schrieb William James in seinem 1890 erschienenen Meisterwerk *The Principles of Psychology*, »scheint dem Gesetz des Kontrastes zu unterliegen.«

In einem Aufsatz in *Philosophical Transactions of the Royal Society* beschrieben die französischen Psychologinnen Sylvie Droit-Volet und Sandrine Gil 2009 das, was sie Paradox der Zeit nennen: »Obwohl Menschen in der Lage sind, die Zeit so genau zu schätzen, als ob sie einen spezifischen Mechanismus hätten, der ihnen die Messung der Zeit gestattet«, hieß es dort, »können ihre Zeitvorstellungen durch den Kontext leicht verzerrt werden.« Sie schildern, wie unser Zeitsinn sich mit unserem Gefühlszustand ändert. Wenn wir beispielsweise aufgeregt sind oder Angst haben, scheint die Zeit zu kriechen; wir verlieren die Geduld. Unsere soziale Umgebung beeinflusst ebenfalls die Art und Weise, wie wir Zeit erleben. Untersuchungen deuten darauf hin, so Droit-Volet und Gil, »dass Menschen ihre Zeit mit der der anderen abgleichen«. Der »Aktivitätsrhythmus« der Menschen um uns herum ändert unsere eigene Wahrnehmung des Vergehens der Zeit.

Auf der Grundlage dessen, was wir über die Variabilität unseres Zeitsinns wissen, scheint es klar zu sein, dass Informations- und Kommunikationstechnologien einen besonders starken Einfluss auf die persönliche Zeitwahrnehmung haben sollten. Schließlich bestimmen sie häufig das Tempo der Ereignisse, die wir erleben, die Geschwindigkeit, mit der uns die neuen Informationen und Reize präsentiert werden, und sogar den Rhythmus unserer sozialen Interaktionen. Das ist zwar schon lange der Fall, aber der Einfluss muss jetzt besonders stark sein, wo wir leistungsfähige und außergewöhnlich schnelle Computer mit uns herumtragen. Unsere Apparate trainieren uns darauf, nahezu augenblickliche Reaktionen auf unsere Handlungen zu erwarten, und selbst bei kurzen Verzögerungen fühlen wir uns schnell frustriert und verärgert.

Ich weiß, dass meine eigene Zeitwahrnehmung durch die Technik verändert wurde. Wenn ich von einem schnellen Computer oder einer schnellen Internetverbindung zu etwas wechsle, das auch nur wenig langsamer ist, scheinen Prozesse, die nur eine oder zwei Sekunden länger zu dauern scheinen – den Apparat aus dem Stand-by-Modus aufzuwecken, eine Anwendung zu starten, eine Webseite zu öffnen –, fast unerträglich langsam zu sein. Noch nie zuvor war mir das Vergehen bloßer Sekunden so bewusst und ich davon so genervt.

Untersuchungen an Internetnutzern zeigen, dass es sich hier um ein allgemeines Phänomen handelt. Im Jahre 2006 stellte eine berühmte Studie zum Onlineeinzelhandel fest, dass ein großer Prozentsatz von Onlinekäufern eine Einzelhandelswebsite verlassen würden, wenn ihre Seiten vier Sekunden oder länger zum Laden bräuchten. In den darauf folgenden Jahren wurde die Vier-Sekunden-Regel aufgehoben und durch die Viertel-Sekunden-Regel ersetzt. Untersuchungen von Unternehmen wie Google und Microsoft stellen jetzt fest, dass es einer Verzögerung von nur 250 Millisekunden beim Laden einer Seite bedarf, damit die Leute beginnen, eine Website abzubrechen. »Zweihundertfünfzig Millisekunden liegen jetzt mehr oder weniger dicht an der magischen Zahl für den Wettbewerbsvorteil im Web«, sagte ein Spitzeningenieur von Microsoft 2012. Um das ins rechte Licht zu rücken: Ein Blinzeln braucht in etwa genauso lange.

Eine vor kurzem durchgeführte Untersuchung zum Anschauen von Onlinevideos liefert weitere Belege dafür, wie Fortschritte in Medien- und Netzwerktechnologien unsere Geduld mindern. Shunmuga Krishnan und Ramesh Sitaraman untersuchten eine riesige Datenbank, die 23 Millionen Videoaufrufe von fast sieben Millionen Menschen dokumentierte. Sie stellten fest, dass Menschen nach einer Verzögerung von zwei Sekunden in Scharen beginnen, ein Video abzubrechen. Das wird niemanden überraschen, der nach dem Anklicken des Startknopfs auf den Beginn eines Videos warten musste. Interessanter ist die Feststellung einer kausalen Verbindung zwischen höheren Verbindungsgeschwindigkeiten und höheren Abbruchraten im Rahmen der Untersuchung. Jedes Mal, wenn ein Netzwerk schneller wird, werden wir kribbeliger. Mit anderen Worten: Während wir online schnellere Informationsflüsse erleben, werden wir zu ungeduldigeren Menschen. Aber das ist nicht nur ein Netzwerkeffekt. Das Phänomen wird durch das ständige Gesumm von Facebook, Twitter, SMS und sozialen Netzwerken im Allgemeinen verstärkt. Der »Aktivitätsrhythmus« der Gesellschaft war noch nie so gehetzt. Ungeduld ist eine Seuche, die sich von Gerät zu Gerät weiter ausbreitet.

All dies ist von offensichtlicher Bedeutung für jeden, der mit Onlinemedien zu tun hat oder in aktiven Datenzentren arbeitet. Es hat aber auch Implikationen dafür, wie wir alle denken, Kontakte knüpfen und ganz allgemein leben. Wenn

wir annehmen, dass Netzwerke auch weiterhin schneller werden – eine ziemlich sichere Wette –, dann können wir auch zu
dem Schluss kommen, dass wir immer ungeduldiger werden,
immer intoleranter schon bei einer Verzögerung von Mikrose-
kunden zwischen Aktion und Reaktion. Infolgedessen sinkt
die Wahrscheinlichkeit, dass wir irgendetwas erleben, das von
uns verlangt zu warten und uns nicht augenblicklich belohnt.
Das hat kulturelle sowie auch persönliche Konsequenzen. Die
größten Werke der Menschen – in Kunst, Wissenschaft, Politik – erfordern in der Regel Zeit und Geduld, sowohl um geschaffen als auch um gewürdigt zu werden. Die tiefsten Erfahrungen können nicht in Sekundenbruchteilen ausgelotet
werden.

Es ist nicht sicher, ob ein durch Technik induzierter Verlust
der Geduld auch dann noch fortbesteht, wenn wir die Technik
nicht benutzen. Aber ich würde vermuten (aufgrund dessen,
was ich bei mir selbst und anderen sehe), dass unser Zeitsinn
sich tatsächlich dauerhaft verändert. Digitale Technologien
trainieren uns darauf, ein deutlicheres Bewusstsein und eine
größere Abneigung gegenüber Verzögerungen aller Art zu entwickeln – und vielleicht auch darauf, intoleranter gegenüber
Augenblicken zu sein, die ohne die Ankunft neuer Reize vergehen. Da unsere Zeiterfahrung so wichtig für unsere Lebens-
erfahrung ist, halte ich es für offensichtlich, dass diese Formen
von technikinduzierten Veränderungen unserer Wahrnehmung
ausgedehnte Folgen haben können. Auf jeden Fall scheint das
etwas zu sein, worüber man sich Sorgen machen sollte, wenn
man die Zeit dazu aufbringen kann.

# Sarah-Jayne Blakemore
## Das Teenager-Gehirn

Forschungsstipendiatin der Royal Society und Professorin für
kognitive Neurowissenschaft am University College London;
Koautorin (mit Uta Frith) von *Wie wir lernen: Was die
Hirnforschung darüber weiß*

Bis vor etwa 15 Jahren wurde weithin angenommen, dass der
Großteil der Gehirnentwicklung in den ersten Lebensjahren
stattfindet. Aber jüngere Untersuchungen des menschlichen
Gehirns haben gezeigt, dass viele Hirnregionen durch die gesamte Adoleszenz hindurch und auch noch danach eine ausgedehnte Entwicklung durchlaufen. Dieser Erkenntnisfort-
schritt hat alte Sorgen intensiviert und Anlass zu neuen
gegeben. Es ist äußerst beunruhigend, dass so viele Teenager
auf der Welt keinen Zugang zu Bildung haben, während sich
ihr Gehirn immer noch entwickelt und von der Umwelt geformt wird. Wir sollten uns auch darüber Sorgen machen,
dass wir nur ein mangelndes Verständnis davon haben, wie
unsere sich rasch verändernde Welt das sich entwickelnde
Teenager-Gehirn formt.

Die jahrzehntelange Erforschung der frühen Neuroentwick-
lung hat gezeigt, dass die Umwelt die Gehirnentwicklung beeinflusst. In den ersten Lebensmonaten oder -jahren muss ein
Lebewesen bestimmten visuellen oder auditiven Reizen ausgesetzt werden, damit sich die entsprechenden Hirnzellen und
Verbindungen entwickeln; auf diese Weise werden die neuronalen Schaltkreise ausgebildet. Diese Forschungen haben sich
zum größten Teil auf die frühe Entwicklung der sensorischen

Gehirnregionen konzentriert. Wie steht es aber mit der späteren Entwicklung von höherstufigen Gehirnregionen, wie etwa dem präfrontalen und dem parietalen Kortex, die am Treffen von Entscheidungen, an inhibitorischer Steuerung und Planung sowie am sozialen Verständnis und Selbstbewusstsein beteiligt sind? Wir wissen, dass diese Gehirnregionen sich auch weiterhin während der gesamten Adoleszenz entwickeln; wir wissen jedoch nur sehr wenig darüber, wie Umweltfaktoren das sich entwickelnde Teenager-Gehirn beeinflussen. Darüber sollten wir uns Sorgen machen.

Eine Längsschnittuntersuchung, die vor kurzem in Dunedin durchgeführt wurde, erbrachte Hinweise darauf, dass die Adoleszenz eine Zeit der Hirnentwicklung darstellt, die besonders empfänglich ist für Input aus der Umwelt. Diese Untersuchung zeigte, dass der fortdauernde Genuss von Cannabis im Jugendalter nachhaltige negative Folgen für ein breites Spektrum kognitiver Fähigkeiten im Erwachsenenalter hat. Das war *nicht* der Fall, wenn der Genuss von Cannabis nach dem achtzehnten Lebensjahr begann. Könnte dasselbe auch für andere Umweltfaktoren gelten – Alkohol, Tabak, Drogen, Ernährung, Medikamente, Internet, Spiele? Alle diese Dinge beeinflussen wahrscheinlich das in Entwicklung begriffene Gehirn. Die Frage ist jedoch, wie, und darauf haben wir einfach keine Antwort.

Es herrscht große Beunruhigung über die vielen Stunden, die manche Teenager online und mit Videospielen verbringen. Aber vielleicht sind all diese Sorgen fehl am Platz. Schließlich haben sich die Menschen zu allen Zeiten Sorgen über die Auswirkungen neuer Technologien auf den Geist der nächsten Generation gemacht. Als die Druckerpresse erfunden wurde, gab es die Befürchtung, dass das Lesen den jungen Geist verderben könnte, und dieselben Bedenken wurden angesichts der Erfindung von Radio und Fernsehen wiederholt. Vielleicht sollten wir uns überhaupt keine Sorgen machen. Es ist möglich, dass das sich entwickelnde Gehirn der heutigen Teenager das anpassungsfähigste, kreativste Multitasking-Gehirn sein wird, das je existierte. Es gibt – von Erwachsenen – Belege dafür, dass Videospiele eine ganze Bandbreite kognitiver Funktionen verbessern, wie etwa geteilte Aufmerksamkeit und das Arbeitsgedächtnis sowie die Sehschärfe. Viel weniger wissen wir darüber, wie Spiele, soziale Netzwerke etc. das sich entwickelnde, jugendliche Gehirn beeinflussen. Wir wissen nicht, ob die Auswirkungen neuer Technologien auf das sich entwickelnde Gehirn positiv, negativ oder neutral sind. Wir müssen es herausfinden.

Die Adoleszenz ist ein Lebensabschnitt, in dem das Gehirn formbar ist, und sie bietet eine gute Gelegenheit zum Lernen und für die soziale Entwicklung. UNICEF zufolge haben jedoch 40 Prozent der Teenager auf der Welt keinen Zugang zu höherer Schulbildung. Der Prozentsatz von Mädchen, denen dieser Zugang fehlt, ist noch weit höher, obwohl es starke Belege dafür gibt, dass die Erziehung von Mädchen in Entwicklungsländern viele bedeutende Vorteile für die Gesundheit der Familie, die Bevölkerungswachstumsraten, hinsichtlich der Kindersterblichkeits- und HIV-Raten genauso wie für die Selbstachtung und die Lebensqualität von Frauen zur Folge hat. Die Adoleszenz stellt eine Zeit der Gehirnentwicklung dar, die für Unterricht und Ausbildung besonders vorteilhaft ist. Ich mache mir Sorgen darüber, dass wir die Chance verpassen, den Teenagern auf der Welt Zugang zu Bildung zu verschaffen.

# Benjamin Bergen
## Wer hat Angst vor den großen bösen Wörtern?

Außerordentlicher Professor an der Abteilung für Kognitions-
wissenschaft der University of California in San Diego; Autor
von *Louder than Words: The New Science of How the Mind
Makes Meaning*

Am Donnerstag, dem 30. Oktober 1973, brachte ein New Yorker Radiosender gegen zwei Uhr nachmittags einen Monolog
des Komikers George Carlin, der die sieben Wörter, die angeblich nicht im öffentlichen Äther erlaubt sind, aufzählte
und in mannigfachen Details ausmalte. Kurz danach erlegte
die FCC (Federal Communications Commission) dem Radiosender Sanktionen für die Sendung auf, die sie für »anstößig«
und »offenkundig beleidigend« hielt. Fünf Jahre später bestä-
tigte der Oberste Gerichtshof der USA ihre Entscheidung. Mit
anderen Worten, der höchste Gerichtshof im Lande befand, dass
bestimmte Wörter so gefährlich seien, dass sogar das Verfas-
sungsrecht der Redefreiheit aufgehoben werden musste. Warum nur?

Wegen der Kinder natürlich. Man wollte die Kinder schützen. Dem Obersten Gerichtshof zufolge bestand das Problem
mit Carlins Programm darin, dass die obszönen Wörter, Wörter, die Geschlechtsakte und Ausscheidungsfunktionen bezeichnen, »einen tieferen und nachhaltigeren Effekt auf ein
Kind als auf einen Erwachsenen haben dürften«.

Viele von uns haben Angst davor, Kinder mit Tabuwörtern
in Berührung kommen zu lassen, und zwar aufgrund der gleichen Vorstellung – dass bestimmte Wörter irgendwie den jun-

gen Geist schädigen können. Und das Wohl der Kinder, stünde es tatsächlich in Gefahr, wäre ganz gewiss ein guter Grund, um die Redefreiheit zu begrenzen. Aber das Problem ist, dass die Voraussetzung des Gerichtshofs – dass Kinder durch ausgewählte Tabuwörter geschädigt werden können – keine empirische Prüfung übersteht. Tatsächlich gibt es keine Wörter, die so furchtbar und so grauenhaft obszön sind, dass ihr bloßes Gehört- oder Ausgesprochenwerden irgendeine Gefahr für junge Ohren darstellt.

Tabuwörter an sich stellen keine schädliche Bedrohung dar. Die bloße Bezugnahme auf Körperteile oder ihnen zugeordnete Handlungen schädigen kein Kind. Tatsächlich können die Dinge, auf die sich Tabuwörter beziehen, genauso gut identifiziert werden, indem man Wörter verwendet, die in einem medizinischen Kontext oder für den Gebrauch vor Kindern für geeignet gehalten werden. Und nichts am Klang der Wörter selbst beleidigt das auditive System des Kindes. Enge phonologische Nachbarn der Tabuwörter »shit« und »fuck« wie etwa »fit« (passen) und »shuck« (enthülsen) verunreinigen nicht das Innenohr.

Welche Wörter als verbotene ausgewählt werden, ist in der Tat ein willkürlicher, historischer Zufall. Wörter, die dem, der sie äußerte, einst einen Mund voll Seife beschert hätten – Ausdrücke wie »Zounds!« (Sapperlot!) oder »That sucks!« (Das kotzt mich an!) –, bringen den modernen Kenner kaum dazu, mit der Wimper zu zucken. Und umgekehrt wurden Wörter, die heute zu den obszönsten zählen, zu einer bestimmten Zeit gewöhnlich zur Bezeichnung der alltäglichsten Dinge verwendet, wie etwa Hähne oder Hündinnen. Nein, die einzige Gefahr, die Kinder laufen, wenn sie die Tabuwörter mit vier Buchstaben hören, die im öffentlichen Äther verboten sind, ist die geringe Wahrscheinlichkeit, dass sie dadurch ihr Vokabular erweitern. Und selbst diese Möglichkeit ist abwegig, wie jedermann bestätigen kann, der in letzter Zeit gehört hat, was auf einem Grundschulspielplatz vor sich geht.

Wenn also die Motion Picture Association of America Kindern verbietet, den Film *South Park* anzuschauen; wenn Eltern ihre Kinder anweisen, sich die Ohren zuzuhalten; und wenn die FCC Strafen für Radiosender festsetzt, dann schützen sie keine Kinder. Aber sie *haben* eine Wirkung. Paradoxerweise sind es just diese Handlungen, mit denen wir Kinder vor Wörtern schützen wollen, allen voran die Zensur, die bestimmten Wörtern ihre Macht verleihen. Und das ist vielleicht das beste Argument dafür, dass wir keine Angst haben sollten, Kinder mit Tabuwörtern in Berührung kommen zu lassen. Das ist das beste Mittel, um jegliche Bedrohung, die angeblich von ihnen ausgeht, zu beseitigen.

# Paul Saffo
# Der Kampf zwischen Ingenieuren und Druiden

Technologieprognostiker; Gastprofessor an der School of
Engineering der Stanford University

Es gibt zweierlei Arten von Narren: der eine sagt, dies ist
alt und daher gut, und der andere sagt, dies ist neu und daher
besser. Der Streit zwischen beiden ist zwar so alt wie die
Menschheit selbst, aber der exponentielle Fortschritt der Technik hat die Spaltung tiefer und erbitterter denn je werden lassen. Meine größte Befürchtung ist, dass diese Spaltung die
vernünftige Anwendung technologischer Neuerungen, die
die größten Probleme der Menschheit lösen sollen, vereiteln
wird.

Die beiden Lager, die diese Spaltung ausmachen, brauchen
einen Namen – »Druiden« und »Ingenieure« wird angemessen sein. Die Druiden machen geltend, dass wir die Geschwindigkeit zurücknehmen müssen sowie die Schädigungen und
Störungen ausbügeln, die zwei Jahrhunderte der Industriali-
sierung hervorgebracht haben. Die Ingenieure plädieren für
das Gegenteil: Wir können unsere gegenwärtigen Probleme
nur mit der heroischen Anwendung technischer Neuerungen
überwinden. Die Druiden argumentieren für eine Rückkehr
zur Vergangenheit; die Ingenieure drängen uns zur Flucht in
die Zukunft.

Die Spaltung zwischen Druiden und Ingenieuren lässt sich
in nahezu jedem Bereich feststellen, der von Technik berührt
wird. Die Druiden mahnen ein Verbot von GMOs (genetisch
modifizierte Organismen) an; die Ingenieure verlangen un-

geduldig die Schaffung synthetischer Organismen. Umwelt-
druiden streben nach dem, was der verstorbene David Brower
»Nationalpark Erde« nannte, während die Ingenieure sich ein
Beispiel an den Planeten entwerfenden Magratheern in Dou-
glas Adams' *Per Anhalter durch die Galaxis* nehmen und eine
bessere Erde machen würden, indem sie alle beschädigten
Teile reparierten. Transhumanisten und Singularitaner sind
Ingenieure; die Animal Liberation Front und Ted Kaczynski
sind Druiden. In der Politik sind die Libertarier Ingenieure,
während die Grünen Druiden sind. Bei den Religionen sind die
christlichen Fundamentalisten Druiden und die Scientologen
Ingenieure.

Die Kluft zwischen Druiden und Ingenieuren lässt die Spaltung zwischen C. P. Snows zwei Kulturen wie ein Riss in einem
Bürgersteig erscheinen. Die beiden Lager vertreten nicht nur
zwei unterschiedliche Weltauffassungen, sondern sprechen
auch kaum die gleiche Sprache. Der kürzliche Versuch, die
Kohlenstoff-Aufnahmekapazität des Meeres zu erhöhen, indem man Eisenstaub in den Pazifik vor British Columbia
schüttete, faszinierte zwar die Ingenieure, alarmierte aber
die Druiden, die das als einen Akt absichtlicher Umweltver-
schmutzung betrachteten. Angesichts von Ungewissheit oder
Krisen drücken Ingenieure instinktiv aufs Gas, während Druiden auf die Bremse treten.

Die Allgegenwart der Spaltung zwischen Druiden und Ingenieuren und die verbissene Leidenschaft, die beide Seiten
demonstrieren, erinnert mich an jenen alten Krieger-Dichter
Archilochus und seine Unterscheidung zwischen dem Igel
und dem Fuchs, die von Isaiah Berlin wiederbelebt und weiter-
entwickelt wurde. Die Erfahrung konditioniert uns darauf, Ingenieure oder Druiden zu sein, ebenso wie sie uns in Igel oder
Füchse verwandelt. Ingenieure neigen dazu, von Physik und
Ingenieurskunst durchdrungene Technokraten zu sein. Die
Druiden sind von Anthropologie, Biologie und den Geowis-
senschaften geprägt. Ingenieure sind Optimisten: Alles lässt
sich in Ordnung bringen, wenn man genügend geistige Ener-

gie, Mühe und Geld aufwendet. Die Druiden sind Pessimisten: Egal, wie großartig die Konstruktion auch sein mag, alles rostet, verfällt und löst sich schließlich in Staub auf.

Vielleicht handelt es sich um eine noch tiefer sitzende Neigung. Vor einigen Jahren verkündete die fünfjährige Tochter eines befreundeten Risikoanlegers, als sie eine ungewohnte Speise auf dem Familientisch entdeckt hatte: »Das ist neu, und ich mag es nicht.« Für die angehende Druidin wurde dies während ihrer gesamten Grundschulzeit zu ihrem Motto – und soweit ich weiß, ist es das heute noch.

Wir leben in einer Zeit, in der bei jeder Debatte der einsamste Ort die Mitte ist, und der Streit um die Rolle der Technik in unserer Zukunft stellt keine Ausnahme dar. Der unerbittliche Ansturm technischer und anderer Neuheiten drängt Einzelpersonen wie Institutionen dazu, entweder Ingenieure oder Druiden zu werden. Das ist ein Druck, dem wir uns widersetzen müssen, denn entweder ein Druide oder ein Ingenieur zu sein bedeutet, ein Narr zu sein. Die Druiden können die Vergangenheit nicht wieder zum Leben erwecken, und die Ingenieure können keine Technologien entwerfen, die keine verborgenen Gefahren in sich tragen.

Die Lösung besteht darin, uns den Weg zur Mitte zurückzukämpfen, und ein guter Ausgangspunkt besteht darin, seine eigenen Druiden- bzw. Ingenieursneigungen auszumachen. Ungeprüfte Neigungen steigern sich zu einer gefährlichen Voreingenommenheit, aber sobald man sie kennt, kann dieselbe Neigung zur Grundlage einer mächtigen Intuition werden. Was ist Ihre instinktive Reaktion auf etwas Neues? Ist Ihre Grundeinstellung Vorfreude oder Ablehnung? Nehmen wir selbstfahrende Autos auf den Straßen: Druiden befürchten, dass Roboterautos unsicher sind; Ingenieure fragen sich, warum man Menschen überhaupt das Autofahren gestattet.

Meine Sorge ist, dass die kollektiven Geister sich im Schneckentempo verändern, während die Technik sich mit exponentiell wachsender Geschwindigkeit fortbewegt. Ich befürchte, dass wir die Mitte nicht rechtzeitig wiederentdecken werden, um uns vor unseren unzähligen Torheiten zu retten. Mein innerer Ingenieur ist sicher, dass ein neues planetares Mem eintreffen und jedermann zu Verstand bringen wird, aber mein düsterer Druide sagt mir, dass wir Glück haben, wenn wir uns durchwursteln können, ohne uns umzubringen oder ein neues Mittelalter einzuleiten. Ich werde froh sein, wenn beide ein wenig recht haben – und etwas danebenliegen.

# Evgeny Morozov
# »Smart«

Redakteur von *The New Republic*; freier Leitartikelautor;
Autor von *Smarte neue Welt: Digitale Technik und die Freiheit des Menschen*

Ich mache mir Sorgen darüber, dass unsere Fähigkeit abnimmt, zwischen wichtigen und trivialen oder gar nicht existierenden Problemen zu unterscheiden, während das Problemlösungspotenzial unserer Technologien zunimmt. Nur weil wir »smarte« Lösungen haben, um jedes einzelne Problem unter der Sonne zu lösen, heißt das doch nicht, dass alle diese Probleme auch unsere Aufmerksamkeit verdienen. Tatsächlich sind manche davon wahrscheinlich überhaupt keine Probleme. Dass manche sozialen und persönlichen Situationen heikel, unvollkommen, verschwommen, undurchsichtig oder risikoreich sind, könnte eine Folge ihrer Gestaltung sein. Oder wie die Computerfreaks gerne sagen, manche Programmierfehler sind keine Fehler, sondern charakteristische Merkmale.

Ich beschäftige mich mit den unsichtbaren Kosten »smarter« Lösungen teilweise deshalb, weil die Querdenker aus dem Silicon Valley uns nicht belügen: Technologien werden nicht nur leistungsfähiger, sondern auch allgegenwärtiger. Früher dachten wir, die digitalen Technologien würden irgendwie in einer Art von Nationalpark existieren; zuerst nannten wir diesen imaginären Ort »Cyberspace«, dann gingen wir zu der neutraleren Bezeichnung »Internet« über. Erst in den letzten Jahren, mit der Verbreitung der Dienste zur Geolokalisierung, selbstfahrender Autos und smarter Brillen, haben wir erkannt, dass solche Nationalparks vielleicht ein Mythos waren und die digitalen Technologien überall anzutreffen sind: in unseren Kühlschränken, auf unseren Gürteln, in unseren Büchern, in unseren Abfalleimern.

Diese ganze smarte Großartigkeit wird unsere Umwelt plastischer und programmierbarer machen. Sie wird uns auch in Versuchung führen, alle Unvollkommenheiten aus unseren Interaktionen, sozialen Institutionen und der Politik per Design auszumerzen – einfach deshalb, weil wir dazu in der Lage sind! Warum sollten wir ein teures System zur Durchsetzung von Gesetzen haben, wenn wir smarte Umwelten entwerfen können, in denen keine Verbrechen begangen werden, einfach weil jene Menschen, die für »risikoreich« gehalten werden – welche Einschätzung zweifellos auf ihren Onlineprofilen beruht –, vom Zugang ausgeschlossen werden, und damit gar nicht in der Lage sind, überhaupt Verbrechen zu begehen? Wir sind also mit einem Dilemma konfrontiert: Wollen wir ein gewisses Maß an Verbrechen oder gar kein Verbrechen? Was würden wir – als Demokratie – in einer Welt ohne Verbrechen verlieren? Würden unsere Debatten leiden, wenn die Medien und Gerichte die juristischen Fälle nicht mehr überprüfen würden? Das ist eine wichtige Frage, und ich fürchte, dass das Silicon Valley mit seinem Hang zur Effizienz und Optimierung sie möglicherweise nicht richtig beantwortet.

Oder nehmen wir ein anderes Beispiel: Wenn wir durch die richtige Kombination von Mahnungen, Anstößen und virtuellen Auszeichnungen Menschen dazu bewegen können, »perfekte Staatsbürger« zu sein – Abfall zu recyceln, wählen zu gehen, sich um die städtische Infrastruktur zu kümmern –, sollten wir die Möglichkeiten nutzen, die die smarten Technologien bieten? Oder sollten wir vielleicht akzeptieren, dass Nachlässigkeit und Müßiggang in kleinen Dosen produktiv sind und Räume eröffnen, in denen man sich immer noch mit Überlegungen und moralischen Argumenten an die Staatsbürger wenden kann, und nicht nur mit dem Versprechen eines höheren Rabatts beim Einkauf, der freundlicherweise von ihrer Smartphone-App zur Verfügung gestellt wird?

Wenn Problemlöser Sie mit Hilfe eines Spiels zur Wiederverwertung von Abfall bewegen könnten, würden sie sich dann überhaupt mit dem weniger effektiven Weg aufhalten, Sie mit moralischen Überlegungen zu konfrontieren? Der Unterschied ist, dass jene Leute, die Punkte in einem Spiel gewinnen, am Ende vielleicht gar nichts über das »Problem« wissen, das sie lösten, während jene, die ein Argument durchdacht haben, eine winzige Chance hätten, die Komplexität des Problems zu erfassen und etwas zu tun, das in den kommenden Jahren von Bedeutung wäre, und nicht nur heute.

Leider führen smarte Lösungen nicht automatisch zu smarten Problemlösern. Tatsächlich dürfte das Gegenteil richtig sein: Geblendet durch die Großartigkeit unserer Werkzeuge könnten wir vergessen, dass manche Probleme und Unvollkommenheiten einfach nur der normale Preis dafür sind, dass wir den Gesellschaftsvertrag akzeptieren, mit anderen Menschen zusammenzuleben, sie mit Respekt zu behandeln und sicherzustellen, dass wir bei unserem gegenwärtigen Streben nach einer vollkommenen Gesellschaft Veränderungen nicht ausschließen. Veränderungen finden gewöhnlich in wilden, chaotischen und unvollkommen entworfenen Umgebungen statt; sterile Umgebungen, wo jedermann zufrieden ist, sind nicht bekannt für Innovation, weder für technologische noch für gesellschaftliche. Wenn es um smarte Technologien geht, dann gibt es so etwas wie »zu smart«, und das ist nicht schön.

# David Pizzaro
## Das Erlahmen des technischen Fortschritts

Außerordentlicher Professor für Psychologie an der Cornell
University *aus der Band der...*

Es wird immer deutlicher, dass menschliche Intuitionen – insbesondere unsere gesellschaftlichen und moralischen Intuitionen – wenig geeignet sind, mit dem schnellen Tempo technischer Innovation Schritt zu halten. Wir sollten uns Sorgen darüber machen, dass dies die Annahme von Technologien behindern wird, die ansonsten einen praktischen Nutzen für die Einzelperson und einen großen Nutzen für die Gesellschaft hätten. Folgendes ist ein Beispiel dafür: Mein E-Mail-Anbieter ist schon seit langem in der Lage, aufgrund des Inhalts meiner E-Mails gezielte Werbung zu generieren. Aber er kann jetzt auch einen Termin für ein bevorstehendes Treffen vorschlagen, das in einer E-Mail erwähnt wurde, meinen Aufenthaltsort verfolgen, während der Termin näher rückt, mich darauf hinweisen, wann ich aufbrechen soll, und Fahranweisungen veranlassen, damit ich rechtzeitig dort ankomme.

Es hört sich natürlich an, wenn wir sagen, dass Google »meine E-Mails liest« und dass das Unternehmen »weiß, wo ich sein muss«. Wir können einfach nicht anders, als diese automatisierten Informationen durch die Brille unserer sozialen Intuitionen zu interpretieren, und wir sehen am Ende Handeln und Intentionalität, wo es nichts dergleichen gibt. Auch wenn wir wissen, dass keine menschlichen Augen unsere E-Mails gesehen haben, kann es sich eben doch gruselig anfühlen – als ob wir nicht ganz sicher wären, dass nicht doch jemand unser Zeug liest, uns verfolgt und möglicherweise hinter unserem Rücken über uns spricht. Es ist nicht verwunderlich, dass viele diese Dienste als Verletzung der Privatsphäre betrachten, auch wenn es keinen Akteur gibt, der die »Verletzung« vollzieht. Aus diesen Gründen hat die Annahme solcher Technologien gelitten.

Diese sozialen Intuitionen treten in Konflikt mit der Annahme von Technologien, die mehr als bloße Bequemlichkeit anbieten. Beispielsweise gibt es jetzt die Technologie für selbstfahrende Autos, verbunden mit der Aussicht, dass jedes Jahr Tausende von Menschenleben gerettet werden können, weil die Zahl der Verkehrsunfälle reduziert werden würde. Aber die Technologie beruht im Grunde auf der Fähigkeit, zu jeder Zeit den genauen Ort einer Person zu verfolgen. Das genau ist gruselig genug, dass viele Leute die Technologie wahrscheinlich meiden werden und sich für die riskantere Option entscheiden, selbst zu fahren.

Natürlich sind wir nicht notwendig den Launen unserer psychologischen Intuitionen ausgeliefert. Mit genügend viel Zeit können wir lernen, sie auszuschalten, wenn es nötig sein sollte (und wir lernen das auch). Ich zweifle jedoch daran, dass wir dazu schnell genug in der Lage sind, um mit dem gegenwärtigen Tempo technologischer Innovation Schritt zu halten.

Tim O'Reilly
# Der Aufstieg des Antiintellektualismus und das Ende des Fortschritts

Gründer und Firmenchef von O'Reilly Media

Viele Mitglieder der Techno-Elite, selbst diejenigen, die nicht komplett dem grenzenlosen Optimismus der Singularität anhängen, sehen die Vorstellung eines unaufhörlichen Fortschritts und Wirtschaftswachstums als etwas Selbstverständliches an. Als ehemaliger Altphilologe, der sich zum Technologen gewandelt hat, habe ich mit dem Schatten des Untergangs von Rom gelebt, dem Versagen seiner Verstandeskultur und der Stagnation, die die Welt des Abendlands während des überwiegenden Teils eines Jahrtausends erfasste. Was ich am meisten befürchte, ist, dass uns der Wille und die Voraussicht fehlen werden, um die Probleme der Welt direkt anzugehen, und wir uns stattdessen vor ihnen in Aberglauben und Unwissenheit zurückziehen.

Betrachten wir, wie im Jahre 375 n. Chr. der heilige Hieronymus nach einem Traum, in dem er dafür ausgepeitscht wurde, dass er »Ciceronianer« anstatt Christ war, sich dazu entschloss, die klassischen Autoren aufzugeben und sich auf christliche Texte zu beschränken, und wie im Jahre 415 die Christen von Alexandria die Philosophin und Mathematikerin Hypatia ermordeten – und werden wir uns dessen bewusst, dass das dunkle Zeitalter zumindest teilweise nicht etwas war, das von außen aufgezwungen wurde, ein Zusammenbruch der Zivilisation aufgrund einer Invasion von Barbaren, sondern eine Entscheidung, eine Abwendung von Wissen und Erkenntnis zu einer Art von religiösem Fundamentalismus.

Betrachten wir nun, wie konservative Elemente in der amerikanischen Religion und Politik sich weigern, wissenschaftliche Erkenntnisse zu akzeptieren, und ihre Gegner dafür ver-
spotten, dass sie »wirklichkeitsbasiert« sind, und fragen wir
uns: »Könnte es dieser Ideologie gelingen, die mächtigste Nation der Erde zu beherrschen? Und wenn das geschehen würde,
was wären dann die Konsequenzen für die Welt?«

Die Geschichte lehrt uns, dass konservative, rückwärts ge-
wandte Bewegungen häufig dann entstehen, wenn wirtschaftlicher Stress herrscht. Da die Welt mit Problemen konfrontiert ist, die vom Klimawandel bis zur demographischen Klippe
einer alternden Bevölkerung reichen, ist es klug, sich grund-
verschiedene Zukunftsszenarien vorzustellen. Ja, wir könnten
technologische Lösungen finden, die uns in ein neues golde-
nes Zeitalter mit Robotern, kollektiver Intelligenz und einer
Wirtschaft katapultieren, die um die »kreative Klasse« herum
konstruiert ist. Aber wenn es uns nicht gelingt, diese Lösungen schnell genug zu finden, ist es zumindest genauso wahrscheinlich, dass die Welt in Apathie, Zweifel an Wissenschaft
und Fortschritt und, nach einer Zeit düsteren Niedergangs, in
ein neues dunkles Zeitalter verfällt.

Kulturen scheitern. Wir haben noch nie eine gesehen, die
das nicht tat. Der Unterschied ist, dass die Fackel des Fortschritts in der Vergangenheit immer an eine andere Region der
Welt weitergegeben wurde. Aber jetzt haben wir zum ersten
Mal eine einzige, globale Kultur. Wenn sie scheitert, scheitern
wir alle gemeinsam.

# Timothy Taylor
## Armageddon

Archäologe; Professor für die Frühgeschichte der Menschheit an der Universität Wien; Autor von *The Artificial Ape: How Technology Changed the Course of Human Evolution*

Nun, da ich älter werde, schlage ich den Zeugen Jehovas oder den Mormonen nicht mehr die Tür vor der Nase zu. Ich zeige auch nicht auf das große Bild des geflügelten heiligen Johannes von Patmos (angeblicher Autor des Buchs der Offenbarung) oben an der Treppe und behaupte fälschlicherweise, ein bulgarischer Orthodoxer zu sein – ich finde es schwer, dabei keine Miene zu verziehen. Das letzte Paar junger Mormonen aus dem Mittleren Westen, die sich im fremden europäischen Land Europas aneinanderklammerten, hatte eindeutig weder von Bulgarien noch von der Orthodoxie gehört.

Mein Sinneswandel nahm Gestalt an, als zwei Zeugen Jehovas anklopften und fragten, ob ich Optimist sei. Ein echtes Lächeln glitt über mein Gesicht, als ich versicherte, ich sei einer. Derjenige, der das Gespräch führte (der andere war wie gewöhnlich der Lehrling), zückte ein Exemplar des *Wachtturms*, dessen Titelseite einen spektakulären Wolkenpilz zeigte, der mit der Schlagzeile »ARMAGEDDON!« geschmückt wurde. Er deutete an, dass mein lockerer Optimismus möglicherweise fehl am Platz sei.

Ich begann zu verstehen, worauf er hinauswollte, aber nicht von seinem Standpunkt aus. Für die Zeugen Jehovas geht Armageddon unmittelbar dem Jüngsten Gericht voraus und ist der prophezeite Endkampf gegen den Antichristen. Wahrscheinlich stammt der Name von der alten Stadt Megiddo in Israel – ein alttestamentliches Schlagwort für eine Region apokalyptischer Schlachten. Thutmosis III. von Ägypten schlug dort 1457 v. Chr. einen kanaanitischen Aufstand nieder, und 609 v. Chr. triumphierten die Ägypter noch einmal, als sie die Judäer der Eisenzeit besiegten. Megiddo ist ein strategischer Ort im doppelten Sinne: Lokal kontrolliert es beim Berg Karmel die Route von der östlichen Mittelmeerküste zum Jordantal; regional nimmt es einen relativ schmalen Streifen bewohnbaren Landes ein, der Afrika mit Eurasien verbindet.

Megiddo selbst besiedelten neolithische Bauern um 7000 v. Chr., aber das Gebiet war schon viel früher bewohnt. Ausgrabungen in der Höhle von Qafzeh haben Steinwerkzeuge, pigmentgefärbte Muschelornamente und die rituellen Grabstätten von mehr als einem Dutzend Menschen zutage gefördert, die vor 92000 Jahren gelebt haben. Die nahe gelegene Höhle von Tabun enthält Werkzeuge von *Homo erectus*, die eine halbe Million Jahre alt sind, und die bis zu 200000 Jahre alten Überreste von Neandertalern, einer anderen menschlichen Spezies, die schließlich mit Gruppen des anatomisch modernen *Homo sapiens* in Konkurrenz trat, die etwa zu der Zeit der Qafzeh-Grabstätten aus Afrika Richtung Norden vordrangen.

Diese Fakten zu unserer evolutionären und kulturellen Frühgeschichte, die durch internationale, interdisziplinäre Wissenschaftsprojekte nachgewiesen wurden, werden von Fundamentalisten schlichtweg abgelehnt. Der Erzbischof Ussher von Armagh etwa behauptete, Adam und Eva, die ersten Menschen, seien am sechsten Tag der Schöpfung, Ende Oktober 4004 v. Chr., direkt von Gott geschaffen worden (um dann am Montag, dem 10. November desselben Jahres, aus dem Paradies vertrieben zu werden). Nach den Berechnungen der Zeugen Jehovas ist die Welt über ein Jahrhundert älter und Adam bereits 4129 v. Chr. erschaffen worden. Doch keine der beiden Interpretationen räumt der frühen Agrarperiode von Meggido Zeit ein. Oder der biologischen Evolution. Oder der Plattentektonik. Oder auch nur irgendetwas anderem, das von den historischen Wissenschaften empirisch belegt wurde.

Wenn es sich einfach nur um eine Meinungsverschiedenheit hinsichtlich der Dauer der Vergangenheit oder der Prozesse handelte, die in ihr am Werke waren, wäre dies sicher nicht viel mehr als eine Frustration für Archäologen, Paläontologen und Geologen. Mir scheint aber, dass der Glaube an einen festgelegten und erst vor kurzem erfolgten Anfang der Welt ausnahmslos von dem Glauben an ein plötzliches und (in der Regel) nahe bevorstehendes Ende begleitet wird. Die Leugnung der Frühzeit und der Darwin'schen Evolution legt psychologisch die Form und den Rahmen jeder vorgestellten Zukunft fest. Und das hat Implikationen dafür, wie Einzelpersonen und Gemeinschaften Entscheidungen über den Umgang mit Ressourcen, mit der Artenvielfalt, zur Bevölkerungskontrolle und der Entwicklung von Technologien treffen.

Keines dieser Dinge ist für Armageddon-Anhänger von Bedeutung. Unter »Armageddon-Anhänger« verstehe ich – unabhängig von feinen Unterscheidungen in den Eschatologien oder im »Endzeitdenken« der einzelnen Glaubensrichtungen – einen Vertreter der Vorstellung, dass 1. alles auf wundersame Weise an einem bestimmten Punkt in der (nahen) Zukunft gelöst werden wird; dass 2. die Lösung ewige Gewinner und Verlierer schaffen wird; und dass es 3. im Leben wirklich nur darum geht, auf welcher Seite wir stehen, wenn die Schlacht (wie konkret oder abstrakt sie auch sein mag) beginnt. Eine baldige Armageddon-Schlacht wird von den Zeugen Jehovas, der islamischen Ahmadiyya-Gemeinschaft, den Siebenten-Tag-Adventisten, den christlichen Dispensationalisten, den Christadelphian-Anhängern und den Mitgliedern der Baháí-Glaubensgemeinschaft erwartet. Im weiteren Sinne wird die Vorstellung einer apokalyptischen Erneuerung am »Ende der Tage« von der Kirche Jesu Christi der Heiligen der letzten Tage, dem Islam, dem Judaismus und den meisten anderen Religionen geteilt (mit der bemerkenswerten Ausnahme des Zen-Buddhismus).

Ohne Frage sollten moralische Unterscheidungen zwischen Religionsanhängern getroffen werden, die Menschen in die Luft jagen und Abtrünnige zu Tode steinigen, und denen, die das nicht tun. Es gibt auch eine Unterscheidung zwischen Glaubenssystemen, die die Wissenschaft ganz und gar ablehnen, und jenen, die das nicht tun. Die katholische Kirche hat seit langem vermieden, Häretiker in einem *Autodafé* zu verbrennen, und sie lehnte nie Darwins Sichtweise der Evolution des Menschen ab: Bereits 1868 fand John Henry – später Kardinal – Newman sie potenziell mit dem Glauben vereinbar; seit 1950 hat sich allmählich eine positive Akzeptanz entwickelt. Aber der Katholizismus behält den festen Glauben an eine genau begrenzte Zukunft bei, die zum Jüngsten Gericht führt. Roms Widerstand gegen die Empfängnisverhütung steht damit im Zusammenhang; die Erde braucht nicht auf ewig erhalten zu werden, wenn alles erneuert werden wird.

Freilich können Wissenschaftler ebenso gut wie Priester Menschen Angst einjagen und ihnen verzweifelte Visionen des Weltuntergangs einreden. Wenn sie das tun, sollten sie sich nicht darüber wundern, wenn Menschen Optionen vorziehen, die eine Erlösung einschließen. Aber angesichts von Behauptungen, die empirischen Belegen zuwiderlaufen, können diejenigen unter uns, die dem Geist der Aufklärung huldigen, es sich nie erlauben, wegen »religiöser Empfindsamkeiten« abzuwiegeln, zu relativieren oder sich ihnen zu beugen, sei es aufgrund eines fehlplatzierten Taktgefühls oder eines Sinns für Selbsterhaltung (was angesichts der Strafen, die jetzt in einigen Rechtssystemen angewendet werden, ehrenhafter ist). Die Leugner der Wissenschaft werden umgekehrt keine Achtung gegenüber der Vernunft zeigen.

Wir sollten uns nicht über das Armageddon als Vorspiel zu einem imaginären göttlichen Tag des Jüngsten Gerichts Sorgen machen, sondern als eine bestimmte, fehlangepasste Geisteshaltung, die trotz einem noch nie dagewesenen Zugang zu wissenschaftlichem Wissen zu gedeihen scheint. Paradoxerweise könnte diese Geisteshaltung gerade *deswegen* gedeihen. Unwissenheit ist leicht, und Wissenschaft stellt hohe Ansprüche. Aufschlussreicher ist jedoch die Tatsache, dass die Wissenschaft Ideologen, die von ihren Anhängern verlangen, sie als unfehlbar zu betrachten, unmittelbar in Frage stellt, da sie weder auf Stammeszugehörigkeiten verpflichtet noch dogmatisch ist. Wir sollten den Glanz und den Einfluss von Anti-Wissenschafts-Ideologien nicht unterschätzen. Wenn sie unwidersprochen bleiben, könnten sie in ein neues intellektuelles dunkles Zeitalter münden.

So ist es in Nigeria geschehen, dessen bevölkerungsreicher Norden jetzt unter der unheilvollen islamistischen Ideologie von *ğamāʿat ahl as-sunna li-d-daʿwa wa-l-ğihād*, besser bekannt als Boko Haram (was ungefähr so viel bedeutet wie »Bücher sind verboten«), dahinsiecht. Boko Haram hält daran fest, dass wir eine flache, 6000 Jahre alte Erde bewohnen und dass die scheibenförmige Sonne, die kleiner ist, täglich über sie hinwegzieht. Häresie (wie z.B. der Glaube an die Evolution oder dass Regen auf Verdampfung basiert) kann zum Urteil der Abtrünnigkeit führen, und die wird mit dem Tod bestraft. Seit die Vernunft geflohen ist, kämpfen die Menschen zunehmend mit Mangelernährung, Dürreperioden und Krankheiten. Aber auch das wirkt im Sinne der Ideologie: In den Aufzeichnungen zu ihrem Tod beschreiben die Selbstmordattentäter von Boko Haram detailliert die Belohnungen eines Lebens nach dem Tod, die auf tragische Weise attraktiv erscheinen müssen.

Wenn ich dieser Tage auf der Türschwelle stehe, mit einem geflügelten apokalyptischen Evangelisten hinter mir und einem mit Anorak bekleideten Evangelisten vor mir, fühle ich mich verpflichtet, eine wissenschaftliche Weltsicht höflich, standhaft und klar zu übermitteln. Sogar mit Optimismus. Schließlich bin ich von der Armageddon-Vorstellung nicht so geknechtet, dass ich denke, ein kommendes intellektuelles dunkles Zeitalter, selbst ein globales, würde ewig dauern.

# Matt Ridley
## Aberglaube

Wissenschaftsautor; Gründungsvorsitzender des International Centre for Life; Autor von *Wenn Ideen Sex haben. Wie Fortschritt entsteht und Wohlstand vermehrt wird*

Ich mache mir Sorgen über den Aberglauben. Rationale Optimisten verwenden einen Großteil ihrer Energie auf die Entlarvung der Scharlatane, die mit falschen Gründen für Sorgen hausieren gehen. Ich mache mir also die meisten Sorgen über Leute, die andere dazu bringen, sich über die falschen Dinge Sorgen zu machen, über jene Leute, die sich die menschliche Anfälligkeit für Aberglauben und Panik zunutze machen, um uns Angst einzujagen und zu törichten Handlungen zu veranlassen: genetisch veränderte Lebensmittel zu verbieten, Kinder zu lehren, die Erde sei 6000 Jahre alt, die Bildung von Mädchen zu vereiteln, Barrieren gegen Einwanderer oder den Freihandel zu errichten, zu verhindern, dass fossile Treibstoffe den Druck von den Regenwäldern nehmen – solche Dinge.

Der Aberglaube kann zum Niedergang ganzer Kulturen beitragen. Beim Untergang Roms, im Ming-Reich oder unter dem Kalifat der Abbasiden spielte der Triumph des Glaubens über die Vernunft eine wichtige Rolle dabei, den relativen Niedergang des Lebensstandards in einen absoluten zu verwandeln. Mit Glauben meine ich Argumente, die sich auf Autoritäten berufen.

Es gibt einen besonderen Grund dafür, sich Sorgen zu machen, dass der Aberglaube heutzutage im Aufstieg begriffen ist – einen demographischen Grund. Wie Eric Kaufmann in seinem Buch *Shall the Religious Inherit the Earth?* dokumentiert, vermehren sich in allen wichtigen religiösen Gemeinschaften die Fundamentalisten schneller als die Gemäßigten: Sunniten, Schiiten, Juden, Katholiken, Protestanten, Mormonen, Amische. Der Unterschied ist groß und nimmt zu.

Zum Glück tun die Kinder nicht immer das, was ihre Eltern ihnen sagen. Millionen indoktrinierter fundamentalistischer Kinder werden gegen ihren Glauben rebellieren und sich Vernunft und Freiheit anschließen, besonders im Zeitalter des Internets, der Mobiltelefone und der sozialen Netzwerke. Es gibt aber auch noch einen anderen demographischen Trend: die sinkende globale Geburtenrate, wobei die Zahl der Kinder pro Frau in immer mehr Ländern auf zwei oder weniger abfällt. In einer Welt mit allgemein hohen Geburtenraten hätte ein Vermehrungsrausch unter Fundamentalisten keine große Bedeutung, aber in einer Welt mit niedrigen Geburtenraten könnten die Auswirkungen alarmierend sein. Wenn die weltlichen Leute sich nicht vermehren, während es die abergläubischen tun, werden Letztere bald dominieren.

Ich sorge mich nicht nur um den religiösen Aberglauben. Der wissenschaftliche Aberglaube scheint ebenfalls im Aufstieg begriffen zu sein, aber nicht aus demographischen Gründen. Die Wissenschaft als Institution hat im Gegensatz zur Wissenschaft als einer Philosophie ebenfalls seit langem eine Tendenz, Richtung Glaube – Argumente, die sich auf Autorität berufen – zu driften. Nehmen wir nur das Beispiel der Eugenik in der ersten Hälfte des letzten Jahrhunderts oder den Lysenkoismus in der Sowjetunion oder den Freudianismus oder die Obsession hinsichtlich Nahrungsfetten, die in den 1970er und 1980er Jahren keinen Widerspruch duldete. Dissidenten und Gemäßigte werden nur allzu oft von Fundamentalisten verdrängt, wenn Wissenschaft zum Politikum wird. Glücklicherweise hat die Wissenschaft eine Neigung zur Selbstkorrektur, weil sie auf verschiedene und miteinander konkurrierende Zentren verteilt ist. Fürchtet den Tag, wenn die Wissenschaft zentralisiert wird.

# Gregory Benford
## Ratten in einer Kugelfalle

Emeritierter Professor für Physik und Astronomie an der
University of California in Irvine; Sciencefiction-Autor von
*Anomalies*

Ein berühmtes Bild bringt unsere existentielle Lage zum Ausdruck: der blassblaue Punkt. Dieses Foto von der Erde, das das Raumfahrzeug *Voyager 1* 1990 aus einer Entfernung von sechs Milliarden Kilometern aufnahm, zeigte uns, wie klein wir sind. Was mir Sorgen macht, ist, dass dieser Punkt vielleicht alles ist, was wir je haben werden und für unbestimmte Zeit beherrschen können. Die Menschheit könnte zu etwas werden, das wie Ratten auf der Haut unserer kugelförmigen Welt klebt, die immer mehr einer Falle gleichen würde.

Stellen wir uns vor: Unser dynamisches Wachstum ist Geschichte und viele Ressourcen sind aufgebraucht ... Was geschieht also, wenn sie zu Ende gehen? Wertvolle Dinge wie Metalle, seltene Erden, Dünger und Ähnliches gehen schon zur Neige. Weitere werden auf die Liste kommen.

*Voyager* ist jetzt über 36 Jahre unterwegs, eine riesige Rendite für die Investition der Steuerzahler. Es ist die erste Raumsonde, die das Sonnensystem verlassen hat, und derjenige von Menschen hergestellte Gegenstand, der sich am weitesten von der Erde weg befindet. *Voyager* untersucht jetzt die Grenze zwischen unserem kleinen System und dem riesigen interstellaren Raum jenseits davon.

Es kann uns immer noch Bemerkenswertes über unsere drängendsten Probleme sagen, wie Carl Sagan betonte: »Man denke an die Ströme von Blut, die von all den Generälen und Kaisern vergossen wurden, damit sie in Ruhm und Triumph zu den kurzzeitigen Herren des Bruchteils eines Punktes werden konnten.« Sie kämpften um Ressourcen, die wir vielleicht in den nächsten 100 oder 200 Jahren aufbrauchen. Die Perspektive von *Voyager* legt auch eine Antwort nahe: Es gibt dort draußen ein ganzes Sonnensystem. Sagan erwog diesen Aspekt ebenfalls: »Zumindest in der nahen Zukunft gibt es keinen anderen Ort, zu dem unsere Spezies auswandern könnte. Besuchen ja, aber sich dort ansiedeln noch nicht.« Das gilt zwar immer noch, aber das riesige Sonnensystem kann uns helfen. Ich mache mir Sorgen, dass wir diese Chance verpassen werden.

Schließlich haben sich auch in der Vergangenheit große Kulturen von ihren Horizonten abgewendet. Im 15. Jahrhundert stoppte China Handels- und Entdeckungsreisen nach Afrika und Arabien aus Sorge, dadurch könnten Unruhe stiftende Elemente in seine Gesellschaft eingeführt werden. Seine neunmastigen Schiffe waren 100 Meter lang und brachten Tiere wie z. B. Giraffen nach China zurück, um den Kaiser zu erfreuen. China hätte Amerika entdecken und die Ozeane beherrschen können, aber es entschied sich, zu Hause zu bleiben.

Wir könnten in ein ähnliches Zeitalter eintreten. In diesem Jahrhundert wird unsere Bevölkerung zweifelsohne von den gegenwärtigen sieben Milliarden Seelen auf neun bis zehn Milliarden anwachsen. Der Klimawandel wird Volkswirtschaften und Staaten zerstören. Der Großteil der Menschheit hat einen großen wirtschaftlichen Ehrgeiz, der von unserer Welt nur schwer zu befriedigen sein wird. Da die Vereinigten Staaten Europa in seiner Entwicklung zu einem Anspruchsstaat nachahmen, werden sie weniger Energie zur Aufrechterhaltung der Weltordnung haben. Bei einer ständig zunehmenden Nachfrage nach Metallen, Energie, Nahrungsmitteln und allem anderen scheint es klar zu sein, dass wir Konflikte zwischen jenen erwarten können, die zu »kurzzeitigen Herren des Bruchteils eines Punktes« werden.

Aber an unserem Himmel sehen wir die Ressourcen, die den größten Teil der Menschheit unterstützen können. Da es jetzt Unternehmer gibt, die voller Energie sind, können wir plausible Horizonte und Lösungen sehen. SpaceX (Space Exploration Technologies Corporation), das von dem früheren PayPal-Unternehmer Elon Musk gegründet wurde, liefert jetzt Fracht zur Internationalen Raumstation. SpaceX war das ersten Privatunternehmen, das ein Raumschiff gestartet und erfolgreich wieder aus der Umlaufbahn zurückgebracht hat (am 8. Dezember 2010). Musk erklärte zu seinem umfassenderen Ziel, der wirtschaftlichen Erschließung des Weltraums: »Wir müssen herausfinden, wie wir die Dinge, die wir lieben, bewahren können, anstatt die Welt zu zerstören.« Die schwarze Weite über unseren Köpfen verspricht uns Orte, an denen unsere Industrie Ressourcen gewinnen, in der Schwerelosigkeit produzieren, bessere Kommunikationssysteme einrichten und vielleicht sogar Energie auf großen Solarfarmen ernten und zur Erde schicken kann. Es gibt schon Unternehmen, die so etwas planen: Bigelow Aerospace (Hotels in Umlaufbahnen), Virgin Galactic (Tourismus im nahen Orbit), Orbital Technologies (eine kommerziell produzierende Raumstation) und Planetary Resources, deren Ziel die Entwicklung einer mit Robotern betriebenen Minenindustrie auf Asteroiden ist.

Noch kaum zu erkennen ist ein Programm, das wir in diesem Jahrhundert verwirklichen können, um Katastrophen, jene Ströme von Blut und quälende Not zu vermeiden. Wir Amerikaner wissen aus unserer Geschichte besonders gut, wie man neues Territorium erschließt. Einst ermöglichten Kohle und Eisenbahnen einen Großteil der industriellen Revolution. Beides ging aus der Erfindung von Dampfmaschinen hervor. Kohle war der neue Wundertreibstoff, weit besser als Holz, wenn auch schwieriger zu gewinnen, und sie ermöglichte Volkswirtschaften im Maßstab eines Kontinents. Mit synergetischen Wirkungen trieb die Kohle Züge an, die ihrerseits Feldfrüchte, Menschenmassen und vieles mehr transportierten.

Eine ähnliche Synergie könnte bei der Erschließung der künftigen interplanetaren Wirtschaft eintreten, wobei dieses Mal Nuklearraketen mit der Robotertechnik vermählt werden. Diese könnten zusammenwirken, wenn Teams von Robotern mit Nuklearraketen an ferne Orte gebracht werden – und zwar in der Regel ohne Menschen, die die Effizienz beeinträchtigen würden. Die Montanindustrie und das Transportwesen haben das Spektrum der Rohstoffe, die der Menschheit zur Verfügung stehen, erweitert, und die Synergie von Raketen und Robotern könnte das wiederholen. Während solche Grundlagen im Weltraum entwickelt werden, können andere Geschäftszweige auf dieser Basis entstehen, darunter die Reparatur und Wartung von Roboter-Satelliten in entfernten Umlaufbahnen, der Abbau von Helium III auf dem Mond und der Metallabbau auf Asteroiden. Das Einfangen von Kometen im äußeren Sonnensystem, um flüchtige Stoffe zu gewinnen, wird es schließlich vielleicht ermöglichen, dass menschliche Wohnräume in ausgehöhlten Asteroiden, auf dem Mars und anderswo entstehen.

Nichts hat die Entwicklung der Weltraumeroberung mehr gebremst als der hohe Preis, den die Bewegung von Masse durch das Sonnensystem kostet. Die Nutzung zweier Phasen, um in eine nahe Erdumlaufbahn zu gelangen, könnte wesentliche Verbesserungen erzielen, und grundsätzlich könnte die richtige Antwort in Nuklearraketen liegen. Diese wurden seit den 1960er Jahren entwickelt und könnten noch weiter verbessert werden. Wenn man sie »kalt« in die Umlaufbahn hieven würde – d. h. bevor der nukleare Teil eingesetzt wird –, dann könnten Umweltprobleme durchaus vermieden werden. Flüssigtreibstoffe könnten separat hinaufgeflogen und dann an den eigentlichen Raketenantrieb angedockt werden. Anschließend kann das nukleare Segment den Treibstoff auf sehr hohe Temperaturen erhitzen. Von einem wirtschaftlichen Standpunkt scheint das die vielversprechendste Möglichkeit zu sein, eine interplanetare Wirtschaft zum Nutzen der Menschheit zu entwickeln.

Solche Ideen wurden im imaginären Labor der Science-fiction ausprobiert, wobei untersucht wurde, wie neue Technologien in einem zukünftigen menschlichen Kontext operieren könnten. Kim Stanley Robinsons 2012 erschienener visionärer Roman *2312* schildert eine solche Ökonomie im Sonnensystem. Unsere neugeborene unternehmerische Weltraumkultur entstand aus einer früheren Epoche, die den Weltraum als den zwangsläufigen nächsten Horizont betrachtete. Die aktuelle Wirklichkeit der Industrie hinterlässt bereits eine größere kulturelle Spur in Romanen, Filmen und vielen anderen Dingen. Wir haben wieder eine Weltraumära.

Sagan sprach oft davon, wie der Blick aus dem Weltraum uns eine Perspektive auf unsere Stellung im Kosmos verschaffte. Das begann 1968 mit der Umrundung unseres Mondes durch Apollo 8 und dem Blick zurück auf die Erde. Viele hatten beim Betrachten dieser Fotos das Gefühl, dass die zukünftige Erforschung des Weltraums sich auf Möglichkeiten konzentrieren sollte, wie man die Erde schützen und darüber hinaus menschliche Siedlungsbereiche ausweiten könnte. Sagan hatte die Idee, *Voyager* umzudrehen, um auf uns zurückzublicken, und empfahl uns in seinem Buch *Blauer Punkt im All: unsere Zukunft im Kosmos* eine breitere Perspektive einzunehmen.

Diese erste Entfaltung in den Weltraum hinein schlug einen Ton an, den wir uns zu eigen machen sollten. Am Ende mag die Geschichte einem Nullsummenspiel gleichen, das von Ressourcen beherrscht wird. Ein solches Spiel können wir nur gewinnen, wenn wir seine Voraussetzungen durchbrechen. Babylonische Astrologen meinten, dass die Sterne unser Schicksal regierten. Vor tausend Jahren waren die Gesellschaften weitgehend religiös und beteten für ihre Erlösung zum Himmel. Wir können unsere Zukunft jetzt ebenfalls dort suchen. Und es könnte eine Zeit kommen, in der wir das Schicksal der Sterne regieren.

# Seth Shostak
## Die Gefahr durch Außerirdische

Leitender Astronom am SETI-Institut; Autor von *Confessions of an Alien Hunter*

Die jüngste Beendigung eines Zyklus der Langen Zählung des Maya-Kalenders löste nicht den Weltuntergang aus. Es gibt jedoch seriöse Wissenschaftler, die sich Sorgen darüber machen, dass uns bald ein Armageddon bevorstehen könnte, das jedoch aus einer anderen Richtung droht – ein Angriff bösartiger Außerirdischer.

Die Bedenken bestehen darin, dass künftige Funkübertragungen ins All in der Absicht, uns mit mutmaßlichen Außerirdischen in Kontakt zu bringen, unsere Gegenwart leichtfertig einer kriegerischen Gesellschaft verraten und die Sicherheit der Erde in Gefahr bringen könnten. Der Physiker Stephen Hawking hat dieser schrecklichen Möglichkeit Gewicht beigemessen und darauf hingewiesen, dass wir vorsichtig mit Signalen umgehen sollten, die eine aggressive Reaktion seitens einer hochentwickelten Rasse von Außerirdischen auslösen könnten.

Das hört sich alles nach schlechter Sciencefiction an. Aber selbst wenn die Wahrscheinlichkeit einer Katastrophe gering ist, ist das, was auf dem Spiel steht, doch viel. Daher machen manche umsichtigen Forscher geltend, dass es am besten sei, auf Nummer Sicher zu gehen und unsere Funkübertragungen bei uns zu behalten. Tatsächlich dringen sie auf eine weltweite Politik der Zurückhaltung und relativen Ruhe. Sie würden das Anpeilen anderer Sternensysteme mit Übertragungen

von größerer Intensität als der üblichen Radio- und Fernseh-
signale, die zwangsläufig von unserem Planeten abgestrahlt
werden, verbieten.

Das klingt zwar nach einer harmlosen Vorsichtsmaßnahme,
und wer würde an einer kostengünstigen Versicherung gegen
die mögliche Auslöschung unserer Welt herumkritteln? Aber
das ist eine Sorge, die ich nicht teile. Mehr noch, ich glaube,
dass das Heilmittel tödlicher ist als die Krankheit. Sich über
die Gefahr von Signalübertragungen in den Himmel Sorgen zu
machen kommt einerseits zu spät und ist andererseits zu wenig. Schlimmer noch, es wird unsere Nachkommen für endlose Zeiten handlungsunfähig machen.

Seit dem Zweiten Weltkrieg haben wir ständig Hochfre-
quenzsignale ausgesendet, die die Ionosphäre der Erde leicht
durchdringen und in den Weltraum entweichen können. Viele
davon sind Fernseh-, UKW-Radio- und Radarsignale. Und trotz
der Tatsache, dass die Übertragungen mit der größten Intensität Leistungen von mehreren hunderttausend Watt oder mehr
aufweisen, schrumpfen sie doch bei Entfernungen, die in Lichtjahren gemessen werden, zu etwas schwach Statischem zusammen. Um sie zu entdecken, braucht man ein sehr empfind-
liches Empfangsgerät.

Als Beispiel für die Schwierigkeit stelle man sich eine Gesellschaft von Außerirdischen vor, die eine Antenne in Betrieb
hat, die mit dem Arecibo-Teleskop in Puerto Rico vergleichbar ist – 300 Meter im Durchmesser und das größte Einzelele-
ment-Radioteleskop auf der Erde. Diese Antenne wäre nicht
einmal in der Lage, unsere Fernsehsendungen auch nur aus
einer Entfernung wie von Proxima Centauri aufzufangen, das
mit 4,2 Lichtjahren unser nächster Sternennachbar ist. Und
es ist unwahrscheinlich, dass wir so nahe oder auch nur zehn-
oder zwanzigmal weiter entfernt kosmische Mitbrüder haben.
Astronomen wie Frank Drake und der verstorbene Carl Sagan
haben geschätzt, dass die nächsten Klingonen (oder was auch
immer die Spezies sein mag) mindestens ein paar hundert
Lichtjahre weit weg sind. Unsere Signalleckagen – wenn sie

schließlich doch so weit reichen würden – werden um Größenordnungen schwächer sein, als unsere besten Antennen entdecken könnten.

Solche Argumente scheinen den Rat der selbsternannten Verteidiger der Erde zu rechtfertigen, dass wir unsere gegenwärtigen Sendungen nicht zu fürchten brauchen; sie werden unentdeckbar schwach sein. Aber sie behaupten, dass wir uns um absichtliche, stark zielgerichtete (und daher mit hoher Intensität einhergehende) Signalübertragungen Sorgen machen sollten. Wir können uns zwar auch weiterhin an unseren Fernsehkomödien und Einkaufskanälen erfreuen, aber wir sollten jedem verbieten, in den galaktischen Dschungel zu rufen.

In dieser scheinbar plausiblen Überlegung gibt es eine ernstliche Schwachstelle. Jede Gesellschaft, die in der Lage ist, uns aus den Tiefen des Weltraums Schaden zuzufügen, befindet sich nicht auf unserem technologischen Niveau. Wir können zuversichtlich annehmen, dass eine Kultur, die die Fähigkeit besitzt, Kräfte in das Sternensystem von jemand anderem zu schicken, uns mindestens mehrere Jahrhunderte voraus ist. Diese Aussage gilt unabhängig davon, ob man glaubt, dass so hochentwickelte Wesen ein Interesse daran hätten, verheerende Schäden anzurichten. Wir sprechen bloß von der Fähigkeit, nicht von der Absicht.

Deshalb ist es vernünftig, davon auszugehen, dass alle derart hochentwickelten Wesen, die zum interstellaren Krieg ausgerüstet sind, Antennensysteme haben werden, die weit größer sind als unsere eigenen. In der zweiten Hälfte des 20. Jahrhunderts nahmen die größten Antennen, die von irdischen Radioastronomen konstruiert wurden, um einen Faktor von 10 000 hinsichtlich der Empfangsfläche zu. Die Leichtgläubigkeit wird kaum überanstrengt, wenn man annimmt, dass die Klingonen, deren technische Entwicklung uns Hunderte oder Tausende von Jahren voraus ist, Gerätschaften besitzen werden, die völlig geeignet sind, unsere Signalleckagen zu empfangen. Infolgedessen können wir kaum eine Garantie dafür haben, dass die Signale, die wir wohl oder übel in den Kosmos schicken – insbesondere unsere stärksten Radarsignale –, »sicher« sind.

Darüber hinaus wies von R. Eshleman, ein Ingenieur von der Stanford University, vor Jahrzehnten darauf hin, dass man durch die Verwendung eines Sterns als Gravitationslinse das Nonplusultra der Teleskoptechnik erreichen kann. Diese Vorstellung ist eine direkte Anwendung von Einsteins allgemeiner Relativitätstheorie, die vorhersagt, dass Masse den Raum krümmt und den Weg von Lichtstrahlen beeinflusst. Die Vorhersage ist sowohl richtig als auch nützlich: Gravitationslinseneffekte sind zu einer bevorzugten Technik von Astronomen geworden, die extrem entfernte Galaxien und dunkle Materie untersuchen.

Wie auch immer, es gibt einen Aspekt dieses Linseneffekts, der für die interstellare Kommunikation relevant ist: Stellen wir uns vor, dass ein (Radio- oder optisches) Teleskop auf eine Rakete gesetzt und dann zum Gravitationsbrennpunkt der Sonne geschickt wird – etwa zwanzigmal die Entfernung von Pluto. Wenn es auf die Sonne zurück ausgerichtet ist, wird die Empfindlichkeit des Teleskops in Abhängigkeit von der Wellenlänge Tausende oder Millionen von Malen gesteigert. Ein solches Instrument wäre in der Lage, sogar Signale von geringer Intensität (die weit schwächer sind als Ihr lokaler Top-Vierzig-UKW-Sender) aus einer Entfernung von 1000 Lichtjahren zu entdecken. Bei den Wellenlängen des sichtbaren Lichts würde diese Anlage die Straßenbeleuchtung von New York oder Tokio aus einer ähnlichen Entfernung ausmachen können. Daher ist es unbestreitbar, dass irgendwelche Außerirdischen mit der notwendigen Hardware für eine interstellare Kriegsführung in der Lage sein werden, Teleskope auf die vergleichsweise kleine Entfernung des Gravitationspunktes ihres Heimatsterns hochzuhieven.

Die Schlussfolgerung ist einfach: Es ist zu spät, um sich Sorgen darüber zu machen, den Außerirdischen Kunde von unserer Existenz zu geben. Diese Information ist bereits mit

Lichtgeschwindigkeit unterwegs, und außerirdische Gesellschaften, die unserer eigenen nur um weniges voraus sind, werden sie leicht bemerken. Bis zum 23. Jahrhundert werden sich diese Hinweise auf unsere Existenz über eine Million Sternensysteme verbreitet haben. Es hat keinen Zweck, sich darüber Sorgen zu machen, dass wir den Außerirdischen zu verstehen geben, dass wir da sind. Die Tat wurde bereits vollzogen, und der Brief ist in der Post.

Aber wie steht es mit einer Politik zur Begrenzung zukünftiger Signalleckagen? Wie wäre es, wenn wir die Kakophonie einfach eindämmen würden, damit wir nicht auch weiterhin unsere Gegenwart unverhohlen kundgeben? Vielleicht werden unsere Sendungen der letzten 50 Jahre sich irgendwie an den Außerirdischen vorbeischleichen.

Vergessen wir das. Die Dämpfung unserer Signale ist sowohl unmöglich als auch nicht ratsam. Die erstaunliche Fähigkeit eines Gravitationslinsenteleskops bedeutet, dass selbst jene Signalen mit schwacher Intensität, die in unserer modernen Gesellschaft allgegenwärtig sind, entdeckt werden könnten. Und würde man wirklich die Radaranlagen am Flughafen oder die Straßenlaternen abschalten wollen? Für immer?

Darüber hinaus wird unsere nahe Zukunft sicherlich viele technische Entwicklungen mit sich bringen, die für andere Gesellschaften zwangsläufig sichtbar sein werden. Man denke an Powersats – riesige Raster von Solarzellen auf einer Umlaufbahn um die Erde, die uns mit nahezu unbegrenzter Energie ohne schädliche Emissionen oder Umweltschäden beliefern könnten. Selbst in den besten Fällen würden solche Geräte mehrere hundert oder tausend Watt von Radiorauschen in den Weltraum zurückstreuen. Wollen wir solche nützlichen Technologien bis zum Ende aller Zeiten verbieten?

Ja, manche Leute machen sich Sorgen darüber, dass sie von den Bewohnern anderer Galaxien bemerkt werden – von Wesen, die unseren Lebensstil oder gar unsere Welt bedrohen könnten. Aber das ist eine Sorge ohne praktisches Heilmittel, und die Vorsichtsmaßnahmen, die manche von uns ergreifen wollen, versprechen mehr Übel als Gutes. Ich habe diese Sorge jedenfalls aufgegeben.

# William Poundstone
## Erweiterte Realität

Journalist; Autor von *Wie viele Golfbälle passen in einen Schulbus? So bestehen Sie jedes Assessment-Center: Die unglaublichsten Fragen und wie Sie kreativ darauf reagieren*

Ich mache mir Sorgen über die erweiterte Realität. Es handelt sich um eine reizvolle Technologie, deren Einsatz in den nächsten 20 Jahren absolut unvermeidlich zu sein scheint. Man wird Brillen tragen, die nicht wuchtiger als herkömmliche sind, oder vielleicht sogar Kontaktlinsen, und sie werden unserem Gesichtsfeld alle möglichen nützlichen Informationen einblenden. Das könnte beispielsweise eine interaktive Landkarte sein, ein Live-Nachrichten-Ticker oder Meldungen von Mitteilungen – alles, was man jetzt auf einen Bildschirm bringen kann.

Was jedoch den entscheidenden Unterschied ausmacht, sind nicht die lokalen und spezifischen Einblendungen (die wir ja schon haben), sondern die absolute Privatheit. Kein anderer würde wissen, ob Sie während eines Geschäftstermins Spielstände nachschauen oder im Unterricht Videospiele spielen. Diese Beispiele mögen zwar albern klingen, aber ich glaube nicht, dass sie es sind. Wie oft haben Sie Ihre Mitteilungen nicht gleich gelesen, weil es gesellschaftlich nicht ganz angemessen war, ein Telefon zu zücken? Mit den Datenbrillen wird es keine Hemmungen mehr geben.

Ich mache mir keine Sorgen um die Sicherheit – vielleicht werden bis dahin Autos selbst fahren. Ich mache mir Sorgen um eine Welt, in der jeder nur vorgibt, aufmerksam zu sein.

Unser Sozialleben beruht auf einer Voraussetzung, die immer schon zu sehr auf der Hand lag, um überhaupt formuliert zu werden, nämlich dass Menschen ihre Aufmerksamkeit den Menschen in ihrer unmittelbaren Umgebung zuwenden. Wenn man das nicht tat, war man unhöflich, geistesabwesend oder gar geisteskrank. Diese Beschreibungen werden in Zukunft auf uns alle zutreffen. Wir bewegen uns auf eine Malthus'sche Katastrophe zu. Die Bandbreite auf der Verbraucherebene wächst immer noch exponentiell, während unsere Fähigkeit, mit verführerischen Ablenkungen umzugehen, stabil ist oder bestenfalls arithmetisch wächst. Wir werden eine neue soziale Infrastruktur erfinden müssen, um das in den Griff zu bekommen, und ich mache mir Sorgen darüber, dass uns nicht mehr viel Zeit dafür bleibt.

# Steven Strogatz
## Zu viel Kopplung

Schumann-Professor für angewandte Mathematik an der Cornell University; Autor von *The Joy of* x: *A Guided Tour of Math, from One to Infinity*

In jedem Bereich, in dem wir als Kollektiv existieren – in der Gesellschaft, in der globalen Wirtschaft, im Internet –, erhöhen wir unbekümmert die Kopplung zwischen uns, ohne eine Ahnung davon zu haben, was daraus folgen könnte.

»Kopplung« bezieht sich auf die Fähigkeit eines Teils eines komplexen Systems, einen anderen Teil zu beeinflussen. Wenn ich hundert Metronome auf den Fußboden stelle und sie ticken lasse, werden sie alle ihrem eigenen Rhythmus folgen. Unter dieser Bedingung sind sie noch nicht gekoppelt. Da der Fußboden starr ist, können die Metronome die Vibrationen der anderen nicht spüren – zumindest nicht genug, damit sich daraus eine Wirkung ergibt. Stellen wir sie nun aber auf eine bewegliche Plattform wie z. B. den Sitz einer Kinderschaukel. Die Metronome werden beginnen, das Wackeln der anderen zu spüren; die Schaukel wird zu schwingen anfangen, zuerst nicht wahrnehmbar, aber doch genug, um jedes Metronom zu stören und seinen Rhythmus zu verändern. Schließlich wird sich das ganze System synchronisieren, so dass alle Metronome im Gleichklang ticken. Indem wir den Metronomen ermöglicht haben, durch die Vibrationen, die sie der beweglichen Plattform mitteilen, einen Einfluss aufeinander auszuüben, haben wir das System gekoppelt und seine Dynamik radikal verändert.

Das ist der allgemeine Trend bei allen Arten von komplexen

Systemen: Die Erhöhung der Kopplung zwischen den Teilen scheint zunächst recht harmlos zu sein. Aber dann, wenn die Kopplung einen kritischen Wert überschreitet, ändert sich plötzlich alles. Die genaue Beschaffenheit des veränderten Zustands lässt sich nicht leicht vorhersagen. Sie hängt von den Einzelheiten des Systems ab. Aber es handelt sich immer um etwas qualitativ Verschiedenes zum Vorhergehenden. Manchmal ist es wünschenswert, manchmal tödlich.

Ich mache mir Sorgen darüber, dass wir das Kopplungsspiel kollektiv mit uns selbst spielen. Mit unseren Mobiltelefonen, GPS-Geräten und sozialen Medien, mit der Globalisierung, mit dem kommenden Internet der Dinge werden wir enger denn je miteinander vernetzt. Gewiss, das mag gut sein. Eine größere Kopplung bedeutet, dass Kommunikation und Austausch schneller und leichter werden. Häufig können wir gemeinsam mehr als jeder für sich tun.

Aber die Mathematik deutet darauf hin, dass eine zunehmende Kopplung ein Sirenengesang ist. Zu viel davon macht ein komplexes System brüchig. In der Wirtschaft und im Geschäftswesen funktioniert die Weisheit der Menge nur dann, wenn die darin enthaltenen Individuen unabhängig oder nahezu unabhängig sind. Schwach gekoppelte Massen sind die einzig klugen.

Das menschliche Gehirn ist das am vorzüglichsten gekoppelte System, das wir kennen, aber die Kopplung zwischen verschiedenen Gehirnregionen wurde von der Evolution verfeinert, um die Raffinessen von Aufmerksamkeit, Gedächtnis, Wahrnehmung und Bewusstsein zu ermöglichen. Zu viel Kopplung bringt eine pathologische Synchronizität hervor, jene rhythmischen Zuckungen und den Verlust des Bewusstseins, die mit epileptischen Anfällen verbunden sind.

Sich verbreitende Schadprogramme, weltweite Pandemien, Flash-Crashs – das sind alles Symptome von zu viel Kopplung. Leider ist es schwer vorherzusagen, wie viel Kopplung zu viel ist. Wir wissen nur, dass wir mehr wollen und dass mehr besser ist … bis es eben nicht mehr besser ist.

# Scott Atran
# Die Homogenisierung der menschlichen Erfahrung

Anthropologe am CNRS in Paris; Autor von *Talking to the Enemy: Faith, Brotherhood, and the (Un)Making of Terrorists*

Vor mehr als einer halben Million Jahre begannen sich die Evolutionszweige der Neandertaler und der Menschen von unserem gemeinsamen Vorfahren *Homo erectus* abzuspalten. Die Neandertaler verbreiteten sich ausgehend von Afrika über Eurasien wie zuvor schon der *Homo erectus*. Aber unsere Vorfahren, die vor etwa 200 000 Jahren menschliche Gehirn- und Körperstrukturen zur Gänze erworben hatten, blieben in den Grassavannen und Dornbuschsteppen von Ost- und anschließend Südafrika hängen. Jüngste archäologische und DNS-Analysen deuten darauf hin, dass unsere Spezies vor nur 70 000 Jahren am Rande des Aussterbens stand, zusammengeschmolzen auf weniger als 2000 Seelen. Dann wurden sie, innerhalb eines geologischen Wimpernschlags, zu dem, was wir sind, latschen auf dem Mond herum und zählen Milliarden.

Wie geschah das? Es sind keine wirklichen Belege für eine dramatische Änderung der allgemeinen Anatomie des menschlichen Körpers und Gehirns oder grundlegender Fähigkeiten zu körperlicher Ausdauer und Wahrnehmung aufgetaucht. Der Schlüssel zu dieser erstaunlichen und verblüffenden Entwicklung könnte eine Mutation in der Recheneffizienz des Gehirns bei der Kombination und der Verarbeitung von Begriffen gewesen sein – eine rekursive Sprache des Denkens und der Theorie des Geistes –, was zu sprachlicher Kommunikation über mögliche Welten und zu einer wuchernden kulturellen Kooperation und Kreativität innerhalb und zwischen Gruppen führte, um besser mit anderen Gruppen zu konkurrieren.

Aus der dahinschwindenden Schönheit von Sandzeichnungen australischer Aborigines und amerikanischer Ureinwohner bis zu den großen Zikkuraten und Pyramiden des alten Mesopotamiens, Indiens und Mittelamerikas, deren Hauptzweck die Anregung der Vorstellungskraft war, und aus den Wildbeutern, Hirten, Bauern, Kriegern und Innovatoren Neu-Guineas, des Amazonas, Afrikas und Europas ging eine erstaunliche Vielfalt sozialer und intellektueller Formen hervor, die die Beziehungen zwischen den Menschen und der Natur beherrschten.

Zur Zeit Christi bevölkerten vier große benachbarte Gemeinwesen die mittleren Breiten Eurasiens entlang des Handelsnetzwerks, das als Seidenstraße bekannt ist: das Römische Reich; das Reich der Parther, dessen Zentrum in Persien und Mesopotamien lag; das Kuschana-Reich in Zentralasien und Nordindien und das Han-Reich in China und Korea. Entlang der Seidenstraße verwandelten sich Eurasiens drei universalistische Moralreligionen – Judentum, Zoroastrismus und Hinduismus – von ihren jeweiligen territorialen und Stammesursprüngen in die drei missionierenden, globalisierenden Religionen, die um die Loyalität unserer Spezies wetteifern: Christentum, Islam und Buddhismus. Die globalisierenden Religionen schufen zwei neue Begriffe im Denken des Menschen: die freie Entscheidung des Individuums und die kollektive Menschheit. Menschen, die nicht in diese Religionen hineingeboren worden waren, konnten im Prinzip ohne Ansehen der Volks-, Stammes- oder territorialen Zugehörigkeit wählen, ob sie dazugehören (oder draußen bleiben) wollten. Die Mission dieser Religionen bestand darin, die moralische Erlösung auf alle Völker auszudehnen, und nicht nur auf ein »Auserwähltes Volk«, das den anderen den Weg erleuchten würde.

Aufgrund ihrer Säkularisierung durch die europäische Aufklärung machten sich die großen quasireligiösen *Ismen* der neuzeitlichen Geschichte – Kolonialismus, Sozialismus, Anarchismus, Faschismus, Kommunismus, demokratischer Liberalismus – die Industrie und Wissenschaft zunutze, um im globalen Maßstab den menschlichen Imperativ der Kooperation zu Konkurrenzzwecken oder der massiven Tötung zur Rettung des Großteils der Menschheit fortzuführen.

Schon bald wird es von der Vielfalt menschlicher Kulturformen wahrscheinlich nur noch eine oder ein paar wenige geben. Das ist der Lauf der Evolution, sagen manche Wissenschaftler, denn im Kampf ums Dasein überleben nur erobernde oder isolierte Formen. Aber die Humanisten unter ihnen hoffen, dass mit umsichtigen intellektuellen und politischen Bemühungen Demokratie, Vernunft, Menschenrechte und das Glück in unserer einen, wechselseitig voneinander abhängigen Welt gedeihen werden. Doch die Wissenschaft lehrt uns auch, dass eine größere wechselseitige Abhängigkeit zu einer größeren Anfälligkeit für einen kaskadenartigen, katastrophalen Zusammenbruch führen kann, der durch einzelne, unvorhergesehene Ereignisse ausgelöst wird. Die beiden großen Weltkriege und die globalen Wirtschaftskrisen im letzten Jahrhundert könnten durchaus Indikatoren für weit größere zukünftige Risiken sein.

Rufe danach, die »Vielfalt zu dulden« und »die Natur zu respektieren« sind ein blasser Ausdruck der Erkenntnis des Problems. Die Anthropologie ist als eine Wissenschaft der Kulturen praktisch verschwunden, wobei der Schwerpunkt jetzt entweder auf der persönlichen Erfahrung an einem etwas exotischen Ort liegt, wie die nachdenkliche Betrachtung der eigenen Genitalien, wie die anderen es tun oder nicht tun, oder auf der kulturellen Dynamik des Alltäglichen, etwa wie Leute auf Bänken sitzen oder U-Bahn fahren. Die heutige Psychologie ist der Auffassung, dass der Vergleich beispielsweise zwischen amerikanischen und chinesischen Hochschulstudenten die Breite und Tiefe menschlicher Erfahrung reflektiert, obwohl die augenscheinlichen Unterschiede gewöhnlich durch eine bloße Änderung in der Beschreibung der Aufgabenstellung oder beim Rahmen ausgelöscht werden können (was nur darauf hinweist, dass man über etwas so oder so denken kann). Das sagt uns wenig über die wahre Reichweite und die Grenzen des menschlichen Denkens und Verhaltens. Und politische Korrektheit, die versucht, Toleranz durchzusetzen, erzeugt nur blinden Eifer im Hinblick auf Trivialitäten.

Während der Tod von Sprachen und Kulturen geometrisch voranschreitet und weitere Bemühungen zur Zähmung der Natur zu einer weiteren Entfremdung von ihr führen (einschließlich der Einrichtung von »Naturreservaten« und Bemühungen zur Kontrolle des Klimawandels), könnte es sein, dass unsere globale Kultur zu einem Gefährdungspunkt implodiert, der sich nicht so sehr von dem vor 70 000 Jahren unterscheidet, als die menschliche Erfahrung mit einem großen Knall begann.

# P. Murali Doraiswamy
# Homogenisieren wir das globale Bild von Normalität?

Professor für Psychiatrie am Medical Center der Duke University; Mitglied des Duke Institute for Brain Sciences

Sollten wir uns Sorgen über die Folgen machen, die der Export der amerikanischen Vorstellung, was ein kranker Geist ist, in die übrige Welt haben könnte?

Biologen schätzen, dass es zwischen 1,5 und 5 Millionen Unterarten von Pilzen geben könnte, obwohl nur fünf Prozent (der niedrigeren Schätzung zufolge) gegenwärtig kategorisiert sind. Außenseitern könnte es so erscheinen, dass die amerikanische Klassifikation von Geisteskrankheiten sich davon nicht allzu sehr unterscheidet. Zu Beginn des 20. Jahrhunderts wurden psychische Störungen hauptsächlich in Neurosen und Psychosen eingeteilt. Im Jahr 1952 erweiterte die erste Ausgabe des Diagnostic and Statistical Manual of Mental Disorders (DSM), die Diagnose-Bibel der Psychiatrie, diese Einteilung auf 106 Krankheitsbilder. Das DSM-II, das 1968 veröffentlicht wurde, führte 182 Krankheitsbilder auf; das DSM-III (1980) zählte 265 Krankheitsbilder, und das DSM-IV (1994) brachte es auf 297. Das DSM-V (im Mai 2013 erschienen) weist viele Veränderungen auf, darunter eine große Zahl neuer Krankheitsbilder. Heute wird angenommen, dass etwa 40 Millionen Amerikaner an einer Geisteskrankheit leiden. 1975 erhielten nur 25 Prozent der psychiatrischen Patienten eine medizinische Verordnung, aber heute erhalten fast alle eine, und viele erhalten mehrere Medikamente. Die Verwendung dieser Medikamente hat sich so schnell verbreitet, dass in der öffentlichen Wasserversorgung der Vereinigten Staaten gewisse Konzentrationen weitverbreiteter Antidepressiva, wie z. B. Prozac, entdeckt wurden.

Zwei maßgebliche Studien aus den 1970er Jahren illustrieren ein Stück weit die Subjektivität, die unseren psychiatrischen Diagnosen zugrunde liegt. 1973 schilderte David Rosenhan ein Experiment, bei dem acht gesunde Personen, die vorgetäuschte auditive Halluzinationen simulierten und sich psychiatrisch begutachten ließen, alle hospitalisiert (durchschnittlich neunzehn Tage) und vor ihrer Entlassung gezwungen wurden, sich mit der Einnahme antipsychotischer Medikamente einverstanden zu erklären. Das ist an sich nicht überraschend, da Ärzte dazu neigen, sich auf die Beschreibung ihrer Patienten zu verlassen. Aufschlussreich war jedoch der zweite Teil des Experiments, bei dem ein psychiatrisches Krankenhaus Rosenhan aufforderte, das Gleiche in dieser Einrichtung zu wiederholen. Rosenhan sagte zu. In den folgenden Wochen identifizierten die Psychiater des Krankenhauses 19 (von 193) Patienten, die sich vorgestellt hatten, als potenzielle Pseudopatienten, obwohl Rosenhan überhaupt noch niemanden in das Krankenhaus geschickt hatte.

Bei einer anderen Untersuchung aus dem Jahre 1971 wurden 146 amerikanische und 205 britische Psychiater gebeten, sich Videobänder von Patienten anzusehen. In einem Fall, der eine hysterische Lähmung eines Arms, Stimmungsschwankungen und Alkoholmissbrauch einschloss, diagnostizierten 69 Prozent der Amerikaner Schizophrenie, aber nur zwei Prozent der Briten.

Obwohl das DSM von vielen der weltweit führenden Köpfe mit den besten Absichten entwickelt wurde, bleiben die Dilemmata, die durch diese Untersuchungen illustriert werden, doch eine Herausforderung: sich überschneidende Kriterien vieler Störungen, starke Schwankungen der Symptome, spontane Remission der Symptome, subjektive Schwellen im Hinblick auf Schweregrad und Dauer sowie diagnostische Variationen sogar innerhalb angelsächsischer Kulturen.

Die Übersetzung von DSM-III und IV in zahlreiche Sprachen führte zur Globalisierung dieser amerikanischen Diagnosekriterien, auch wenn diese nie als interkulturelle Exportartikel angelegt waren. Viele ausländische Psychiater, die an der Jahresversammlung der American Psychiatric Association teilnahmen, begannen diese Ideen in ihren Heimatländern umzusetzen. Westliche Pharmaunternehmen, die nach neuen Märkten in Schwellenländern suchten, folgten mit groß angelegten Kampagnen rasch nach, die ihre neuen Pillen für neu klassifizierte Geistesstörungen vermarkteten, ohne die interkulturellen Unterschiede ausreichend zu berücksichtigen. In vielen Ländern, einschließlich der Schwellenstaaten, steigen die Raten der in den USA definierten psychiatrischen Störungen.

In seinem aufschlussreichen Buch *Crazy Like Us: The Globalization of the American Psyche* bringt Ethan Watters die Sorge zum Ausdruck, dass wir durch den Export einer amerikanischen Auffassung von Geistesstörungen als soliden wissenschaftlichen Entitäten, die durch zuverlässige Medikamente behandelt werden können, unversehens die Ausbreitung solcher Krankheiten beschleunigen können. Wir nehmen an, dass die Menschen überall auf der Welt genauso auf Stress reagieren wie wir. Wir nehmen an, dass Geisteskrankheiten sich auf der ganzen Welt genauso manifestieren wie in den USA. Wir nehmen an, dass unsere Methoden und Pillen besser zur Behandlung von Geisteskrankheiten taugen als lokale und traditionelle Methoden. Aber sind diese Annahmen auch richtig?

Leiden und Betrübnis wurden in vielen asiatischen Kulturen traditionell als Teil eines Prozesses des spirituellen Wachstums und der Widerstandsfähigkeit verstanden. Menschen in anderen Kulturen reagieren auf Stress anders als wir. Selbst schwere Erkrankungen wie etwa Schizophrenie können sich außerhalb der USA aufgrund kultureller Anpassungen oder unterschiedlicher Grade sozialer Unterstützung anders manifestieren. Beispielsweise zeigte eine bahnbrechende Untersuchung der Weltgesundheitsorganisation an 1379 Patienten aus zehn Ländern, dass die Ergebnisse von Patienten, die zum ersten Mal an Schizophrenie erkrankt waren, nach zwei Jahren bei den Patienten aus den armen Ländern viel besser waren als bei jenen in den USA, obwohl von den amerikanischen Patienten ein höherer Anteil medikamentös behandelt wurde. Auf meinen eigenen Reisen nach Indien habe ich diese Trends in voller Blüte gesehen. In dem Maße, wie die asiatische Psyche stärker amerikanisiert wird, greifen Menschen von Bombay bis Peking vermehrt nach Pillen gegen Stress, Schlaflosigkeit und Depressionen. Ist das die optimale Richtung, in die sich die ganze Welt bewegen soll?

# Marcel Kinsbourne
## Soziale Medien: Je mehr zusammen, umso mehr allein

Pädiatrischer Neurologe; Neurowissenschaftler; Professor für Psychologie an der New School; Koautor (mit Paula J. Kaplan) von *Children's Learning and Attention Problems*

Mark Twain sagte, dass gute Absichten in der Hälfte der Fälle zu guten Folgen führen. Damit bringen sie auch in der Hälfte der Fälle schlechte mit sich. Wenn er heute leben würde, wäre er wohl der Meinung, dass die sozialen Medien offensichtlich gute Absichten haben und ihre guten Folgen nicht weiter erörtert zu werden brauchen. Twain würde jedoch bemerken, dass er ein noch häufigeres Ergebnis guter Absichten unterschlagen hatte: gute und schlechte Folgen gleichzeitig. Ich werde erörtern, was wir meiner Befürchtung nach verlieren, wenn die Interaktion zwischen Menschen auf eine körperlose Stimme und, schlimmer noch, auf ein elektronisches Wegwerf-Gezwitscher aus Wörtern und Akronymen zusammenschrumpft.

Der Austausch von Informationen ist das wenigste, was Menschen tun, wenn sie miteinander sprechen. Weit mehr ist das Sprechen eine Wiederholung dessen, was der Hörer schon weiß oder an dessen Wissen er kein Interesse hat (technisch gesprochen, phatische Rede). Doch überall auf der Welt suchen Menschen nach phatischen Unterhaltungen um ihrer selbst willen, und die Forschung hat gezeigt, dass die Gesprächspartner nach einem Schwatz, wie inhaltslos er auch sein mag, sich nicht nur besser fühlen, sondern auch eine bessere Meinung voneinander haben. Wie kommt das zustande?

Ausgedehnte Interaktionen von Angesicht zu Angesicht stellen eine der wenigen menschlichen Verhaltensweisen dar, die man nicht einmal in rudimentärer Form bei anderen Arten von Lebewesen antrifft. Ihr evolutionärer Vorteil besteht darin, dass es sich dabei um einen Bindungsmechanismus handelt – zwischen Eltern und Kindern, zwischen Partnern. Das Verstricken in eine freundschaftliche Unterhaltung realisiert die Bindung; Augenkontakt, Aufmerksamkeit für den Gesichtsausdruck (Lächeln? Verschwinden des Lächelns?) sowie eine automatische Anpassung von Körperrhythmen, ein Abgleich der Redeintonation, das unbewusste Nachahmen der Haltungen und Gesten des anderen, all das ist gut dokumentiert und wird von einer Ausschüttung von Oxytocin begleitet. Das wachsame Vorwegnehmen der Körpersprache des anderen und eine kontinuierliche Anpassung des eigenen Benehmens im Gegenzug führen zu einem höherstufigen Ergebnis, das treffend »Intersubjektivität« oder »erweiterter Geist« genannt wird. Menschen, die zuvor jeweils mit ihren eigenen Anliegen beschäftigt waren, lassen den bevorzugten Themen des anderen den Vortritt und gelangen auf diese Weise zu einer stärker geteilten und einheitlicheren Perspektive hinsichtlich des Gegenstands der Aufmerksamkeit oder des Themas der Auseinandersetzung. Tatsächlich geht die Harmonie über das Konkrete und Begriffliche hinaus. Sie greift auf die Emotionen über: Beharrliche, düstere Grübeleien lösen sich auf und zerstreuen sich, wenn sich der Geist mit dem Geist eines innig vertrauten oder geistesverwandten Gefährten vermischt.

Wie können wir über die zweidimensionalen Fernsehsprecher hinausgehen, die erwartungsvoll von ihrem Platz vor der Kamera ins Leere starren? Der Schlüssel zur angereicherten Kommunikation von Angesicht zu Angesicht ist, dass sie eng und persönlich ist und innerhalb einer Armeslänge stattfindet, so dass gegenseitiges Berühren möglich ist. Die eingeschränkte Reaktion, die beim Einstellen guter oder schlechter Nachrichten auf Facebook oder Twitter hervorgerufen wird – OMG (Oh mein Gott), TOLL!, wie cool! usw. –, verschenkt die

Gelegenheit zu zwischenmenschlicher Wärme, einer Umarmung, der Bewunderung eines Rings, eines Diploms, eines Babys und die begleitenden Erinnerungen, die Erwartungen sowie das Teilen von tiefen Gefühlen, was geschieht, wenn zwei Menschen sich von Angesicht zu Angesicht gegenüberstehen, Augenkontakt herstellen und die Wirklichkeit des jeweils anderen erfahren. Die Evolution blickt bekanntlich nicht voraus und ist auch nicht verkörpert, aber wenn sie es wäre, würde sie sich wie ein Kreisel im Grabe herumdrehen, wenn LOL die Freude eines wirklichen Lachens ersetzt! Was für eine Verschwendung!

Die Begleitumstände zeitgenössischer Interaktionen haben die vielleicht beabsichtigte Wirkung der Distanzierung und Entfremdung: Das erhöhte Podium, der massive Chefschreibtisch, der den Sprecher und den Angesprochenen voneinander trennt, die abgedunkelten Lichter, wenn PowerPoint die Rolle des menschlichen Sprechers übernimmt und niemand jemand anderen ansieht. Was das geschriebene Wort angeht, so werden Text und Prosa zu einem trägen »Inhalt«, und der Heiler wird auf den Status eines »Versicherungsanbieters« degradiert, um es im kaufmännischen Jargon der Gegenwart auszudrücken. Dann kommen die Onlinekurse, die von Onlinediplomen gekrönt werden und bei denen jeglicher Unterricht von Mensch zu Mensch fehlt. Der Student hat keine Möglichkeit, an der Inspiration des Lehrenden durch ein angeregtes Hin und Her teilzuhaben, was das Verständnis der zur Debatte stehenden Idee bei beiden Parteien schärft. Der Sprecher (Schreiber) und der Hörer (Leser) sind beide mit einer Leere konfrontiert: Es gibt dort niemanden, mit dem man sprechen könnte.

Menschen können Besseres leisten als das. Die Anpassung von Körperrhythmen hat die Loyalität und die geteilte Geisteshaltung von Gruppen vielleicht schon seit frühgeschichtlichen Zeiten gefestigt: der Rhythmus synchron marschierender Füße, der rituelle Gesang, der Tanz um den Kessel samt gekochtem Missionar. Zwischen Einzelpersonen der Gruß –

und wenn wir dem multimodalen, interpersonellen Mix noch den Tastsinn hinzufügen, der Händedruck, das Abklatschen, der Paartanz. Egal, ob das Ziel in der Förderung militärischer Disziplin, in der Anhänglichkeit an eine Sekte oder in religiöser Überzeugung oder Glaubensheilung besteht, immer ist rhythmisch angepasstes Verhalten der Katalysator UND Leim. Wenn das Ziel darin besteht, irrationale und kontraintuitive Überzeugungen einzuprägen, dann geschieht das mit mehr Erfolg durch Rhythmen und Gruppenrituale als durch mühsame verbale Überredung. Von dieser Art ist das Kollektiv, das auch als Ingroup bezeichnet wird, mit allen Vor- und Nachteilen.

Ich befürchte, dass eine Schwächung, wenn nicht gar der völlige Verzicht auf die zwingende Anziehungskraft, die sowohl in der körperlichen als auch in der geistigen Abstimmung mit anderen besteht, die Menschen allein zurücklassen wird, während der Zählerstand ihrer »Freunde« zunimmt. Ich befürchte auch, dass die Flucht vor der Nähe hin zum »Individualismus« eine immer ungestümere und zerstörerischere ungehemmte Selbstverwirklichung fördern wird, wenn die Kobolde aus dem Schatten ins Rampenlicht des Internets und in das explosive Chaos der wirklichen Welt treten.

# David Gelernter
## Internetgefasel

Informatiker an der Yale University; leitender Wissenschaftler
bei Mirror Worlds Technologies; Autor von *America-Lite: How
Imperial Academia Dismantled our Culture (and Ushered in
the Obamacrats)*

Wenn wir eine Million Fotos haben, schätzen wir in der Regel jedes Einzelne weniger, als wenn wir nur zehn hätten. Das
Internet forciert eine allgemeine Abwertung des geschriebe-
nen Wortes – eine globale Deflation des Werts eines durchschnittlichen Wortes in vielerlei Hinsicht. Wenn jedes Wort
weniger Lesezeit und Aufmerksamkeit erhält und auf der
Konsumentenseite weniger Geld wert ist, neigt es natürlicher-
weise dazu, weniger Schreibzeit und redaktionelle Aufmerksamkeit auf der Produktionsseite in Anspruch zu nehmen. Da
die vom Durchschnittsautor *und* vom Durchschnittsleser in
einen Durchschnittssatz investierte Zeit abnimmt, verfällt
allmählich die Fähigkeit der Gesellschaft, durch die Schrift zu
kommunizieren. Und diese Bedrohung unserer Fähigkeit zu
lesen und zu schreiben ist auch ein zeitlupenartiger Schlag gegen die Wissenschaft, Gelehrsamkeit und die Künste – gegen
beinahe wirklich alles, das für den Menschen charakteristisch
ist und das Bisamratten und Delphine weder so gut noch besser können.

Das unstillbare Verlangen des Internets nach Wörtern erzeugt eine globale Deflation im Wert der Wörter. Die Fähigkeit des Internets, Wörter nahezu augenblicklich zu verbreiten,
bedeutet, dass – ohne Verzögerung zwischen Schreiben und

Veröffentlichung, Veröffentlichung und weltweiter Verfügbarkeit – der Druck auf den Autor wächst, mehr zu produzieren. Die globale Deflation des Werts von Wörtern erzeugt wiederum einen Druck, die Redaktionsarbeit und das Eigenlektorat zu bagatellisieren oder zu eliminieren. Wenn ich meinen Studenten sage, dass sie mir keine ersten Entwürfe einreichen sollen, muss ich heutzutage manchmal erklären, was ein erster Entwurf ist.

Persönliche Briefe waren traditionell ein wichtiges literarisches Medium. Die gesammelten Briefe einer Madame de Sévigné, eines Vincent van Gogh, einer Jane Austen, eines E.B.White und tausend anderer sind Klassiker der abendländischen Literatur. Warum wurden keine (oder nicht viele) »gesammelten E-Mails« veröffentlicht, in Buchform oder online? Es liegt nicht nur daran, dass das Schreiben von E-Mails schnell und informell ist; mehr noch liegt es an der Tatsache, dass wir den E-Mails, die wir erhalten, so wenig Aufmerksamkeit schenken. Wahrscheinlich gibt es viele Autoren da draußen, deren E-Mails es verdienten, gesammelt zu werden. Es ist jedoch unwahrscheinlich, dass irgendjemand das jemals bemerken wird. Und seit die E-Mail den traditionellen persönlichen Brief vernichtet hat, liegt eine wichtige literarische Gattung in den letzten Zügen.

Die Schreibfähigkeit lässt sich zwar nur schwer messen, aber wir können es versuchen, und die Neuigkeiten sind nicht angenehm. Vor kurzem berichtete die Londoner *Daily Mail* über eine weitere deprimierende Evaluation amerikanischer Studenten: »Obwohl die Studenten sich viel eher für schreibbegabt halten [schloss die Studie], zeigen objektive Tests stattdessen, dass ihre Schreibfähigkeiten weit geringer sind als die ihrer Kollegen in den 1960er Jahren.«

Es ist schwer herauszufinden, wie man aus der toxischen Mischung die Wirkungen einer vom Internet angetriebenen Abwertung der Wörter von dem, was die Schulen unseren Kindern jeden Tag zwangsweise einträufeln, isolieren kann. Der Faktor Internetgefasel kann aber jedenfalls nicht positiv sein –

und er wird mit größter Wahrscheinlichkeit in dem Maße
stärker werden, wie sich die Welt allmählich mit Menschen
füllt, die ihr ganzes Leben an ihren elektronischen Spielzeugen kleben.

Bei der *Huffington Post* findet die Zukunft jetzt statt; der
*Weekly Standard* hat Auszüge aus einem Beitrag des Schau-
spielers Sean Penn in dieser Zeitung nachgedruckt. Selbst unter der Annahme, dass Sean Penn viel ungebildeter als die
meisten Menschen ist, ist doch die *Post* eine respektable Zeitung, und Penns Beitrag ist äußerst aufschlussreich:

> Das umstrittene Prinzip ist hier dasjenige, das nur allzu
> oft unseren Stolz als Amerikaner ausmacht und begrenzt,
> die aus Rücksicht auf einen allgegenwärtigen Filter von
> Monokulturalismus, Isolationismus und Spaltung durch-
> weg zu Verhaltensweisen und Worten neigen, die so
> takt- und respektlos sind, während sie in erster Linie für
> die Generationen junger Amerikaner, die auf uns folgen
> werden, kontraproduktiv sind.

Das einzige Problem bei dieser Passage ist, dass es sich um
Kauderwelsch handelt. Der durchschnittliche Zehnjährige ist
noch nicht so tief gefallen. Aber die Gefahr ist real, unterläuft
den Radar und verharrt dort wahrscheinlich auch. Prognose:
düster.

# Sherry Turkle
## Objekte der Begierde

Abby Rockefeller Mauzé Professorin für Wissenschafts- und Techniksoziologie am MIT; Leiterin der MIT-Initiative zu Technik und Selbst; Autorin von *Verloren unter 100 Freunden: Wie wir in der digitalen Welt seelisch verkümmern*

Kinder sehen ihre Eltern den ganzen Tag mit glänzenden technischen Gegenständen spielen. Eltern wiegen sie, liebkosen sie und geben sie nie aus ihren Händen. Wenn Mütter ihre Babys stillen, sind die glänzenden Gegenstände in ihren Händen, an ihren Ohren. Wenn Eltern ihre Kleinkinder in den Park bringen, wenden sie ihre Aufmerksamkeit den glänzenden Gegenständen so sehr zu, dass die Kinder eifersüchtig werden – und tatsächlich häufig unbeaufsichtigt sind. Unfälle auf Spielplätzen sind im Steigen begriffen.

Sobald Kinder alt genug sind, um ihre Wünsche auszudrücken, wollen sie diese Gegenstände auch, und wenige Eltern sagen nein. Im Jargon der Eltern wird das als »Rückpass« bezeichnet – das iPhone nach hinten reichen, um das Kleinkind auf dem Rücksitz des Autos zu beruhigen.

So war es schon immer: In jeder Kultur wollen Kinder die Gegenstände der erwachsenen Begierde. Und daher finden die kleinen glänzenden Bildschirme ihren Weg in Laufställe und Kinderbettchen und dann auf den Spielplatz. Telefone, Pads, Tablets, Computer treten an die Stelle von Bauklötzen und Knete, Büchern und Puppen. Die Bildschirme sind interaktiv, funkelnd und recht hübsch. Sie unterstützen eine unendliche Bandbreite von Simulationen und Welten. Außer Interaktivität bieten sie die Verbindung mit anderen. Natürlich werden sie nicht nur als etwas angepriesen, das Spaß vermittelt, sondern als Objekte, die künstlerische Kreativität und einen Bildungswert bieten. Das mag alles stimmen. Was wir mit Sicherheit wissen, ist, dass sie zutiefst fesselnd sind.

Die Bildschirme machen den Kindern drei magische Versprechen, die wie Geschenke von Feen erscheinen. Es hört einem immer jemand zu. Man kann seine Aufmerksamkeit allem, was man will, zuwenden. Und man wird nie allein sein müssen. Vom zartesten Alter an wird es ein Konto in einem sozialen Netzwerk geben, das Sie begrüßen wird. Vom zartesten Alter an gibt es einen Ort, an dem man eine Autorität sein kann, auch eine Autorität, die schelten und einschüchtern kann. Und nie gibt es einen Augenblick, in dem man still werden und nur auf seine innere Stimme hören muss. Man kann immer andere Stimmen finden.

Wir haben ein gewaltiges Experiment begonnen, bei dem unsere Kinder die menschlichen Versuchspersonen sind. Es gibt hier vieles, das aufregend und spannend ist. Aber ich hege ein paar Befürchtungen. Diese Gegenstände halten die Kinder von vielen Dingen fern, von denen wir aus der Erfahrung von Generationen wissen, dass sie in höchstem Grade förderlich für sie sind. Vor allem werden die Kinder von menschlichen Gesichtern und Stimmen ferngehalten, weil man der Versuchung erliegt, die glänzenden Bildschirme den Kindern vorlesen zu lassen, sie zu unterhalten und Spiele mit ihnen zu spielen. Und sie halten die Kinder voneinander fern. Sie ermöglichen den Kindern, Erfahrungen zu machen (SMS zu schreiben, elektronische Chats zu führen – ja, mit Onlinefiguren zu sprechen), die die Illusion der Gemeinschaft ohne die Anforderungen der Freundschaft, einschließlich ihrer Verantwortlichkeiten, anbieten. Folglich gibt es Einschüchterungs- und Schikanierungsversuche, wo man dachte, man hätte einen Freund. Und es gibt eine schnelle und falsche Intimität, die wie eine Beziehung ohne Risiko erscheint, weil man die Verbindung jederzeit unterbrechen oder den »Chat« verlassen kann.

Die Kinder werden zwar von den drei Versprechen angezogen, aber sie kommen am Ende wohl doch schlecht weg. Warum? Weil das Reden mit einem technischen Gerät oder das Reden mit anderen mittels technischer Geräte die Kinder dazu verführt, das bloße Verbundensein an die Stelle der Vielgestaltigkeit und des Nuancenreichtums eines sich entwickelnden Gesprächs zu setzen. Tatsächlich haben viele Kinder am Ende Angst vor Gesprächen. Wenn ich in meinen Untersuchungen zur Beziehung zwischen Kindern und Technik den Kindern die Frage stelle »Was ist an Gesprächen nicht in Ordnung?«, sind sie ab einem Alter von etwa zehn Jahren in der Lage zu antworten. Die Quintessenz ist folgende: »Gespräche finden in Echtzeit statt, und man kann nicht kontrollieren, was man sagen wird.« Sie haben recht. Das ist der Mangel von Gesprächen. Und natürlich ist es besonders für ein heranwachsendes Kind genau das, was an Gesprächen so extrem *nützlich* ist. Kinder brauchen Übung im Umgang mit anderen Menschen. Dabei führt die Übung nie zur Perfektion. Aber Perfektion ist auch nicht das Ziel. Perfektion ist nur bei einer Simulation das Ziel. Kinder bekommen Angst, keine Kontrolle in einem Bereich zu haben, wo es nicht um Kontrolle geht.

Darüber hinaus nutzen Kinder die Gespräche mit anderen, um zu lernen, wie sie sich mit sich selbst unterhalten können. Für heranwachsende Kinder ist die Fähigkeit zur Selbstreflexion das Fundament der Entwicklung. Ich mache mir Sorgen darüber, dass die Anziehungskraft des Bildschirms nicht dazu ermuntert. Er blockiert diese innere Stimme, indem er permanente Interaktivität oder permanente Verbindung anbietet. Im Unterschied zu der Zeit, die man mit einem Buch verbringt, wo der eigene Geist umherschweifen kann und es keine Zeitbeschränkungen für die Selbstreflexion gibt, bringen »Anwendungen« die Kinder wieder zur vorliegenden Aufgabe genau in dem Moment zurück, da es dem Geist des Kindes gestattet sein sollte umherzuschweifen. Außer dass Gespräche von Kindern mit anderen Kindern unterbunden werden, kann das überlange Verweilen am Bildschirm die Kinder auch von sich selbst entfernen. Wenn Erwachsene sich für Zerstreuung und gegen Selbstreflexion entscheiden, dann ist das eine Sache. Aber Kinder müssen lernen, ihre eigenen Stimmen zu hören.

Eine Konsequenz des Umgangs mit Knete, Farben und Klötzen bestand für Kinder darin, dass diese Beschäftigung sie abbremste. Wenn man zusieht, wie Kinder damit spielen, dann sieht man, wie die Körperlichkeit der Materialien einen Widerstand bietet, der den Kindern Zeit zum Nachdenken, zum Gebrauch ihrer Vorstellungskraft, zum Erschaffen ihrer eigenen Welten gibt. Kinder lernen, das allein zu tun, und lernen, diese Zeit des Alleinseins als vergnügliche Einsamkeit zu erfahren, um sich selbst kennenzulernen. Diese Fähigkeit zum Alleinsein wird ihnen für den Rest ihres Lebens zustattenkommen. Genau auf diesem Gebiet habe ich meine größte Befürchtung: Die Bildschirme versprechen, dass man nie allein sein muss. Wir können schon jetzt sehen, dass sehr viele Erwachsene schreckliche Angst vor dem Alleinsein haben. Vor einer roten Ampel oder an der Kasse des Supermarkts geraten sie in Panik und greifen nach einem Gerät. Unser Leben mit Bildschirmen scheint uns das Bedürfnis eingepflanzt zu haben, ständig in Verbindung zu sein. Anstatt in der Lage zu sein, Zeit alleine für sich zum Nachdenken zu nutzen, denken wir nur daran, die Zeit mit Verbindungen auszufüllen.

Warum ist das Alleinsein so wichtig, und warum sollten wir es bei den Kindern kultivieren? Alleinsein ist eine Vorbedingung für Kreativität, aber es ermöglicht auch, uns selbst zu finden, so dass wir hinausgehen und Beziehungen mit anderen Menschen haben können, in denen wir sie wirklich als andere Menschen schätzen. Das Alleinsein ist also eine Vorbedingung für Gespräche. Wenn wir nicht in der Lage sind, mit uns selbst allein zu sein, laufen wir Gefahr, andere Menschen als »Ersatzteile« zu benutzen, um unser zerbrechliches Selbst zu stützen. Eine der großen Aufgaben der Kindheit ist es, die Fähigkeit zu dieser Art des gesunden Alleinseins zu entwickeln. Das ist es, was Kinder in die Lage versetzen wird, Freundschaften zu entwickeln, die auf Gegenseitigkeit und Respekt beruhen.

Meine Sorge angesichts der technischen Ausstattung im Kindergartenalter ist folgende: Die glänzenden Gegenstände der digitalen Welt fördern eine Sensibilität für permanente Verbundenheit, permanente Zerstreuung und dafür, dass man nie alleine ist. Und wenn man sie den jüngsten Kindern in die Hand gibt, werden sie diese Sensibilität von den frühesten Tagen an fördern. Diese Art des Denkens steht dem entgegen, von dem wir gegenwärtig glauben, dass es gut für Kinder sei: der Fähigkeit zum unabhängigen Spiel, der Bedeutung des Kultivierens der Vorstellungskraft, der grundlegenden Entwicklung einer Liebe zum Alleinsein, weil dies Kreativität und Beziehungen fördert.

Bei unserer immer noch jungen Vernarrtheit in unsere mobilen Geräte scheinen wir zu meinen, dass wir, solange wir verbunden sind, nie allein sein werden. Aber tatsächlich ist gerade das Gegenteil der Fall. Wenn wir nichts anderes tun, als uns nur zwanghaft zu verbinden, werden wir einsamer sein. Und wenn wir unseren Kindern nicht beibringen, allein zu sein, werden sie nur wissen, wie es ist, einsam zu sein.

Ich mache mir Sorgen darüber, dass das Gespräch über das, was die Entwicklung eines »neuen Standards« zu sein scheint, noch aussteht: das Vorhandensein von Bildschirmen im Spielzimmer und im Kindergarten. Wenn etwas zu einem neuen Standard wird, wird es schwer, darüber zu sprechen, weil es wie eine zweite Natur zu sein scheint. Aber es ist Zeit, darüber zu sprechen, was wir von der Kindheit erwarten.

# John Naughton
## Inkompetente Systeme

Akademiker; Journalist; Vizepräsident des Wolfson-Colleges in Cambridge, England; Autor von *From Gutenberg to Zuckerberg: What You Really Need to Know About the Internet*

Was mir Sorgen bereitet, ist die Tatsache, dass wir uns zunehmend in inkompetenten Systemen verstricken – d. h. in Systemen, die ein pathologisches Verhalten aufweisen, sich aber nicht selbst reparieren können. Der Grund dafür ist, dass die Lösung der Probleme eines solchen Systems das koordinierte Handeln von bedeutenden Komponenten des Systems erfordern würde, aber ein solches Handeln nicht im kurzfristigen Interesse irgendeiner einzelnen Komponente liegt (und möglicherweise ihren Interessen entgegengesetzt ist). Am Ende hält also das pathologische Systemverhalten an, bis es zu einer Katastrophe kommt.

Eine Fallstudie eines inkompetenten Systems sind unsere Regelungen für geistiges Eigentum, von denen ein Großteil mit dem Kopieren und seiner Regulierung zu tun hat. Diese Regelungen wurden in einer analogen Welt entwickelt – mit anderen Worten, in einer Zeit, in der das Kopieren schwierig, degenerierend und aufwendig war und in der die Verbreitung von Kopien schwierig und teuer war.

Jetzt leben wir in einer digitalen Welt, in der das Kopieren nicht nur mühelos, nichtdegenerierend und praktisch umsonst ist, sondern ein wesentlicher Bestandteil der digitalen Technik. Was ist ein Computer schließlich anderes als eine Kopiermaschine? Das Kopieren ist für die digitale Technik so wie das Atmen für das biologische Leben; man kann das eine nicht ohne das andere haben. Wenn man daher versucht, Regelungen für geistiges Eigentum, die für analoge Verhältnisse entworfen wurden, auf eine Welt anzuwenden, in der alle Medien und kulturellen Artefakte digital sind, dann beleidigt man den gesunden Menschenverstand.

Jedermann weiß das zwar, aber die Aussichten auf eine Lösung des Problems sind trübe. Warum? Weil der Übergang zu rationaleren Regelungen für geistiges Eigentum ein konzertiertes Handeln mächtiger Interessengruppen erfordern würde, von denen jede ein wirtschaftliches Interesse am Status quo hat. Sie werden sich nicht bewegen – was der Grund dafür ist, dass unsere Regelungen für geistiges Eigentum ein inkompetentes System sind.

Noch besorgniserregender ist der Verdacht, dass die liberale Demokratie, wie sie derzeit auf der ganzen Welt praktiziert wird, zu einem inkompetenten System geworden ist. Das dysfunktionelle Wesen gesetzgebender Körperschaften, die Bankenkrise und die darauf folgende Staatsschuldenkrise haben gezeigt, dass die Inkompetenz von Demokratien ein weitverbreitetes Problem ist. Die Unfähigkeit – und der Unwille – vieler westlicher Regierungen, ihre Banken zu regulieren, gepaart mit den enormen Kosten, die dann einseitig den Bürgern auferlegt wurden, um Wirtschaftsunternehmen zu retten, die als »zu groß, um scheitern zu dürfen« beurteilt wurden, hat zu einem weitverbreiteten Vertrauensverlust gegenüber Regierungen geführt und zu der Wahrnehmung, dass sogar nominell »repräsentative« Demokratien keine Verwaltungen mehr hervorbringen, die den Interessen ihrer Bürger dienen.

# Dylan Evans
## Die Demokratie ist wie der Blinddarm

Gründer und Visionsvorsitzender von Projection Point; Autor von *RQ: Risikointelligenz: Wie wir richtige Entscheidungen treffen*

Viele Menschen machen sich Sorgen darüber, dass es nicht genügend Demokratie auf der Welt gibt; ich mache mir Sorgen darüber, dass wir möglicherweise nie über die Demokratie hinauskommen.

In einem einflussreichen Essay, der 1989 veröffentlicht wurde, und in einem nachfolgenden Buch behauptete Francis Fukuyama, dass die liberale Demokratie die Endform der menschlichen Regierung sei, »der Endpunkt der ideologischen Evolution der Menschheit«. Jedes Land würde schlussendlich demokratisch werden, und von da an gäbe es keine grundlegende Veränderung mehr in der politischen Organisation. Das wäre eine Schande, weil es vielleicht bessere Formen politischer Organisation gibt, nach denen wir streben könnten. Aber die Ausbreitung der Demokratie könnte die Entdeckung dieser Alternativen tatsächlich erschweren. Um einzusehen, warum, müssen wir etwas verstehen, das auf den ersten Blick als kontraintuitiv erscheinen mag. Die Demokratie gibt den meisten Menschen nicht das, was sie wollen; tatsächlich führt sie zur Unzufriedenheit der Mehrheit. Als beispielsweise Barack Obama die Wahl 2012 mit 51 Prozent der Stimmen gewann, waren nicht nur die 49 Prozent, die gegen ihn votierten, mit dem Ergebnis unzufrieden. Die meisten von denen, die für Obama stimmten, waren ebenfalls ziemlich enttäuscht –

weil Obama seinen Wahlkampf mit einem Programm führte, das insgesamt nur das politische Ideal von ein paar wenigen Wählern repräsentierte. Bei jeder Wahl sind die Wähler gezwungen, innerhalb einer winzigen Gruppe von Kandidaten zu wählen, von denen sie keinen besonders mögen. Jeder wird enttäuscht sein, egal, welcher Kandidat gewinnt, weil niemand überhaupt die Chance hatte, für sein ideales Wahlprogramm zu stimmen.

Der Grund für diesen Mangel an Wahlmöglichkeiten liegt in der Tendenz politischer Parteien, auf nahezu identische Positionen zu konvergieren. Das ist ein weitverbreitetes Merkmal moderner Demokratien und führt vermehrt dazu, die Gesellschaft in der politischen Mitte zu verankern. Die daraus resultierende gesellschaftliche Stabilität hat offensichtliche Vorteile, insofern sie vor politischem Extremismus schützt. Aber sie hat auch Nachteile, die weniger leicht erkannt werden. Insbesondere behindert sie die Entwicklung besserer politischer Systeme.

Gesellschaften sind komplexe Systeme, und wie alle derartigen Systeme können sie sich manchmal in suboptimalen Zuständen festfahren. Auch in biologischen Systemen kann ein schlechtes Design trotz seiner offensichtlichen Nachteile fortbestehen. Ein gutes Beispiel ist der Blinddarm. Dieses Organ spielte früher eine Rolle beim Verdauungsprozess unserer Vorfahren, aber jetzt ist er nutzlos, und wir wären besser dran ohne ihn. Er bringt uns nicht nur keinen Nutzen, sondern schadet manchmal auch. Hunderttausende Menschen werden allein in den Vereinigten Staaten jedes Jahr wegen Blinddarmentzündung ins Krankenhaus eingeliefert, und mehrere hundert sterben daran. Warum hat die natürliche Auslese den Blinddarm also nicht eliminiert? Warum existiert er immer noch?

Einer faszinierenden Überlegung der Evolutionsbiologen Randolph Nesse und George Williams zufolge besteht der Blinddarm fort, weil Menschen mit einem kleineren und dünneren Blinddarm anfälliger für Blinddarmentzündung sind.

Die übliche Tendenz, dass nutzlos gewordene Organe verkümmern und verschwinden, wird daher beim Blinddarm von der natürlichen Auslese selbst blockiert. Vielleicht wird sich diese Idee als falsch erweisen, aber sie veranschaulicht, wie das Fortbestehen von etwas möglicherweise genau durch dieselben Faktoren erklärt werden kann, die für seine Nachteile verantwortlich sind.

Die Demokratie ist wie der Blinddarm. Genau das, was zwangsläufig zur Unzufriedenheit der Mehrheit in einer Demokratie führt – der Wahlmechanismus –, erschwert auch die Entwicklung eines besseren politischen Systems. Die Reformen, die notwendig wären, um den Weg für alternative Regierungssysteme zu bereiten, liegen ziemlich entfernt von der sicheren Mitte des Durchschnittswählers. Politiker, die solche Reformen propagieren, werden deshalb eher nicht ins Amt gewählt.

Eine Möglichkeit zur Entdeckung alternativer Regierungsformen könnte mit der Abspaltung einiger Städte von ihren Heimatstaaten oder mit der Gründung neuer Städte beginnen, die nach Regeln verfahren, welche sich von denen unterscheiden, die im übrigen Land gelten. Man kann sich jedoch nur schwer vorstellen, dass gewählte Politiker sich so etwas erlauben könnten, auch wenn sie es wollten. Die bisher einzigen historischen Präzedenzfälle gab es bei autokratischen Regierungen, deren Führer sich nicht um die Wiederwahl sorgen mussten. Das Aufkommen von Sonderwirtschaftszonen im China der 1980er Jahre, allen voran Shenzhen, wurde von einem kleinen Kader nichtgewählter Beamter angetrieben, die von Deng Xiaoping angeführt wurden.

Ich meine, wir sollten uns Sorgen darüber machen, dass die Demokratie sich als eine historische Sackgasse erweisen könnte, ein Ort, der von weitem recht angenehm aussieht, aber zu nichts Besserem führt.

# Michael Shermer
## Der Sein-Sollen-Fehlschluss in Wissenschaft und Moral

Herausgeber der Zeitschrift *Skeptic*; regelmäßiger Kolumnist für *Scientific American*; Autor von *The Believing Brain*

Seitdem die Philosophen David Hume und G. E. Moore das *Sein-Sollen-Problem* identifiziert haben – den Gegensatz zwischen deskriptiven Aussagen (wie etwas ist) und präskriptiven Aussagen (wie etwas sein sollte) –, haben die meisten Wissenschaftler das hehre Gebiet der Bestimmung von menschlichen Werten, Moral und Ethik den Philosophen überlassen und stimmen darin überein, dass die Wissenschaft nur beschreiben kann, wie etwas ist, aber uns nie sagen kann, wie es sein sollte. Das ist ein Fehler.

Wir sollten uns Sorgen darüber machen, dass Wissenschaftler die Suche nach der Bestimmung von Richtig und Falsch sowie nach der Antwort auf die Frage aufgegeben haben, welche Werte zu einer gedeihlichen Entwicklung des Menschen führen, gerade als die Forschungswerkzeuge dafür aus Gebieten wie der evolutionären Ethik, der experimentellen Ethik, der Neuroethik und verwandten Bereichen hervorzugehen begannen. Das Sein-Sollen-Problem (das manchmal als naturalistischer Fehlschluss bezeichnet wird) ist selbst ein Fehlschluss. Moral und Werte *müssen* auf der Beschaffenheit der Dinge gründen, um die besten Bedingungen für das Wohl des Menschen zu bestimmen. Bevor wir das Schiff just in dem Augenblick verlassen, da es aus dem Hafen hinausfährt, sollten wir der Wissenschaft eine Chance geben, auf ein Ziel hinzusteuern, bei dem Wissenschaftler zumindest eine Stimme

in der Debatte darüber haben, wie wir am besten leben sollten.

Wir fangen mit dem einzelnen Organismus als primärer
Einheit der Biologie und der Gesellschaft an, weil die natürliche Auslese und die soziale Evolution hauptsächlich auf den
Organismus gerichtet ist. Das Überleben und Gedeihen des
einzelnen Organismus – in diesem Zusammenhang des Menschen – *ist* die Grundlage für die Bestimmung von Werten und
Moral. Daher *sollte* die Bestimmung der Bedingungen, unter
denen Menschen am besten gedeihen, das Ziel einer Wissenschaft der Moral sein. Die Verfassungen menschlicher Gesellschaft sollten auf die Verfassung der menschlichen Natur gegründet werden, und die Wissenschaft ist das beste Werkzeug,
das wir für das Verständnis unserer Natur haben. Zum Beispiel:

- Wir wissen aus der Verhaltensgenetik, dass 40 bis 50 Prozent der Varianz zwischen Menschen bezüglich Temper-
  ament, Persönlichkeit sowie vieler politischer, wirtschaftlicher und sozialer Präferenzen erblich ist.
- Wir wissen aus der Evolutionstheorie, dass das Prinzip des
  reziproken Altruismus – ich kratze deinen Rücken, wenn
  du meinen kratzt – universell ist; Menschen geben von Natur aus nicht großzügig, wenn sie dafür nicht etwas als Gegenleistung bekommen.
- Wir wissen aus der Evolutionspsychologie, dass das Prinzip
  moralischer Bestrafung – ich bestrafe dich, wenn du meinen
  Rücken nicht kratzt, nachdem ich deinen gekratzt habe –
  universell ist; Menschen dulden Trittbrettfahrer nicht lange,
  die ständig nur nehmen, aber nicht geben.
- Wir wissen aus der Spieltheorie der Verhaltensforschung
  von der freundschaftlichen Gesinnung innerhalb von Gruppen und der feindlichen Gesinnung zwischen Gruppen, wobei die Heuristik darin besteht, den Mitgliedern der eigenen
  Gruppe so lange zu vertrauen, bis sie sich dieses Vertrauens
  irgendwie als unwürdig erweisen, und Mitgliedern anderer

Gruppen so lange zu misstrauen, bis sie sich irgendwie als vertrauenswürdig erweisen.

- Wir wissen aus der Verhaltensökonomie von dem nahezu universellen Wunsch der Menschen, miteinander zu handeln, dass der Handel Vertrauen zwischen Fremden begründet und die Feindseligkeit zwischen den Gruppen mindert und außerdem einen größeren Wohlstand für beide Handelspartner hervorbringt.

Das sind nur ein paar Ergebnisse aus vielen verschiedenen Wissenschaftsgebieten, die uns bei der Bestimmung der besten Möglichkeit für ein fruchtbares Miteinander Hilfe leisten. Wir können menschliche Werte und die Moral nicht nur auf philosophische Prinzipien gründen – wie etwa auf die Tugendethik von Aristoteles, Kants kategorischen Imperativ, Mills Utilitarismus oder Rawls' Fairness-Ethik –, sondern auch auf die Wissenschaft. Betrachten wir das folgende Beispiel dafür, wie die Wissenschaft menschliche Werte bestimmen kann.

*Frage*: Was ist die beste Regierungsform für große, moderne Gesellschaften?

*Antwort*: Eine liberale Demokratie mit einer Marktwirtschaft.

*Beleg*: Liberale Demokratien mit Marktwirtschaften haben mehr Wohlstand, sind friedliebender und fairer als jede andere bisherige Regierungsform.

*Daten*: In ihrem Buch *Triangulating Peace* setzen die Politologen Bruce Russett und John Oneal ein multiples logistisches Regressionsmodell für Daten aus dem Correlates of War Project ein, das 2300 militärische Auseinandersetzungen zwischen Staaten von 1816 bis 2001 dokumentiert. Nachdem sie jedem Land einen Demokratiewert zwischen eins und zehn zugeordnet hatten (gestützt auf das Polity Project, das misst, wie wettbewerbsoffen der politische Prozess eines Landes ist, wie offen die Regierungsoberhäupter gewählt werden, wie viele einschränkende Bedingungen es für die Macht eines Regierungsoberhaupts gibt etc.), stellten Russett und Oneal Folgendes fest: Wenn zwei Länder vollkommen demokratisch sind, sinken die Auseinandersetzungen zwischen ihnen um 50 Prozent, wenn jedoch das weniger demokratische Mitglied eines Länderpaars eine vollkommene Autokratie ist, verdoppelt sich die Wahrscheinlichkeit eines Streits zwischen ihnen.

Wenn man der Gleichung eine Marktwirtschaft hinzufügt, nimmt Gewalt beträchtlich ab und der Friede bedeutend zu. Bei jedem Paar von Risikostaaten, für die Russett und Oneal das Handelsaufkommen (als Anteil des BIP) eingaben, stellten sie fest, dass jene Länder, die in einem bestimmten Jahr stärker vom Handel abhängig waren, im Folgejahr mit geringerer Wahrscheinlichkeit eine militärische Auseinandersetzung hatten – wenn die Demokratie, das Machtverhältnis, der Großmachtstatus und das Wirtschaftswachstum konstant bleiben. Sie stellten also fest, dass ein demokratischer Friede sich nur dann einstellt, wenn beide Mitglieder eines Paares demokratisch sind, dass aber der Handel floriert, wenn nur eines der beiden Mitglieder des Paares eine Marktwirtschaft besitzt.

Und die dritte Ecke von Russetts und Oneals Friedensdreieck ist die Mitgliedschaft in der internationalen Gemeinschaft, ein Zeichen für Transparenz. Die Sozialwissenschaftler zählten die zwischenstaatlichen Organisationen (IGOs, Intergovernmental Organizations), denen jedes Paar von Staaten gemeinsam angehörte, und führten eine Regressionsanalyse mit Demokratie- und Handelskennwerten durch, wobei sie feststellten, dass die Demokratie den Frieden begünstigt, der Handel den Frieden begünstigt und die Mitgliedschaft in IGOs den Frieden begünstigt. Außerdem weist ein Länderpaar, das sich auf allen drei Variablen im oberen Zehntel der Skala befindet, gegenüber einem durchschnittlichen Länderpaar eine um 83 Prozent geringere Wahrscheinlichkeit auf, in einem bestimmten Jahr eine militärische Auseinandersetzung zu haben.

Der Zweck dieser Übung, die von dem Harvard-Psychologen Steven Pinker weiter ausgeführt wurde, ist, dass wir zusätzlich zu philosophischen Argumenten für die liberale Demokratie und Marktwirtschaft als Mittel zur Stärkung des menschlichen Überlebens und Wohls auch *wissenschaftlich argumentieren* können. Wir können die Wirkungen quantitativ messen und davon wissenschaftlich fundierte Werte ableiten, die schlüssig nachweisen, dass diese Regierungsform *wirklich* besser als beispielsweise Autokratien oder Theokratien ist. Die Gelehrten mögen zwar die Daten anfechten oder die Belege in Zweifel ziehen, aber mein Punkt ist, dass zusätzlich zu den Philosophen auch Wissenschaftler eine Stimme bei der Festlegung von menschlichen Werten und Moral haben sollten.

# David Christian
## Was ist ein gutes Leben?

Professor für Geschichte an der Macquarie University in Sidney;
Autor von *Maps of Time: An Introduction to Big History*

Die *Edge*-Frage von 2013 fordert uns auf, Probleme zu identifizieren, die sich nicht auf dem Radar der Öffentlichkeit befinden, es aber sein sollten – Fragen, die in Schulen, Wohnungen, Parlamenten, in den Medien und in der UNO heiße Themen sein sollten. Folgendes ist eine uralte Frage, die vom Radar verschwunden ist: Was ist ein »gutes Leben«? Ein Grundziel staatlicher Politik ist es, jedermann mit den Grundlagen für ein gutes Leben auszustatten. Dennoch wird so wenig öffentlich über die wirkliche Bedeutung eines guten Lebens diskutiert.

Vielleicht haben wir einen Widerstand gegen diese Fragen, weil sie Bilder männlicher griechischer Philosophen wachrufen, die bei Gastmahlen verwässerten Wein tranken. Können deren Antworten uns heute irgendetwas Nützliches bieten? Oder vielleicht meinen wir, dass wir die Antwort schon kennen. Und tatsächlich haben wir eine einfache, plausible und leistungsstarke Antwort, die den Griechen nicht zur Verfügung stand: Die modernen Technologien lassen uns die Vorstellung einer Welt hervorbringen, in der es für jeden einen stetig zunehmenden materiellen Überfluss gibt. Die Standardindizes materiellen Wohlstands wie das BIP oder BSP legen nahe, dass wir viel besser als die Griechen leben. Zwischen 1500 und 2000 nahm das BIP (den breite Verwendung findenden Schätzungen des verstorbenen britischen Ökonomen Angus Maddison zufolge) fast um das 150-fache und das Pro-Kopf-BIP etwa um das Zehnfache zu. Das nennen wir »Wachstum«. Und die meisten von uns sind im Allgemeinen damit zufrieden, »Wachstum« stellvertretend für »das gute Leben« zu nehmen, weshalb die meisten Politiker, Ökonomen und Unternehmer den größten Teil ihrer Zeit damit beschäftigt sind, das Wachstum zu unterstützen.

Der Wachstumsgedanke beherrscht das Nachdenken über das gute Leben zum Teil deshalb, weil er zu 70 Prozent (nun, vielleicht 50 Prozent) wahr ist, wie die Chinesen über Mao Zedong sagen. Um ein gutes Leben zu genießen, brauchen wir Nahrungsmittel, Sicherheit und Schutz vor den Elementen, und wir müssen Energie und Ressourcen nutzen, um diese Güter herzustellen. Versuche von Psychologen, das subjektive Wohlbefinden zu messen, stützen die offensichtliche Schlussfolgerung, dass die Steigerung des Konsumniveaus über die Armutsgrenze für unser Gefühl von Wohlbefinden und Zufriedenheit grundlegend ist. Ein Mindestmaß an materiellem Konsum ist die unverzichtbare Grundlage für ein gutes Leben.

Doch die Sache mit dem »Wachstum« ist auch mindestens zu 50 Prozent falsch. Sie ist in zwei wichtigen Hinsichten falsch: Sie bietet ein reduziertes Verständnis des guten Lebens und steuert uns in ein ökologisches Chaos.

Wir wissen alle, dass das Wohlbefinden jenseits eines bestimmten Niveaus (und dieses Niveau muss nicht unbedingt sehr hoch sein) immer weniger von materiellem Konsum abhängt. Wenn man gerade eine ausgezeichnete Mahlzeit gegessen hat, wird man das eigene Wohlbefinden nicht dadurch steigern, dass man sofort noch fünf weitere Mahlzeiten isst; Zurückhaltung ist ebenso wie der Konsum eine Quelle des Wohlbefindens. Tatsächlich erfordern viele Komponenten des guten Lebens nicht mehr Konsum, weil es sich um erneuerbare Ressourcen handelt. Sie umfassen Freundschaft, Empathie, Freundlichkeit und Großzügigkeit, gute Gespräche, einen Sinn für Schönheit, ein Gefühl körperlichen Wohlbefindens und der Sicherheit, ein Gefühl von Zufriedenheit, Intimität, einen Sinn für Humor und (die Stärke von *Edge*) eine Freude an guten Ideen. Messungen zunehmenden Konsums können diese psychischen Güter nicht erfassen. Im März 1968, kurze Zeit vor seiner Ermordung, sagte Robert Kennedy in einer Rede an der University of Kansas:

> Unser Bruttosozialprodukt … zählt Luftverschmutzung und Zigarettenwerbung und Krankenwagen, um unsere Autobahnen von Blutbädern zu befreien … Es zählt die Zerstörung unserer Mammutbäume und den Verlust der ungeregelten Ausbreitung unserer Naturwunder … Doch das Bruttosozialprodukt berücksichtigt nicht die Gesundheit unserer Kinder, die Qualität ihrer Bildung oder die Freude an ihrem Spiel. Es umfasst nicht die Schönheit unserer Dichtung oder … die Klugheit unserer öffentlichen Debatten oder die Redlichkeit unserer Staatsbeamten … Kurz, es misst alles außer dem, was das Leben lebenswert macht.

Schlimmer noch, der Wachstumsgedanke steuert uns einem ökologischen Chaos entgegen. Die Biosphäre ist zwar reich an Ressourcen und außergewöhnlich belastbar, aber es gibt Grenzen. Denn was »Wachstum« wirklich bedeutet, ist der stetig zunehmende Konsum von Energie und von Ressourcen der Biosphäre durch eine einzige Spezies, nämlich unsere eigene. Heute erfahren wir, dass das »Wachstum« die Biosphäre an ihre Grenzen treibt. Es gibt eine reale Gefahr, dass biosphärische Systeme anfangen werden zusammenzubrechen, vielleicht schnell und abrupt, weil wir an alten, komplexen, unvorhersagbaren und globalen Stoffwechselpfaden herumpfuschen, wie etwa den Kohlenstoff- und Stickstoffzyklen. Wenn die Ressourcen der Biosphäre begrenzt sind, kann das »Wachstum« nicht endlos weitergehen. Daher müssen wir beginnen, uns vorzustellen, wie ein gutes Leben in einer Welt begrenzter Ressourcen aussehen wird.

Ein Mindestmaß an materieller Fülle ist tatsächlich die

Grundlage. Eine gute Gesellschaft wird eine solche sein, in der jedermann die materiellen Grundlagen für ein gutes Leben genießt. Aber über dieses Niveau hinaus müssen wir deutlicher zwischen den erneuerbaren und den nicht erneuerbaren Komponenten eines guten Lebens unterscheiden. Können wir besser lernen, wie wir die erneuerbaren Ressourcen eines guten Lebens schätzen und genießen sollten? Die Entwicklung von realistischeren Gedanken über das gute Leben wird ein wesentlicher Schritt zu einem besseren Leben und einer nachhaltigeren Gesellschaft sein. Diese Auseinandersetzungen werden sich als komplex und schwierig erweisen. Sie werden Pädagogen, Wissenschaftler, Ökonomen, Politiker, Künstler, Unternehmer und Bürger genauso wie Philosophen mit einbeziehen. Aber wir brauchen diese Auseinandersetzung dringend bei dem Versuch, uns eine bessere Zukunft für unsere Kinder und deren Kinder vorzustellen.

# Satyajit Das
## Eine Welt ohne Wachstum?

Experte für Finanzderivate und Risiken; Autor von *Extreme Money: The Masters of the Universe and the Cult of Risk*

Arthur Miller schrieb, dass »ein Zeitalter wohl dann zu Ende gehe, wenn seine grundlegenden Illusionen erschöpft sind«. Das Wirtschaftswachstum, die zentrale Illusion des Zeitalters des Kapitals, mag wohl zu Ende gehen.

Das Wachstum liegt jedem Aspekt moderner Gesellschaften zugrunde. Wirtschaftswachstum ist zur Universallösung aller politischen, sozialen und wirtschaftlichen Probleme geworden, von der Verbesserung des Lebensstandards und der Verringerung der Armut bis heutzutage zur Lösung der Probleme überschuldeter Einzelpersonen, Unternehmen und Staaten.

Alle Spielarten von Politik und Ökonomie sind tief in der Vorstellung eines robusten Wirtschaftswachstums verwurzelt, kombiniert mit der Überzeugung, dass Regierungen und Zentralbanker eine wesentliche Kontrolle über die Wirtschaft ausüben können, um genau das hervorzubringen. In seinem 1925 erschienenen Roman *Der große Gatsby* erkannte F. Scott Fitzgerald diese fatale Anziehungskraft: »Gatsby glaubte an das grüne Licht, an die rauschende Zukunft, die Jahr um Jahr vor uns zurückweicht. Sie ist uns gestern entschlüpft, doch was tut's – morgen schon eilen wir rascher, strecken weiter die Arme.«

In Wirklichkeit ist das Wirtschaftswachstum ein relativ junges Phänomen. Es dauerte etwa fünf Jahrhunderte (von

1300 bis 1800), bis sich der Lebensstandard, gemessen durch das Pro-Kopf-Einkommen, verdoppelte. Zwischen 1800 und 1900 verdoppelte er sich noch einmal. Das 20. Jahrhundert erlebte schnelle Steigerungen des Lebensstandards, der um das Fünf- bis Sechsfache zunahm. Der Lebensstandard verdoppelte sich zwischen 1929 und 1957 (28 Jahre) und noch einmal zwischen 1957 und 1988 (31 Jahre). Von 1500 bis 1820 nahm die Wirtschaftsproduktion um weniger als zwei Prozent pro Jahrhundert zu. Zwischen 1820 und 1900 verdoppelte sich die Wirtschaftsproduktion etwa. Zwischen 1901 und 2000 nahm die Wirtschaftsproduktion um einen Faktor von ungefähr vier zu.

In den letzten 30 Jahren beruhte ein bedeutender Anteil des Wirtschaftswachstums und Wohlstands auf der *Finanzialisierung*. Als die herkömmlichen Triebkräfte des Wirtschaftswachstums wie etwa Bevölkerungszunahmen, neue Märkte, Innovationen und Zunahmen der Produktivität schwanden, wurde der durch Schulden angetriebene Konsum zum Werkzeug der Erzeugung von Wirtschaftswachstum. Aber dieser Prozess erfordert stets zunehmende Schuldenniveaus. Um 2008 waren bereits vier bis fünf US-Dollar Schulden notwendig, um ein Wachstum von einem US-Dollar zu erzeugen. China braucht jetzt sechs bis acht US-Dollar Kredit, um ein Wachstum von einem US-Dollar zu schaffen, vor einem Jahrzehnt waren es noch etwa ein bis zwei US-Dollar für jeden US-Dollar an Wachstum gewesen. Schulden gestatten einer Gesellschaft, Anleihen auf die Zukunft zu machen. Sie beschleunigen den Konsum, da Schulden dazu verwendet werden, heute etwas gegen das Versprechen zu kaufen, das Geliehene in der Zukunft zurückzuzahlen. Das Wachstum wird künstlich gesteigert durch Ausgaben, die normalerweise über einen Zeitraum von Jahren stattgefunden hätten, aber aufgrund der Verfügbarkeit billigen Geldes beschleunigt werden. Da die Verschuldungsniveaus jetzt unhaltbar geworden sind, könnte das durch Schulden finanzierte Wachstum am Ende sein.

Das Wachstum beruhte auch auf einer Politik, die zum

untragbaren Verfall der Umwelt führte. Es beruhte auf dem unwirtschaftlichen, verschwenderischen Gebrauch falsch bewerteter, nichterneuerbarer natürlicher Ressourcen, wie z. B. Öl und Wasser.

Das Problem ist das Wirtschaftsmodell selbst. Wie der ehemalige Notenbankchef Paul Volcker am 11. Dezember 2009 bemerkte: »Wir haben ein weiteres ökonomisches Problem, das mit dem des zu hohen Konsums, der zu hohen Ausgaben im Verhältnis zu unserer Fähigkeit zu investieren und zu exportieren, vermischt ist. Es hat mit der Finanzkrise zu tun, aber in gewisser Hinsicht ist es schwieriger als die Finanzkrise, weil es die Grundstruktur der Wirtschaft widerspiegelt.« Das gleichzeitige Ende des durch Schulden finanzierten Wachstums, die Umweltprobleme und die Knappheit wichtiger Ressourcen drohen jetzt eine beispiellose Periode des Wachstums und der Expansion zu beenden.

Es kann sein, dass die politischen Entscheidungsträger nicht die notwendigen Werkzeuge besitzen, um tiefverwurzelte Probleme der gegenwärtigen Modelle in Angriff zu nehmen. Eine revitalisierte Keynesianische Ökonomie ist vielleicht nicht in der Lage, eine langfristige Abnahme des Wachstums zu stoppen, wenn Regierungen nicht in der Lage sind, sich selbst zu finanzieren, um die Nachfrage aufrechtzuerhalten. Es ist nicht klar, wie, falls überhaupt, das Drucken von Geld oder Finanzspiele ein *reales* anhaltendes Wachstum und Wohlstand schaffen können.

Ein niedriges oder Null-Wachstum ist nicht unbedingt ein Problem. Es könnte positive Effekte haben – z. B. auf die Umwelt oder für die Erhaltung knapper Ressourcen. Aber die gegenwärtigen wirtschaftlichen, politischen und gesellschaftlichen Systeme sind auf eine endlose ökonomische Expansion und die damit verbundenen Verbesserungen des Lebensstandards gegründet. Wachstum wird für höhere Steuereinnahmen benötigt und trägt dazu bei, die erhöhte Nachfrage nach öffentlichen Dienstleistungen und die Mittel zu deren Finanzierung im Gleichgewicht zu halten. Wachstum wird zur

Aufrechterhaltung des gesellschaftlichen Zusammenhalts benötigt. Die Aussicht auf Verbesserungen des Lebensstandards, wie entfernt sie auch sein mögen, begrenzt die Dringlichkeit einer Umverteilung des Wohlstands. Wie Henry Wallich, ein ehemaliger Gouverneur der US-Notenbank, treffend diagnostizierte: »Solange es Wachstum gibt, gibt es auch Hoffnung, und das macht große Einkommensunterschiede erträglich.«

Der gesellschaftliche und politische Vertrag innerhalb demokratischer Gesellschaften erfordert Wirtschaftswachstum und Verbesserungen des Lebensstandards. Wirtschaftliche Stagnation erhöht die Wahrscheinlichkeit sozialer und politischer Konflikte. In *Krieg der Welt: was ging schief im 20. Jahrhundert* schilderte Niall Ferguson das Risiko:

> Wirtschaftliche Volatilität ist deshalb von Bedeutung, weil sie dazu neigt, soziale Konflikte zu verschlimmern … Wirtschaftskrisen erzeugen Anreize für politisch dominante Gruppen, die Last der Anpassung an andere weiterzugeben … Auf Zeiten schnellen Wachstums können auch soziale Verschiebungen folgen, da die Vorteile des Wachstums sehr selten gleich verteilt sind … Gerade an der Minderheit der Gewinner eines Aufschwungs könnte Vergeltung für den darauf folgenden Abschwung geübt werden.

Politiker, politische Entscheidungsträger und einfache Menschen wollen nicht mit der Möglichkeit eines bedeutend geringeren Wirtschaftswachstums konfrontiert werden. Wie bei Fitzgeralds tragischem Helden Gatsby lautet der skeptische Schlachtruf »Sie können die Vergangenheit nicht wiederholen? […] Wieso, natürlich kann ich!« Aber wie der Philosoph Michel de Montaigne bemerkte: »Wie vieles, das wir gestern als Glaubensartikel betrachtet haben, erscheint uns heute nur als eine Fabel.« Ein vor kurzem erschienenes Buch, Alan Weismans *Die Welt ohne uns*, beruht auf einem Gedankenexperiment: In was für einen Zustand würde eine Welt ohne

Menschen zurückkehren? Wir sollten uns Sorgen darüber machen, wie eine Welt ohne Wachstum – oder bestenfalls mit niedrigen und ungleichen Wachstumsraten – aussehen wird.

Laurence C. Smith

# Erdbevölkerung, Wohlstandswachstum: Das eine fürchte ich, das andere nicht

Professor und Vizevorsitzender für Geographie, Professor für Geo- und Weltraumforschung an der University of California in Los Angeles; Autor von *Die Welt im Jahr 2050*

Wenn das Bevölkerungswachstum ein Maß für den Erfolg einer Spezies ist, dann war das 20. Jahrhundert für *Homo sapiens* erstaunlich erfolgreich. In gerade einmal einem einzigen langen Menschenleben vermehrten wir unsere lebende Bevölkerung von 1,6 auf 6,1 Milliarden, ein Nettozuwachs von 4,5 Milliarden Menschen. Jetzt im 21. Jahrhundert überschreiten wir sieben Milliarden, und demographische Computermodelle, die mit nationalen Geburts- und Sterbestatistiken aus verschiedenen Ländern der Erde gefüttert werden, spiegeln unser zwar langsamer werdendes, aber immer noch steigendes Wachstum, das um 2050 trotz insgesamt fallender Geburtenraten in großen Teilen der Welt neun bis zehn Milliarden erreichen wird.

Diese Entwicklung bereitet Biologen und Ökologen wie beispielsweise Paul Ehrlich von der Stanford University (Autor des 1968 erschienenen Bestsellers *Die Bevölkerungsbombe*) Sorgen, die schon oft gesehen haben, wie ein exponentielles Bevölkerungswachstum zuerst Erfolge zeitigt und dann spektakulär scheitert. In natürlichen Ökosystemen ist exponentielles Wachstum (das aufgrund seiner stark aufstrebenden Steigung häufig als J-Kurve bezeichnet wird) das Kennzeichen einer Boom-und-Crash-Spezies. Schneeschuhhasen (*Lepus americanus*) pflanzen sich beispielsweise unermüdlich fort, bis eine Nahrungsknappheit oder eine Krankheit einen Crash auslöst, wobei nicht nur die Hasen, sondern auch die enthaltsameren Luchse (*Lynx canadensis*) dezimiert werden, die sie fressen. Die Natur ist übervoll mit düsteren Beispielen für Bevölkerungsbooms und -crashs, weshalb Ehrlich und andere in den 1970er Jahren zunehmend Befürchtungen hegten, da unser exponentielles Wachstum vorwärts eilte, ohne dass es irgendwelche Zeichen für eine Stabilisierung gegeben hätte. Das veranlasste einige extreme Maßnahmen der Geburtenkontrolle in Entwicklungsländern, wie z. B. Chinas Ein-Kind-Politik und gezielte Sterilisierungsprogramme in Indien. Heute steht das »Bevölkerungswachstum« bei vielen Leuten noch immer ganz oben auf der Liste der drängendsten Herausforderungen, denen die Welt gegenübersteht. Der Gedanke, dass zehn Milliarden Menschen sich bis zur Jahrhundertmitte die Erde teilen (etwa 40 Prozent mehr als heute), ist für sie wahrhaft schrecklich.

Eine solche Angst ist fehl am Platz. Nicht weil zehn Milliarden keine große Zahl ist – sie ist in der Tat enorm. Gesamtpopulationen anderer Raubtiere von großem Wuchs, die sich auf der obersten Stufe der Nahrungskette befinden (z. B. Bären), zählen in der Regel einige Zehn- bis Hunderttausend, aber nicht Milliarden. Die überall vorkommende Stockente, einer der am weitesten verbreiteten Vögel der Welt, hat eine weltweite Gesamtpopulation von vielleicht 30 Millionen. Die Mengen an Wasser, Nahrung, Fasern, urbarem Land, Metallen, Kohlenwasserstoffen und anderen Ressourcen, die notwendig sind, um zehn Milliarden Menschen zu erhalten, sind gigantisch, und die Aussicht auf drohende Knappheiten und gewaltsame Konkurrenz um solche Ressourcen ist die direkte Verbindung, die viele Menschen zwischen der Gesamtbevölkerungszahl und Prophezeiungen von Wasserknappheiten, Hungersnöten, Kriegen um Kohlenwasserstoff und dem Zusammenbruch der Gesellschaft herstellen.

Solche Bedrohungen sind zwar real, aber im Unterschied zu natürlichen Ökosystemen werden sie nicht von der bloßen

Bevölkerungszahl angetrieben. Stattdessen dominieren extreme Variationen im Konsum, sowohl zwischen Gesellschaften mit unterschiedlichen Mitteln und Kulturen (man denke an Amerika gegenüber Afghanistan) als auch innerhalb von Gesellschaften (man denke an das ländliche gegenüber dem städtischen China), den zeitgenössischen Bedarf an natürlichen Ressourcen. Das heißt nicht, dass die Gesamtbevölkerung keine Rolle spielt, sondern nur, dass der Lebensstil noch wichtiger ist.

Betrachten wir beispielsweise, wie der materielle Bedarf für Elektrizität, Kunststoffe, Metalle der seltenen Erden und industriell verarbeitete Lebensmittel sprunghaft um das Vielfache ansteigen muss, um den Erfordernissen eines modernen städtischen Konsumenten zu genügen, der in Shanghai lebt, im Gegensatz zu denen eines Bauern, der sich auf dem Land abmüht. Allein in China verspricht die derzeitige massive Migration vom Land in die Städte eine Milliarde neuer städtischer Konsumenten bis zum Jahr 2050, und zwar trotz Chinas Null-Bevölkerungswachstums. Afrika wird 1,2 Milliarden zählen, fast ein Viertel der Stadtbevölkerung in der Welt. Mein Kollege von der University of California in Los Angeles, Jared Diamond, hat berechnet, dass, wenn jede heute lebende Person die gegenwärtigen Lebensstile der Nordamerikaner, Westeuropäer, Japaner und Australier annehmen würde, der Konsum globaler Ressourcen um das Elffache steigen würde. Es wäre so, als würde die Weltbevölkerung plötzlich von sieben Milliarden auf 72 Milliarden anwachsen.

Das ist für mich beunruhigender als ein 40-prozentiger Zuwachs der Gesamtbevölkerung oder auch als die wirtschaftlichen und sozialen »Schmerzen« des Rückbaus bei insgesamt fallenden Geburtenraten. (Auf einem ergrauenden Planeten steigt der Anteil der älteren Menschen gegenüber denen, die im Arbeitsalter stehen, was begleitet wird von Belastungen des sozialen Sicherheitsnetzes und der Programme der Gesundheitsfürsorge.) Aber unglücklicherweise habe ich mit der Beschwichtigung der einen Befürchtung (Bevölkerungswachstum) eine andere aufgeworfen (Wohlstandswachstum), die man natürlich unmöglich schlechtreden kann. Die massive Migration vom Land in die Städte – gegenwärtig sind es drei Millionen Menschen pro Woche, was äquivalent dazu wäre, der Erde jeden Tag eine weitere Stadt mit der Größe von Seattle hinzuzufügen – hat Hunderte Millionen aus der unbarmherzigen, zermürbenden Armut herausgeführt. Wer von uns begrüßt das nicht?

Anstatt sich über die Weltbevölkerung Sorgen zu machen, sollte man klugerweise sein Augenmerk auf die wirkliche Herausforderung legen – die Versöhnung unserer widersprüchlichen Wünsche, nämlich allen Modernität und Wohlstand zu bringen, während zugleich die unzähligen Ansprüche auf natürliche Ressourcen, die sie für unseren Planeten vorausahnen lassen, stabilisiert werden sollen. Stellen Sie sich folgende Frage: Was müssen Sie (der moderne, gebildete Stadtbewohner, der wahrscheinlich am ehesten diesen Essay lesen wird) aufgeben, um Ihre Ressourcenbedürfnisse in bessere Übereinstimmung mit denen einer Person zu bringen, die Reis im Irawaddy-Delta anbaut? Die gute Nachricht ist, dass der Kauf eines Kompakthauses, Busfahren oder die Umstellung der Ernährung auf Produkte aus einer tieferen Stufe der Nahrungskette leichter ist als das Herumbasteln an der Fortpflanzungsrate der Menschheit. Notwendig ist nur eine Neubestimmung unserer Definition von Erfolg.

# Kevin Kelly
## Die Zeitbombe Bevölkerungsmangel

Sonderredakteur von *Wired*; Autor von *What Technology Wants*

Lange Jahre war die Überbevölkerung die Ur-Sorge. Die Aussicht auf zu viele Menschen auf einem endlichen Planeten stand hinter allgemeinen Sorgen um die Umwelt, von ihrer Verschmutzung bis zur Klimaerwärmung. Eine bedeutende Anzahl gebildeter Ehepaare verzichtete darauf, überhaupt Kinder zu haben, oder hatten nur eines, um ihren Teil zur Verhinderung der Überbevölkerung beizutragen. In China wurde die Entscheidung für ein einziges Kind erzwungen.

Während der globale Bevölkeranstieg mindestens noch weitere vierzig Jahre anhalten wird, verdeutlichen demographische Trends heute in aller Schärfe, dass eine viel größere Existenzbedrohung in einem globalen Bevölkerungsmangel liegt.

Diese Sorge scheint zunächst absurd zu sein. Wir alle haben den offiziellen Graphen des erwarteten Wachstums der Weltbevölkerung gesehen. Eine ständig ansteigende Kurve schwillt über uns hinaus auf sieben Milliarden an und erreicht ihren Höhepunkt etwa um 2050. Der Zahlenstand beim erwarteten Gipfel wird von Experten ständig geringer veranschlagt; gegenwärtig sagen die Demographen der UNO dafür 9,2 Milliarden voraus. Der Gipfel könnte zwar um etwa eine Milliarde differieren, aber im großen Ganzen ist die Grafik richtig.

Doch merkwürdigerweise zeigen die Grafiken nie, was auf der anderen Seite des Höhepunkts geschieht. Die zweite Hälfte fehlt so häufig, dass nicht einmal mehr jemand danach fragt. Vielleicht weil sie ziemlich beunruhigende Neuigkeiten

enthält. Die verborgene Hälfte des Diagramms zeigt eine ste-
tige Abwärtsbewegung zu immer weniger Menschen auf der
Erde jedes Jahr – und es gibt keine Übereinstimmung bezüglich der Frage, wie nahe sie an Null herankommen kann. Tatsächlich gibt es eine viel größere Übereinstimmung im Hinblick auf den Gipfel als darüber, wie wenig Menschen es in
100 Jahren auf der Erde geben wird.

Eine weniger zahlreiche Weltbevölkerung ist etwas, das
viele Leute feiern würden. Doch der Grund, warum das beunruhigend ist, liegt darin, dass der Tiefstand immer tiefer gehen
wird. Rund um den Globus fällt die Geburtenrate in einem
Land nach dem anderen unter das Bestanderhaltungsniveau,
so dass es weltweit bald schon eine schrumpfende Bevölkerung geben wird. Bei einem negativen Bevölkerungswachstum
bringt jede Generation weniger Nachkommen hervor, die
noch weniger produzieren, bis es überhaupt keine mehr gibt.
In diesem Augenblick liegt die Bevölkerung Japans weit unter
dem Bestanderhaltungsniveau, ebenso wie die Bevölkerung
des Großteils von Europa, Osteuropa, Russland, der ehemaligen Sowjetrepubliken und einiger asiatischer Länder. Es geht
noch weiter: Japan, Deutschland und die Ukraine weisen einen
absoluten Bevölkerungsrückgang auf; sie machen bereits Erfahrungen mit der Zeitbombe Bevölkerungsmangel.

Die schockierende Nachricht ist, dass die Entwicklungs-
länder nicht weit zurückliegen. Obwohl sie sich über dem Bestanderhaltungsniveau befinden, fallen ihre Geburtenraten
schnell. Ein Großteil von Afrika und Südamerika sowie der
Nahe Osten und der Iran zeigen schnell fallende Geburtenraten. Der Rückgang der Geburtenrate kam vor kurzem in einigen afrikanischen Staaten südlich der Sahara zum Stillstand,
aber das hat seinen Grund darin, dass die Entwicklung dort
zum Stillstand gekommen ist. Wenn die Entwicklung wieder
anzieht, wird die Geburtenrate abermals zurückgehen – weil
Geburtenraten mit der Verstädterung verknüpft sind. Es gibt
eine fundamentale Rückkoppelung: Je weiter die technologische Entwicklung in einer Gesellschaft voranschreitet, umso

weniger Nachkommen werden Ehepaare haben, umso leichter ist es für sie, ihren Lebensstandard zu erhöhen, umso mehr verringert dieser Fortschritt ihren Wunsch nach großen Familien. Das Ergebnis ist die Spirale des Bevölkerungsrückgangs aufgrund moderner Technologien – ein neues, aber jetzt schon universelles Muster.

Um diese Abwärtsspirale zu durchbrechen, wäre es nur nötig, dass viele Frauen, die in Städten auf der ganzen Welt leben, sich entscheiden, mehr als zwei Kinder zu haben, um die durchschnittliche Geburtenrate auf 2,1 Kinder anzuheben. Das bedeutet, dass eine erhebliche Anzahl von Ehepaaren in städtischen Gebieten drei oder vier Kinder haben müsste, um jene auszugleichen, die keine Kinder oder nur ein Kind haben. Möglicherweise könnte es in Mode kommen, in der Stadt vier Kinder zu haben. Das Problem ist, dass es diese größeren Familien nirgendwo gibt, wo die Bevölkerung städtisch geworden ist, und das Stadtleben ist jetzt der Lebensstil der Mehrheit und wird es immer mehr. Jedes entwickelte Land auf der Erde erlebt fallende Geburtenraten. Die einzige Ausnahme waren die Vereinigten Staaten wegen der starken Einwanderung, in erster Linie von katholischen, lateinamerikanischen Einwanderern, aber sogar das ändert sich. Der jüngste Bericht zeigt, dass in den USA die Geburtenraten lateinamerikanischer Einwanderer schneller fallen als je zuvor. Bald schon werden die Vereinigten Staaten mit der übrigen Welt im Hinblick auf fallende Geburtenraten gleichziehen.

Um dieser beängstigenden Bevölkerungsimplosion entgegenzuwirken, zahlen Japan, Russland und Australien Boni für Neugeborene. Singapur (mit der niedrigsten Geburtenrate auf der Welt) würde Ehepaaren 5000 Dollar für das erste Kind und bis zu 18 000 Dollar für das dritte Kind bezahlen – aber ohne Erfolg: Singapurs Geburtenrate beträgt weniger als ein Kind pro Frau. In der Vergangenheit waren drastische Maßnahmen zur Reduktion der Geburtenraten zwar schwierig, aber sie haben funktioniert. Drastische Maßnahmen zur Erhöhung der Geburtenrate scheinen bislang überhaupt nicht zu funktionieren.

Unsere Weltbevölkerung altert. Der Höchststand der Jugendlichen auf diesem Planeten lag im Jahre 1972. Seither hat das Durchschnittsalter auf der Erde jedes Jahr zugenommen, und in den nächsten paar hundert Jahren ist für das Altern der Welt kein Ende in Sicht! Die Welt braucht die Jungen, die arbeiten und die medizinische Versorgung der vorangehenden Generation bezahlen, aber die Jungen werden knapp werden. Mexiko altert schneller als die Vereinigten Staaten, so dass all jene jungen Wanderarbeiter, die jetzt ein Problem zu sein scheinen, bald schon zu Hause gebraucht werden. Tatsächlich werden die einzelnen Länder, nachdem der Höchststand erreicht ist, einen Wettlauf gegeneinander beginnen, um Arbeitskräfte zu importieren, und die Einwanderungspolitik ändern, aber diese individuellen Erfolge und Misserfolge gleichen sich gegenseitig aus und werden keinen Einfluss auf das allgemeine Bild haben. Das Bild für die zweite Hälfte dieses Jahrhunderts wird folgendermaßen aussehen: Zunahme von Technologien, abgefahrene Dinge, die das Leben der Menschen verlängern, mehr ältere Menschen, die länger leben, Millionen von Robotern, aber nur wenige junge Menschen. Anders betrachtet lässt sich zur menschlichen Bevölkerung in 100 Jahren sagen, dass wir zwar dieselbe Anzahl von über Sechzigjährigen haben werden, aber mehrere Milliarden weniger junge Leute.

In der gesamten Geschichte der Menschheit haben wir keine Erfahrung mit einer rückläufigen Bevölkerung und wachsendem Fortschritt (auch nicht in den Jahren der Pestepidemie). Einige moderne Länder mit einem Bevölkerungsrückgang in jüngster Vergangenheit haben einen anfänglichen Anstieg des BIP erlebt, weil es weniger »Köpfe« bei der Pro-Kopf-Berechnung gibt, aber das verdeckt nur den langfristigen Rückgang. Es kann jedoch immer ein erstes Mal geben!

Folgendes ist das Problem: Dies ist eine Welt, in der das Publikum jedes Jahr kleiner sein wird als im Jahr davor, in der es einen kleineren Markt für Güter und Dienstleistungen gibt, weniger Arbeitskräfte zur Auswahl stehen und eine anschwellende ältere Bevölkerung, für die gesorgt werden muss. In der Moderne haben wir so etwas nie gesehen; unser Fortschritt fand immer parallel zu steigenden Bevölkerungszahlen, einem größeren Publikum, größeren Märkten und einem größeren Reservoir von Arbeitskräften statt. Es ist schwer zu sehen, wie eine rückläufige, aber alternde Bevölkerung als Motor für die jährliche Zunahme des Lebensstandards fungieren soll. Um das zu erreichen, bräuchten wir ein völlig anderes Wirtschaftssystem, eines, auf das wir in diesem Augenblick überhaupt nicht vorbereitet sind. Die Herausforderungen einer gipfelnden Weltbevölkerung sind real, aber wir wissen, was wir zu tun haben; die Herausforderungen einer schwindenden Weltbevölkerung, die in einer entwickelten Welt auf Null zustrebt, sind beängstigender, weil wir so etwas noch nie erlebt haben. Das ist etwas, worüber man sich Sorgen machen sollte.

# Tor Nørretranders
## Der Verlust der Lust

Wissenschaftsautor, Fachberater, Dozent in Kopenhagen; Autor von *Über die Entstehung von Sex durch generöses Verhalten. Warum wir Schönes lieben und Gutes tun*

Wir sollten uns Sorgen darüber machen, die Lust als leitendes Prinzip für die Reproduktion unserer Spezies zu verlieren. In ihrer gesamten Geschichte haben Menschen, geleitet von Instinkten und intensiver Begierde, große Klugheit bei der Wahl ihrer Partner zur Fortpflanzung bewiesen. Ein Großteil des ästhetischen Vergnügens und der Freude, die wir bei der Betrachtung anderer Mitglieder unserer Spezies empfinden, wurzelt in Indikatoren für Fruchtbarkeit, Genqualität und Kompatibilität des Immunsystems. Unsere Lust bekundet also beträchtliche Umsicht.

Was die Zahl unserer Nachkommen angeht, so werden wir die Weltbevölkerung bis zur Jahrhundertmitte durch dezentralisierte Entscheidungen kollektiv stabilisiert haben. Dieser demographische Übergang wird nicht das Ergebnis wissenschaftlicher Planung sein, sondern sich aus der biologischen Klugheit einzelner Paare ergeben. Die Stabilisierung bedeutet, dass es immer wichtiger wird, dass die biologischen Präferenzen, die in der Lust zum Ausdruck kommen, die Fortpflanzung dominieren, da weniger Babys geboren werden und diese länger leben.

Versuche, die Fortpflanzung durch Biotechnologien und die Sichtung von Eizellen, Sperma, Partnern und Embryos zu handhaben, werden mit dem von der Lust beherrschten Prozess interferieren. Dass das den Verlust einer entwickelten Kompetenz für Überlebensfähigkeit bedeuten könnte, ist besorgniserregend.

Darüber hinaus führt der Wunsch nach Fortpflanzung zu der Anpreisung guter Gene und allgemeiner Fruchtbarkeit durch eine kulturelle und gesellschaftliche Hervorhebung von Fertigkeiten und Sinnlichkeit. Dies sind wesentliche, wenn nicht gar dominante Quellen des unbewussten Drangs zur Schöpfung großer Leistungen in Wissenschaft, Kunst und Gesellschaftsleben. Versuche, Paarungspräferenzen und den Bindungsprozess durch klinische Leitung abzukürzen, könnten nicht nur zu einem Qualitätsverlust bei den Nachkommen führen, sondern auch zu einem Verlust kultureller Fruchtbarkeit.

# Rodney A. Brooks
## Nicht genügend Roboter

Panasonic Professor für Robotik; Emeritus am MIT; Vorsitzender und technischer Vorstand von Rethink Robotics; Autor von *Menschmaschinen: Wie uns die Zukunftstechnologien neu erschaffen*

In letzter Zeit wurde in vielen Presseberichten die Sorge zum Ausdruck gebracht, dass intelligentere Roboter den Menschen zu viele Arbeitsplätze wegnehmen könnten. Was mir gerade jetzt die größten Sorgen macht, ist, dass wir keine Möglichkeit finden werden, unsere Roboter schnell genug ausreichend intelligent zu machen, um den Engpass bei allen Arbeiten auszugleichen, für die wir sie in den nächsten Jahrzehnten brauchen werden. Wenn es uns nicht bald gelingt, bessere Roboter zu bauen, sind unser Lebensstandard und unsere Lebenserwartung in Gefahr.

Das Bevölkerungswachstum und der technische Fortschritt gingen jahrhundertelang Hand in Hand, wobei sie sich wechselseitig möglich machten. In den nächsten fünfzig Jahren wird sich das Wachstum der Weltbevölkerung dramatisch verlangsamen, und stattdessen stehen wir vor einem demographischen Wandel beim Altersprofil unserer Bevölkerung, wie wir ihn seit den Shakern nicht gesehen haben – und wir wissen, was mit ihnen geschah.

Die Ein-Kind-Politik Chinas, die sich jetzt weit in der zweiten Generation befindet, hat die Demographie seiner Bevölkerung schon sichtbar verändert. Junge Ehepaare sind heute die einzigen Nachkommen von vier Eltern und acht Großeltern;

sie müssen sich geistig auf erdrückende Verantwortlichkeiten vorbereiten, wenn die, die sie lieben, älter werden.

Unter allgemeinerer Perspektive ist die Sache noch schlimmer: China hat gerade das Jahr des »Gipfels der Neunzehnjährigen« hinter sich gebracht. Die Neunzehn- bis Dreiundzwanzigjährigen sind derjenige Teil der Bevölkerung, der am meisten zur Industrieproduktion und zum Militärdienst herangezogen wird. Die Belastungen in China sind bereits sichtbar. Da die Konkurrenz um Arbeitskräfte zunimmt, haben wir erlebt, wie Arbeitsbedingungen und Löhne sich in China in den letzten drei Jahren deutlich verbessert haben. Vom moralischen Standpunkt her ist das gut, und es ist ebenfalls gut im Hinblick auf westliche Unabhängigkeit, weil Unternehmen damit beginnen, die Industrieproduktion nach Nordamerika und Europa zurückzuholen. Es bedeutet aber auch, dass die Herstellung der Werkzeuge, die wir zum Schreiben und Lesen dieser Essays benutzen – und tatsächlich auch der Werkzeuge, die wir zum Betrieb unserer Gesellschaft einsetzen, sowie nahezu aller industriell hergestellten Güter, die wir in Supermärkten kaufen –, teurer werden wird. Wir brauchen Produktivitätswerkzeuge im Osten und im Westen, neue Formen der Automatisierung und Roboter, um unsere industrielle Produktivität zu steigern. In den nächsten Jahren werden wir immer dringender intelligentere Roboter brauchen, die in unseren Fabriken arbeiten.

Die demographischen Veränderungen, die in China zu sehen sind, vollziehen sich auch in Japan, Europa und den Vereinigten Staaten. Unsere Bevölkerungen altern schnell – etwas langsamer in den USA, da wir bislang noch höhere Einwanderungsraten als andere Regionen haben. Während wir uns über die Zahlungsfähigkeit unserer Sozialversicherungssysteme Sorgen machen, gibt es einen weiteren Effekt, der das Problem verschlimmern und das Leben für alle von uns, die das Glück haben, älter zu werden, unangenehm machen wird. Der derzeitige demographische Wandel wird bedeuten, dass es weniger junge Menschen geben wird, die mehr älteren Menschen

Dienstleistungen anbieten können, und Angebot und Nachfrage werden ihre Lohnkosten erhöhen. Das ist zwar gut für
Krankenschwestern und Altenpfleger, aber es wird das magere
Einkommen der älteren Menschen noch weiter belasten und
letztlich ihren Lebensstandard senken, möglicherweise unter
jenen unserer gegenwärtig älteren und gebrechlichen Menschen.

Das ist das Pioniergebiet für Roboter. Wir werden eine Menge
davon brauchen, um den Engpass auszugleichen, der durch die
undankbaren und schweren Routinearbeiten in der Alten-
pflege verursacht wird – z. B. Menschen ins und aus dem Bett
zu heben, ihre Exkremente aufzuwischen usw. –, so dass die
jüngeren Menschen ihre Zeit dafür einsetzen können, die soziale Interaktion und das persönliche Beisammensein zu bieten, nach denen wir alten Menschen uns sehnen werden.

# William McEwan
## Dass wir die Schwelle der Fehlerkatastrophe nicht nutzen

Postdoktorand am Medical Research Council Laboratory of Molecular Biology in Cambridge, England

Viren reproduzieren sich nahe der Genauigkeitsgrenze, die erforderlich ist, um erfolgreich Informationen an die nächste Generation weiterzugeben. Ich mache mir Sorgen darüber, dass wir keine Möglichkeit finden werden, um sie über diese Grenze zu stoßen.

Im Kampf gegen Virusinfektionen haben wir einen strategischen Nachteil. Unsere Genome sind groß. Die meisten unserer Kopierfehler werden dem Überleben abträglich sein. Daher müssen wir unsere Informationen getreu reproduzieren – etwa ein Fehler auf $10^{10}$ Nukleotide pro Reproduktionszyklus ist die Rate bei Säugetieren. Die leichtfüßigen RNS-Viren hingegen probieren mit jeder Generation eine Sequenzvielfalt aus, die um vier Größenordnungen höher liegt. Und eine Virengeneration dauert nicht lange.

Aber eine fehleranfällige Reproduktion hat auch ihre Grenzen. Es gibt einen Punkt, die Schwelle der Fehlerkatastrophe, an dem die Reproduktion genetischer Information nicht aufrechterhalten werden kann. Jenseits dieser Schwelle geht die Fähigkeit zur Reproduktion verloren. Es wurde als Therapie vorgeschlagen, Viren sanft über diese Grenze hinauszuschubsen. Was für eine schöne Idee! Die Schwelle der Fehlerkatastrophe legt die Grenze der Erblichkeit von Informationen fest – die Grenze des Lebens. Auf der anderen Seite liegt der Abgrund.

Fehlerkatastrophen sind theoretisch modelliert worden. Entsprechend der Theorie weisen Untersuchungen an Gewebekulturen und Mäusen beschleunigte Mutationen zwar als eine antivirale Strategie aus. Aber leider sind dieselben Medikamente, die eine beschleunigte Mutationsrate bei Viren induzieren, für den Wirt toxisch. Medikamente, die Fehler induzieren und für bestimmte Viren spezifisch sind, sind zwar machbar, scheinen aber im Vergleich zu direkten Hemmern ein riskantes Spiel zu sein.

Vorerst können wir uns nur an der jüngsten Erkenntnis erfreuen, dass die Natur schon dort angekommen ist. Die APOBEC3-Genfamilie schleust systematisch Fehler in die Genome von Viren ein und schubst sie über die Klippe. Viren nehmen diese Bedrohung ernst. HIV besitzt ein Gen, das die Funktion hat, APOBEC3 entgegenzuwirken. Ohne dieses Gen kann HIV sich nicht reproduzieren. Andere Viren scheinen den Kampf verloren zu haben: Das menschliche Genom ist übersät mit den Überbleibseln ausgestorbener Viren, die die Narben der Aktivität von APOBEC3 tragen. Vielleicht war eine beschleunigte Mutationsrate ein Faktor, der zum Untergang dieser Viren beigetragen hat. Ich fürchte, dass der Einfallsreichtum der Evolution – der bei einer geologisch langsamen Rate von $10^{10}$ Basenpaaren pro Generation akkumuliert wurde – unseren eigenen übertreffen könnte, falls wir diese schöne Idee nicht packen und keine sanfte, nichttoxische Methode entwickeln können, um selbst die Viren über die Schwelle zu schubsen.

# Helena Cronin
## Eine furchtbare Asymmetrie: Die beunruhigende Welt einer Möchtegernwissenschaft

Kodirektorin des Centre for Philosophy of Natural and Social Science an der London School of Economics; Autorin von *The Ant and the Peacock: Altruism and Sexual Selection from Darwin to Today*

Wenn ich den Hof der British Library betrete, gehe ich unter dem langen Schatten hindurch, der von Newtons Bronzekoloss geworfen wird. Mit einem Zirkel in der Hand, lotet er die tiefsten Gesetze des Universums aus. Aber die unheilvolle Anregung zu dieser Skulptur bestürzt mich. Denn es handelt sich um den Newton von William Blakes berühmtem Druck, der all das darstellt, was der Künstler in seiner Auslegung der Newton'schen Wissenschaft verabscheute – vertrocknete Rationalität, seelenlosen Materialismus. Wenn man an Blake denkt, fallen einem der Tiger und seine »furchtbare Symmetrie« ein. Und diese Formulierung lässt plötzlich eine bohrende Sorge klar hervortreten, die ich nicht formuliert hatte. Endlich kann ich genau festhalten, was mich an den geringschätzigen Meinungen über die Wissenschaft, denen ich regelmäßig begegne, so bestürzt. Es ist ihre furchtbare *A*symmetrie – die Diskrepanz zwischen dem objektiven Status der Wissenschaft und ihrer Verunglimpfung durch eine lärmende Meute heutiger Blakes.

Wer über die Wissenschaft der menschlichen Natur arbeitet – insbesondere über Geschlechterunterschiede –, dem wird diese Asymmetrie nur allzu vertraut sein. Es gibt einen lautstarken Kreis gebildeter Menschen – manche davon sind Wissenschaftler, sogar Biologen, andere sind Sozialwissenschaftler oder Intellektuelle, die in der Öffentlichkeit gehört werden, und Journalisten –, Menschen, die die Wissenschaft, die Biologie, sogar die Humanbiologie respektieren und die, zumindest vorgeblich, den Darwinismus im Hinblick auf alle Lebewesen für wahr halten ... solange er sich nicht an unsere entwickelte Menschennatur wagt.

Um die daraus entstehende Asymmetrie und ihren besorgniserregenden Charakter zu verstehen, betrachte man zunächst eine wesentliche Unterscheidung zwischen zwei Welten.

Die eine ist die Welt des objektiven Inhalts von Ideen – insbesondere der Wissenschaft als Korpus des Wissens, wirklicher und möglicher wissenschaftlicher Theorien, ihrer Wahrheit oder Falschheit, ihrer Widerlegbarkeit, bestandener oder nicht bestandener Überprüfungen, gültiger und ungültiger Argumente, beantworteter oder unbeantworteter Einwände, der Entfaltung entscheidender Belege, des erreichten Fortschritts. Die Darwin'sche Wissenschaft hat in dieser Welt objektiver Erkenntnis einen hohen Status als (mit Daniel Dennetts Worten) vielleicht »die beste einzelne Idee, die irgendjemand je gehabt hat«. Darüber hinaus wird sie vermutlich nicht durch etwas Besseres ersetzt werden, was in der Wissenschaftsgeschichte wahrscheinlich einzigartig bleibt; die Biologie wird für immer darwinisch bleiben – denn die natürliche Selektion ist anscheinend der einzige Mechanismus, der ein Design ohne Designer erreichen kann. Und das Darwin'sche Verständnis der Natur des Menschen ist eine direkte Implikation dieser Kerneinsicht. Ein bemerkenswertes Kunststück: der erste ernsthafte Versuch zu einer Wissenschaft von uns selbst ... und höchstwahrscheinlich ist er richtig.

Die andere Welt ist die subjektive Welt der geistigen Zustände, des Persönlichen und Sozialen: Gedanken, Überzeugungen, Wahrnehmungen, Gefühle, Emotionen, Hoffnungen, Bestrebungen.

Mit dieser Unterscheidung bewaffnet, können wir genau bestimmen, worin die Asymmetrie besteht und warum sie so besorgniserregend ist.

Im Allgemeinen stimmt die öffentliche Rezeption einer wissenschaftlichen Theorie im großen Ganzen mit dem Urteil der objektiven Welt der Ideen überein. Nicht aber im Falle des wissenschaftlichen Verständnisses unserer entwickelten menschlichen Natur und, vor allem, der Natur von Männern und Frauen. Wenn die Argumente gegen die Evolutionswissenschaft der Natur des Menschen in der Welt des objektiven Inhalts von Ideen vorgebracht würden, gäbe es keinen Kampf; die Evolutionstheorie würde mit links gewinnen. Aber als eine soziologische Tatsache auf dem öffentlichen Markt verliert sie verheerend gegenüber ihren lautstarken Kritikern.

Warum? Weil bei solchen Begegnungen die objektive Beziehung zwischen der Wissenschaft und diesen Kritiken auf den Kopf gestellt wird; alle grundlegenden Asymmetrien werden systematisch umgekehrt.

Erstens wird die »Beweislast«, die Last des Arguments, von den Kritiken der Wissenschaft zugeschoben; es ist der Darwinismus, der vor Gericht steht. Unterdessen müssen sich anti-Darwin'sche Haltungen nicht verteidigen – sie werden unkritisch mit eifriger Gutgläubigkeit und einer nachsichtigen Suspendierung von Zweifeln akzeptiert.

Zweitens wird, was das Ganze noch verschlimmert, eine Fülle hausgemachter Alternativen heraufbeschworen, um die Lücke zu füllen, in der die wirkliche Wissenschaft Platz finden sollte. Wie sieht diese Heimwerkerwissenschaft aus? Pseudomethodologische Anklagen, bei denen sogar ordinäre Beschimpfungen als Argumente durchgehen – essentialistische, reduktionistische, teleologische, Pangloss'sche, deterministische (alle sehr schlecht) und politisch inkorrekte (wirklich ganz schlecht); die unveränderliche »Verschränkung« von Natur und Umwelt, die die Natur zu etwas Undurchdringlichem macht und dadurch ermöglicht, die »reine Umwelt« ausführlich zu diskutieren. Eine ungenierte Geringschätzung mühsam erworbener empirischer Belege – außer von aufleuchtenden Brainscans. Die magische Kraft des »Stereotypisierens« (schlecht) und der »Vorbilder« (gut). Eine sich über die Logik hinwegsetzende Macht, die Wunder an *Tabula-rasa*-Psychologien wirkt, wie bei der »Sozialisierung« (schlecht – eine schädliche Quelle von Unterschieden zwischen Männern und Frauen) und der »Stärkung« (gut); erfundene Mechanismen – Multitasking, Selbstachtung. Beschwerden, die Evolutionswissenschaft sei »strittig«, was in wissenschaftlicher Hinsicht falsch, in soziologischer aber (leider) wahr ist, weil sie Staub aufwirbele und man sich dann darüber beklage, dass man nichts sehen könne. Die wissenschaftsfreie Politik, die dieses Programm hervorbringt, wird von der »Frauen-in-die-Wissenschaft«-Lobby versinnbildlicht, die auf der Annahme von »Voreingenommenheiten und Hindernissen« und der unumwundenen Ablehnung von, jawohl, der Wissenschaft der Geschlechtsunterschiede beruht.

Drittens gibt es die Wirkung, die diese trügerischen Ansichten im öffentlichen Raum hinterlassen. Sie werden nicht als bloße Meinungen wahrgenommen. Und sowohl in psychologischer als auch in soziologischer Hinsicht haben sie eine Stimme, die weit einflussreicher und überzeugender ist, als ihr objektiver Status verbürgt. Inzwischen ist es die Wissenschaft, die als tendenziös angesehen und regelmäßig missverstanden, schlechtgemacht und abgelehnt wird.

Es scheint also, dass die Perspektive der beiden Welten ein düsteres Bild der Gegenwart enthüllt. Sie enthüllt aber auch einen weitaus vielversprechenderen Ausblick. Das Verständnis der Unterscheidung zwischen der autonomen Objektivität der Welt der Ideen und dem im Kontrast dazu stehenden Status des Psychologischen und Sozialen hilft uns dabei, den wahren Wert der Wissenschaft, ihre Fortschrittlichkeit und ihre einzigartige und dauerhafte Leistungsfähigkeit zu schätzen. Und mit diesem Gedanken im Hinterkopf mache ich mir über diese furchtbaren Asymmetrien weniger Sorgen.

# Dan Sperber
## Deplatzierte Sorgen

Sozial- und Kognitionswissenschaftler an der Central European University in Budapest und am Institut Jean Nicod in Paris; Koautor (mit Deirdre Wilson) von *Meaning and Relevance*

Sich Sorgen zu machen ist der Einsatz kognitiver Ressourcen, die mit Emotionen aus dem Spektrum der Angst verwoben sind und auf die Lösung eines bestimmten Problems abzielen. Es ist mit Kosten und Nutzen verbunden, ebenso wie sich keine Sorgen zu machen. Wenn man sich ein paar Minuten Sorgen darüber macht, was man zum Abendessen servieren soll, um die Gäste zufriedenzustellen, mag das ein vernünftiger Einsatz von Ressourcen sein. Sich Sorgen darüber zu machen, was mit Ihrer Seele nach dem Tod geschieht, ist völlige Verschwendung. Die Vorfahren des Menschen und andere Lebewesen mit der Fähigkeit zur Voraussicht haben sich wahrscheinlich nur über echte und drängende Probleme Sorgen gemacht, wie etwa keine Nahrung zu finden oder gefressen zu werden. Seither ist ihre Vorstellungskraft um vieles größer geworden, und sie haben sie mit reichhaltigen kulturellen Inputs gefüttert; d.h. mindestens während der letzten 40000 Jahre – möglicherweise viel länger – haben sich die Menschen auch über die Verbesserung ihrer Lage individuell und kollektiv Sorgen gemacht (vernünftige Sorgen) sowie über den bösen Blick, den Verdruss toter Vorfahren und die Reinheit ihres Blutes (deplatzierte Sorgen).

Eine neue Form deplatzierter Sorgen wird sich wahrscheinlich immer mehr ausbreiten. Die sich ständig beschleunigende gegenwärtige wissenschaftliche und technische Revolution bringt einen Strom immer neuer Probleme und Chancen hervor, die in einem noch nie dagewesenen Maß Herausforderungen an die Kognition und das Entscheidungsvermögen stellen. Unsere Fähigkeit, diese Probleme und Chancen zu antizipieren, wird von ihrer Anzahl, Neuheit, Ankunftsgeschwindigkeit und Komplexität überfordert.

Jeden Tag haben wir beispielsweise Gründe, um uns an den neuen Möglichkeiten zu erfreuen, die das Internet bietet. Die Sorge vor 15 Jahren – dass es eine weitere gesellschaftliche Kluft erzeugen würde zwischen denen, die Zugang zum Internet haben, und denen, die keinen haben – ist so sehr dem letzten Jahrhundert verhaftet! Tatsächlich hat sich keine andere Technologie in der Menschheitsgeschichte so weit und so schnell verbreitet und fest verankert. Aber wie steht es mit der Sorge, dass die Versorgung von Unternehmen, Behörden und Regierungen mit detaillierten Informationen über jeden Nutzer die Privatsphäre zerstört und die Freiheit auf viel subtilere Weise bedroht als Orwells Big Brother? Sollten wir uns darüber Sorgen machen? Oder sollten wir uns darauf konzentrieren sicherzustellen, dass so viele Informationen wie möglich so weit wie möglich frei zugänglich sind, und alte Vorstellungen von Geheimhaltung und sogar auch Privatsphäre aufgeben und darauf vertrauen, dass echte Informationen sich gegenüber Fehlinformationen durchsetzen werden und gut informierte Menschen weniger anfällig für Manipulation und Kontrolle sind – mit anderen Worten, dass mit einem viel freieren Zugang zu Informationen eine radikalere Form von Demokratie möglich werden wird?

Die Gentechnik verspricht neue Nutzpflanzen, neue Behandlungsmöglichkeiten und die Verbesserung des menschlichen Genoms. Wie sehr sollten wir davon begeistert und wie sehr darüber entsetzt sein? Wie stark und wie sollte die Entwicklung der Gentechnik selbst kontrolliert werden und von wem?

Neue Zerstörungswaffen – atomare, chemische und biologische – werden immer stärker und immer zugänglicher. Terroristische Handlungen und regionale Kriege einer neuen Größenordnung werden wahrscheinlich stattfinden. Wenn das der Fall ist, wird das Argument, dass mächtige Staaten die Mittel zu ihrer Verhinderung erhalten sollten, einschließlich der Mittel, demokratische Rechte zu beschneiden, mit noch mehr Nachdruck vorgebracht werden als nach dem 11. September in den Vereinigten Staaten. Worüber sollten wir uns die größten Sorgen machen – über Terrorismus und Kriege oder die zunehmende Begrenzung von Rechten?

Blicken wir weiter in die Zukunft: Schon bald werden die Menschen mit intelligenten Robotern leben und von ihnen abhängen. Wird sich das zu einer neuen Form der Dialektik von Herr und Knecht entwickeln, wobei die Herren von ihren Knechten verunsichert werden? Werden die Roboter sich selbst in Herren oder vielleicht sogar in intelligente, zweckgerichtete Wesen entwickeln, die keine Verwendung für Menschen haben? Sind solche Sorgen vernünftig oder unsinnig?

Das sind bloß ein paar Beispiele. Entwicklungen in Wissenschaft und Technik eröffnen mit zunehmender Geschwindigkeit neue Chancen und Risiken, die wir uns noch nicht einmal vorgestellt hatten. Natürlich bilden Sie und ich uns in den meisten Fällen eine Meinung mit Bezug darauf, worüber wir uns Sorgen machen sollten. Aber mit welcher Zuversicht können wir diese Meinungen aufrechterhalten und diesen Sorgen nachgehen?

Worüber ich mir besonders Sorgen mache, ist, dass Menschen immer weniger in der Lage sein werden einzuschätzen, worüber sie sich Sorgen machen sollten, und dass ihre Sorgen ihnen eher Schaden zufügen als Nutzen bringen. Vielleicht sollte man wie beim Durchfahren von Stromschnellen nicht versuchen zu bremsen, sondern eine Bahn zu optimieren, die man nicht wirklich unter Kontrolle hat – nicht weil dadurch die Sicherheit garantiert und der Optimismus gerechtfertigt wird (das Schlimmste könnte immer noch geschehen), sondern weil es keine bessere Option als die Hoffnung gibt.

# Virginia Hefferman
## Es gibt nichts, worüber man sich Sorgen machen muss, und das gab es auch nie

Nationale Berichterstatterin bei *Yahoo! News*

Wir müssen uns über nichts anderes Sorgen machen als über die Sorgen selbst. Das galt schon immer.

Marshall McLuhan sagte, dass »elektrische Schaltkreise den Westen orientalisieren«. Hoffen wir, dass das Internet diese Aufgabe nun irgendwann erledigt. Der nächste Zug muss eindeutig darin bestehen, die gespenstische, westliche fixe Idee abzuschaffen, dass auch nur ein Körnchen Freiheit oder Erkenntnis bei der elenden Praxis des Sich-Sorgen-Machens, bei der chronischen, Hirnzellen erweichenden, übertriebenen Ausübung unserer Eidechsenimpulse zu kämpfen oder zu fliehen gewonnen wird.

Vernetzte Rechner und digitales Erleben haben das Selbst dezentralisiert. Dadurch wurde der halluzinatorische Glanz in den gegenwärtigen Augenblick verlegt und unsere grundlegende wechselseitige Abhängigkeit unterstrichen.

Und auf diese sanfte Weise wurde auch der hartnäckige westliche Begriff der Trennung verspottet. Die digitale Revolution – mit all ihren heiligen Artefakten – hat die Visionen Buddhas, Shakespeares, Wordsworths und aller Mystiker der Welt, egal ob sie mittelmäßig sind oder einen Lehrstuhl in Stanford haben, offenbar, freudestrahlend und sogar einträglich gemacht: Wir sind eins. Grenzen setzende Überzeugungen mit Bezug auf Vergangenheit und Zukunft zerstören unser Leben. Nur das aufmerksame Akzeptieren der gegenwärtigen Wirklichkeit kann Frieden bringen und zu klugem Handeln anregen.

Bauen Sie also einen Schutzbunker. Schicken Sie Geld an Menschen, die keins haben. Verschlüsseln Sie dreifach und sichern Sie gewissenhaft jede Reklame-E-Mail von J. Crew, die Sie erhalten, damit der Internet-Terrorismus nicht über uns hereinbricht. Sorgen Sie mit Hochdruck dafür, dass Ihre Kinder auch weiterhin im Internet bleiben oder sich von ihm fernhalten, biologisch angebaute oder regionale oder gar keine Nahrung essen. Handeln Sie oder lassen Sie es bleiben. Machen Sie sich einfach keine Sorgen darum. Es gibt nichts, worüber man sich Sorgen machen muss, und das gab es auch nie.

# Donald D. Hoffman
## Sorgen um das Rätsel der Sorge

Kognitionswissenschaftler an der University of California in Irvine; Autor von *Visuelle Intelligenz*

Es mag durchaus sein, dass man sich über die Sorge selbst Sorgen machen sollte. Nicht nur aus dem gewöhnlichen Grund, dass es eine optimale Bandbreite von Sorgen gibt (zu viel oder zu wenig ist der Gesundheit abträglich). Sondern vielmehr, weil das Sich-Sorgen-Machen eine Frage für die Wissenschaft darstellt, die – um eine Unterscheidung von Noam Chomsky zu gebrauchen – ein Rätsel anstatt ein Problem ist. Die Frage ist einfach: Was sind Sorgen?

Eine knappe Antwort ist, dass Sorgen ein Zustand der Angst sind, der mit Unsicherheit über gegenwärtige oder antizipierte Probleme gekoppelt ist.

Diese Antwort kann durch Einzelheiten der biologischen Korrelate von Sorgen weiter ausgefeilt werden. Kurz, wenn wir uns Sorgen machen und psychischen Stress erleben, sind der anteriore cinguläre Kortex und der orbito-frontale Kortex des Gehirns aktiviert, die miteinander und mit der Amygdala interagieren. Die Amygdala interagiert mit dem Hippocampus und anderen subkortikalen Strukturen, die wiederum den Hypothalamus steuern. Der Hypothalamus steuert das autonome Nervensystem, das die Freisetzung von Epinephrin und Azetylcholin veranlasst, und die HPA-Achse, die die Freisetzung von Cortisol ins Blut veranlasst. Kurz, wenn wir uns Sorgen machen, setzt ein beeindruckend komplexes Spektrum miteinander interagierender neuronaler und endokriner Aktivitäten in der gesamten Person, ihrem Gehirn und Körper ein. Die Korrelation zwischen dem Zustand des Sich-Sorgen-Machens und dieser komplexen biologischen Aktivität ist systematisch und vorhersagbar.

Die meisten von uns kennen den Zustand des Sich-Sorgen-Machens anders – nicht als eine komplexe biologische Aktivität, sondern als ein unangenehmes bewusstes Erlebnis. Das Erleben von Sorgen kann von gemäßigt (etwa wenn wir uns Sorgen darüber machen, ob wir einen Schirm mitnehmen sollen oder nicht) über tief beunruhigend (wie wenn wir uns Sorgen darüber machen, welche Krebsbehandlung gewählt werden soll) bis an die Grenze des Wahnsinns reichen (etwa wenn Lady Macbeth ausruft: »Fort, verdammter Fleck, fort, sag ich! – Eins, zwei! Nun, dann ist es Zeit, es zu tun. – Die Hölle ist finster! – Pfui, mein Gemahl, pfui, ein Soldat und furchtsam!«).

Sorgen als bewusstes Erlebnis veranlassen uns zur Reaktion, manchmal mit einer unproduktiven nervösen Aktivität, ein andermal mit produktiven Problemlösungen und gelegentlich auch mit ausgleichendem Humor: »Ich habe keine Angst vor dem Tod«, sagte Woody Allen. »Ich möchte bloß nicht anwesend sein, wenn es geschieht.«

Sorgen haben also ein Janusgesicht mit zwei komplexen Seiten: der Biologie und dem bewussten Erleben. Eine Antwort auf die Frage »Was sind Sorgen?« erfordert, dass wir diese beiden Seiten miteinander vereinen. Und darin besteht das Rätsel.

Es ist natürlich anzunehmen, dass die neuronalen und endokrinen Korrelate von Sorgen die Ursache oder Basis des bewussten Erlebens von Sorgen sind. Eine wissenschaftliche Theorie sollte unter dieser Annahme erklären, wie genau diese biologischen Korrelate die vielgestaltigen und nuancierten bewussten Erlebnisse verursachen oder hervorbringen, die wir Sorgen nennen. Das Problem ist, dass es keine solche Theorie gibt. Das Rätsel ist, dass es bislang keine auch nur entfernt plausiblen Ideen gibt.

Was nicht heißen soll, dass es keine Ideen gibt. Es gibt viele. Vielleicht sind bestimmte oszillatorische Aktivitätsmuster in den richtigen Nervenbahnen, bestimmte Quantenzustände in den richtigen neuronalen Mikrotubuli, bestimmte Grade der Komplexität von Informationen in den richtigen ablaufinvarianten, thalamo-kortikalen Schleifen oder bestimmte funktionale Eigenschaften der richtigen kortikalen und subkortikalen Gehirnregionen für die Verursachung oder Hervorbringung des bewussten Erlebnisses von Sorgen verantwortlich.

Das sind interessante Ideen, die man untersuchen kann. Aber in ihrem gegenwärtigen Zustand als wissenschaftliche Theorien betrachtet, rufen sie einen bekannten Cartoon in Erinnerung, in dem zwei Gelehrte vor einer Tafel stehen, auf die fiese Gleichungen gekritzelt sind, gefolgt von der Aussage »und dann geschieht ein Wunder«, worauf noch mehr fiese Gleichungen folgen. Der eine Gelehrte sagt zum anderen: »Ich glaube in Schritt zwei solltest du expliziter sein.« Leider ist das der Zustand jeder Idee. Eine ablaufinvariante, thalamo-kortikale Schleife erzielt die richtige Komplexität von Informationen, dann geschieht ein Wunder, und dann ergibt sich das bewusste Erlebnis von Sorgen. Mikrotubuli weisen die richtigen Quantenzustände auf, dann geschieht ein Wunder, und dann ergibt sich das Erlebnis von Sorgen. Es gibt keine Erklärung dafür, wie oder warum das bewusste Erleben von Sorgen erscheint, und noch viel weniger, warum dieses Erlebnis genau die Eigenschaften besitzt, die es hat. Niemand kann den Sprung von der Biologie zu bewussten Sorgen vollziehen, ohne einen Zauberstab genau an dem Punkt zu schwingen, an dem man sich eine Erklärung erhoffte.

Diese beunruhigende Lage hat Anlass zu verzweifelten Antworten gegeben. Vielleicht sind bewusste Sorgen eine Illusion; so etwas gibt es gar nicht, und wir haben uns über nichts Sorgen gemacht. Oder vielleicht sind bewusste Sorgen wirklich und werden von der Biologie verursacht, aber die Evolution hat uns nicht mit den Begriffen ausgestattet, die wir brauchen, um zu verstehen, wie das vonstatten geht; wenn das so ist, dann wird die biologische Herkunft des Zustands des Sich-Sorgen-Machens ein Rätsel für uns bleiben, zumindest bis wir zufällig über eine Mutation stolpern, die uns mit den notwendigen Begriffen ausstattet.

Worüber sollten wir uns *wirklich* Sorgen machen? Diese *Edge*-Frage impliziert die Annahme, dass Sorgen kausale Kräfte haben – dass, wenn wir uns beispielsweise über die richtigen Themen Sorgen machen, diese Sorgen zu produktiven Problemlösungen anregen könnten.

Aber hat das bewusste Erleben von Sorgen wirklich kausale Kräfte? Wenn wir mit ja antworten, müssen wir erklären, wie die kausalen Kräfte mit denen der Biologie verknüpft sind. Abermals stehen wir vor einem ungelösten Rätsel. So antworten viele Biologen mit nein, d. h. sie nehmen an, dass das Gehirn zwar irgendwie bewusste Sorgen verursacht, dass aber bewusste Sorgen und bewusste Erlebnisse im Allgemeinen nichts verursachen. Das treibt das Rätsel der Verursachung erfolgreich aus, bloß um ein anderes Rätsel einzuführen: Wie und warum entwickelten sich bewusste Erlebnisse? Die natürliche Auslese kann nur zwischen Merkmalen auswählen, die kausale Folgen für die biologische Fitness haben. Wenn bewusste Erlebnisse keine kausalen Konsequenzen haben, dann haben sie *a fortiori* auch keine Konsequenzen für die biologische Fitness und unterliegen daher auch nicht der natürlichen Auslese. Das Erleben von Sorgen ist daher kein Produkt der natürlichen Selektion: eine beunruhigende Schlussfolgerung.

Nun, worüber sollten wir uns *wirklich* Sorgen machen? Wir sollten uns darüber Sorgen machen, was wir tatsächlich tun, wenn wir uns Sorgen machen. Es sei denn, dass es keine Sorgen gibt oder Sorgen keine Wirkungen haben. Wenn es keine Sorgen gibt, dann gibt es auch nichts, worüber man sich Sorgen machen sollte, und selbst der Rat »Sei unbesorgt, sei glücklich« wäre sinnlos. Wenn es Sorgen gibt, sie aber keine Wirkungen haben, dann kann man sich Sorgen machen oder nicht, wie es einem gefällt – es macht keinen Unterschied. Aber die Sorge ist, dass es wirklich Sorgen gibt, dass Sorgen reale Wirkungen haben und dass das, was sie sind, wie sie entstehen und welche Wirkungen sie haben können, vorerst noch ein Rätsel ist.

# Barbara Strauch
# **Die Kommunikationslücke**

Wissenschaftsredakteurin bei der *New York Times*; Autorin
von *Da geht noch was! Die überraschenden Fähigkeiten des
erwachsenen Gehirns*

Als Wissenschaftsredakteurin der *New York Times* denke ich
jeden Tag darüber nach, wie wir eine immer komplexer werdende Wissenschaft dem breiten Publikum vermitteln. Wie
erklären wir die augenscheinliche Entdeckung des Higgs-Bosons und wie verhelfen wir unseren Lesern zu dem Verständnis, was für eine gewaltige, erstaunliche – und obendrein
schöne – Entdeckung das ist?

Zum Glück haben wir hier bei der *Times* Autoren wie Den-
nis Overbye, der sich nicht nur jeden Tag mit der Kosmologie
beschäftigt, sondern darüber auch mit jener Poesie zu schreiben vermag, die sie häufig verdient.

Glück ist hier eine wichtige Zutat. Die *Times* bleibt zwar
einer gründlichen Berichterstattung über Ergebnisse aus den
Wissenschaften verpflichtet. Aber eine solche Verpflichtung
scheint ein zunehmend einsames Geschäft zu sein. In den
letzten Jahren habe ich beobachtet, wie die Berichterstattung
über Wissenschaft und Medizin bei Zeitungen, die ein allgemeines Interesse bedienen, zurückgegangen ist. Als Redakteu-
rin für Medizin und Wissenschaft nahm ich früher andere
große Zeitungen zitternd in die Hand, weil ich wusste, dass
dort eine gute Story stehen könnte, die uns entgangen war,
oder ein wichtiger Gesichtspunkt, den wir übersehen hatten.
Die *Times* hatte ernstzunehmende Konkurrenz.

Heute ist das leider nicht häufig der Fall. Die Berichterstattung über Medizin und Wissenschaft in Zeitungen, die ein allgemeines Interesse bedienen, ist dramatisch zurückgegangen. Reporter, deren Arbeit ich lange Zeit bewundert habe, sind zu anderen Themen übergegangen, sind pensioniert oder wurden entlassen, als das Personal für die Wissenschaftsberichterstattung reduziert wurde. Es gibt zwar sehr viel mehr gute Websites und einige hervorragende Blogs, die ein breites Spektrum von Wissenschaftsthemen abdecken, aber die meisten zielen auf kleinere Segmente von Lesern ab, die nach Informationen zu spezifischen Gebiete suchen. Manche der Publikumszeitungen in anderen Ländern messen der Wissenschaftsberichterstattung auch weiterhin einen hohen Wert bei, aber wenn man zu diesen Publikationen keinen Zugang hat, nützt das nicht viel.

Etwas ganz Wichtiges ist verlorengegangen. Und natürlich hat das nicht nur Auswirkungen auf das allgemeine Niveau des Wissenschaftsverständnisses, sondern auch auf Finanzierungsentscheidungen in Washington – und sogar auf den Zugang zur Gesundheitsfürsorge. Und es ist auch nicht gut für diejenigen von uns, die bei der *Times* arbeiten. Die Konkurrenz macht uns alle besser.

Dieser Rückgang der Berichterstattung über wissenschaftliche Ergebnisse, die von allgemeinem Interesse sind, findet zu einer Zeit statt, in der beim breiten Publikum auseinanderstrebende Tendenzen zu beobachten sind. Auf einer Ebene scheint das Unwissen zuzunehmen. Schließlich hat nicht nur die Berichterstattung über Nachrichten aus der Wissenschaft gelitten, sondern auch der Wissenschaftsunterricht in den Schulen. Und letztes Jahr erlebten wir eine politische Saison, die zeigte, wohin all dies führen kann, als bedeutende Politiker eine dumme Aussage nach der anderen ausspien, insbesondere über die Gesundheit von Frauen (am denkwürdigsten war Todd Akin, der republikanische Senatskandidat von Missouri: »Wenn es eine echte Vergewaltigung ist, besitzt der weibliche Körper Möglichkeiten, zu versuchen, das Ganze abzuschalten.«). Hier bei der *Times* wussten wir, dass der wissenschaftliche Diskurs über diese Themen so lächerlich – und gefährlich – geworden war, dass wir ein Reporterteam mit einer Serie beauftragten, die bei uns unter dem Titel »politische Wissenschaft« lief und aus einer Reihe von Storys bestand, die die Wissenschaft wieder ins Reine bringen sollten.

Aber etwas anderes findet ebenfalls statt. Auch wenn es an einigen Stellen eine zunehmende Unkenntnis der Wissenschaft zu geben scheint, so besteht doch auch ein wachsendes Interesse daran. Aus meiner Perspektive ist es leicht zu sehen, wie groß dieses Interesse ist. Artikel über alle möglichen wissenschaftlichen Themen, angefangen bei den gegenwärtigen Befunden über die Evolution des Menschen bis zur letzten Raumsondenlandung auf dem Mars, ganz zu schweigen von neuen genetischen Ansätzen bei der Krebsbehandlung – und sogar das Higgs-Boson –, schaffen es an die Spitze der Liste der meist gemailten Themen unserer Zeitung.

Wir wissen, dass unsere Leser die Wissenschaft lieben und nicht genug davon bekommen können. Und nicht nur unsere Leser. Als die Raumsonde *Curiosity* sich dem Mars näherte, veranstalteten Menschen jeden Alters im ganzen Land *Curiosity*-Partys, um sich Berichte über die Landung anzusehen. Mars-Partys! Auch die sozialen Medien haben uns gezeigt, wie groß das Interesse im Ganzen ist, wobei YouTube-Videos und Tweets zu wissenschaftlichen Themen oft im Nu zu Megahits werden.

Wir haben also ein großes Interesse und eine Menge Fehlinformationen, die im Umlauf sind. Und es gibt immer weniger Stellen, die wirkliche Informationen für ein breites Publikum bereitstellen, die auch verständlich sind, zumindest für diejenigen unter uns, die noch keinen Doktorhut in Astrophysik haben. Wir sollten uns alle über diese Kommunikationslücke Sorgen machen.

Dabei sollte ich auch ein paar Dinge erwähnen, über die ich mir weniger Sorgen mache. Und auch das hat etwas Widersprüchliches. In einigen Fällen habe ich während meiner rund zwölfjährigen Arbeit in der Wissenschaftsredaktion der *Times* beobachtet, wie unsere Leser – genauer, alle von uns – kultivierter wurden. Missverständnisse und Medienrummel sind zwar nicht verschwunden, aber im Laufe des letzten Jahrzehnts haben wir alle ein differenzierteres Verständnis dafür gewonnen, wie unser medizinisch-industrieller Komplex funktioniert – und für das Geld, das häufig dahinter steht. Und wir haben ein deutlicheres Verständnis von der Komplexität verbreiteter Krankheiten, von Geisteskrankheiten über Herzkrankheiten bis zu Alzheimer. Wir haben gemeinsam eingesehen, dass es kein Wundermittel gibt, um solche Krankheiten zu heilen oder auch nur die Probleme unseres Gesundheitssystems anzugehen.

Obwohl wir noch eine lange Wegstrecke zu gehen haben, beginnt sich das Bild auf diesen und anderen Gebieten zu ändern. Das ständige Getrommel gegen die Fettleibigkeit zeigt, wie wir vor kurzem berichtet haben, einige Anzeichen einer Wirkung: Fettleibigkeitsraten bei Kindern sind im Sinken begriffen. Wir verstehen auch alle, dass Medikamente zu teuer geworden sind und es viele unnötige Behandlungen in diesem Land gibt. Auch hier meinen wir nicht mehr, dass es für diese Probleme schnelle Lösungen gibt. Aber mehr Menschen sprechen über solche Themen – zumindest hier und da –, ohne gleich über »Todeskommissionen« zu lärmen.

Bei einigen dieser Gebiete habe ich, wenn ich darüber nachdenke, eine merkwürdige Hoffnung.

# Michael I. Norton
## Wissenschaft in den (sozialen) Medien

Außerordentlicher Professor für Betriebswirtschaft an der Harvard Business School; Koautor (mit Elizabeth Dunn) von *Happy Money: The Science of Smarter Spending*

Wenn man die Listen der »meist gemailten Themen« bei den Onlineausgaben von Medien wie der *New York Times* bis hin zu FoxNews.com durchsieht, findet man häufig eine Story über ein neues wissenschaftliches Ergebnis inmitten von wichtigen Weltereignissen und Skandalen: »Rotwein verlängert das Leben« oder »Klimawandel in Frage gestellt« oder »Schmutz zu essen ist gesund«.

Obwohl die zunehmende Aufmerksamkeit, die die Wissenschaft von den Medien erfährt, in erster Linie eine positive Entwicklung ist – gewiss wollen wir doch eine wissenschaftlich gebildete Bevölkerung, und Forschungen, die nur in obskuren Fachzeitschriften erscheinen, werden zur Erreichung dieses Ziels nichts beitragen –, sollten wir uns aus mindestens zwei Gründen über den explodierenden Trend der »Wissenschaft in den Medien« Sorgen machen.

Erstens steht nicht fest, dass die beste Wissenschaft diejenige ist, die den größten Bekanntheitsgrad besitzt. In einer Studie, die die Berichterstattung in den Medien über Forschungsergebnisse untersuchte, die bei einer bedeutenden Wissenschaftstagung vorgetragen wurden, erschienen 25 Prozent der Storys, die in den Medien auftauchten, *nie* in einer wissenschaftlichen Zeitschrift. Jawohl: Ein ganzes Viertel der wissenschaftlichen Ergebnisse, auf die Laien stießen, war nicht solide genug, um sich zu bewähren, wenn sie von Experten begutachtet wurden. Derselbe Trend zeigte sich bei Forschungsberichten, die auf den Titelseiten wichtiger Zeitungen erschienen, also bei Storys, die am meisten gelesen werden.

Das Problem wird wahrscheinlich durch den Aufstieg der sozialen Medien verschärft: Auch wenn uns die ursprüngliche Berichterstattung zu irgendeinem neuen wissenschaftlichen Ergebnis entgeht, ist es jetzt wahrscheinlicher, dass wir ihm als Tweet oder als Eintrag auf Facebook begegnen. Schlimmer noch, soziale Medien ermuntern oft zu schneller, oberflächlicher Begeisterung. Wir sehen den Titel – »Rotwein verlängert das Leben« –, ohne weiterzulesen, um beispielsweise die Menge von Rotwein herauszufinden, die positive Wirkungen auf die Gesundheit haben könnte (ein halbes Glas pro Tag oder vier Liter?) und auf wen (alle oder nur Menschen mit roten Haaren?).

Um es klar zu sagen, ich gebe nicht den (sozialen oder sonstigen) Medien die Schuld an diesem Problem. Es ist nicht die Aufgabe von Journalisten oder Laien, gute von schlechter Wissenschaft zu unterscheiden. Selbst Wissenschaftler aus eng benachbarten Gebieten sind oft nicht in der Lage, gute von schlechter Wissenschaft in jener scheinbar ähnlichen Disziplin zu unterscheiden. Die Wissenschaftler tragen eher noch zum Problem bei. Eine Analyse der Medienberichterstattung über wissenschaftliche Ergebnisse wies nach, dass etwa 50 Prozent der Nachrichtenstorys die positiven Effekte einer experimentellen Intervention überbetonten. Was ist der größte Prädiktor für das Medienengagement bei dieser Art von Übertreibung? Die Hervorhebungen in den Zusammenfassungen der Forschung, die von den Wissenschaftlern selbst geschrieben werden.

Zweitens, da die wissenschaftlichen Ergebnisse, denen Laien begegnen, ihnen immer mehr von den Medien präsentiert werden, werden die – vermeintlichen und wirklichen – Voreingenommenheiten dieser Absatzkanäle wahrscheinlich die Objektivität der Ergebnisse, die dort erscheinen, und der Wissenschaftler, die die Untersuchungen durchführten, in Frage stellen. Betrachten wir zwei hypothetische Forschungsbefunde: Einer legt nahe, dass der Besitz von Waffen gewalttätige Übergriffe steigert (»Waffen sind schlecht«), und ein anderer deutet darauf hin, dass der Besitz von Waffen gewalttätige Übergriffe verringert (»Waffen sind gut«). Stellen wir uns vor, dass jeder dieser Artikel in der *New York Times* veröffentlicht wird und auch auf Fox News erscheint.

Würde Ihre Meinung über die Stichhaltigkeit der zugrundeliegenden Wissenschaft vom Veröffentlichungskanal beeinflusst werden? Ich schätze, dass mehr Menschen eher einen Artikel mit dem Inhalt »Waffen sind gut« in der *Times* und »Waffen sind schlecht« auf Fox News glauben würden, eben weil diese Artikel von dem allgemeinen Tenor dieser Organe so sehr abweichen. Und wenn wir den umgekehrten Fall betrachten, zeigt sich das größere Problem: Leser werden wahrscheinlich ein Forschungsergebnis mit dem Inhalt »Waffen sind gut«, das auf Fox News erscheint, und »Waffen sind schlecht«, das in der *New York Times* erscheint, mit Vorbehalt aufnehmen, und zwar unabhängig von der wirklichen Qualität der zugrundeliegenden Wissenschaft.

Kurz, die wissenschaftlichen Ergebnisse, denen Laien begegnen, werden immer weniger von wissenschaftlichen Experten gefiltert werden. Und selbst wenn die Ergebnisse von Experten überprüft wurden, werden die Laien sich doch zunehmend ihr eigenes Urteil über die Glaubwürdigkeit bilden, aber nicht auf der Grundlage der Qualität der Forschung, sondern des Medienkanals, in dem sie erscheinen. Und diese wahrgenommene Glaubwürdigkeit wird die Wahrscheinlichkeit bestimmen, mit der sie diese wissenschaftlichen Ergebnisse über soziale Medien an andere weitergeben. Diese »Wissenschaft in den (sozialen) Medien« bringt die kuriose Möglichkeit eines breiten Publikums hervor, das immer mehr wissenschaftliche Berichte liest, während es wissenschaftlich immer ungebildeter wird.

# John Tooby
## Eine unfreundliche Physik, Ungeheuer aus dem Es und selbstorganisierende kollektive Wahnvorstellungen

Begründer der Evolutionspsychologie; Kodirektor des Center for Evolutionary Psychology und Professor für Anthropologie an der University of California in Santa Barbara

Das Universum ist schonungslos und katastrophal gefährlich, und zwar in Größenmaßstäben, die nicht nur Gemeinschaften, sondern auch Kulturen und unsere Spezies bedrohen. Eine launenhafte Verkettung unwahrscheinlicher Zufälle brachte die Blase von Bedingungen hervor, die für die Entwicklung des Lebens, unserer Spezies und der technischen Kultur notwendig waren. Wenn wir weiterhin selbstvergessen in dieser Blase umhertreiben und ihren Fortbestand als selbstverständlich voraussetzen, dann werden uns zwangsläufig – früher oder später – physikalische oder vom Menschen ausgelöste Ereignisse aus dieser Blase hinausstoßen, und wir werden wie eine Kerze in einem Orkan ausgeblasen.

Wir werden von Gammastrahlen-Ausbrüchen bedroht (die in großen Gebieten ihrer Galaxien das Leben auslöschen); von nahen Supernovae; von Asteroiden- und Kometeneinschlägen (die alle ein oder zwei Jahre auf Jupiter niedergehen), von Supereruptionen ähnlich der des Yellowstone (die Toba-Supereruption vor etwa 70 000 Jahren hat die Menschheit nahezu ausgelöscht), koronalen Massenauswürfen, die den Zusammenbruch ganzer Kulturen verursachen könnten (und die das Stromnetz und die Elektronik, die die Grundlage der technischen Zivilisation sind, so ausschalten würden, dass sie sich nicht mehr davon erholen könnte, da ihre Reparatur Elektrizität erfordert, die eben vom Stromnetz geliefert wird; das ist bloß ein Beispiel der umfassenderen Gefahr, die von der komplexen, brüchigen wechselseitigen Abhängigkeit unserer gegenwärtigen Technik ausgeht), und von vielen anderen Phänomenen, inklusive der uns unbekannten.

Über Folgendes spricht beispielsweise niemand: Der durchschnittliche G-Typ-Stern weist bei seinem Energieoutput eine Variabilität von etwa vier Prozent auf. Unsere Sonne ist ein typischer G-Typ-Stern, doch ihre beobachtete Variabilität in unserer kurzen historischen Stichprobe beträgt nur ein Vierzigstel davon. Wenn die Sonne zu einer typischeren Variation des Energieoutputs zurückkehrt, wird das alle anderen Sorgen um das Klima verblassen lassen.

Das Herausbilden der Wissenschaft als eines nicht völlig auf Aberglauben beruhenden und korrupten Unternehmens lässt unsere Spezies langsam auf diese äußeren Gefahren aufmerksam werden. Wie jenes geistreiche T-Shirt sagt – ein Asteroid ist die Art, wie die Natur fragt, wie es um unser Raumfahrtprogramm bestellt ist. Wenn wir Glück haben, könnten wir über die Zeit verfügen, um eine robuste, abgehärtete, planetarische und außerplanetarische Hyperzivilisation aufzubauen, die in der Lage ist, diese Herausforderungen zu meistern. Eine solche Hyperzivilisation müsste unermesslich reicher und wissenschaftlich fortgeschrittener sein, um beispielsweise die nächste Yellowstone-Supereruption zu verhindern oder einen zweiprozentigen Abfall des Energieoutputs der Sonne aufzufangen. (Tatsächlich sind Eiszeiten die wirklichen, auf einem Klimawandel beruhenden ökologischen Katastrophen, die Zivilisationen beenden können – man stelle sich Europa und Nordamerika unter mehr als einem Kilometer Eis vor.) Ob es uns klar ist oder nicht, wir befinden uns in einem Wettlauf, um eine solche Hyperzivilisation zu schmieden, bevor wir von diesen Hieben getroffen werden. Wenn solche Bedrohungen zu entfernt, unwahrscheinlich oder phantastisch erscheinen, um zur »wirklichen« Welt zu gehören, dann mögen sie als Stellvertreter der viel größeren Anzahl unmittelbar bevorstehender, dringlicher Probleme gelten, deren Lösungen ebenfalls von einem schnellen Fortschritt in Wissenschaft und Technik abhängen.

Das führt zu einer zweiten Kategorie von Bedrohungen – verborgen und tödlich, anpassungsfähig und bereits unter uns –, die mir noch mehr Sorgen macht: die entwickelten Ungeheuer aus dem Es, die wir alle beherbergen (z. B. Gruppenidentität, Machthunger und Ansehen etc.), und ihre getarnten Nachkommen, die sich selbst organisierenden kollektiven Wahnvorstellungen, an denen wir alle teilhaben und mit der Wirklichkeit verwechseln. (Wie Kenner wissen, stammt der Terminus technicus *Ungeheuer aus dem Es* aus *Alarm im Weltall*.) Wir müssen diese Ungeheuer und die Dynamik, mit der sie kollektive Wahnvorstellungen erzeugen, kartographieren und beherrschen, wenn unsere Gesellschaften einen intern erzeugten Zusammenbruch in der nahen Zukunft vermeiden wollen.

Beispielsweise ist das kooperative, wissenschaftliche Problemlösen das bei weitem effektivste System für die Produktion von zuverlässigem Wissen, das die Welt je gesehen hat. Aber die Ungeheuer, die in unseren kollektiven intellektuellen Unternehmungen umherspuken, machen uns gewöhnlich zu Idioten. Betrachten wir die Fülle kollektiver kognitiver Krankheiten, die in unseren intellektuellen Koalitionen durch das Stammesdenken der eigenen Gruppe, Eigeninteresse, Prestigesucht und den moralischen Zeigefinger entstehen. Die Erwartung scheint intuitiv einzuleuchten, dass eine höhere Intelligenz Menschen dazu führen würde, wahrheitsgemäßere Modelle der Wirklichkeit zu haben. Dieser Ansicht zufolge sollten intellektuelle Eliten daher bessere Überzeugungen haben und ihre Gesellschaften mit besseren Erkenntnissen leiten. Tatsächlich ist das Unternehmen Wissenschaft – als Ideal – eigens darauf ausgelegt, die Wahrheitstreue von Überzeugungen zu verbessern. Wir können jedoch den Punkt genau erkennen, an dem diese Analyse fehlschlägt, wenn wir die vielfachen Funktionen von Überzeugungen berücksichtigen.

Wir halten es für selbstverständlich, dass die Funktion einer Überzeugung darin besteht, dass sie mit der Wirklichkeit koordiniert wird, so dass Handlungen, die auf dieser Überzeugung gründen, erfolgreich sind. Je häufiger Überzeugungen an der Wirklichkeit getestet werden, desto häufiger ersetzen wahrheitsgetreue Überzeugungen solche, die es nicht sind (z. B. durch das Feedback aus Experimenten, technischen Tests, Märkten, der natürlichen Selektion). Es gibt jedoch auch eine zweite Art der Funktion von Überzeugungen, die einen Einfluss darauf hat, ob Menschen bewusst oder unbewusst diese Überzeugung übernehmen – die sozialen Vorteile, die aus der Koordination oder Fehlkoordination mit den Überzeugungen anderer erwachsen (Sokrates' Hinrichtung für seine »mangelnde Anerkennung der Götter, die die Stadt anerkennt«). Der Geist ist so gestrickt, dass er diese beiden Funktionen im Gleichgewicht hält: die Koordination mit der Wirklichkeit und die Koordination mit anderen. Je größer die Vorteile der sozialen Koordination sind und je weniger allgemein anerkannte Überzeugungen an der Wirklichkeit überprüft werden, umso häufiger werden soziale Anforderungen die Überzeugungen bestimmen; die Festlegung von Überzeugungen durch ein Netzwerk wird vorherrschen. Die Physik und das Chip-Design werden einen hohen Grad der Koordination mit der Wirklichkeit aufweisen, während die Sozialwissenschaften und die Klimaforschung einen geringeren haben werden.

Da Intellektuelle in selbstselektierten Gruppen eng miteinander vernetzt sind, wobei das Prestige ihrer Mitglieder untereinander verknüpft ist (z. B. in wissenschaftlichen Disziplinen, Fachabteilungen, theoretischen Schulen, Universitäten, Stiftungen, Medien, politischen/moralischen Bewegungen und anderen Zünften), brüten wir mit unheilvollen Konsequenzen endlose, selbstdienliche, abergläubische Überzeugungen von Eliten aus: Initiativen für Biotreibstoff lassen Millionen der Ärmsten auf unserem Planeten hungern. Die Volkswirtschaften auf der ganzen Welt wenden immer noch äußerst

kostspielige keynesianische Heilmittel an – trotz der endgültigen Falsifizierung der Keynes'schen Theorie durch den Nach-
kriegsboom. (Die Regierungsausgaben wurden um zwei Drittel
gekürzt, und zehn Millionen Kriegsveteranen wurden in den
Arbeitsmarkt gekippt, während Paul Samuelson »die größte
Periode der Arbeitslosigkeit und industriellen Verwerfung«
vorhersagte, »der eine Volkswirtschaft je gegenüberstand«.)
Ich persönlich war während der letzten vier Jahrzehnte er-
staunt über den heftigen Widerstand der Sozialwissenschaften, das Tabula-rasa-Modell aufzugeben angesichts der überwältigenden Belege für seine Falschheit. Wie der Physiker
Richard Feynman es prägnant formulierte: »Wissenschaft ist
der Glaube an die Unwissenheit von Experten.«

Die Wissenschaften können sich mit der Geschwindigkeit
von Schlussfolgerungen bewegen, wenn Einzelpersonen nur
Logik und Belege berücksichtigen müssen. Doch Wissenschaften bewegen sich mit der Geschwindigkeit von Gletschern
(Max Plancks »Begräbnis auf Begräbnis«), wenn die typische
Wissenschaftlerin, die wegen ihrer Anstellung von einem
dichten Eigengruppennetzwerk abhängt, die Mehrheit ihrer
Zunft zur Anerkennung grundlegender peinlicher Fehler bringen muss. Um die Wissenschaft dazu zu bringen, dass sie sich
grundsätzlich mit der Geschwindigkeit von Schlussfolgerungen bewegt – die wichtigste Voraussetzung für die Lösung unserer anderen Probleme –, müssen wir unsere wissenschaftlichen Institutionen der nächsten Generation so entwerfen,
dass sie selbstorganisierenden kollektiven Wahnvorstellungen
größeren Widerstand leisten, indem wir sie auf einem umfassenderen Verständnis unserer aus der Evolution hervorgegan-
genen Psychologie aufbauen.

# Helen Fisher
## Mythen über Männer

Biologische Anthropologin an der Rutgers University; Autorin von *Warum es funkt – und wenn ja, bei wem: Wie die Persönlichkeit unsere Partnerwahl beeinflusst*

Wissenschaftler und Laien waren die letzten 50 Jahre damit beschäftigt, Mythen über Frauen zu beseitigen. Ich mache mir Sorgen darüber, dass Journalisten, Akademiker und Laien eine gleiche Anzahl von Mythen über Männer auch weiterhin fortschreiben werden.

In den Jahren 2010, 2011 und 2012 habe ich in Zusammenarbeit mit einer US-amerikanischen Partnervermittlungsagentur jeweils eine landesweite Befragung von Singles durchgeführt. Gemeinsam entwarfen wir einen Fragebogen mit etwa 150 Fragen (viele mit bis zu zehn Unterfragen) und befragten über 5000 unverheiratete Männer und Frauen. Die Mitglieder der Partnervermittlungswebsite befragten wir nicht; stattdessen sammelten wir Daten aus einer nationalen repräsentativen Stichprobe, die auf der US-amerikanischen Volkszählung beruhte. Alle Teilnehmer waren geschieden, getrennt, verwitwet oder nie verheiratet; niemand war verlobt, lebte mit einem Partner oder befand sich in einer ernsthaften Beziehung. Enthalten war eine angemessene Anzahl von Schwarzen, Weißen, Asiaten und Latinos; Schwule, Lesben, Bisexuelle und Heterosexuelle; Land-, Vorstadt- und Stadtbewohner aus jeder Region der Vereinigten Staaten, das Alter reichte von 21 bis über 70 Jahre. Die Daten zeichnen ein anderes Bild von Männern als Amerikas liberale Bildungsbürger.

Vor allem sind Männer an einer Ehe genauso interessiert wie Frauen. Die Stichprobe aus dem Jahr 2011 ergab, dass von den Leuten in den Zwanzigern 68 Prozent der Männer und 71 Prozent der Frauen heiraten wollten; 43 Prozent der Männer und 50 Prozent der Frauen hofften, Kinder zu haben. Journalisten haben verbreitet, dass Männer Kinder wollen, weil sie keine Windeln wechseln müssen. Aber Männer wenden eine Menge Energie für die Kinderpflege auf. Um ihre Kinder zu unterstützen, nehmen Männer gefährliche Jobs an – 90 Prozent der Menschen, die bei der Arbeit sterben, sind Männer. Darüber hinaus stellen sich Männer grundsätzlich einem Einbrecher entgegen und fahren generell das Familienauto durch den tobenden Schneesturm.

Männer sind auch keine »Spieler«. Als sie nach ihrer Partnersuchstrategie gefragt wurden, antworteten nur 3 Prozent: »Ich möchte einfach nur mit vielen Leuten ausgehen.« Männer sind genauso sehr daran interessiert, einen Partner zu finden wie Frauen; tatsächlich empfinden Männer das Alleinsein ebenso aufreibend wie Frauen. Und Männer sind bei ihrer Suche viel weniger wählerisch. In der Stichprobe von 2011 erklärten nur 21 Prozent, dass sie einen Partner mit demselben ethnischen Hintergrund »haben müssen« oder das »sehr wichtig« finden, gegenüber 31 Prozent der Frauen. Nur 18 Prozent der Männer (im Gegensatz zu 28 Prozent der Frauen) sagten, dass sie einen Partner mit derselben Religion »haben müssen« oder das »sehr wichtig« finden. Die Männer hatten ein geringeres Interesse als Frauen an einem Partner mit dem gleichen Bildungshintergrund und der gleichen politischen Zugehörigkeit. Und 43 Prozent der dreißig- und vierzigjährigen Männer würden eine Verbindung mit einer Frau eingehen, die zehn oder mehr Jahre älter ist. Frauen sind das wählerische Geschlecht.

Männer verlieben sich auch schneller – vielleicht weil sie stärker visuell ausgerichtet sind. Männer erleben Liebe auf den ersten Blick regelmäßiger als Frauen, und Männer verlieben sich genauso oft. Tatsächlich sind Männer physiologisch genauso leidenschaftlich wie Frauen. Als meine Kollegen und ich die Gehirne von Männern unter Verwendung von fMRT gescannt haben, stellten wir fest, dass sie in neuronalen Regionen, die mit Gefühlen intensiver romantischer Liebe verknüpft sind, ebenso viel Aktivität aufwiesen wie Frauen. Interessanterweise stellten wir in der Stichprobe von 2011 auch fest, dass frisch verliebte Männer ihren neuen Partner schneller Freunden und Verwandten vorstellen, eher bereit sind, sich in der Öffentlichkeit zu küssen und frühzeitiger »zusammenleben« wollen. Wenn die Beziehung dann etabliert ist, haben Männer mit ihren Ehefrauen mehr vertrauliche Gespräche als Frauen mit ihren Ehemännern – weil Frauen viele ihrer vertraulichen Gespräche mit ihren Freundinnen führen. Schließlich glauben Männer genauso häufig wie Frauen, dass man mit derselben Person für immer verheiratet sein kann (76 Prozent beider Geschlechter). Und Daten aus anderen Untersuchungen zeigen, dass Männer nach einer Trennung sich zweieinhalbmal häufiger das Leben nehmen.

Tatsächlich sind es Frauen, die in einer festen Beziehung nach mehr Unabhängigkeit streben. Frauen wollen mehr persönlichen Freiraum (77 Prozent der Frauen gegenüber 56 Prozent der Männer). Mehr Frauen zögern, ihr Bankkonto zu teilen (35 Prozent der Frauen gegenüber 25 Prozent der Männer). Frauen wollen häufiger einen Frauenabend (66 Prozent) als Männer mit ihren Freunden ausgehen (47 Prozent); und Frauen wollen häufiger mit ihren Freundinnen in Urlaub fahren (12 Prozent) als Männer mit ihren Freunden (8 Prozent).

Zwei Fragen waren bei diesen jährlichen Erhebungen besonders aufschlussreich: »Würden Sie eine langfristige Beziehung mit jemandem eingehen, der alles hat, wonach Sie suchen, aber in den Sie nicht verliebt sind?« Und: »Würden Sie eine langfristige Beziehung mit jemandem eingehen, der alles hat, wonach Sie suchen, aber von dem Sie sich sexuell nicht angezogen fühlen?« 31 Prozent der Männer waren bereit, eine Partnerschaft mit einer Frau zu schließen, in die sie nicht verliebt sind, im Gegensatz zu 23 Prozent der Frauen. Männer gingen auch etwas häufiger auf eine Partnerschaft mit einer Person ein, von der sie sich nicht sexuell angezogen fühlten (21 Prozent der Männer gegenüber 18 Prozent der Frauen). Männer in den Zwanzigern verzichteten am häufigsten auf romantische und sexuelle Anziehung zu einem Partner; am wenigsten taten das Frauen über 60!

Warum sollte ein junger Mann auf Romantik und besseren Sex zugunsten einer langfristigen Partnerschaft verzichten? Ich vermute, es ist der Ruf der Wildnis. Wenn ein junger Mann eine gut aussehende, gesunde, beliebte, energische, intelligente, humorvolle und bezaubernde Partnerin findet, könnte er dazu prädisponiert sein, diese Gelegenheit zur Fortpflanzung trotz der Leidenschaft zu ergreifen, die er für eine andere Frau hegen mag, von der er weiß, dass er sie nie heiraten würde. Wenn die »beinahe richtige« Frau vorbeikommt, übertrumpft der ererbte Drang, seine DNS in alle Ewigkeit weiterzugeben, seine sexuelle und romantische Befriedigung mit einer weniger geeigneten Partnerin.

Die Geschlechter haben vieles gemeinsam. Als man sie fragte, wonach sie in einer Partnerschaft suchen, sagten über 89 Prozent der Männer und Frauen, dass sie einen Partner »haben müssen« oder es »sehr wichtig« finden, einen zu haben, dem sie vertrauen können, dem sie sich anvertrauen können und der sie mit Respekt behandelt. Diese drei Erfordernisse stehen bei beiden Geschlechtern und in allen Altersstufen ganz oben auf der Liste. Das traditionelle Bedürfnis, jemanden mit dem »richtigen« ethnischen und religiösen Hintergrund zu heiraten, der zur weiteren Familie passt, ist verschwunden. Die Ehe hat sich in den letzten 50 Jahren mehr verändert als in den 10 000 Jahren davor. Männer wie Frauen wenden sich von traditionellen Familienbräuchen ab und suchen stattdessen nach Kameradschaft und Selbsterfüllung.

In der *Ilias* nannte Homer die Liebe »einen Zauber, der den vernünftigsten Mann zum Wahnsinn treibt«. Dieses Gehirnsystem lebt in beiden Geschlechtern. Und ich glaube, wir werden bessere Partnerschaften haben, wenn wir die Tatsachen akzeptieren: Männer lieben – ganz genauso stark wie Frauen.

David M. Buss
**Paarungskriege**

Professor für Psychologie an der University of Texas in Austin;
Koautor (mit Cindy M. Meston) von *Warum Frauen Sex haben*;
Autor von *»Wo warst du?«: Der Sinn der Eifersucht*

Sexueller Betrug, die Schwierigkeiten, adäquate Ehepartner
anzuziehen, Gewalt gegenüber Intimpartnern, Untreue, Ausspannen von Partnern, Scheidung und Belästigungen nach der
Trennung – diese verschiedenen Phänomene sind alle durch
ein gemeinsames kausales Element miteinander verknüpft:
die unerbittliche Knappheit wertvoller Paarungspartner. Der
Mangel an begehrenswerten Paarungspartnern ist etwas, über
das wir uns Sorgen machen sollten, denn er steht hinter einem
Großteil von Verrat und Brutalität.

Trotz der Tatsache, dass viele die Evolution mit der Über-
lebensselektion gleichsetzen, ist das Überleben nur insofern
von Bedeutung, als es zu einer erfolgreichen Paarung beiträgt.
Differentieller Fortpflanzungserfolg, und nicht differentieller
Überlebenserfolg ist der Motor der Evolution durch Selektion.
Sie können zwar bis ins hohe Alter überleben, aber wenn Sie
es nicht schaffen, sich zu paaren, gelingt es Ihnen auch nicht,
sich fortzupflanzen, und Ihre Gene beißen ins Gras der Evolution. Wir sind alle Abkömmlinge eines schonungslosen Se-
lektionsprozesses bei der Konkurrenz um die wertvollsten
Paarungspartner – die unseren Kindern gute Gene und eine
Reihe von Ressourcen mitgeben können, die von Nahrung
und Schutz bis zu den sozialen Fertigkeiten reichen, die nötig
sind, um die Statushierarchie hinaufzuklettern.

Wir fühlen uns unwohl, wenn wir anderen Menschen einen Wert beimessen sollen. Das beleidigt unser Taktgefühl. Aber die bedauerliche Tatsache ist eben, dass der Wert von Paarungspartnern nicht gleich verteilt ist. Im Gegensatz zur Sehnsucht nach Gleichheit sind alle Menschen einfach nicht äquivalent im Hinblick auf die Währung Paarungsqualität. Manche sind extrem wertvoll – fruchtbar, gesund, sexuell anziehend, reich an Ressourcen, mit guten Verbindungen, von angenehmer Erscheinung und bereit und fähig, ihre Fülle von Vorteilen weiterzugeben. Am anderen Ende der Verteilung stehen jene weniger Begünstigten, vielleicht weniger Gesunden, mit weniger materiellen Ressourcen oder ausgestattet mit Persönlichkeitsdispositionen wie etwa Aggressivität oder emotionaler Instabilität, die hohe Beziehungskosten auferlegen.

Die Konkurrenz, um die begehrenswertesten Paarungspartner anzuziehen, ist heftig. Infolgedessen sind die Wertvollsten knapp gegenüber den vielen, die sie begehren. Menschen, die selbst einen hohen Paarungswert haben, ziehen erfolgreich die begehrenswertesten Partner an. In der groben, informellen amerikanischen Metrik paaren sich die Neuner und Zehner mit anderen Neunern und Zehnern. Und mit abnehmendem Wert von den Achtern bis zu den Einern muss man seine Paarungsscheinwerfer entsprechend tiefer stellen. Wenn man das nicht tut, ergibt sich eine höhere Wahrscheinlichkeit für Ablehnung und Seelenqual. Wie eine Frau ihrem Freund erklärte, der seine Frustration über seinen Mangel an Interesse an den Frauen, die sich von ihm angezogen fühlten, und das unerwiderte Interesse von Frauen, zu denen er sich hingezogen fühlte, beklagte: »Du bist ein Achter, der nach Neunern sucht und von Siebenern begehrt wird.«

Eine andere Quelle für Probleme auf dem Paarungsmarkt ist die Täuschung. Wissenschaftliche Studien der Onlineprofile von Partnervermittlungen zeigen, dass sowohl Männer als auch Frauen versuchen, einen höheren Paarungswert vorzuspiegeln, als sie wirklich besitzen, und zwar genau in den Bereichen, die vom anderen Geschlecht geschätzt werden. Männer übertreiben ihr Einkommen und ihren Status und fügen ihrer wirklichen Größe ein paar Zentimeter hinzu. Frauen präsentieren sich als zehn bis 15 Pfund leichter, als sie wirklich wiegen, und manche zwacken ein paar Jahre von ihrem tatsächlichen Alter ab. Beide zeigen untypische Fotos, die manchmal vor vielen Jahren gemacht wurden. Männer und Frauen täuschen, um Paarungspartner an der äußeren Grenze ihres Wertbereichs anzuziehen. Manchmal betrügen sie auch sich selbst. Ebenso wie 94 Prozent der Professoren glauben, in ihrer Abteilung »überdurchschnittlich« zu sein, meinen auf dem Paarungsmarkt viele, dass sie heiß sind, obwohl das gar nicht stimmt.

Trotz beherzter Bemühungen sind die Versuche der Männer, ihren Marktwert in den Augen der Frauen zu erhöhen, nicht immer von Erfolg gekrönt. Viele erleben Misserfolge. Die Angst vor einem Rendezvous kann Männer lähmen, die in anderen Kontexten unerschrocken sind. Manche verschmähten Männer werden nach wiederholten Ablehnungen Frauen gegenüber bitter und feindselig. Wie Jim Morrison von The Doors einst sang: »Frauen wirken bösartig, wenn du unerwünscht bist.«

Die Paarungsschwierigkeiten enden nicht bei jenen, die erfolgreich genug sind, um einen Partner anzuziehen. Diskrepanzen im Paarungswert öffnen eine Büchse der Pandora an Problemen. Eine allgegenwärtige Herausforderung innerhalb von Liebesbeziehungen leitet sich aus Diskrepanzen im Paarungswert ab: Wenn ein Achter sich irrtümlich mit einem Sechser paart, wenn ein Mitglied eines ursprünglich gleichwertigen Paares im Paarungswert sinkt oder auch nur, wenn der eine in seinem Beruf schneller aufsteigt als der andere. Jennifer Anistons Einfluss auf Brad Pitt erwies sich als dünn. Leute, die eine Beziehung hintertreiben, locken den Partner mit dem höheren Wert und treiben breite Keile, die anfänglich klein waren, hinein: »Er ist nicht gut genug für dich«; »sie behandelt dich nicht gut«; »du verdienst etwas Besseres ... wie mich«. Empirisch gesehen, ist der Partner mit dem höheren Paarungswert empfänglicher für sexuelle Untreue, emotionale Untreue und unumwundene Treuebrüche.

Die Paarungspartner mit niedrigerem Wert haben normalerweise immense Schwierigkeiten, Untreue und eine Trennung zu verhindern, wobei sie Taktiken verfolgen, die von Wachsamkeit bis Gewalt reichen. Das Schlagen von Intimpartnern besitzt eine beunruhigende funktionale Logik, so abscheulich es auch sein mag. Da das Selbstwertgefühl teilweise eine psychologische Anpassung ist, die entworfen wurde, um den eigenen Paarungswert zu bestimmen, verursachen Rückschläge für das Selbstwertgefühl eine Abnahme des bei sich selbst wahrgenommenen Paarungswerts. Körperliche und seelische Misshandlungen schädigen, wie zu erwarten steht, das Selbstwertgefühl des Opfers, verringern die wahrgenommene Diskrepanz zwischen dem Paarungswert einer Frau und ihrem Partner und veranlassen sie manchmal, bei ihrem gewalttätigen Mann zu bleiben.

Diejenigen, denen es gelingt, sich zu trennen und wegzugehen, werden manchmal von ihrem ehemaligen Partner verfolgt und belästigt – typischerweise handelt es sich um Männer, die wissen oder spüren, dass sie nie wieder in der Lage sein werden, eine Frau anzuziehen, die so wertvoll ist wie die, die sie verloren haben. Untersuchungen, die ich in Zusammenarbeit mit Dr. Joshua Duntley durchgeführt habe, zeigen, dass nicht weniger als 60 Prozent der Frauen und 40 Prozent der Männer Opfer von Verfolgungen und Belästigungen waren. Viele Verfolger werden von der falschen Überzeugung angetrieben, dass ihre Opfer sie wirklich lieben, sich aber dessen nur noch nicht bewusst geworden sind. Das Verfolgen und Belästigen hat wie die Gewalt gegenüber Intimpartnern ebenfalls eine verwirrende funktionale Logik. Manchmal lockt es die Frau erfolgreich zurück.

Es gibt kein einfaches Heilmittel für die große Knappheit begehrenswerter Paarungspartner. In der undemokratischen Welt der Paarung bedeutet jeder Erfolg zwangsläufig einen

Verlust für wetteifernde Rivalen. Jeder Mensch, der plant, kann auch getäuscht werden. Leute, die den Paarungspartner ausspannen, werden immer bereitstehen, um zuzugreifen. Die Freuden sexueller Versuchung treten hier und da zutage; die Kosten der Untreue liegen in der fernen und ungewissen Zukunft. Aber vielleicht wird uns ein schärferes Bewusstsein der Logik des Paarungswerts die Mittel an die Hand geben, um die unheimlicheren Produkte der Paarungskriege einzudämmen.

# Brian Eno
# Wir machen keine Politik

Künstler; Komponist; Produzent: U2, Coldplay, Talking Heads, Paul Simon; Aufnahmekünstler

Die meisten der intelligenten Leute, die ich kenne, wollen mit Politik nichts zu tun haben. Wir meiden sie wie die Pest – wie *Edge* sie übrigens auch meidet. Ist das so, weil wir spüren, dass in der Politik nichts Bedeutsames geschieht? Oder weil wir mit unseren Angelegenheiten, sei es Quantenmechanik oder statistische Genomik oder generative Musik, zu beschäftigt sind? Oder weil wir zu höflich sind, um uns mit Leuten auf einen Streit einzulassen? Oder weil wir einfach meinen, dass alles gut werden wird, wenn wir den Dingen ihren Lauf lassen – dass die unsichtbare Hand der Technosphäre alles auf wundersame Weise schon regeln wird?

Was auch immer die Gründe für unser Stillhalten sein mögen, so wird doch immer noch Politik betrieben – nur eben nicht von uns. Die Politik hat uns Irak und Afghanistan und ein paar hunderttausend Tote beschert. Die Politik lässt die ärmeren Länder für die Schulden ihrer früheren Diktatoren bluten. Die Politik lässt zu, dass Partikularinteressen das Land steuern. Die Politik half den Banken dabei, die Wirtschaft entgleisen zu lassen. Die Politik verbietet Schwulenehen und Stammzellenforschung, hegt aber Gaza und Guantanomo.

Aber *wir* machen keine Politik. Wir erwarten, dass andere Leute das für uns tun, und wir meckern, wenn sie scheitern. Wir spüren, dass unsere Verantwortung an der Wahlurne endet, wenn wir überhaupt so weit kommen. Darüber hinaus üben wir uns so stark in Laissez-faire, wie wir nur können.

Mir macht Sorgen, dass, während wir uns auf das Laissez beschränken, jemand anders das Faire übernimmt.

# Seth Lloyd
# Das schwarze Loch des Finanzwesens

Professor für Quantentechnik am MIT; Autor von *Programming the Universe*

Im Herbst 2007 torkelten Investmentbanken wie blinde, lahme Riesen umher, aus deren Wunden Bargeld und exotische Finanzinstrumente flossen. Es folgten ein gewaltiges Sauggeräusch und eine üble Kombination aus Explosion und Implosion. Manche Banken überlebten, andere nicht, und der Wert meiner Aktien halbierte sich. Das Geld war weg, da war nichts zu machen, aber es gab etwas, das ich tun konnte, um mich zu trösten – nämlich eine wissenschaftliche Theorie der Geschehnisse zu entwerfen. Hast du Sorg' und Qualen, versuch dein Glück mit Zahlen, vorzugsweise mit ein paar hübschen Gleichungen.

Metaphorisch betrachtet ähnelt die finanzielle Implosion einer Investmentbank der Bildung eines supermassiven schwarzen Lochs im frühen Universum. Ein riesiger Stern, der eine Million Mal die Masse unserer Sonne besitzt, verbrennt seinen Kernbrennstoff binnen ein paar zehntausend Jahren. Nachdem er seinen Kernbrennstoff aufgebraucht hat, kann er nicht mehr die Hitze und den Druck erzeugen, die notwendig sind, um die Kraft der Gravitation abzuwehren. Da er nicht in der Lage ist, sein eigenes Gewicht auszuhalten, fällt der Stern in sich zusammen. Bei seiner Implosion bläst er seine äußere Schicht in einer Explosion mit Lichtgeschwindigkeit weg.

Beim Nachdenken über den Kollaps des Finanzwesens wurde

mir klar, dass die Ähnlichkeit zwischen dem Finanzkollaps und dem Gravitationskollaps nicht bloß eine Metapher ist. Tatsächlich ist es möglich, eine mathematische Theorie zu konstruieren, die in gleicher Weise für den Gravitationskollaps wie den Finanzkollaps gilt. Der Schlüsselbestandteil ist die Existenz negativer Energie: Sowohl in Newtons als auch in Einsteins Theorie der Gravitation ist die der Materie innewohnende Energie positiv, die Gravitationsenergie aber negativ. Im Universum als Ganzem wird die positive Energie von Masse und kinetischer Energie genau durch die negative Energie des Gravitationsfelds aufgewogen, so dass die Nettoenergie des Universums effektiv null ist.

Das Analogon zur Energie ist in Finanzsystemen das Geld. Haushalte, Unternehmen, Regierungen und natürlich auch Investmentbanken haben Vermögenswerte (positives Geld) und Schulden (negatives Geld). Wenn die Unternehmen, von denen ich Aktien besitze, ihre Jahresberichte schicken, stelle ich fasziniert fest, dass ihre Vermögenswerte und Nettoverpflichtungen sich – wunderbarerweise – zu null summieren. (Diese magische Buchhaltung könnte etwas mit dem Kollaps meines Rentenfonds zu tun haben.) Sehen wir uns also Theorien von Systemen an, die positive und negative Teile haben und deren Gesamtbetrag sich zu null summiert.

Beginnen wir mit der Gravitation. Sterne, Galaxien oder das Universum selbst, die sowohl positive als auch negative Energie besitzen, verhalten sich anders als Kaffeetassen, deren Energie komplett positiv ist (wenn wir die gravitationellen und psychischen Effekte von Koffein unberücksichtigt lassen). Insbesondere weisen Gravitationssysteme einen merkwürdigen Effekt auf, der unter dem Namen »negative spezifische Wärme« läuft. Die spezifische Wärme einer Tasse Kaffee ist ein Maß für den Temperaturrückgang des Kaffees, da er Energie verliert, indem er Wärme an seine Umgebung abstrahlt. Während die Tasse Energie abstrahlt, kühlt sie ab. Seltsamerweise erwärmen sich ein Stern, eine Galaxie oder eine Wolke aus interstellarem Staub, wenn sie Energie abstrahlen: Je mehr

Energie ein Stern verliert, umso heißer wird er. Der Stern hat eine negative spezifische Wärme.

Wenn eine Tasse Kaffee eine negative spezifische Wärme hätte, würde sie sich nicht abkühlen, wenn Sie sie abstellen und für ein paar Minuten lang vergessen, sondern immer heißer werden. Je länger Sie sie stehen ließen, umso heißer würde sie werden und schließlich in einer Fontäne aus superheißem Kaffee explodieren. Wenn umgekehrt ein Eiswürfel eine negative spezifische Wärme hätte, würde er immer kälter werden, je mehr Wärme er absorbieren würde. Wenn Sie einen solchen Eiswürfel liegen ließen, würde er Wärme aus seiner heißeren Umgebung absorbieren. Dabei würde er immer kälter werden und immer mehr Wärme aus seiner Umgebung abziehen, bis er und alles um ihn herum sich unerbittlich dem absoluten Nullpunkt angenähert hätten.

Negative spezifische Wärme führt nicht unmittelbar zu einer Katastrophe. Bei einem Stern hat der Wasserstoff, der bei Temperaturen von einigen Millionen Grad zu Helium verschmilzt, eine positive spezifische Wärme, die die negative spezifische Wärme der Gravitation ausgleicht und zu der harmonischen Erzeugung großer Mengen freier Energie über Milliarden von Jahren hinweg führt. Das Leben auf der Erde ist ein Produkt dieser Harmonie. Sobald die Sonne ihren Vorrat an Kernbrennstoff jedoch aufgebraucht hat, wird die Gravitation die Oberhand gewinnen, und unser Stern wird in sich zusammenfallen.

Wenden wir uns nun den Finanzsystemen zu. Wie bei Gravitationssystemen muss das bloße Vorhandensein von »negativem Geld« oder Schulden nicht zum Zusammenbruch führen: Genau wie bei einem Stern kann sich das Wechselspiel zwischen der Erzeugung von Vermögenswerten/positiver Energie und Schulden/negativer Energie harmonisch vollziehen und eine Menge von Gütern hervorbringen. Aber die Möglichkeit einer Implosion existiert immer. Was treibt einen Stern oder eine Investmentbank über die Schwelle von der stabilen Erzeugung von Energie/Wohlstand bis hin zu einer unkontrollierbaren Explosion und zum Kollaps? An dieser Stelle kann das detaillierte mathematische Modell hilfreich sein.

Um 1900 versuchte der Physiker Paul Ehrenfest zu verstehen, wie Moleküle in einem Gas herumhüpfen. Er konstruierte ein einfaches Modell, das jetzt als Ehrenfest'sches Urnenmodell bezeichnet wird. Man nehme zwei Urnen und einige Kugeln. Am Anfang befinden sich alle Kugeln in einer der Urnen. Man nummeriere die Kugeln, wähle dann zufällig eine Zahl und setze die Kugel mit dieser Nummer in die andere Urne. Diesen Prozess wiederholt man beliebig oft. Was geschieht? Anfangs neigen die Kugeln dazu, sich von der vollen Urne zur anderen zu bewegen. Wenn die ursprünglich leere Urne voller wird, beginnen die Kugeln, sich auch zur anderen Urne hin zu bewegen. Schließlich enthält jede Urne ungefähr die gleiche Anzahl von Kugeln. Dieser Endzustand wird als Gleichgewicht bezeichnet. Im Ehrenfest'schen Urnenmodell ist das Gleichgewicht stabil: Sobald die Zahl der Kugeln in den beiden Urnen annähernd gleich wird, bleibt sie so, mit kleinen Fluktuationen, die auf die Zufallsnatur des Prozesses zurückgehen.

Das mathematische Modell, das ich konstruiert habe, ist eine einfache Verallgemeinerung von Ehrenfests Modell. In meinem Modell gibt es weiße Kugeln (positive Energie/Vermögenswerte) und schwarze Kugeln (negative Energie/Schulden), die in Paaren erzeugt oder vernichtet werden können. Infolgedessen ist die Anzahl weißer Kugeln zwar immer gleich der Anzahl schwarzer Kugeln, aber die Gesamtzahl der Kugeln bleibt nicht erhalten. In diesem Modell gibt es zweierlei Prozesse: Kugeln werden wie zuvor per Zufall von einer Urne zur anderen bewegt, und Kugeln können innerhalb einer Urne in Paaren erzeugt oder vernichtet werden.

Das Urnenmodell mit Erzeugung und Vernichtung weist zwei unterschiedliche Verhaltensweisen auf. Wenn Kugelpaare mit derselben Geschwindigkeit in beiden Urnen erzeugt und vernichtet werden, verhält sich das System ähnlich wie Ehrenfests Urnenmodell: Beide Urnen enthalten am Ende ungefähr dieselbe Anzahl von Kugeln, die über die Zeit hinweg in einem stabilen Gleichgewicht nach oben und unten fluktuiert. Wenn im Gegensatz dazu der Urne, die mehr Kugeln enthält, gestattet wird, schneller Paare zu erzeugen als der Urne mit weniger Kugeln, dann ist das Verhalten instabil: Die Urne mit mehr Kugeln wird immer mehr Kugeln anziehen, sowohl schwarze als auch weiße. Wenn in der Urne mit mehr Kugeln die Vernichtung ebenfalls schneller stattfindet, dann wird die Anzahl von Kugeln in dieser Urne zuerst explodieren und dann zusammenfallen. In physikalischen Kategorien betrachtet, entsteht dieses instabile Verhalten, weil das Gesamtsystem eine negative spezifische Wärme erhält, wenn man der »wohlhabenderen« Urne gestattet, schneller Kugeln zu erzeugen, so dass ein stabiles Gleichgewicht unmöglich ist.

In den Begriffen des Finanzwesens ist die Erzeugung eines Kugelpaars analog zur Erzeugung von Schulden, und die Vernichtung eines Kugelpaars analog zur Tilgung von Schulden. Das Urnenmodell impliziert, dass die Vermögens- und Schuldenflüsse instabil werden, wenn wohlhabendere Institutionen mit mehr Kugeln schneller Schulden erzeugen können als weniger wohlhabende Institutionen. Das bedeutet, wenn reichere Institutionen eine größere Hebelwirkung haben, dann wird das wirtschaftliche Gleichgewicht instabil. Lehman Brothers hatten zum Zeitpunkt ihres Zusammenbruchs ein Hebelverhältnis von 30 zu 1: Das Unternehmen war in der Lage, für jeden Dollar, den es wirklich besaß, 30 Dollar zu leihen. Die Kriterien des Urnenmodells für Instabilität waren erfüllt. Das Kennzeichen eines instabilen Gleichgewichts ist, dass gewöhnliche Transaktionen, wie etwa der Geldverleih von Banken, nicht mehr zur besten oder nahezu besten Verteilung von Ressourcen führt: Stattdessen führen sie zur schlechtesten Verteilung von Ressourcen! Klingt das vertraut?

Worüber sollten wir uns also Sorgen machen? Machen Sie sich keine Sorgen um das Ende des Universums oder darum, dass die Erde in ein galaktisches schwarzes Loch fällt. Aber wenn Banken ihre Hebelwirkung wieder bis zum Anschlag erhöhen, dann sollten Sie sich darüber Sorgen machen, dass Sie noch ein lautes Sauggeräusch zu hören bekommen werden.

# W. Daniel Hillis
## Die Meinungen von Suchmaschinen

Physiker, Informatiker, Mitvorsitzender von Applied Minds, LLC; Gründer von Metaweb Technologies; Autor von *The Pattern on the Stone*

Letztes Jahr nahm Google eine grundlegende Veränderung seiner Suchmethode vor. Zuvor hätte eine Suche beispielsweise nach »New Yorker Museen« Webseiten mit Buchstabenfolgen erbracht, die Ihren Suchbegriffen entsprachen, wie z. B. M-U-S-E-U-M. Jetzt führt Google neben der herkömmlichen Schlüsselbegriffsuche auch eine »semantische Suche« durch und benutzt dabei eine Datenbank mit Weltwissen. In diesem Fall wird es nach Entitäten suchen, von denen es weiß, dass sie Museen sind, die innerhalb der geographischen Region namens New York liegen. Zu diesem Zweck müssen die Computer, die die Suche durchführen, eine gewisse Vorstellung davon haben, was ein Museum ist, was New York ist und wie sie miteinander verknüpft sind. Die Computer müssen dieses Wissen repräsentieren und es einsetzen, um zu einem Urteil zu gelangen.

Die Urteile der Suchmaschine beruhen auf einem Wissen über spezifische Entitäten: Orte, Organisationen, Lieder, Produkte, historische Ereignisse, selbst Einzelpersonen. Manchmal werden diese Entitäten rechts von den Ergebnissen angezeigt, die die Resultate beider Suchmethoden vereinen. Google hat gegenwärtig ein Wissen über Hunderte von Millionen spezifischer Entitäten. Zum Vergleich: Die größte von Menschen lesbare Referenzquelle, Wikipedia, hat weniger als zehn Millionen Einträge. Dies ist ein frühes Beispiel für semantische Suche. Irgendwann wird jede bedeutende Suchmaschine ähnliche Methoden anwenden. Die Semantik wird die herkömmlichen Schlüsselbegriffe als primäre Suchmethode ersetzen.

Ein Problem fällt jedoch ins Auge, wenn wir das Beispiel von »New Yorker Museen« zu »chinesische Provinzen« abwandeln. Ist Taiwan eine solche Provinz? Das ist eine umstrittene Frage. Bei der semantischen Suche wird entweder der Computer oder der Wissensverwalter eine Entscheidung treffen müssen. Redakteure von veröffentlichtem Material haben seit langem solche Urteile gefällt; jetzt fällt die Suchmaschine diese Urteile bei der Auswahl ihrer Ergebnisse. Bei der semantischen Suche beruhen diese Entscheidungen nicht auf Statistiken, sondern auf einem Weltmodell.

Wie ist es mit einer Suche nach »Diktatoren der Welt«? Hier sind die Ergebnisse, die eine Liste berühmter Diktatoren enthalten, nicht nur ein Urteil darüber, ob eine bestimmte Person ein Diktator ist, sondern in der Sammlung einzelner Beispiele auch ein implizites Urteil über den Begriff eines »Diktators« selbst. Indem man ein Wissen über Begriffe wie »Diktator« in unsere gemeinsamen Mittel der Entdeckung von Informationen einbaut, akzeptieren wir implizit eine Menge von Annahmen.

Suchmaschinen sind schon seit langem Richter darüber, was wichtig ist; jetzt sind sie auch Gebieter der Wahrheit. Verschiedene Suchmaschinen oder unterschiedliche Sammlungen von Wissen könnten sich entwickeln, um unterschiedlichen Gemeinschaften zu dienen – eine für Festlandchina, eine andere für Taiwan; eine für die Liberalen, eine andere für die Konservativen. Oder, um es optimistischer zu formulieren, Suchmaschinen könnten neue Möglichkeiten entwickeln, um uns mit unvertrauten Standpunkten bekanntzumachen und uns mit neuen Perspektiven herauszufordern. So oder so werden ihre unsichtbaren Urteile unser Bewusstsein formen.

In der Vergangenheit gab es Bedeutungen nur im Geist von Menschen. Jetzt sind sie auch im Geist von Werkzeugen, die uns Informationen bringen. Von jetzt an werden Suchmaschinen einen Redakteursstandpunkt einnehmen, und Suchergebnisse werden diesen Standpunkt widerspiegeln. Wir können die Annahmen hinter den Ergebnissen nicht mehr unberücksichtigt lassen.

# David Bodanis
## Durch Technologie erzeugter Faschismus

Schriftsteller; Futurologe; Autor von *Émilie und Voltaire: Eine Liebe in Zeiten der Aufklärung*

Ich mache mir Sorgen darüber, dass unsere Technologie dazu beiträgt, dem langen Nachkriegskonsens gegen den Faschismus ein Ende zu bereiten. Griechenland war einst die Wiege der Demokratie, doch während einer vor kurzem gesendeten Liveübertragung begann dort ein Führer der faschistischen Bewegung Goldene Morgenröte eine Parlamentsabgeordnete zu schlagen, die mit seinen Ansichten nicht übereinstimmte – er schlug sie auf die eine Seite des Kopfes, dann auf die andere –, und seine Umfragewerte gingen nach oben, nicht nach unten.

Das Problem ist, dass unsere jüngste Technologie am besten funktioniert, wenn niemand die Kontrolle darüber hat. Das Silicon Valley ist besser als alles, was stärker regulierte Volkswirtschaften hervorbringen können. Aber wenn die Ergebnisse im Bankwesen oder Management angewendet werden, ist die Folge für diejenigen, die sich in der Mitte und am unteren Ende der Gesellschaft befinden, häufig Chaos: Arbeitsplätze kommen und gehen anscheinend zufällig.

Wegen der Geschehnisse, zu denen der Faschismus in der Vergangenheit führte, vergisst man leicht, wie attraktiv er für die meisten Bürger in Zeiten der Not sein kann. Mit einem guten Feind, den sie hassen können, bekommen atomisierte Individuen ein warmes Gefühl von Eintracht. Und obwohl manche sanften Seelen sich gerne mit einem Stirnrunzeln vorstellen, dass nur eine schlecht gebildete Minderheit sich je an körperlicher Gewalt erfreuen wird, stimmt das überhaupt nicht. Fast überall finden Schulkinder Gefallen daran, wenn sie sehen, wie ein schwächeres Kind gepeinigt wird. Ängste wegen unserer eigenen Schwäche verschwinden, wenn ein Feind verhöhnt und bestraft wird – ein Reflex, den Kommentatoren von Schreckensmeldungen in amerikanischen Radiosendungen geschickt handhaben.

Dieser Schrei der Besitzlosen – dieser Wunsch nach Wiederherstellung der Ordnung, diese edle Bestrafung jener, die es »wagen«, uns zu untergraben – wird einen besonderen Anstoß von der medizinischen Technologie erhalten. Medikamente werden zwar besser, aber sie werden auch teurer. Man extrapoliere diese Trends.

Es gibt allen Grund für die Annahme, dass Modifikationen von Botox dazu führen, dass es länger wirkt und die Unbeweglichkeit der Stirn vermieden wird – aber was, wenn es dann 4000 Dollar pro Spritze kostet? Die Unterschiede in der körperlichen Erscheinung, die man schon jetzt zwischen den Reichen und den Armen in vielen Einkaufszentren feststellen kann, werden sich nur verschlimmern.

Die Gentherapie wird diese Entwicklung wahrscheinlich noch weiter treiben, indem sie den Alterungsprozess wohl um Jahrzehnte verlangsamt – aber was, wenn das mehrere hunderttausend Dollar kostet? Viele Menschen, die in den reichsten Vierteln unserer Städte leben, würden eine solche Therapie beginnen. Es ist nicht schwer, sich populäre Führer ohne Erinnerung an den Zweiten Weltkrieg vorzustellen, die diejenigen, die sich außerhalb der ausgewählten Bereiche hoher Einkommen befinden, diejenigen, die durch die Existenz dieser Fast-Unsterblichen in ihrer Mitte auf unerträgliche Weise verhöhnt werden, dazu anregen, sich dieser allzumenschlichen Reaktion auf Ungerechtigkeiten hinzugeben.

Aber diese Reaktion wird die technologische Innovation abrupt zum Stillstand bringen, und zwar genau zu der Zeit, da wir sie am meisten brauchen.

# Neil Gershenfeld
**Magie**

Physiker; Leiter des Center for Bits & Atoms am MIT; Autor von
*Fab: The Coming Revolution on Your Desktop – From Personal
Computers to Personal Fabrication*

Arthur C. Clarke stellte bekanntlich fest: »Jede hinreichend
fortgeschrittene Technologie lässt sich nicht von Magie unterscheiden.« Darüber mache ich mir Sorgen.

2001 kam und ist schon lange vorbei. Es war einmal, dass
uns eine Sciencefiction-Zukunft mit fliegenden Autos, Arm-
band-Kommunikationsgeräten und Quanten-Teleportern pro-
phezeit wurde.

Aber halt – all diese Dinge *gibt es* jetzt. Heute kann man
Autos mit Flügeln oder Smartphone-Uhren kaufen, und diejenigen, die es wollen, können sich Einzel-Photon-Quellen be-
schaffen, um verschränkte Paare herzustellen. Aber die Zukunft brachte die Vergangenheit mit sich. Heute können wir
das Leben von Grund auf erzeugen und das globale Klima modellieren, doch ein Streit tobt über die Evolution im Lehrplan
oder den menschlichen Einfluss auf die Umwelt – ein Streit,
den Darwin oder Galilei als eine Infragestellung der Gültigkeit wissenschaftlicher Methoden betrachten würden.

Es besteht eine kognitive Dissonanz, wenn Fundamentalisten bei ihrem Streben nach einer mittelalterlichen Gesellschaft
Satellitentelefone verwenden oder Kreationisten, die nicht an
die Evolution glauben, Grippeimpfungen auf der Grundlage
der genetischen Analyse saisonaler Mutationen von Grippe-
viren bekommen. Diese Fortschritte sind mit unsichtbaren

Funktionsweisen verknüpft: Die Götter verhalten sich rätselhaft, desgleichen Mobiltelefone.

Wir laufen Gefahr, zu einem Cargo-Kult zu werden und mit den Erfindungen der Vorfahren in einer mythischen Zeit der stabilen langfristigen Forschungsfinanzierung zu leben. Mein Textverarbeitungsgerät ist gut genug – ich brauche keine radikale Innovation bei der Texteingabe, um meine Schreibbedürfnisse zu befriedigen. Das Gleiche kann uns als Gesellschaft passieren. Wenn die bereits verfügbaren Technologien angemessen für Nahrung, Schutz, Wärme, Licht und virale Videos hübscher Kätzchen sorgen, sind Erfindungen nicht mehr der Überlebensimperativ, der sie einst waren.

Die Gefahr, wenn man hochentwickelte Technologie als Magie betrachtet, ist, dass man nicht sieht, woher sie kommt. Die Fähigkeit zu unterscheiden, was was ist, ist ausschlaggebend, um den Unterschied zwischen Fortschritt und Unsinn zu erkennen. Wir haben Zauberformeln – ich bin sicher, dass Gandalf von unserer Fähigkeit beeindruckt wäre, Sand beizubringen, wie man Schach spielt (in Form von Siliziumtransistoren), oder über unsere Fähigkeit entsetzt wäre, eine Stadt mit einem Klumpen Metall (Uran) zu zerstören. Aber diese Zauberformeln entstanden aus der Konstruktion prädiktiver Modelle, die auf experimentellen Beobachtungen beruhten und nicht auf Erklärungen von Glaubensinhalten. Das Akzeptieren der Leistungen der Wissenschaft, ohne die Methoden der Wissenschaft akzeptieren zu müssen, beschert uns die Freiheit, unbequeme Wahrheiten über die Umwelt, die Wirtschaft oder die Bildung zu ignorieren. Umgekehrt musste jeder, der irgendetwas Technisches entwickelt hat, sich einer äußeren Wirklichkeit stellen, die sich der persönlichen Interpretation nicht anpasst.

Anstatt zu versuchen, die Funktionsweisen der Technik zu verbergen, sollten wir jede Gelegenheit nutzen, sie herauszustellen. Das Streben nach Technologien, die wie Magie funktionieren, führt zu einer perversen Art von technischer Entartung. Mobile Betriebssysteme, die es ihren Benutzern nicht gestatten, ihre eigenen Dateisysteme zu sehen; Tastschnitt-stellen, die die motorische Feinsteuerung beseitigen; Autos, die ihren Besitzern den Zugang zu Wartungsdaten verwehren – all dies macht einem leichte Dinge leichter, aber schwere Dinge schwerer.

Die Herausforderungen, vor denen die Erde insgesamt steht, verlangen, dass wir die größten und nicht die kleinsten ge-meinsamen Nenner finden. Lernkurven, die von einfachen zu schwierigen Fertigkeiten übergehen, sollten angestrebt und nicht gemieden werden. Meines Wissens müssen Zauberer jahrelang trainieren, um ihre Zaubertricks zu beherrschen. Jede hinreichend fortgeschrittene Magie lässt sich nicht von Technologie unterscheiden.

# David Rowan
## Datenentrechtung

Herausgeber von *WIRED U. K.*

In einer Welt mit enormen Datenmengen ist eine exponentiell steigende statistische Kurve notwendig, um zu verdeutlichen, wie sklavisch abhängig wir jetzt von den Leistungen der Datenfresser sind. IBM zufolge erzeugen wir zusammen jeden Tag 2,5 Trillionen Byte – eine Springflut strukturierter und unstrukturierter Daten, die nach der Berechnung der International Data Corporation um 60 Prozent pro Jahr wächst. Walmart schleppt stündlich eine Million Verkaufstransaktionen in eine Datenbank, die schon vor langem 2,5 Petabyte überschritten hat; Facebook verarbeitet jeden Tag 2,5 Milliarden Inhalte und 500 Terabyte an Daten; und Google, dessen YouTube-Abteilung alleine jede Minute 72 Stunden neuer Videos hinzu erhält, sammelt 24 Petabyte Daten an einem einzigen Tag an. Kein Wunder, dass der Rockstar des Silicon Valley nicht mehr der geniale Software-Ingenieur, sondern der analytisch eingestellte, immer höher geschätzte Datenwissenschaftler ist.

Gewiss gibt es bei der intelligenten Verarbeitung dieser Zetta- und Yottabyte von zuvor uneingeschränkten Nullen und Einsen auch große Vorteile für die Allgemeinheit. Eine kostengünstige Genomik ermöglicht es Onkologen, Tumoren immer präziser anzuzielen, indem sie die algorithmische Magie persönlich abgestimmter Medikamente einsetzen; eine bayesianische Echtzeitanalyse unterstützt die Spionageabwehr im Kampf gegen den Terrorismus dabei, durch neue Ansätze der Datenauswertung die Schurken ausfindig zu machen, oder versucht es zumindest. Und vergessen wir nicht die kommerziellen Vorteile, die Unternehmen erwachsen, die rohe Zahlen in Informationen umwandeln, auf deren Grundlage man handeln kann: Der Economist Intelligence Unit zufolge übertreffen Unternehmen, die effektive Datenanalysen verwenden, ihre Mitbewerber auf den Aktienmärkten um einen Faktor von 250 Prozent.

Doch während unser Leben unaufhaltsam in eine von Daten angetriebene Welt hineingezogen wird, werden solche Vorteile einer schnell entstehenden Datenunterschicht vorenthalten. Jeder Bürger, dem ein grundlegendes Verständnis von und zumindest ein minimaler Zugang zu den neuen algorithmischen Werkzeugen fehlt, wird in großen Bereichen wirtschaftlicher, politischer und gesellschaftlicher Partizipation zunehmend benachteiligt. Die Datenentrechteten werden es schwieriger finden, persönliche Kreditwürdigkeit oder politischen Einfluss aufzubauen; sie werden auf Aktienmärkten und in sozialen Netzwerken diskriminiert werden. Wir müssen damit anfangen, den intelligenten Umgang mit Daten als eine notwendige Grundkompetenz in einer Demokratie des 21. Jahrhunderts zu verstehen, und dafür kämpfen – und vielleicht sogar entsprechende Gesetze schaffen –, dass die Interessen der Zurückgelassenen geschützt werden.

Die Datenentrechteten leiden in zwei wesentlichen Hinsichten. Erstens sind sie mit systemischen Nachteilen auf Märkten konfrontiert, die nominell allen offenstehen. Nehmen wir z. B. die Aktienmärkte: Allen menschlichen Aktienhändlern, die kühn genug sind, mit den Algorithmen von Hochfrequenz- und Niedriglatenzhändlern zu konkurrieren, sollte man klarmachen, wie schlecht die Chancen für sie stehen. Wie Andrej Kirilenko, der Chefökonom bei der U.S. Commodity Futures Trading Commission, und Forscher aus Princeton und von der University of Washington vor kurzem herausfanden, machen die aggressivsten Hochfrequenzhändler in der Regel die größten Profite – was nahelegt, dass es für den Kleininvestor vernünftig wäre, es einfach den Maschinen zu überlassen. Es ist kein Zufall, dass Macht in einer Menge anderer Sektoren denjenigen erwächst, die die Algorithmen kontrollieren – ob es sich dabei um die kleine Wählergruppen anvisierenden Wahlhelfer der Obama-Kampagne handelt oder um die ertragserhöhenden Strategen der datengesteuerten Präzisionslandwirtschaft.

Zweitens sammelt sich absolute Macht bei einer kleinen Zahl von Superauswertern von Daten an, deren Einfluss sein Pendant nur in ihrem Mangel an Haftung findet. Unsere Identität ist zunehmend das, was die Datenoligopolisten dafür erklären: Kreditagenturen, Arbeitgeber, voraussichtliche Partner, sogar die U.S. National Security Agency haben eine feste Ansicht von uns, die auf unserem Onlinedatenstrom basiert, der durch Suchmaschinen, soziale Netzwerke und Websites kanalisiert wird, die »Einfluss« bewerten, wie ungenau oder veraltet ihre Ergebnisse auch sein mögen. Und viel Glück bei dem Versuch, die Fehler oder falschen Eindrücke zu korrigieren, die Ihren Aussichten schaden. Wie datenentrechtete Nutzer von Diensten wie Instagram und Facebook vermehrt feststellen, hängt es von diesen Diensten ab, und nicht von Ihnen, wie Ihre persönlichen Daten genutzt werden sollen. Der Kunde mag zwar in der Tat das Produkt sein, aber diese Dienste sollten doch zumindest die Pflicht haben, den Kunden klar und deutlich über seinen Mangel an einem Eigentumsrecht auf seinen digitalen Output zu informieren und aufzuklären.

Daten sind, wie wir wissen, Macht – und während unsere persönlichen Metriken immer leichter gesammelt und gespeichert werden können, muss diese Macht gegenüber uns als Individuen und Bürger ein starkes Gegengewicht erhalten. Wir haben den medizinischen Fortschritt dadurch behindert, dass wir Pharmaunternehmen selektiv und manchmal auch irreführend die Veröffentlichung der Daten aus klinischen Studien kontrollieren ließen. Im heraufkommenden Yottabyte-Zeitalter sollten wir die Souveränität des Volkes gegenüber Datenbanken sicherstellen, indem wir jene mit den Schlüsseln für die Maschine verantwortlich machen.

# Lisa Randall
## Große Experimente wird es nicht geben

Theoretische Physikerin und Kosmologin; Professorin für
Naturwissenschaft an der Harvard University; Autorin von
*Die Vermessung des Universums: Wie die Physik von morgen
den letzten Geheimnissen auf der Spur ist*

Ich mache mir Sorgen darüber, dass allmählich die bedeutenden, langfristigen Investitionen in Forschungen gestoppt werden, die notwendig sind, wenn wir schwierige (und oft auch
abstrakte) wissenschaftliche Fragen beantworten wollen. Bedeutende, an den Grundlagen interessierte Experimentalwis-
senschaft wird immer an der Grenze des technisch Machbaren
operieren, und Fortschritt erfordert ein Engagement bei Vor-
leistungen. Die Anwendungen liegen nicht auf der Hand, weshalb es eine zugrundeliegende Überzeugung geben muss, dass
es wichtig ist, die Antworten auf tiefgreifende und bedeut-
same Fragen zur Evolution des Universums und der Menschen, dazu, woraus wir bestehen, woraus der Raum besteht
und wie alles funktioniert, zu finden. Die Fähigkeit, Antworten auf diese Fragen zu finden, ist eines der Merkmale, die
Menschen zu etwas Einzigartigem machen und unserem Leben einen Sinn geben. Dies zugunsten kurzfristiger Ziele aufzugeben wäre eine Tragödie. Auf meinem Gebiet der Elementarteilchenphysik machen sich alle Sorgen. Ich sage das nicht
leichtfertig. In letzter Zeit war ich auf drei Tagungen, bei denen die Zukunft ein Hauptgesprächsthema war. Es wurden
zwar viele Ideen vorgestellt, aber meine Kollegen und ich machen uns Sorgen darüber, ob Experimente stattfinden werden.

Im Augenblick haben wir den Large Hadron Collider (LHC) – den Riesenbeschleuniger in der Nähe von Genf, wo Protonen mit sehr hohen Energien aufeinanderprallen –, an den wir uns wegen neuer experimenteller Ergebnisse wenden können. Im Sommer 2012 erfuhren wir, dass ein Higgs-Boson existierte. Das war ein wichtiger Meilenstein, auf den die LHC-Ingenieure und Experimentatoren stolz sein können. Mit den Daten des letzten Jahres, bei denen der Zerfall von noch viel mehr Higgs-Bosonen aufgezeichnet wurde, werden wir mehr von den Eigenschaften des Teilchens verstehen.

Wir wollen aber auch wissen, was hinter dem Higgs-Teilchen liegt – was erklärt, wie das Higgs-Boson zu seiner Masse kam. Der LHC verspricht, diese Frage ebenfalls zu beantworten, wenn er 2015 wieder in Betrieb genommen wird, nachdem er zwei Jahre lang abgeschaltet gewesen sein wird, um für eine höhere Energie ausgerüstet zu werden.

Aber der Energiezuwachs wird weniger als einen Faktor von zwei betragen. Ich kann zwar mit Zuversicht sagen, dass ich Antworten erwarte, die die Existenz neuer Teilchen jenseits des Higgs-Bosons implizieren. Aber ich kann nicht mit Zuversicht sagen, dass ich erwarte, dass sie um weniger als einen Faktor von zwei schwerer als die Energien sind, die wir bereits erforscht haben. Das ist besorgniserregend. Nichts zu finden wäre ironischerweise das beste Argument, dass die Energie des LHC einfach nicht hoch genug ist und dass wir mehr brauchen. Aber Entdeckungen sind das, was uns gewöhnlich anfeuert. Nichts zu finden wäre in der Tat sehr schlimm.

Der Superconducting Super Collider, der vom US-Kongress gestrichen wurde, hätte etwa die dreifache Energie gehabt. Er wurde mit den ultimativen Zielen der Physik im Hinterkopf entworfen, die für eine leistungsfähigere Maschine sprachen. Der LHC – obwohl man ihn zur Beantwortung ähnlicher Fragen entworfen hat – wurde in einem bereits existierenden Tunnel gebaut, der die maximale Energie begrenzt, die erreicht werden kann. Wenn wir das Dreifache dieser Energie hätten, würde ich mir viel weniger Sorgen machen. Aber wir haben es nicht.

Also mache ich mir Sorgen. Ich mache mir Sorgen darüber, dass ich die Antwort auf Fragen nicht wissen werde, die mir zutiefst wichtig sind. Die theoretische Forschung (was ich tue) kann natürlich billiger geleistet werden. Ein Bleistift und Papier und sogar ein Computer sind ziemlich billig. Aber ohne Experimente oder die Hoffnung auf Experimente kann die theoretische Wissenschaft keine echten Fortschritte machen. Zum Glück würden Fortschritte nicht völlig aufhören, da wir immer noch neue Ergebnisse aus astronomischen Beobachtungen und Experimenten im kleineren Maßstab auf der Erde erhalten würden. Und es würde viele Ideen geben, mit denen man herumspielen kann. Aber wir würden nicht wissen, welche von ihnen das repräsentiert, was in der Welt tatsächlich vor sich geht.

Darüber hinaus ist die Vorstellungskraft des Universums häufig größer als unsere eigene. Wir müssen wissen, was das Universum uns sagt. Einige der besten neuen Ideen stammen von Versuchen, rätselhafte Phänomene zu erklären. Ich hoffe, dass die Zukunft uns einige Antworten geben wird – aber auch mehr Rätsel zum Erklären.

Peter Woit
# Das Albtraumszenario der Grundlagenphysik

Mathematischer Physiker an der Columbia University; Autor
von *Not Even Wrong: The Failure of String Theory and the Search
for Unity in Physical Law*

Im 20. Jahrhundert schritt die Suche nach einer Theorie über
die Funktionsweise der physikalischen Welt auf ihrer fun-
damentalsten Ebene von einem Erfolg zum nächsten. Die frühesten Jahre des Jahrhunderts erlebten revolutionäre neue
Ideen, darunter Einsteins spezielle Relativitätstheorie und die
Anfänge der Quantentheorie, während die Jahrzehnte, die auf
diese Ideen folgten, Zeiten überraschender neuer Einsichten
waren. Bis zur Mitte der 1970er Jahre waren alle Elemente von
dem, was jetzt als Standardmodell bezeichnet wird, beisam-
men, und die letzten Jahrzehnte des Jahrhunderts wurden von
endlosen Experimentalergebnissen beherrscht, die die Vorhersagen dieser Theorie bestätigten. Doch zum Ende des Jahrtausends befanden wir uns in einem Zustand des Unbehagens:
Das Standardmodell war nicht vollkommen zufriedenstellend
und ließ verschiedene wichtige Fragen unbeantwortet, es gab
aber keine experimentellen Befunde, die nicht mit ihm über-
einstimmten. Physiker hatten nur wenige Hinweise darauf,
wie sie weiter vorgehen sollten.

Der Large Hadron Collider sollte die Antwort auf dieses Problem sein. Er könnte Higgs-Teilchen erzeugen und dadurch
die Untersuchung eines entscheidenden und weniger zufrie-
denstellenden Teils des Standardmodells ermöglichen, der nie
überprüft worden war. Eine Flut von stark angepriesenen spe-

kulativen und nicht überzeugenden Systemen für eine Physik »jenseits des Standardmodells« versprach, dass bei den Energien, die dem LHC zugänglich sind, aufregende neue Phänomene entdeckt werden könnten.

Inzwischen gelangen die Ergebnisse vom LHC zu uns, und diese Ergebnisse tragen verwirrende Implikationen in sich. Es war zwar nicht verwunderlich, dass keines der versprochenen Teilchen »jenseits des Standardmodells« in Erscheinung trat. Beunruhigender ist jedoch der große Erfolg des LHC: die Entdeckung des Higgs-Teilchens. Innerhalb der immer noch großen experimentellen Unsicherheiten sehen die Higgs-Teilchen, nachdem wir sie jetzt endlich zu Gesicht bekommen haben, viel zu sehr danach aus, als ob sie sich so verhalten würden, wie das Standardmodell vorhersagte. Die Physiker sind jetzt mit einer Möglichkeit konfrontiert, von der sie immer wussten, dass es sie geben könnte, aber nicht glauben wollten, dass sie wirklich eintreten würde: das »Albtraumszenario«, dass der LHC ein Standardmodell-Higgs-Teilchen findet und sonst nichts.

Für die Experimentalforscher lässt das den Weg in die Zukunft undeutlich erscheinen. Das Argument für den LHC lag auf der Hand: Die Technologie stand zur Verfügung, und das Higgs-Teilchen oder etwas anderes musste existieren, was durch sie entdeckt werden konnte. Auf höhere Energien zu gehen ist jedoch äußerst schwierig, und im Moment gibt es keinen guten Grund, um irgendetwas besonders Neues zu erwarten. Eine bei niedrigerer Energie arbeitende »Higgs-Fabrik«, eine Spezialmaschine, die zur eingehenden Untersuchung des Higgs-Teilchens entworfen wird, könnte am wahrscheinlichsten sein. Längerfristig werden wir wohl auf technologische Durchbrüche angewiesen sein, um zu vertretbaren Kosten physikalische Untersuchungen bei höheren Energien zu ermöglichen.

Theoretiker sind zwar im Prinzip immun gegenüber den Beschränkungen, die der Stand der Technik mit sich bringt, aber sie stehen vor der Herausforderung, mit dem beispiellosen Zusammenbruch von Jahrzehnten spekulativer Arbeit und ohne Hilfe von Experimenten zu der Frage fertig zu werden, wo man sich für neue Ideen hinwenden sollte. Die soziologische Struktur der Disziplin ist schlecht geeignet, um erfolgreich mit dieser Situation umzugehen. Wir haben bereits eine Abwendung von schwierigen Problemen und die Hinwendung zu fatalistischen Argumenten erlebt, dass man nichts tun kann. Es wird behauptet, dass wir aufgrund von zufälligen Fluktuationen in einer Ecke eines »Multiversums« von Möglichkeiten leben, ohne die Hoffnung zu haben, je bestimmte grundlegende Fragen darüber beantworten zu können, warum die Dinge so sind, wie sie sind.

Diese Sorgen sind in einem bestimmten Sinne einfach nur die einer kleinen Gruppe von Wissenschaftlern, aber ich glaube, dass sie viel breitere Implikationen haben könnten. Nach Jahrhunderten großer Fortschritte, durch die wir zu einem immer tieferen Verständnis des Universums, in dem wir leben, gelangt sind, könnten wir in eine neue Ära eintreten. Wird der intellektuelle Fortschritt einfach nur zu einer Erinnerung werden, wobei ein wichtiger Aspekt der menschlichen Zivilisation zunehmend durch eine unvertraute und beunruhigende Stagnation charakterisiert wird? Das scheint bedauerlicherweise etwas zu sein, was es allmählich verdient, dass man sich darüber Sorgen macht.

Amanda Gefter
**Keine Überraschungen vom LHC:**
**Keine Sorgen für die theoretische Physik**

Beraterin beim *New Scientist*; Gründungsherausgeberin von
CultureLab

Es ist der schlimmste Albtraum eines Physikers. Nach Ausgaben von neun Milliarden Dollar, drei Jahrzehnten Berechnungen und der engagierten Arbeit von 10 000 Wissenschaftlern
hat der Large Hadron Collider am CERN – ein unterirdischer
Teilchenbeschleuniger, der sich über zwei Staaten erstreckt,
die größte Maschine, die die Menschheit je gebaut hat, die
leuchtende Hoffnung der Jäger einer noch unentdeckten Realität – keine einzige Überraschung geliefert. Keine supersym-
metrischen Teilchen, Extradimensionen oder unvorhergesehene
Merkwürdigkeiten sind in Erscheinung getreten. Schlimmer
noch, das Higgs-Boson, das sich immerhin zeigte, scheint genau dasjenige zu sein, das vom Standardmodell vorhergesagt
worden ist. Jetzt wurde die Maschine zur Vorbereitung auf
einen Betrieb bei höheren Energien abgeschaltet und wird fast
zwei Jahre lang abgeschaltet bleiben. Die theoretischen Physiker werden mit nichts anderem als dem, was sie bereits wussten, alleingelassen, um über die kosmischen Rätsel zu sin-
nieren.

Physiker sind in dieser Hinsicht drollig. Ihr schlimmster
Albtraum ist, richtig zu liegen. Sie würden es viel eher vorziehen, falsch zu liegen oder, noch besser, erschüttert zu sein. Ihre
Befürchtung ist, recht zu haben und in einer Sackgasse zu landen; der Mangel an Überraschungen am LHC wird den Fortschritt der theoretischen Physik lähmen. Aber ich sehe keinen

Grund, sich Sorgen zu machen. Wenn wir auf die Geschichte der Physik zurückblicken, ist es tatsächlich klar, dass ein solcher Fortschritt selten durch experimentelle Anomalien angetrieben wird.

Einstein dachte gründlich über die Rolle nach, die Anomalien in der Physik spielen. Er machte eine Unterscheidung zwischen zwei Typen von Theorien: konstruktive und prinzipiengeleitete. Konstruktive Theorien, sagte er, sind Modelle, die zusammengeschustert werden, um anomale Beobachtungen zu erklären, wie das Doppelspaltexperiment, das der Theorie der Quantenmechanik Form verlieh. Prinzipiengeleitete Theorien beginnen demgegenüber mit logischen Prinzipien, von denen spezielle Tatsachen über die Welt – einschließlich Anomalien – abgeleitet werden können. Die Relativitätstheorie war eine prinzipiengeleitete Theorie. »Höchste Aufgabe der Physiker ist also das Aufsuchen jener allgemeinsten elementaren Gesetze, aus denen durch reine Deduktion das Weltbild zu gewinnen ist«, sagte Einstein. Wie? Indem man nach Paradoxien sucht – jene Orte, an denen begründete Prinzipien durch Widersprüche aufeinanderprallen, an denen sich die Logik selbst zerstört.

Die Entwicklung der speziellen Relativitätstheorie bietet einen unverfälschten Vergleich der beiden Ansätze, da Einstein nicht als Einziger ihre Gleichungen entdeckte. Hendrik Lorentz stieß durch eine experimentelle Anomalie auf sie – nämlich die Null-Ergebnisse des Michelson-Morley-Experiments. Albert Michelson und Edward Morley wollten die Bewegung der Erde in Relation zum hypothetischen Äther messen, indem sie einen Lichtstrahl in zwei Strahlen aufspalteten und jede Hälfte am Arm eines Interferometers entlangschickten. Der eine Strahl lief parallel zur Erdbewegung um die Sonne, der andere rechtwinklig dazu. Am Ende jedes Arms befand sich ein Spiegel, der das Licht zu seinem Ausgangspunkt zurückwerfen sollte. Die Physiker erwarteten, dass das Licht, das den parallelen Arm hinabwanderte, länger brauchen würde, um zurückzukehren, da es sich gegen den »Ätherwind«

bewegen müsste. Zur Überraschung aller trafen die Strahlen genau gleichzeitig an ihrem Ausgangsort ein. Um diese Anomalie zu erklären, schlug Lorentz vor, dass der Äther den parallelen Arm des Instruments um genau dieselbe Quantität physikalisch verkürzte, die notwendig wäre, um die fehlende zeitliche Verzögerung auszugleichen. Wie oder warum diese wundersame Kontraktion zustande kommen sollte, war ein Rätsel, aber Lorentz schrieb die Gleichungen auf, um das Ergebnis darzustellen.

Unterdessen gelangte Einstein zu denselben Gleichungen, nur schaute er nicht auf die Michelson-Morley-Anomalie. Er hatte seinen Blick stattdessen auf eine Paradoxie geheftet. Er sah, dass Maxwells Theorie des Elektromagnetismus mit dem Prinzip im Konflikt stand, dass die Gesetze der Physik für alle Beobachter dieselben sind. Beide mussten wahr sein, und beide konnten nicht wahr sein. Die einzige Möglichkeit, eine Paradoxie aufzulösen, besteht darin, die anstößige Annahme zu finden und sie dann fallenzulassen. Für Einstein war der Übeltäter das absolute Wesen von Raum und Zeit. Bei seinem Untergang kam das Relativitätsprinzip zum Vorschein.

Wenn sowohl Lorentz als auch Einstein mit den Gleichungen der speziellen Relativitätstheorie aufwarteten, warum schreiben wir dann die Theorie Einstein zu? Weil Lorentz, obwohl er die richtigen Gleichungen hatte, nicht wusste, was sie bedeuteten. Als Einstein entdeckte, dass Raum und Zeit sich relativ zur Bewegung eines Beobachters verändern, so dass die Lichtgeschwindigkeit in jedem Bezugsrahmen gleich bleibt, trug er nicht nur dem Michelson-Morley-Ergebnis Rechnung, sondern *erklärte* es.

Paradoxien haben unser Verständnis des Universums auch in jüngster Zeit angetrieben, insbesondere die Paradoxie des Informationsverlusts bei schwarzen Löchern. Der Quantenmechanik zufolge muss Information aus einem verdampfenden schwarzen Loch entweichen; der Relativitätstheorie zufolge kann sie das nicht. Beide mussten wahr sein, und beide konnten nicht wahr sein. Dieses Mal kam Leonard Susskind zu Hilfe. Die anstößige Annahme, die er identifizierte, war das absolute Wesen der raumzeitlichen Lokalisierung. In den Trümmern der Paradoxie entdeckte Susskind sowohl das Prinzip der Horizontkomplementarität als auch das holographische Prinzip.

Es ist nicht schwer zu sehen, dass Entdeckungen, die durch Paradoxien und Prinzipien angetrieben werden, nützlicher sind als jene, zu denen man durch Experimente gelangt. Das Verstehen der Prinzipien der Natur ist eben das – ein Verstehen. Darum dreht sich die ganze Wissenschaft. Theorien hingegen, die zusammengestückelt werden, um Experimenten Rechnung zu tragen, sind durch ihr Wesen ad hoc. Sie teilen uns das Wie ohne das Warum mit. Daher bleibt auch die Quantenmechanik trotz ihres unglaublichen experimentellen Erfolgs ein Rätsel.

Das soll nicht heißen, dass wir keine Experimente brauchen. Experimente sind der letztendliche Schiedsrichter der Wissenschaft und haben die Aufgabe, ein endgültiges Urteil darüber zu treffen, ob eine Theorie richtig oder falsch ist. Anomalien sind keine Leitfäden, sondern einschränkende Bedingungen. Einstein hätte die allgemeine Relativitätstheorie nicht von der anomalen Umlaufbahn des Planeten Merkur ableiten können. Aber sobald er die Theorie anhand logischer Prinzipien entdeckt hatte, trug ihre Fähigkeit, das seltsame Perihel des Planeten zu erklären, dazu bei, die Wissenschaftler davon zu überzeugen, dass die Theorie richtig war.

Trotz der Enttäuschung, die durch die leeren Weiten des LHC hallt, haben die Physiker schon eine ganze Menge Anomalien zur Hand. Da ist die dunkle Energie, die die Expansion des Universums beschleunigt, und die nicht identifizierte dunkle Materie, die Sterne an ihre Galaxien bindet. Da ist der Mangel an großen Fluktuationen in der kosmischen Mikrowellenhintergrundstrahlung und das Synchronschwimmen der Galaxien, das als dunkler Fluss bezeichnet wird. Es könnten sogar noch Überraschungen in den LHC-Daten verborgen sein.

Der entscheidende Punkt ist jedoch, dass Anomalien kein Verständnis versprechen. Dafür brauchen wir Paradoxien. Zum Glück ist eine gerade rechtzeitig aufgetreten. Die »Brandschutzmauer-Paradoxie«, die von Ahmed Almheiri, Donald Marolf, Joseph Polchinski und James Sully vorgebracht wurde, bringt abermals die allgemeine Relativitätstheorie gegen die Quantenmechanik in der Nachbarschaft eines verdampfenden schwarzen Lochs in Anschlag, aber in diesem Fall scheint die Horizontkomplementarität nicht auszureichen, um die Paradoxie zu lösen.* Mal wieder wird eine Annahme aufgegeben werden müssen. Die Bestimmung, welche es sein soll, wird den Physikern tiefe Einsichten in die Funktionsweise des Universums vermitteln. Das ist der Wunschtraum eines jeden Physikers.

* »Black Holes: Complementarity or Firewalls?«, arXiv:1207.3123v2 [hep-th] 22. August 2012.

# Steve Giddings
## Eine Grundlagenkrise der Physik

Theoretischer Physiker an der University of California in Santa Barbara

Was mir wirklich in der Nacht den Schlaf raubt (außer dass mich ein gewissenloser Wasserbau-Unternehmer in Utah vor Gericht verklagt – aber das ist eine andere Geschichte), ist, dass wir einer Krise in den tiefsten Grundlagen der Physik gegenüberstehen. Der einzige Ausweg scheint in einer profunden Revision fundamentaler physikalischer Prinzipien zu bestehen.

Aber ich werde die Geschichte mit etwas beginnen, von dem ich meine, dass wir uns keine Sorgen darüber machen sollten – »Brandschutzmauern«, ein radikal abweichendes Bild von schwarzen Löchern, das in jüngster Zeit von Kollegen befürwortet wird, bei dem ein Beobachter, der in ein schwarzes Loch fällt, genau an dessen Horizont verglüht. Das Bild der Brandschutzmauer – das in Wirklichkeit eine raffinierte Umbenennung eines schon bekannten Phänomens ist – hat vor kurzem eine gewisse Kontroverse ausgelöst, die bereits die Presse erreicht hat. Wenn es richtig ist, könnte es durchaus bedeuten, dass das schwarze Loch im Zentrum unserer Galaxie überhaupt kein schwarzes Loch ist: Stattdessen ist es die Brandschutzmauer im Zentrum der Galaxie und vernichtet augenblicklich jeden und alles, was sich in einen Umkreis von etwa zwölf Millionen Kilometern um sein Zentrum vorwagt.

Ich mache mir keine Sorgen darüber, dass dieses Szenario richtig ist, weil es zu grotesk und weit entfernt von der bekannten Physik ist, und ich glaube, dass es weniger groteske Alternativen gibt. Aber die Tatsache, dass ansonsten ernsthafte Physiker es vorgeschlagen haben, ist eindeutig ein Symptom für die tiefe Krise, in der wir stecken.

Kurz gesagt, die Krise ist ein tiefgreifender Konflikt zwischen fundamentalen physikalischen Prinzipien, die die Basis unserer grundlegendsten Rahmenvorstellungen zur Beschreibung der Physik bilden. Diese Stützpfeiler sind die *Quantenmechanik*, die Prinzipien der (speziellen oder allgemeinen) *Relativitätstheorie* und die *Lokalität*. Diese Stützpfeiler liegen der lokalen Quantenfeldtheorie zugrunde, die als Basis für unsere Beschreibung der physikalischen Wirklichkeit dient – von der scheinenden Sonne über die Entstehung von Materie im frühen Universum bis zum Higgs-Boson (wenn es sich um ein solches handelt).

Diese Prinzipien prallen aufeinander, wenn sie bis zum Äußersten getrieben werden; die schärfste Variante des Problems entsteht, wenn wir zwei Teilchen mit einer hinreichend großen Energie aufeinanderstoßen lassen, so dass ein schwarzes Loch entsteht. Hier begegnen wir dem berühmten Informationsproblem schwarzer Löcher: Wenn die einlaufenden Teilchen in einem reinen Quantenzustand starten, sagt Hawkings Berechnung voraus, dass das schwarze Loch in einen gemischten, wärmeartigen Endzustand mit einem massiven Verlust von Quanteninformation verdampft. Das würde die Quantenmechanik verletzen – und damit zum Scheitern verurteilen. Obwohl ernsthafte Leute immer noch erwägen, die Quantenmechanik zu modifizieren, haben derartige Vorschläge bislang noch viel größere Probleme erzeugt. Beispielsweise wurde geltend gemacht, dass Hawkings ursprünglich vorgeschlagene Modifikation der Quantenmechanik implizieren würde, dass für alle Beobachter überall eine »Brandschutzmauer« existiert! Die Quantenmechanik scheint gegenüber einer vernünftigen Modifikation bemerkenswert resistent zu sein.

Wenn die Quantenmechanik heilig ist, müssen offenbar andere Prinzipien aufgegeben werden – entweder diejenigen der relativistischen Invarianz oder der Lokalität oder beide. Das Erstere scheint ebenfalls resistent gegenüber vernünftigen Modifikationen zu sein, aber die Lokalität ist im Kontext einer Theorie mit Quantenmechanik und Gravitation ein bemerkenswert »weiches« Prinzip. Das scheint also ein Begriff zu sein, dem man vernünftigerweise misstrauen kann.

Die Grundaussage der Lokalität ist, dass die Quanteninformation sich nicht schneller als mit Lichtgeschwindigkeit ausbreiten kann. Mindestens schon 1992 wurde eine Modifikation der Lokalität zur Lösung des Problems vorgeschlagen, wie man die fehlende Quanteninformation aus einem schwarzen Loch herausbekommt. In den darauffolgenden Jahren nahm ein Bild mit einer noch radikaleren Form von Nicht-Lokalität Gestalt an. Dieses Bild beruhte auf dem holographischen Prinzip und einem neuen Begriff von Komplementarität und legte nahe, dass Beobachtungen innerhalb und außerhalb eines schwarzen Lochs komplementär sind, analog zu Niels Bohrs Komplementarität von Positions- und Impulsmessungen in der Quantenmechanik. Die Holographie/Komplementarität wurde umfassend erforscht und von einem bedeutenden Teil der Physikergemeinschaft akzeptiert.

In den letzten Jahren wurde deutlich, dass ein Bild, das auf der Komplementarität beruht, nicht nur unnötig radikal, sondern wohl auch inkonsistent ist. Obwohl das letzte Urteil der Physikergemeinschaft über die Komplementarität immer noch ausstehen mag, hat ein neues Bewusstsein ihres scheinbaren Niedergangs ein breiteres Interesse an der tiefen Krise entfacht, in der wir stecken.

In einem Kontext, in dem eines oder mehrere vermeintliche Grundprinzipien aufgegeben werden müssen, müssen wir uns augenscheinlich etwas verrückt anstellen – aber nicht zu verrückt! Komplementarität ist eine extreme und wahrscheinlich inkonsistente Form von Nicht-Lokalität. Wenn andererseits die Quantenmechanik gerettet werden soll, indem man Nicht-Lokalität innerhalb eines schwarzen Lochs erlaubt – aber akzeptiert, dass die Quantenfeldtheorie überall außerhalb

von schwarzen Löchern gilt –, stößt man auf das Brandschutz-
mauer-Problem. Gibt es eine weniger verrückte Alternative?
Ich meine ja, und zwar in Form einer eher »gewaltlosen«
Nicht-Lokalität, die sich über das, was wir als den Horizont
eines schwarzen Lochs beschreiben würden, hinaus erstreckt
und Quanteninformation nach außen überträgt. Ich sage, »beschreiben würden«, weil der Horizontbegriff sich auf das klassische Raum-Zeit-Bild bezieht, das im Grunde durchaus falsch
sein mag. Man könnte zwar noch mehr darüber sagen, aber
die Beschreibung einer solchen Nicht-Lokalität würde die
Marschbefehle des Herausgebers dieses Forums verletzen.

Es sei nur auf Folgendes hingewiesen: Während es den An-
schein hat, dass eine der drei Grundsäulen der Physik modifiziert werden muss und die Lokalität die Hauptverdächtige ist,
stellt doch die Modifikation der Lokalität kein geringes Unter-
fangen dar. Naive Modifikationen der Lokalität – die häufig
von »randständigen« Physikern vorgeschlagen werden – führen im Allgemeinen zu einem katastrophalen Zusammenbruch des gesamten Rahmens der Quantenfeldtheorie, die
nicht nur experimentell auf einem sehr hohen Niveau von Genauigkeit überprüft wurde, sondern auch unserem gesamten
physikalischen Weltbild zugrunde liegt. Wenn eine solche
Modifikation notwendig ist, muss sie in der Tat raffiniert sein.
Außerdem scheint es, dass die Grundvorstellung der Wirklichkeit, der das Gewebe aus Raum und Zeit zugrunde liegt,
wohl zum Scheitern verurteilt ist. Was sie ersetzen könnte, ist
ein Rahmen, in dem die mathematische Struktur der Quantenmechanik in den Vordergrund rückt. Ich würde gerne mehr
sagen, aber … Marschbefehle.

Ich *werde* sagen, dass ich mir große Sorgen darüber mache,
wie wir eine vollständige und konsistente Theorie der Gravitation erreichen werden. Und dass wir das müssen, um nicht
nur schwarze Löcher zu beschreiben (die sich im Universum
als allgegenwärtig erwiesen haben), sondern auch die frühe
inflationäre und vorinflationäre Entwicklung unseres Universums sowie unsere Zukunft, die anscheinend von dunkler

Energie dominiert wird. Die gegenwärtigen Probleme mit den Grundlagen haben Verbindungen zu vielen großen Fragen – und ich fürchte, ihre Lösung wird keine geringe Leistung sein.

# Mario Livio
## Das Ende der Grundlagenwissenschaft?

Astrophysiker am Space Telescope Science Institute; Autor von
*Brilliant Blunders: From Darwin to Einstein – Colossal Mistakes
by Great Scientists That Changed Our Understanding of Life
and the Universe*

Die Grundlagenphysik scheint in eine neue Phase einzutre-
ten. Und diese neue Phase bereitet vielen Physikern Sorgen.

Die menschliche Neugier rund um die Naturphänomene
ging schon immer über das hinaus, was für das bloße Überleben notwendig war. Einerseits hat diese Neugier zur Schaffung ausgeklügelter Mythologien und Religionen geführt. Andererseits brachte sie den Aufstieg der Wissenschaft hervor.

Der Wunsch, das Universum zu erklären und definitive Vorhersagen über kosmische Phänomene in allen Größenmaßstäben zu machen, war seit dem bahnbrechenden Denken von
Galilei, Descartes und Newton eine der Hauptantriebskräfte
der Wissenschaft. Die Errungenschaften waren wahrlich verblüffend. Tatsächlich haben wir jetzt eine überprüfbare »Geschichte« für die Evolution des Universums ab dem Moment,
da es nicht älter als eine Minute war, bis zur Gegenwart.

Eine der Hauptsäulen, auf die die Wissenschaftler schon
immer ihre Theorien gegründet haben (die sogenannte wissenschaftliche Methode), ist die *Falsifizierbarkeit* – Theorien
müssen eindeutige Vorhersagen machen, die durch Experimente oder Beobachtungen direkt überprüft werden können.

Die Hoffnung war, dass wir eine Theorie finden können, die
nicht nur alle Kräfte erklären kann, die wir in der Natur be-

obachten (Gravitation, Elektromagnetismus und die beiden Kernkräfte), sondern auch alle Werte der Naturkonstanten (wie z. B. die relative Stärke der Kräfte, das Verhältnis der Massen der subatomaren Elementarteilchen usw.). In den letzten beiden Jahrzehnten tauchte jedoch die Vermutung auf, dass vielleicht einige der Naturkonstanten nicht wirklich »fundamental«, sondern eher »zufällig« seien. Statt eines einzigen Universums, schlagen diese Theorien vor, gäbe es in Wirklichkeit eine riesige Menge von Universen – ein »Multiversum«.

Diese zufälligen Konstanten nehmen bei verschiedenen Mitgliedern dieses Ensembles verschiedene Zufallswerte an, und der Wert, den wir in unserem Universum zufällig beobachten, ist einfach konsistent mit der Tatsache, dass sich Komplexität und Leben entwickelt haben. Somit gibt es keine echte physikalische Erklärung für die Werte einiger Konstanten.

Die Einzelheiten dieser Modelle sind unwichtig. Wichtig ist, dass parallele Universen wahrscheinlich nicht direkt beobachtbar sind. Und das bereitet vielen Physikern schlaflose Nächte. Eine riesige Zahl nicht beobachtbarer Universen scheint von der wissenschaftlichen Methode in das Reich reiner Metaphysik abzudriften. Für manche Wissenschaftler bedeutet das Eingeständnis, dass bestimmte Teile unseres Universums nicht aus ersten Prinzipien erklärt werden können, das Ende der Grundlagenwissenschaft.

Nun, stimmt das? Ich glaube nicht.

Wir können auch freie Quarks (die Bestandteile von Protonen) nicht direkt beobachten, und doch glauben alle Physiker an ihre Existenz. Warum? Weil die Theorie der Quarks (die als Standardmodell bezeichnet wird) genügend Vorhersagen macht, die direkt überprüft werden *können*, so dass wir alle ihre Vorhersagen akzeptieren. Damit die Idee des Multiversums und zufälliger Konstanten akzeptiert wird, müsste auch sie genügend prüfbare Vorhersagen für das beobachtbare Universum machen. Wenn das nicht der Fall ist, wird sie bloße Spekulation bleiben und keine Theorie.

Es gibt auch immer noch eine Chance, dass die Physiker es am Ende doch noch schaffen, eine Theorie zu formulieren, die auf die Vorstellung zufälliger Variablen verzichten kann. Das wird ganz gewiss phantastisch sein und im Geiste der historischen Entwicklung der Wissenschaft stehen. Aber wir müssen für die Möglichkeit offen bleiben, dass unser Traum einer Theorie von allem auf einem Missverständnis darüber beruht, was wirklich fundamental ist. In diesem Fall könnte das Multiversum einfach nur den Beginn einer neuen und aufregenden Epoche des wissenschaftlichen Denkens markieren anstatt das Ende der Wissenschaft.

# Lee Smolin
## Quantenmechanik

Theoretischer Physiker am Perimeter Institute; Autor von
*Im Universum der Zeit*

Ich mache mir Sorgen darüber, dass wir die Quantenphäno-
mene nicht wirklich verstehen. Wir haben zwar eine erfolgreiche Theorie – die Quantenmechanik, die seit ihrer Formulierung im Jahre 1926 jeden experimentellen Test bestanden hat
und die Grundlage unseres Verständnisses der gesamten Physik mit Ausnahme der Gravitation ist. Sie ist die Grundlage
neuer Technologien der Quanteninformation und -berech-
nung, die gegenwärtig intensiv entwickelt werden. Dennoch
glaube ich nicht, dass die Quantenmechanik eine vollständige
Beschreibung der Natur bietet. Ich bin fest davon überzeugt,
dass es eine andere, wahrere Beschreibung gibt, die auf ihre
Entdeckung wartet.

Die Begründung besteht vor allem darin, dass die Quantenmechanik nur probabilistische Vorhersagen hinsichtlich der
Ergebnisse von Experimenten macht. Atome und Moleküle liegen in diskreten Zuständen vor mit deutlich verschiedenen
Energien. Diese diskreten Zustände sind die Grundlage für
unser Verständnis der Chemie. Wenn ein Atom oder Molekül
sich zwischen diesen Zuständen bewegt, sendet es Photonen
aus oder absorbiert sie, um den Energiesprung zu machen. Die
Quantenmechanik liefert Wahrscheinlichkeiten für das Auftreten dieser verschiedenen Übergänge. Die Wahrscheinlichkeiten
können mit den Häufigkeiten verglichen werden, die durch Experimente an vielen Systemen gleichzeitig gemessen werden.

Aber betrachten wir ein bestimmtes einzelnes Atom, das zu einem bestimmten Zeitpunkt aus einem angeregten Zustand in einen niedrigeren Energiezustand abfällt. Die Quantenmechanik liefert weder eine genaue Vorhersage über den genauen Zeitpunkt, noch gibt sie eine Grundlage für eine Erklärung ab, warum das wann geschieht. Ich glaube, dass es einen Grund dafür geben muss, warum jedes einzelne Ereignis geschieht, und dass wir, wenn wir diesen Grund verstehen würden, eine Theorie konstruieren könnten, um im Prinzip vorherzusagen, wann jedes Atom seinen Energiezustand ändert. Das bedeutet, ich will eine Theorie von Quantenphänomenen, die über die Quantenmechanik hinausgeht.

Die Leute, die ursprünglich die Quantenmechanik formulierten, behaupteten nicht, dass sie eine vollständige Beschreibung der physikalischen Wirklichkeit gibt. Bohr, Heisenberg und ihre Anhänger erklärten, dass es in der Natur zweierlei Prozesse gäbe – gewöhnliche Prozesse und Messprozesse. Um sie voneinander zu unterscheiden, teilten sie die Welt in zwei Hälften auf. Auf der einen Seite steht das Quantensystem, das wir beschreiben wollen. Auf der anderen Seite befindet sich unsere Welt, die von Menschen, Messinstrumenten und Uhren bevölkert wird. Diese müssen mit der altmodischen Newton'schen Physik beschrieben werden. Ein Messprozess findet statt, wenn die beiden Welten miteinander interagieren, und die Wahrscheinlichkeiten beschreiben Ergebnisse dieser Interaktionen. Die Quantenmechanik, so machten sie geltend, liefert keine Beschreibung oder Erklärung von dem, was in der reinen Quantenwelt vor sich geht. Sie ist ein Werkzeug zur Erörterung der Wahrscheinlichkeiten verschiedener Ergebnisse von Interventionen, die wir an Quantensystemen vornehmen.

Aber sicherlich bestehen wir und unsere Messsysteme aus Atomen und sind deshalb Teil der Quantenwelt. Sollte es in diesem Falle nicht möglich sein, alles auf die Quantenseite der Aufteilung zu schieben und uns selbst und unsere Werkzeuge als Quantensysteme zu behandeln? Wenn wir das versuchen, erhalten wir keine Beschreibung von Experimenten, die eindeutige Ergebnisse liefern, und keine Vorhersagen der Wahrscheinlichkeiten dieser Ergebnisse. Die Klärung dieser Frage wird als Messproblem bezeichnet und ist seit acht Jahrzehnten umstritten.

Eine Antwort ist die Viele-Welten-Interpretation, die behauptet, dass die Wirklichkeit um ein Vielfaches größer ist als die Welt, die wir beobachten, und eine Unendlichkeit von Geschichtsverläufen enthält, einen für jede Folge von Ergebnissen, für die die Quantenmechanik Wahrscheinlichkeiten vorhersagt. Die Welt, die wir erleben, ist nur einer dieser Geschichtsverläufe.

Ich glaube nicht an diese gewaltige Ausdehnung der Wirklichkeit. Ich glaube, dass es nur eine wirkliche Welt gibt, in der es eindeutige Ergebnisse von Experimenten gibt und in der nur ein Geschichtsverlauf von vielen möglichen realisiert ist.

Viele andere Lösungen wurden angeboten, um mit der Tatsache fertig zu werden, dass die Quantenmechanik keine Beschreibung individueller Phänomene gibt. Vielleicht könnte man die Logik ändern, so dass es nicht mehr möglich ist, unsere Verwirrung auszudrücken. Vielleicht beschreibt die Quantenmechanik nicht die Natur, sondern nur die Information, die ein Beobachter durch Experimente über ein physikalisches System sammeln kann.

Aber es gibt noch eine andere Möglichkeit, nämlich dass die Quantenmechanik deshalb keine Erklärung für das liefert, was bei Einzelphänomenen geschieht, weil sie unvollständig ist – weil sie einfach Aspekte der Natur auslässt, die man für eine wahre Beschreibung braucht. Daran glaubte Einstein, und daran glaubten auch de Broglie und Schrödinger, die entscheidende Schritte bei der Formulierung der Theorie machten. Daran glaube auch ich, und mein lebenslanges Bestreben ist herauszufinden, wie man diese vollständigere Theorie entdecken könnte.

Eine Vervollständigung der Quantenmechanik, die eine vollständige Beschreibung von Einzelphänomenen erlaubt, wird eine Theorie verborgener Variablen genannt. Es wurden mehrere solche Theorien erfunden; eine, die intensiv untersucht wurde, wurde 1928 von de Broglie erfunden und von David Bohm in den 1950er Jahren erneuert. Das zeigt, dass es möglich ist. Was wir jetzt tun müssen, ist, die richtige Theorie zu finden. Der beste Weg wäre die Entdeckung einer Theorie, die mit allen vergangenen Tests der Quantenmechanik übereinstimmt, aber zu abweichenden Vorhersagen über die Ergebnisse von Experimenten mit großen, komplexen Quantenapparaten führt, die derzeit entwickelt werden.

Wir wissen, dass eine solche Theorie radikal nichtlokal in dem Sinne sein muss, dass, sobald zwei Teilchen miteinander interagieren und sich dann voneinander trennen, ihre Eigenschaften verschränkt sind, selbst wenn sie sich weit voneinander entfernt bewegen. Das impliziert, dass die Information über die genauen Ergebnisse der Experimente, denen sie beide unterzogen würden, schneller als das Licht wandern muss.

Eine vollständige Theorie von Quantenphänomenen muss also eine Theorie von Raum und Zeit enthalten. Ich bin schon lange davon überzeugt, dass die Aufgabe, die Quantenmechanik zu vervollständigen, und die Herausforderung, die Quantenmechanik mit der Raumzeit zu vereinheitlichen, ein und dasselbe Problem sind. Ich sehe auch das Problem der Erweiterung unseres Verständnisses der Physik im kosmologischen Maßstab als dasselbe an wie die Entdeckung der Welt hinter der Quantenmechanik.

Viele Physiker akzeptieren die Quantenmechanik als eine endgültige Theorie und versuchen, die offenen Probleme der Physik und Kosmologie, wie z.B. die Vereinheitlichung und die Quantengravitation, innerhalb des bestehenden Rahmens der Quantenphysik zu lösen. Ich mache mir Sorgen, dass das falsch ist und keinen Erfolg haben kann, weil die Quantenmechanik selbst radikal vertieft und vervollständigt werden muss, um bei unserem Verständnis der Natur weitere Fortschritte zu erzielen.

# Lawrence M. Krauss
## Ein einziges Universum

Physiker/Kosmologe; Leiter des Origins Project an der Arizona State University; Autor von *Ein Universum aus nichts: ... und warum da trotzdem etwas ist*

Vielleicht halten Sie die Tatsache, dass wir in einem relativ ruhigen Vorort einer durchschnittlichen Galaxie in einem scheinbar gleichförmigen Universum 14 Milliarden Jahre nach dem Urknall leben, nicht für sehr besorgniserregend. Doch in der letzten Zeit habe ich mir darüber Sorgen gemacht.

Dank der beiden Stützpfeiler der Physik des 20. Jahrhunderts, der Relativitätstheorie und der Quantenmechanik, wissen wir heute, dass die Informationen, die wir über das Universum in Erfahrung bringen können, durch unsere besonderen Umstände begrenzt werden – obwohl sie dem, was letztlich empirisch erkennbar ist, nicht wirklich strenge Grenzen auferlegen. Es könnte jedoch neue Grenzen geben, die sich für unsere letztendliche Fähigkeit, die Natur zu erforschen, abzeichnen – Grenzen, die durch die wahrlich bemerkenswerten Erfolge physikalischer Theorien und Experimente der letzten 50 Jahre offenbar wurden. Noch einmal, die Grenzen sind eine Folge unserer Umstände; zumindest im Prinzip könnten sie die Art und Weise verändern, wie die Grundlagenwissenschaft in der Zukunft voranschreitet.

An erster Stelle legen die gegenwärtigen physikalischen Theorien nahe, dass unser Universum wahrscheinlich nicht einzigartig ist. Weit jenseits unserer Fähigkeiten der direkten Erforschung könnte es eine Unendlichkeit von Universen geben, die andere physikalische Gesetze und vielleicht auch andere Eigenschaften von Raum und Zeit aufweisen. Das ist nicht notwendigerweise ein Problem, wenn wir daran interessiert sind, das Wesen unseres besonderen Universums zu verstehen. Es könnte jedoch sein, dass die Gesetze der Physik probabilistisch sind und es keinen fundamentalen Grund dafür gibt, warum sie in unserem besonderen Universum so sind, wie sie sind. Ebenso wie ein Epidemiologe mit einem einzigen Patienten nur wenig über die Ursache einer bestimmten Erkrankung sagen kann, weil es unmöglich ist festzustellen, was normal ist und was nicht, werden wir wohl nie in der Lage sein, direkt empirisch zu bestimmen, ob fundamentale Gesetze tatsächlich fundamental oder einfach nur Zufälle sind, wenn wir nur ein Universum untersuchen können, nämlich unser eigenes. Wir könnten intelligent genug sein, um eine Theorie abzuleiten, die erklärt, wie die Gesetze der Physik über die Universen verteilt sind, und die Wahrscheinlichkeit dafür festlegt, dass unsere besonderen Gesetze so sind, wie sie sind. Aber es ist ebenso plausibel, dass wir das ohne Zugang zu einer größeren Stichprobe möglicherweise nie wissen werden.

Es kommt noch schlimmer. Wir haben entdeckt, dass die Expansion unseres Universums sich beschleunigt; je länger wir warten, umso weniger werden wir von ihm sehen. Irgendwann werden alle Galaxien, die wir jetzt sehen, verschwinden, und sogar die Belege für den Urknall selbst werden verschwinden. Obwohl ich gegenüber dem Kongress (ohne Erfolg) geltend gemacht habe, dass das bedeutet, dass wir Kosmologie betreiben sollten, solange wir noch die Möglichkeit dazu haben, können wir nicht unbedingt annehmen, dass die Natur, wenn wir und unsere intelligenten Nachfolger am Ball bleiben, mehr von ihren Geheimnissen preisgeben wird.

Es ist möglich, dass wir die genaue Ursache der Beschleunigung nie identifizieren werden. Wenn der leere Raum Energie hat, kann diese Energie die beobachtete Beschleunigung verursachen. Aber da es kein bekanntes Laborexperiment gibt, mit dem man diese Energie untersuchen könnte, bleibt uns nur übrig, die Ausdehnung über die Zeit hinweg zu beobachten. Eine konstante Beschleunigungsrate passt zu einer Energie, die mit dem völlig leeren Raum verknüpft ist, aber auch zu einer Menge anderer möglicher Quellen von Energie, die in ansonsten unsichtbaren Gebieten eingefangen wurde. Vielleicht werden wir das nie herausfinden. Und wenn diese Energie direkt mit den Eigenschaften des leeren Raumes verknüpft ist, kann es sein, dass wir nie wissen werden, warum, weil auch das ein Zufall sein mag, wenn es in verschiedenen Universen verschiedene Energien gibt. Anhand nur eines einzigen Universums, das wir untersuchen können, werden wir das vielleicht nie herausfinden.

Solange wir noch in der Stimmung sind, uns Sorgen zu machen: Selbst die offenbare Entdeckung des Higgs-Bosons am Large Hadron Collider (ein Ergebnis, das das bemerkenswerteste intellektuelle Abenteuer, auf das sich die Menschheit je eingelassen hat, als gerechtfertigt erweist) mag in der Zukunft zu Frustrationen führen. Bislang wurde nur das Higgs-Teilchen beobachtet. Aber das Standardmodell beinhaltet eine Menge von Merkwürdigkeiten, und zu ihrer Erklärung wurde eine Fülle physikalischer Ideen vorgeschlagen. Die meisten dieser Ideen legen eine neue Physik nahe, die am LHC entdeckt werden wird. Aber was geschieht, wenn das Higgs-Teilchen alles ist, was beobachtet wird? Dann werden wir keinen Leitfaden haben, an den wir uns halten können, um die zugrundeliegenden Rätsel des Standardmodells zu lösen. Wenn die Natur nicht freundlich ist, kann die Lösung dieser Probleme durchaus auf einer Entfernungs- und Energieskala liegen, die einfach unerreichbar ist, entweder aufgrund praktischer physikalischer Einschränkungen oder der Einschränkungen, die von kleinkarierten Politikern ausgehen.

Vielleicht wird daher die empirische Wissenschaft an den äußeren Enden der Skala ihre Grenzen erreichen, und wir werden nichts anderes tun können, als darüber zu streiten, was plausibel ist, anstatt unsere Ideen zu testen. Ich hoffe, dass das

nicht geschehen wird. Ich würde aber auch nicht darauf wetten. Schließlich sind wir jedes Mal überrascht, wenn wir ein
neues Fenster zum Universum öffnen, und es gibt viele Fenster, die noch zu öffnen sind. Obwohl es den Geist vorbereitet,
wenn man sich Sorgen macht, glaube ich nicht, dass irgendwelche dieser möglichen Grenzen zum Ende der gesamten
Wissenschaft führen werden – oder auch nur zum Ende der
Physik, wie Pessimisten geargwöhnt haben. Es gibt genügend
bemerkenswerte und verwirrende Aspekte des Universums,
die wir immer noch messen können und die uns lange beschäftigen werden.

# Carlo Rovelli
# Die gefährliche Faszination der Vorstellungskraft

Theoretischer Physiker am Centre de Physique Théorique de
Luminy, Marseille; Autor von *Anaximandre de Milet ou la
naissance de la science*

Sorgen um die Vorstellungskraft dürften wohl in einem Kontext wie *Edge,* wo die intelligente Kreativität leuchtet, unangebracht erscheinen. Ich selbst habe die visionäre Vorstellungskraft und jene, die denken können, was niemand anderer könnte, oft gepriesen. Aber ich mache mir Sorgen darüber, dass die freie Vorstellungskraft überbewertet wird und Risiken birgt. In der theoretischen Physik, meinem Gebiet, sind die technischen Fachzeitschriften voll von Multiversen, parallelen Dimensionen, Unmengen von Teilchen, die niemand je beobachtet hat usw. Physiker schauen zwar oft auf Philosophen herab, aber sie sind von den Ideen der Philosophen stärker beeinflusst, als sie zugeben. Die meisten haben von Popper, Kuhn, Feyerabend und anderen Philosophen die Idee übernommen, dass die Wissenschaft voranschreitet, indem sie die Vergangenheit hinter sich lässt und neue Visionen hegt.

Die Helden sind Kopernikus, der es wagte, die Erde um die Sonne herumfliegen zu lassen, und Einstein, der es wagte, sich den Raum gekrümmt und mit der Zeit verschmolzen vorzustellen. Es zeigte sich, dass Kopernikus und Einstein recht hatten. Werden die gegenwärtigen Phantasien ebenfalls erfolgreich sein? Ich habe ein seltsames Gefühl von Unbehagen. Eine Sache ist es, Ideen zu haben, eine andere, gute Ideen zu haben. Es hat seinen Wert, Ideen hervorzubringen. Und es hat seinen Wert, sie auszusieben.

Eine Reihe meiner Kollegen in der theoretischen Physik hat ihr Leben damit verbracht, eine mögliche Symmetrie der Natur zu studieren, die als Supersymmetrie bezeichnet wird. Experimente in Labors, wie z. B. am CERN bei Genf, scheinen jetzt eher auf das Fehlen anstatt auf das Vorhandensein dieser Symmetrie hinzuweisen. Ich habe verwirrt starrende Augen einiger Kollegen gesehen: »Kann das sein?« – wie kann die Natur es wagen, sich unserer Vorstellungskraft zu widersetzen?

Die Aufgabe, die guten Gedanken von den unsinnigen zu trennen, ist natürlich schwierig, aber an dieser Stelle ist Intelligenz gefragt: Was sollte gepflegt werden? Heute sagen viele, dass es gar keine »guten Ideen« oder »schlechten Ideen« gibt – dass alle Ideen gut sein können. Ich höre das von sehr klugen Kollegen aus dem Fachbereich der Philosophie: »Jede Idee ist in ihrem eigenen Kontext richtig« oder »Wir dürfen keine Ideen unterdrücken, die sich morgen als besser erweisen können« oder »Alles ist besser als der Mangel an Kreativität«. Häufig stehen wir vor der Wahl, uns einzugestehen, dass wir etwas nicht wissen, oder schöne Geschichten zu erfinden. Zu einem großen Teil leben wir in Erzählungen, die wir selbst weben. Warum sollten wir also nicht einfach die possierlichste davon auswählen? Nachdem wir uns von der Engstirnigkeit der Vergangenheit befreit haben, warum sollen wir uns nicht frei fühlen? Wir können bezaubernde Erklärungen, Bilder von uns selbst, von unserem großartigen Land, von unserer großartigen Gesellschaft schaffen. Wir können von unseren Träumen fasziniert sein.

Aber etwas sagt mir, dass wir uns Sorgen machen sollten. Wir leben in einer wirklichen Welt, in der nicht alle Geschichten gleich gut und gleich wirkungsvoll sind. Nur ein Traum von vielen ist der gute. Nur wenige Erklärungen sind richtig. Einstein pflegte zu sagen: »Ich habe keine besondere Begabung. Ich bin nur leidenschaftlich neugierig.« Seine Neugier führte ihn dazu, die Diamanten auf den verstaubten Regalen zu finden und keine Träume draußen am blauen Himmel. Die Schwierigkeit ist, dass unsere ungezügelten Vorstellungen in den meisten Fällen nur armselige Entwürfe im Vergleich zur überraschenden Vielfalt der Wirklichkeit schreiben.

Die wissenschaftliche Intelligenz erntete die Erfolge, die uns hierher geführt haben, indem sie Theorien aufstellte und ihren eigenen Erzeugnissen außergewöhnlich misstrauisch gegenüberstand. Meine Sorge ist, dass wir bei unserer gegenwärtigen Faszination von der Vorstellungskraft zu weit gehen; dabei riskieren wir, die strenge Unabhängigkeit der Welt von der Schwäche unseres Geistes aus den Augen zu verlieren.

# J. Craig Venter
## Was denn? Ich und mir Sorgen machen?

Genomiker; Mitgründer und Vorsitzender von Synthetic Genomics, Inc.; Gründer und Vorsitzender des J. Craig Venter Institute; Autor von *Entschlüsselt: Mein Genom, mein Leben*

Als Wissenschaftler, Optimist, Atheist und Alphamännchen mache ich mir keine Sorgen. Als Wissenschaftler erforsche ich die Welt(en) um mich herum und in mir und versuche, sie zu verstehen. Als Optimist wache ich jeden Morgen mit neuem Schwung für alle meine Bemühungen auf, voller Hoffnung und Erregtheit. Als Atheist weiß ich, dass ich nur die Zeit zwischen meiner Geburt und meinem Tod habe, um etwas Sinnvolles zu erreichen. Als Alphamännchen glaube ich, dass ich an der Lösung von Problemen arbeiten und die Welt verändern kann und dass ich das auch tue.

Es gibt viele Probleme, denen die Menschheit gegenübersteht, unter anderem die Versorgung unserer stets wachsenden Bevölkerung mit genügend Nahrung, Wasser, Wohnungen, Medikamenten und Treibstoff. Ich bin zwar fest davon überzeugt, dass nur die Wissenschaft Lösungen für diese Herausforderungen liefern kann, aber die Annahme dieser Ideen wird vom Willen der Regierungen und Einzelpersonen abhängen.

Ich bin in gewissem Sinne ein Libertarier, insofern ich nicht will, dass die Regierung diktiert, was ich tun kann oder nicht, um meine Sicherheit zu garantieren. Beispielsweise fahre ich Motorrad, manchmal mit hoher Geschwindigkeit; ich habe eine medizinische Vollversorgung, und die Regierung sollte nicht von mir verlangen, dass ich einen Helm trage, um zu vermeiden, dass ich mir Schaden zufüge, wenn es zu einem Unfall kommt. Ich trage einen Helm und vollständige Schutzkleidung, weil ich mich entschieden habe, mich selbst zu schützen. Rauchen gehört zu einer anderen Kategorie. Rauchen schadet eindeutig der Gesundheit, und der beste Schritt, den Raucher machen können, um ihre medizinischen Resultate zu ändern, besteht darin, das Rauchen aufzugeben. Wenn das das Einzige wäre, dann sollte die Regierung das Rauchen nicht regulieren, solange sie nicht für die Gesundheitsfürsorge der Raucher aufkommt. Doch die Wissenschaft hat gezeigt, dass Passivrauchen negative Folgen für die Gesundheit der Personen haben kann, die sich in der Umgebung eines Rauchers aufhalten. Daher sind Gesetze und Regeln, um zu regulieren, wo Menschen rauchen können, meiner Ansicht nach nicht nur vernünftig, sondern gut für die Gesellschaft insgesamt.

Das Gleiche gilt für Impfungen. Eine der Folgen unserer ständig wachsenden Weltbevölkerung – insbesondere wenn dieses Wachstum mit einem schlechten Gesundheitswesen, verschmutztem Wasser und einem Missbrauch von Antibiotika gekoppelt ist – waren neu auftretende Infektionen und werden es auch weiterhin sein, darunter jene, die vom Ausbruch von Tierseuchen herrührten. In den letzten Jahrzehnten haben wir das Auftreten von Aids, SARS, des West-Nil-Virus, neuer Grippevirenstämme und des methizillin-resistenten *Staphylococcus aureus* (MRSA) erlebt. Im Jahr 2007 übertrafen in den USA die Todesfälle durch MRSA diejenigen durch HIV. Infektionskrankheiten sind jetzt die zweithäufigste Todesursache der Welt, unmittelbar nach Herzkrankheiten und vor Krebs. 2011 gab es in den Vereinigten Staaten doppelt so viele Tote aufgrund von Antibiotikaresistenz wie durch Autounfälle.

Für das Erscheinen von Infektionskrankheiten gibt es zwar viele Gründe, aber ein bedeutender Faktor ist das Verhalten der Menschen im Hinblick auf Impfungen. Die angebliche

Verbindung zwischen Immunisierungen und Autismus, die sich als falsch erwies, hat manche Eltern dazu bewogen, ihre Kinder nicht impfen zu lassen, wobei sie glaubten, dass es sich um eine Frage von Bürgerfreiheiten handelte (in Analogie zur Entscheidung, ob man einen Motorradhelm tragen soll oder nicht). Ich behaupte jedoch, dass Menschen, die Impfungen meiden, ein wesentlicher Faktor sind, der zum Wiederauftreten und zur Verbreitung von Infektionskrankheiten führt, und zwar auf eine Weise, die weitaus gefährlicher ist als das Passivrauchen. Impfstoffe sind das effektivste Mittel, die Ausbreitung von Infektionskrankheiten zu verhindern. Es gibt keine besseren Beispiele als die Auslöschung von Polio und Pocken durch obligatorische Impfungen.

Wenn neue oder alte Infektionserreger wie z. B. Viren und Bakterien die Nichtgeimpften infizieren, kann es zur genetischen Rekombination kommen, die neue Varianten solcher Erreger erzeugt, welche dann die Population infizieren, die gegen die existierenden Stämme geimpft war. Wir sehen eine solche Entwicklung bei nahezu jeder Art von infektiösem Pathogen, und – was am beunruhigendsten ist – wir sehen das in unserem eigenen industrialisierten, reichen, gebildeten Land. Es gibt Ausbruchsherde von Krankheiten wie z. B. Keuchhusten; das Auftauchen eines neuen krankheitserregenden Koronavirus im Nahen Osten; Erkrankungen im Yosemite National Park, die vom Hantavirus verursacht werden; und das Erscheinen einer Variante des Influenzavirus (H3N2v) in bäuerlichen Gemeinschaften, das vom Schwein auf den Menschen übertragen wurde. Die letztjährige Grippewelle kam früher und war heftiger als in den Jahren davor; Boston rief wegen der Anzahl von Grippefällen und -toten den medizinischen Notstand aus.

Das Vermeiden von Impfungen erzeugt ein Risiko für die öffentliche Gesundheit. Es geht nicht um eine Frage der Bürgerfreiheit. Die Nichtgeimpften tragen gemeinsam mit der Antibiotikaresistenz und dem Rückgang der Lebensräume von Tieren (der die Übertragung von Krankheitserregern von

Tieren fördert) zu einer potenziellen Katastrophe bei, die die Menschheit ins präantibiotische Zeitalter zurückstoßen könnte. Ich dachte, wir hätten diese Lektionen nach solchen globalen Pandemien wie der Pest und der Grippe von 1918 gelernt, die drei Prozent der Weltbevölkerung tötete, aber ohne die moderne Wissenschaft und Medikamente werden wir dazu verurteilt sein, die Geschichte noch einmal zu durchleben.

Esther Dyson
# Unser zunehmendes medizinisches Know-how

Vorstandsmitglied und Investorin bei Startup-Firmen im Gesundheits-, Humankapital- und Raumfahrtsektor; Vorsitzende von EDventure Holdings; ehemalige Vorsitzende von ICANN (Internet Corporation for Assigned Names & Numbers); Autorin von *Release 2.1. Die Internetgesellschaft. Spielregeln für unsere digitale Zukunft*

Wir sollten uns über die Folgen unseres zunehmenden Wissens über die Ursachen von Krankheiten Sorgen machen und darüber, welchen Einfluss dieses Wissen auf die Freiheit des Menschen hat.

Es ist zwar aufregend, dass wir herausfinden können, welche Art von Ernährung und Verhalten die meisten Menschen bei guter Gesundheit halten kann, und es ist auch gut, dieses Wissen anzuwenden. Das wirft jedoch die Frage auf, wer die Verantwortung trägt, wenn Menschen das nicht tun. Hat die Gesellschaft tatsächlich das Recht, im Voraus zu intervenieren, weil eben die Gesellschaft einen Teil dieser Verantwortung trägt, wenn auch nur dadurch, dass sie die Last der Krankheitskosten übernimmt? Das erinnert an die medizinische Ironie, dass das Heilmittel schlimmer als die Krankheit oder die Immunreaktion schlimmer als der Krankheitserreger ist.

In diesem Fall ist der Auslöser unser zunehmendes Wissen darüber, wie wir uns selbst krank machen – oder wie wir uns selbst gesund erhalten können: richtige Ernährung, regelmäßige körperliche Bewegung, Verzicht auf das Rauchen, maßvolles Trinken, ausreichend Schlaf. Es ist klar, dass ein blitzblanker Lebensstil (und sicherheitshalber füge man noch das Vermeiden von Stress hinzu) für die meisten Menschen der Schlüssel zu guter Gesundheit und für die Gesellschaft insgesamt der Schlüssel zur Reduzierung medizinischer Kosten ist.

Hinzu kommt, dass unser Wissen in Bezug auf Genetik und die Kenntnis spezifischer Marker als Hinweis auf Krankheiten zunimmt. Manche Menschen mit einer genetischen Prädisposition für bestimmte Erkrankungen müssen zusätzliche Maßnahmen ergreifen, um gesund zu bleiben. Mit der Zeit werden wir mehr über diese spezifischen Korrelationen wissen und in der Lage sein – wenn wir es wollen –, Menschen mit einer Prädisposition für bestimmte Krankheiten (und daher auch einer höheren Verantwortung?) zu identifizieren.

Worüber man sich Sorgen machen sollte, ist die Art und Weise, wie die Gesellschaft mit diesem Wissen umgeht, und zwar sowohl im Allgemeinen als auch für die einzelnen Menschen, die eine zusätzliche Last tragen. Wir alle wissen von Künstlern und anderen, die zumindest ein bisschen verrückt sind. Viele von ihnen vermeiden Behandlungen aus Angst – berechtigt oder unberechtigt –, dass sie ihre kreative Begabung verlieren könnten. Andere wollen einfach sie selbst sein, anstatt eine medizinische Variante. Und obwohl ein Großteil des medizinischen Wissens wahr sein mag, gilt das doch nicht für das gesamte Wissen. Gewiss ändert es sich ständig. Viele Medikamente und andere Behandlungen haben keine großen Auswirkungen; andere verursachen Kollateralschäden. Wie viel ist ein zusätzlicher Lebensmonat wert, wenn man von den Nebenwirkungen der Lebensverlängerung geschwächt ist?

Kurz, die Wahrnehmung als unvorhersagbare Gesundheitskatastrophen wird durch etwas ersetzt, was eher einem Überschwemmungsgebiet gleichkommt. Man stellt berechtigterweise die Frage, ob die Gesellschaft zahlen sollte, um Menschen zu schützen, die in offenkundig gefährlichen Gebieten leben, die es ablehnen, beim Motorradfahren einen

Helm zu tragen usw. Aber wenn jemand tatsächlich von einer solchen Katastrophe heimgesucht wird, sei es auch eine vorhersagbare, ändert sich die Einstellung, und die Regierung bietet Katastrophenhilfe an. Solche seltenen Ereignisse werden allmählich zahlreicher.

Die Fragen sind also: Welche Pflicht haben wir, *richtig* zu leben? Welche Verantwortung haben wir für die Folgen, wenn wir es nicht tun? Wie viel Schuld können wir unseren Eltern oder der Gesellschaft oder wem auch immer zuschieben – und auch dann, welche Verantwortung tragen wir selbst? Sollte die Gesellschaft für die Vorsorge, aber nicht für die Nachbesserung vermeidbarer Ergebnisse zahlen? Sollten wir Menschen mit besonderen Anfälligkeiten eine bestimmte Verantwortung aufdrängen?

Diese Fragen sind zwar nicht neu, aber sie werden umso dringlicher werden, je besser wir die Ergebnisse vorhersagen oder vermeiden können. Es gibt keine einfachen Antworten, um Verantwortung zu definieren oder zuzuschreiben. Deshalb sollten wir uns Sorgen machen.

# Andrian Kreye
## Das Versprechen der Katharsis

Feuilletonredakteur (Kunst und Essays) der *Süddeutschen Zeitung*, München

In der Evolution gibt es keine kathartischen Momente. Im Glauben und in der Ideologie gibt es dagegen viele. Während Ersterer in der modernen Gesellschaft vor allem Privatsache ist und Letztere ein Überrest aus dem 20. Jahrhundert, sollte man sich um die Verlockung der Katharsis keine Sorgen mehr machen müssen. Doch es gibt sie noch, und sie hält die Türen zum irrationalen Gruppendenken einen Spalt breit geöffnet.

Vielleicht ist es jedoch unmöglich, sich dieser mächtigen Verlockung je zu entledigen; in der westlichen Welt wurde diese Geisteshaltung zu tief in der kulturellen DNS eingebettet. Es gibt keine Kunstform, die keine eingebauten Mechanismen hat, die eine Katharsis simulieren. Die meisten wurden von der Religion abgeleitet.

Nehmen wir das bekannteste und gewaltigste Beispiel – Beethovens Neunte Sinfonie. Es gibt gute Gründe, warum dieses Werk immer dann gespielt wird, wenn es notwendig ist, ein trauerndes Kollektiv zu besänftigen oder einen Augenblick nationaler Einheit zu steigern. Nach den Attacken vom 11. September gab es in der ganzen Welt zahllose Aufführungen dieses Werks. Während des Kalten Krieges spielte man es im geteilten Deutschland immer dann, wenn Sportmannschaften beider Seiten gegeneinander antraten. Die Europäische Union hat die »Ode an die Freude« aus dem vierten Satz zu ihrer Hymne erwählt. Es ist leicht zu hören, wie das funktioniert. Die Tonart der Neunten ist das tragische d-Moll. Im Verlauf einer Stunde wird diese düstere Stimmung langsam gelöst, bis der vierte Satz in den Jubelchor ausbricht, der auf Friedrich Schillers Gedicht beruht. Das ist solide, augenblickliche Katharsis des 19. Jahrhunderts. Und es besteht kein Zweifel, woher diese Freude kommt. Das Gedicht beginnt mit »Freude, schöner Götterfunken«.

Ebenso wie Beethovens Neunte auf die Dynamik eines Gottesdienstes zurückgreift, mit einer Predigt, die ein stürmisches Ende aller Sorgen verspricht, gelangt die Popkultur zur spirituellen Erhebung durch prägnante melodisch-rhythmische Klangfiguren. Betrachten wir einen großartigen Rock- oder Soulsong oder ein Konzert. Im vollkommenen Fall wird es eine berauschende Eröffnung geben, wonach sich der Rhythmus bis unter die Herzschlagfrequenz verlangsamt. Wenn das Trommeln und der Groove überzeugend sind, wird sich der menschliche Puls anpassen. Schritt für Schritt wird die Musik schneller werden und das Tempo der Rhythmen den des normalen Herzschlags übertreffen. Die Beleuchtung, die Bewegung und die Lautstärke werden dazu beitragen, einen Zustand der Ekstase zu erzeugen. Diese Tricks sind Glaubensrichtungen wie dem Voodoo oder der Pfingstbewegung entlehnt. Haben Sie sich je gefragt, warum U2-Konzerte immer als ein solch ekstatisches Ereignis erlebt werden? Sie machen unverhohlen Anleihen bei den Traditionen des Katholizismus.

Dieselben Leitmotive der Katharsis lassen sich in der Literatur, im Theater und im Film finden. Das klassische, aus drei Akten bestehende Drama, das an Filmschulen immer noch gelehrt wird, ist wie ein heiliges Buch aufgebaut: Ausgangssituation, Konflikt, Lösung. In der narrativen Kunst ist die Katharsis nicht einfach ein Verweis. Als Aristoteles sich im 4. Jahrhundert v. Chr. die Struktur der Tragödie ausdachte, war die Katharsis der Gefühle des Publikums sein erklärtes Ziel.

Der Drang, eine Katharsis zu erleben, ist natürlich deshalb

so stark, weil sie immer Erlösung verkörpert. Nach der Verzückung kommt das Paradies. Diese Dynamik ist sogar in die Welt der Wissenschaft eingedrungen. Was sonst ist die Singularität – die Überzeugung, dass die künstliche Intelligenz an einem bestimmten Punkt die Intelligenz des Menschen übertreffen wird –, wenn nicht eine technologische Verzückung, die die Menschheit davon erlöst, letztendlich verantwortlich auf diesem Planeten zu sein?

Das Problem mit der Katharsis ist jedoch, dass sie immer ein leeres Versprechen bleiben wird. Es gibt kein Paradies, keine Erlösung und keinen endgültigen Sieg. Der Fortschritt, sei er biologisch, wissenschaftlich oder gesellschaftlich, ist ein ermüdender Prozess von Versuch und Irrtum. Wenn wir auf ein unerreichbares Ziel hinarbeiten, wird viel Mühe vergeudet, und das Auftreten falscher Propheten ist nahezu garantiert. Die Katharsis wird somit zum ultimativen Gegenspieler des rationalen Denkens. Wenn es ein Paradies im Jenseits gibt, warum sollen wir uns dann mit dem Hier und Jetzt abplagen?

Aber es gibt keine Möglichkeit, unseren geistigen Bauplan zu ändern. Die Simulation der Katharsis ist genau die Art und Weise, wie wir Kunst, Musik, Geschichten und sogar Sport genießen. Jede Pointe eines Witzes, jede Hookline eines Songs verspricht diesen winzigen Augenblick der Befreiung. Das ist alles, was nach der Katharsis übrigbleibt. Wenn man uns bitten würde, diesem Verlangen nicht nachzugeben, würde das zu freudlosen Formen des Puritanismus führen. Wenn wir uns der Muster und Dynamik der Katharsis bewusst sind, ist es jedoch möglich, die Schwellen der Wirklichkeitsflucht zu erkennen.

Terry Gilliam
**Ich habe es aufgegeben, mir Sorgen zu machen**

Drehbuchautor, Trickfilmzeichner, Schauspieler; Mitglied von
Monty Python; Regisseur von *Brazil* und *Angst und Schrecken in
Las Vegas*

Ich habe es aufgegeben, mir Sorgen zu machen. Ich treibe einfach auf einem Tsunami der Akzeptanz von allem, was das Leben für mich bereithält ... und staune wie blöd.

# Daniel Goleman
## Unsere blinden Flecke

Psychologe; Autor von *Emotionale Führung*

Es besteht ein wissenschaftlicher Konsens, dass die Transport- und Energiesysteme des Menschen, der Bau von Häusern und der Handel jene globalen Systeme zerstören, die das Leben auf unserem Planeten fördern. Diese Schädigung stellt eine enorme Langzeitbedrohung für das Leben dar, wie wir es kennen. Und doch sind diese Veränderungen viel zu groß oder zu klein, um direkt wahrgenommen werden zu können. Die Amygdala schaltet sich ab.

Diese Gleichgültigkeit gegenüber Gefahren lässt einen blinden Fleck erkennen, der ins Gehirn eingebaut ist. Unser neuronales System gegen Bedrohungen wurde auf die Gefahren des Pleistozäns abgestimmt: das Rascheln im Dickicht, das ein lauerndes Raubtier signalisieren könnte. Aber wir haben keinen Wahrnehmungsapparat oder Schaltkreise für Alarmsignale, die uns auf die Gefahren aufmerksam machen, denen wir jetzt als Spezies gegenüberstehen. Die Falschausrichtung unserer Wahrnehmung beim Erkennen von Gefahren hat einen historischen Gefahrenpunkt erreicht. Der menschliche Genpool war robust genug, um das Unvermögen der Menschen im Mittelalter bei der Erkennung der Gefahren zu überleben, die von Ratten und Flöhen als Überträger der Pest ausgingen. Aber heute hat unser kollektiver blinder Fleck langfristige Dynamiken bei geophysikalischen Systemen in Gang gesetzt, wie z. B. beim Kohlenstoffzyklus, die nicht nur für Menschen, sondern auch für das Überleben zahlloser anderer Arten verheerende Folgen haben werden – und zu deren Umkehrung man Hunderte von Jahren brauchen wird.

Ein Großteil der anhaltenden Schädigung entstammt systemischen Nebeneffekten unserer Industrieanlagen. Beispielsweise stellen wir Beton, Ziegel, Glas und Stahl dadurch her, dass wir die Bestandteile lange Zeit auf sehr hohe Temperaturen erhitzen – eine Technik, die ihre Wurzeln in der Bronzezeit hat. Als diese Methoden entwickelt wurden, sah niemand das gegenwärtige Zeitalter des Anthropozäns kommen, in dem menschliche Aktivität Systeme wie die Stickstoff- und Kohlenstoffzyklen an den Rand des Abgrunds drängen.

Jetzt, da wir die bevorstehenden Gefahren begrifflich fassen können, sollten wir idealerweise die Bremsen anziehen. Das Scheitern internationaler Konferenzen in Kioto und Kopenhagen, um zu globalen Abkommen zur Verlangsamung der Erderwärmung zu gelangen, ist nur eins von vielen Symptomen dafür, dass unser blinder Fleck im Spiel ist. Doch ein rein intellektuelles Verständnis einer Gefahr mobilisiert unsere Motivationssysteme nicht so gut.

Ich habe zufällig an einer Klausurtagung der Nachhaltigkeitsbeauftragten von über zwei Dutzend globalen Unternehmen teilgenommen. Jeder berichtete darüber, was in ihren jeweiligen Wertschöpfungsketten getan wurde, um die Erderwärmung zu bekämpfen – eine überraschend ermutigende Liste. Aber alle stimmten darin überein, dass es ein gemeinsames Hindernis für weitergehende Fortschritte gibt: Den Kunden ist es egal.

Es gibt zwar immer mehr Anzeichen dafür, dass sich Wege finden lassen, unseren blinden Fleck auf raffinierte Weise zu umgehen. Beispielsweise hat ein Industrieökologe an der Harvard School of Public Health »Handabdrücke« entwickelt. Anstatt alle schlechten Nachrichten über unsere ökologischen Fußabdrücke zu verfolgen, gibt Handprinter unseren Einwirkungen auf die Umwelt eine positive Wendung, indem all das *Gute*, das wir tun, aufgezeichnet wird. Das Programm ermöglicht die Messung jeder Handlung, die unseren Kohlenstoffausstoß senkt, und ermuntert uns dazu, mehr in dieser Richtung zu tun.

Eine geplante Handprinter-Smartphone-App würde Ihnen gestatten, »Ihren positiven Einfluss anhand der Anzahl von Stunden oder Tagen auszumachen, in denen Ihre Lebensweise ein positives Nettoergebnis erbringt; nutzen Sie Ihr Telefon, um die Maßnahmen zu sehen, die andere Anwender ergreifen; Sie und Ihre Freunde werden in der Lage sein zu verfolgen, welchen Einfluss Sie als Gruppe haben, wie der kollektive Handprint Ihrer Familie, Ihres Wohnviertels oder Ihrer Schule aussieht.«

Vor nicht allzu langer Zeit sah ich eine Zeitschrift für gehobene Ansprüche durch, die Luxusgüter anpreist. Die Weihnachtsausgabe stellte 21 »ultimative Geschenke« vor, darunter einen für Sie persönlich entworfenen Füller für 275 000 Dollar und eine Maßanfertigung eines Freizeitparks für den Garten samt einer großen Achterbahn aus Stahl für 20 Millionen Dollar plus Betriebskosten. In derselben Woche gelang es Handprinter nicht, auf der Website Kickstarter Gelder für die Smartphone-Anwendung aufzubringen. Preis: 30 000 Dollar.

Albert Einstein sagte einmal: »Die entfesselte Macht des Atoms hat alles verändert, nur nicht unsere Denkweise. Auf diese Weise gleiten wir einer Katastrophe ohnegleichen entgegen.« Effektives Sich-Sorgen-Machen fokussiert unsere Aufmerksamkeit auf eine echte Bedrohung und führt zu vorbeugenden Lösungen und deren Durchsetzung. Neurotisches Sich-Sorgen-Machen erbringt eine Endlosschleife von Angst. Ich werde meine Sorgen an dem Tag ablegen, da Handprinter nicht nur Gelder bekommt, sondern sich auch wie ein Virus ausbreitet – und jener private Vergnügungspark recycelt wird.

Jennifer Jacquet
# Der Anthropoceboeffekt

Klinische Juniorprofessorin für Umweltforschung an der NYU;
Forscherin am Projekt Kooperation und das tragische Schicksal
von Gemeingut

Menschen sind heute zu etwas geworden, was wir nie zuvor
waren, eine globale geologische Kraft. Diese Epoche, die um
1800 begann, wird als Anthropozän bezeichnet und wird graphisch durch steile Linien charakterisiert, die so aussehen
wie der halbierte Mount Everest: Bevölkerung, Wasserverbrauch, Verlust der Biodiversität, Stickstoffabfluss, Kohlendioxid in der Atmosphäre usw.

Die Daten zeigen den Menschen unwiderlegbar als die bestimmende Triebkraft von Umweltveränderungen, was uns
allen Sorgen machen sollte. Wir sollten uns aber auch Sorgen
darüber machen, dass der Deutungsrahmen, dass der Mensch
bestimmende Triebkraft von Veränderungen ist, zu weiteren
negativen Veränderungen führen wird, was ich den *Anthropocebo-Effekt* nenne.

Die Auswirkungen des kulturellen Deutungsrahmens sind
überall zu finden. Der Placeboeffekt – das Erleben positiver
Effekte aufgrund einer wirkungslosen Pille – tritt nur in Kulturen auf, die glauben, dass das Einnehmen einer Pille eine
Krankheit heilen kann. Der noch merkwürdigere Noceboeffekt, bei dem die bloße Erwähnung von Nebenwirkungen ihre
Auftrittswahrscheinlichkeit erhöht, zeigt uns die Macht des
Geistes. Der Anthropoceboeffekt schließlich ist eine psychische Verfassung, die vom Menschen verursachte Schäden ver

schlimmert – ein gewisser Pessimismus, der uns dazu bringt, die Zerstörung durch den Menschen als unvermeidlich zu akzeptieren.

Die Wissenschaft trägt zur Formung unseres Selbstbildes bei. Worte spielen auch eine Rolle bei der Wahrnehmung, und die Wahrnehmung spielt eine Rolle für das Verhalten. Bedenken Sie, wie die Theorie der natürlichen Auslese unsere Auffassung des Menschen in der biologischen Welt beeinflusst hat. Wir sollten uns um die neue Epoche Sorgen machen, um das Anthropozän – und zwar nicht nur als ein geologisches Phänomen, sondern auch als kulturellen Deutungsrahmen.

# Hans Ulrich Obrist
## Die relative Unbekanntheit der Schriften von Édouard Glissant

Kurator der Serpentine Gallery, London; Herausgeber von *A Brief History of Curating*; Koautor (mit Rem Koolhaas) von *Project Japan: Metabolism Talks*

Obwohl er nicht weithin bekannt ist, ist Édouard Glissant (1928–2011) einer der wichtigsten Schriftsteller des 20. Jahrhunderts, dessen Denken für das 21. Jahrhundert von grundlegender Bedeutung bleibt. Ich glaube, wir sollten uns über diese relative Unbekanntheit Sorgen machen, da er mit großer Einsicht das bespricht, was mir die wichtigsten Probleme im Zusammenhang mit der Globalisierung zu sein scheinen: Homogenisierung und Auslöschung. Seine Theorie der »Kreolisierung der Welt« betrifft Fragen der nationalen Identität angesichts der kolonialen Vergangenheit, die seine antillische Identität charakterisiert. Er schneidet die drängenden Fragen an, wie man am besten der Bedrohung einer kulturellen Homogenisierung entgeht und was wir tun können, um die positive Kraft der Kreolisierung – der Pluralität der Kulturen – im Sinne eines fortlaufenden globalen Austauschs zu unterstützen.

Die globale Homogenisierung ist eine Tendenz, die Stefan Zweig schon 1925 beobachtet hatte, als er in *Die Monotonisierung der Welt* schrieb:

> Alles wird gleichförmiger in den äußeren Lebensformen, alles nivelliert sich auf ein einheitliches kulturelles Schema ... Immer mehr scheinen die Länder gleichsam

ineinander geschoben, die Menschen nach einem Schema
tätig und lebendig, immer mehr die Städte einander
äußerlich ähnlich … [I]mmer mehr verdunstet das feine
Aroma des Besonderen in den Kulturen […].

Die Kräfte der Globalisierung wirken sich auf die Welt der
Kunst im Allgemeinen und auf das Kuratieren von Ausstel-
lungen im Besonderen aus. In den neuen globalen Dialogen
der letzten Jahrzehnte hat es zwar ein großes Potenzial gegeben, wovon auch ein Teil umgesetzt wurde, aber es gab auch
die ständige Gefahr, dass die homogenisierenden Einflüsse der
Globalisierung Unterschiede zum Verschwinden bringen werden. Darüber mache ich mir Sorgen und deshalb lese ich Glissant jeden Morgen, sobald ich aufwache. Er verankert meine
Gedanken bei der Vorbereitung internationaler Ausstellun-
gen – und ermuntert mich, auf jede Kultur, in der ich arbeite,
zu hören und von ihr zu lernen. Da die Zeit ihre lokale Gang-
art an eine globale Geschwindigkeit verliert, die keinen Raum
für ein individuelles Tempo lässt, ist das Kuratieren von Zeit
und das Aufspüren von Formen des Widerstands gegen die Homogenisierung der Zeit ebenso wichtig geworden wie das Kuratieren des Raums und der Widerstand gegen seine Homogenisierung.

Die kulturelle Homogenisierung ist nichts weniger als die
Auslöschung von Kulturen. Wie der Kunsthistoriker Horst Bre-
dekamp in seinem Buch *Theorie des Bildakts* schreibt, sind
im heutigen globalisierten Krieg bilderstürmerische Akte zu
einer prominenten Strategie geworden – die öffentliche Vernichtung von Denkmälern und kulturellen Symbolen, wie
z. B. die Zerstörung der Buddha-Statuen von Bamyan in Afghanistan durch die Taliban. Durch die Massenmedien wird der
Krieg somit zu einem globalisierten Bilderkrieg, der Gebiets-
grenzen überschreitet und auch nach dem Ereignis noch fortbesteht, indem er als Rechtfertigung für militärische Handlungen und diplomatische Politik dient.

Wissenschaftler diskutieren zunehmend über die Möglichkeit der Auslöschung der menschlichen Zivilisation und sogar der Spezies selbst. Der Astronom Martin Rees spricht über »unsere letzte Stunde« und bezweifelt, dass die Zivilisation das nächste Jahrhundert überleben wird. Das Gespenst der Auslöschung ist auch quer durch sämtliche Humanwissenschaften zu spüren. Für den Philosophen Ray Brassier begründet die unausweichliche Tatsache unserer zukünftigen Auslöschung die letztendliche Bedeutungslosigkeit der menschlichen Existenz, und deshalb ist für ihn die einzig angemessene Reaktion der Philosophie, die radikal nihilistischen Implikationen dieser äußerst grundlegenden Erkenntnis anzunehmen und zu verfolgen. Wie er in *Nihil Unbound* (2007) schreibt: »Der Nihilismus ist … das unvermeidliche Korollar der realistischen Überzeugung, dass es eine geistunabhängige Wirklichkeit gibt, die … unserer Existenz gegenüber gleichgültig ist und die Werte und Bedeutungen, mit denen wir sie gewöhnlich drapieren, um sie gastfreundlicher zu machen, nicht wahrnimmt.«

Die meisten würden vor diesem absoluten Nihilismus zurückschrecken, und natürlich gibt es auch andere Möglichkeiten, nach denen man suchen kann – Quellen der Hoffnung und des Sinns. Der Künstler Gustav Metzger hat beispielsweise die Auslöschung zu einem zentralen Thema seiner Arbeit gemacht. In Werken, die von seinem riesigen Zeitungsarchiv Gebrauch machen, betont er, dass das Thema Auslöschung der Menschheit ständig durch die unzähligen kleinen Auslöschungen, die sich in der Welt ereignen, zur Sprache gebracht wird. Indem er Zeitungsartikel über das Thema re-präsentiert, unterstreicht Metzger das Problem unserer kollektiven Resignationshaltung angesichts der völligen Regelmäßigkeit dieses Verschwindens und unserer scheinbaren Machtlosigkeit, es zu stoppen.

Marguerite Humeau ist eine junge Künstlerin, deren Werk die Zeit vor der Morgendämmerung der Menschheitsgeschichte thematisiert. Mit einer Einstellung, die der Historiker Eric Hobsbawm vielleicht »einen Protest gegen das Vergessen« genannt hätte, arbeitet sie an einem Projekt, um die

Stimmbänder ausgestorbener Tiere aus der Frühgeschichte zu rekonstruieren – von Mammuts, Dinosauriern und anderen –, als Möglichkeit, um die Geräusche der Vergangenheit wieder zum Leben zu erwecken. Wie Metzgers Arbeiten enthalten ihre Akte der Erinnerung eine Warnung vor einer Zukunft, die möglicherweise auf uns lauert. Humeaus Arbeiten verdeutlichen auch die Rolle der komplexen Technologie, die ihre Forschung ermöglicht, eine Strategie, die auf unser kollektives Dilemma hindeutet: dass gewaltige wissenschaftliche und technische Fortschritte notwendig waren, damit wir uns unserer Notlage bewusst wurden, Fortschritte, die häufig auch der Kern des Problems sind.

Gerhart Richter sagt, dass die Kunst die höchste Form der Hoffnung ist. Ich würde hinzufügen, dass die Kunst die primäre Form des Widerstands gegen Homogenisierung und Auslöschung ist. Um Zweig noch einmal zu zitieren: »Noch lebt die Kunst im Gestalten unaufhörlich vielfachen Seins.«

# Robert Sapolsky
## Die Gefahr des versehentlichen Lobes von Jochbögen

Neurowissenschaftler an der Stanford University; Autor von
*Monkeyluv: And Other Essays on Our Lives as Animals*

Ich glaube nicht, dass es Willensfreiheit gibt. Diese Schlussfolgerung ging mir erstmals in einer Art von primitiver Ur-
einsicht auf, als ich etwa 13 Jahre alt war, und seitdem ist
diese Überzeugung nur noch stärker geworden. Obwohl ich
das ohne zu zögern denke, besorgt mich die Tatsache, dass es
Zeiten gibt, in denen es einfach zu schwer ist, auch so zu *empfinden*, als ob es keine Willensfreiheit gäbe – daran zu glauben
und entsprechend zu handeln. Was mir wirklich Sorgen bereitet, ist, dass es für nahezu jeden so schwer ist, wirklich so zu
handeln, als ob es keine Willensfreiheit gäbe – und dass das einige ziemlich schlimme Folgen haben kann.

Wenn man Neurowissenschaftler ist, könnte man vielleicht
meinen, dass es Willensfreiheit gibt, wenn man etwa ausschließlich über die Bewegungen eines Enzyms im Gehirn
nachdenkt oder über die Struktur eines Ionenkanals oder wie
ein gewisses Molekül an einem Axon entlang transportiert
wird. Aber wenn man so wie ich seine Zeit dem Nachdenken
darüber widmet, was Gehirn, Hormone, Gene, Evolution,
Kindheit, embryonale Umwelt und so weiter mit dem Verhalten zu tun haben, scheint es einfach unmöglich, an die Willensfreiheit zu glauben.

Die Belege dafür sind umfangreich und vielgestaltig. Wenn
man das Testosteronniveau bei einer Person erhöht, wird sie
einen emotional mehrdeutigen Gesichtsausdruck eher als be-

drohlich deuten (und vielleicht auch entsprechend handeln).
Eine Mutation in einem bestimmten Gen erhöht die Chancen,
dass man in den mittleren Jahren sexuell enthemmt sein wird.
Wenn ein Embryo sich in einer besonders stressbeladenen vor-
geburtlichen Umwelt entwickelt, erhöht das die Wahrscheinlichkeit, dass die betreffende Person als Erwachsener zu viel
isst. Die vorübergehende Deaktivierung eines bestimmten
Gebiets im frontalen Kortex wird eine Person kaltherziger
und utilitaristischer machen, wenn sie in einem Wirtschafts-
spiel Entscheidungen trifft. Wenn man ein psychiatrisch ge-
sunder Verwandter ersten Grades eines Schizophrenen ist, erhöht das die Chancen, dass man an »metamagische« Dinge
wie UFOs, außersinnliche Wahrnehmung oder wörtliche Interpretationen der Bibel glaubt. Wenn man die normale Variante des Gens für den Vasopressin-Rezeptor besitzt, erhöht
das bei Männern die Wahrscheinlichkeit stabiler Liebesbeziehungen. Die Liste geht immer weiter – und nur um auf etwas
hinzuweisen, das aus diesem Absatz offensichtlich geworden
sein sollte, das aber nicht oft genug betont werden kann: Der
Mangel an Willensfreiheit ist nicht im Entferntesten mit ge-
netischem Determinismus gleichzusetzen.

Die Vorstellung der Willensfreiheit verlangt von uns, der
Idee anzuhängen, dass es trotz des Strudels biologischer, unap-
petitlicher und glibberiger Gehirnteile, die mit Genen, Hor-
monen und Neurotransmittern angefüllt sind, einen versteck-
ten Bunker in einer abgeschiedenen Ecke des Gehirns gibt –
eine Kommandozentrale, die einen kleinen Homunkulus enthält, der über unser Verhalten entscheidet. Aus dieser Sicht
könnte der Homunkulus aus Nanochips oder alten, verstaubten Vakuumröhren oder altem zerknitterten Pergament oder
aus Stalaktiten der mahnenden mütterlichen Stimme oder
aus Schwefelspuren oder aus Nieten bestehen, die aus Grips
hergestellt wurden. Dieser Ansicht zufolge besteht der Homunkulus, woraus er auch immer bestehen mag, jedenfalls
aus nichts Biologischem. Aber es *gibt* keinen Homunkulus
und keine Willensfreiheit.

Das ist die einzige Schlussfolgerung, zu der ich kommen kann. Und doch ist sie schwer zu glauben und zu fühlen. Ich gebe bereitwillig zu, dass ich manchmal aufgrund dieser Begrenztheit ungeheuerlich gehandelt habe. Meine Frau und ich treffen uns zum Brunch bei einem Freund, der Obstsalat serviert. »Wow, die Ananas ist lecker!«, rufen wir aus. »Sie sind zwar außerhalb der Saison«, antwortet unser Gastgeber selbstgefällig, »aber ich hatte Glück und konnte ein paar gute finden.« Und als Reaktion darauf drückten die Gesichter von meiner Frau und mir ehrfürchtige Bewunderung aus – du weißt wirklich, wie man Obst aussucht, du bist besser als wir. Wir loben den Gastgeber für dieses Zeugnis von Willensfreiheit, für die Wahl, die er an der Gabelung der Straße namens Ananas-Aussuchen getroffen hat. Aber wir liegen falsch. Gene haben etwas zu tun mit den Riechrezeptoren unseres Gastgebers, die ihm bei der Erkennung des Reifezustands helfen. Vielleicht kommt er aus einem Volk, dessen tiefe und uralte kulturellen Werte beinhalten, dass man lernt, wie man eine Ananas befühlen muss, damit sie uns verrät, ob sie gut ist oder nicht. Das schiere Glück seines sozioökonomischen Lebenslaufs hat unseren Gastgeber mit den Ressourcen ausgestattet, Streifzüge durch einen überteuerten Biomarkt zu machen, auf dem peruanische Hintergrundmusik gespielt wird.

Es ist schwer, so zu fühlen, als ob es keine Willensfreiheit gäbe – wo es doch ein biologisches Substrat von Potenzialen und einschränkenden Bedingungen gibt, nicht dem Irrtum zu verfallen, dass eine homunkulusartige Unterscheidung im Hinblick darauf existiert, was die Person mit diesem Substrat getan hat. (»Nun, sie ist ja nicht schuld daran, wenn die Natur ihr nicht gerade das hübscheste Gesicht gegeben hat, aber wessen Gehirn ist es denn, das sich dafür entschied, diesen scheußlichen Nasenring zu kaufen?«)

Diese Frage geht über das bloße Gespräch über Nasenringe und Ananas hinaus. Als Vater bin ich Teil der Gemeinschaft neurotischer Eltern, die krampfhaft versuchen, ihren Kindern die Richtung des vollkommensten Erwachsenendaseins zu weisen, das man sich vorstellen kann. Wenn wir die Schulergebnisse unserer Kinder begutachten, zitieren wir eine Reihe wunderbarer Forschungen von Carol Dweck, einer meiner Kolleginnen. Um sie stark zusammenzufassen und zu vereinfachen: Man nehme ein Kind, das in schulischer Hinsicht gerade etwas Lobenswertes vollbracht hat, und lobe es tatsächlich – »Wow, das ist toll, du musst ja so klug sein!« Alternativ lobt man es unter denselben Umständen stattdessen mit: »Wow, das ist toll, du musst aber schwer gearbeitet haben!« Letzteres ist ein besserer Weg für die Verbesserung schulischer Leistungen: Loben Sie nicht die inhärenten intellektuellen Gaben des Kindes, sondern die Mühe und Disziplin, die es in die Aufgabe investiert hat.

Nun, was stimmt damit nicht? Nichts, wenn die Forschung einfach nur wertfreie Rezepte hervorbringt. Aber es ist falsch, wenn Sie dem Homunkulus den Kopf tätscheln und folgern, dass ein Kind, das etwas durch Anstrengung erreicht hat, besser und lobenswerter ist als ein Kind, das einfach eine intelligente Anlage hat. Das ist so, weil die Willensfreiheit auch dann auf der Strecke bleibt, wenn wir Selbstdisziplin, Exekutivfunktionen, die Regulierung von Gefühlen und das Aufschieben von Belohnungen in Betracht ziehen. Beispielsweise führt eine Schädigung des frontalen Kortex, der Hirnregion, die am stärksten an diesen Funktionen beteiligt ist, dazu, dass eine Person zwar den Unterschied zwischen Richtig und Falsch kennt, aber ihr Verhalten dennoch nicht steuern kann, nicht einmal ihre Mordgier. Verschiedene Varianten eines Untertyps des Dopaminrezeptors haben einen Einfluss darauf, wie große Risiken eine Person eingeht und wie stark sie nach Reizen sucht. Jemand, der mit dem einzelligen Parasiten *Toxoplasma gondii* infiziert ist, wird wahrscheinlich etwas impulsiver werden. Es gibt eine Klasse von Stresshormonen, die zur Verkümmerung von Neuronen im frontalen Kortex führen können; bis zum Beginn der Grundschule liegt ein Kind, das unter den Zwängen der Armut aufwuchs, in der Regel bei der Reifung des frontalen Kortex zurück.

Vielleicht können wir uns völlig klar darüber werden, dass wir mit einem Kompliment wie etwa »Was für schöne Wangenknochen du hast« der Person aufgrund der unausgesprochenen Überzeugung gratulieren, dass sie die Form ihrer Jochbögen ausgewählt hat. Es ist kein so großes Problem, wenn wir diese Geisteshaltung nicht erreichen können. Aber es *ist* ein großes Problem, wenn wir beispielsweise bei einem Sechsjährigen, dessen Entwicklung des frontalen Kortex durch Stress in den ersten Lebensjahren beeinträchtigt wurde, dessen lausige Impulskontrolle mit einem Mangel an moralischer Tugend verwechseln. Oder dasselbe in jedem anderen Bereich der Schwächen und Fehler, ja sogar Monstrositäten menschlichen Verhaltens tun. Das besitzt eine äußerst große Relevanz für die Strafjustiz. Und für jeden, der sagt, dass es entmenschlichend sei zu behaupten, kriminelles Verhalten sei das Endprodukt einer defekten biologischen Maschine, muss die Antwort lauten, dass das verdammt viel besser ist, als das Verhalten als das Endprodukt einer verruchten Seele zu verurteilen. Ebenso ist es nicht zu empfehlen, in Begriffen wie Lob, guter Charakter oder gute Entscheidung zu denken, wenn man auf die Endprodukte einer glücklichen, gesunden Biologie blickt.

Es ist jedoch schwierig zu glauben, dass es keine Willensfreiheit gibt, wenn so viele der kausalen Fäden noch unbekannt sind – oder intellektuell genauso undurchführbar sind wie die Abwägung jedweder Verhaltenskonsequenzen, angefangen bei den Selektionsdrücken der Hominidenevolution bis dahin, was jemand zum Frühstück gegessen hat. Diese Schwierigkeit ist etwas, worüber wir uns alle Sorgen machen sollten.

# Howard Gardner
## Der Glaube oder der mangelnde Glaube an die Willensfreiheit ist kein wissenschaftliches Problem

Entwicklungspsychologe; Hobbs Professor für Kognition und Bildung an der Harvard Graduate School of Education; Autor von *Truth, Beauty, and Goodness Reframed: Educating for the Virtues in the Age of Truthiness and Twitter*

Bei mehr Drinks und mehr Essen, als meine Erinnerung festhalten kann, habe ich mit Kollegen und Freunden über die Existenz der Willensfreiheit gestritten.

Unter Berufung auf jüngere Befunde der Neurowissenschaft zum verzögerten Bewusstsein von Handlungen und Reaktionen, aber auch aufgrund einer deterministischen Auffassung von Kausalität, bestanden die meisten meiner Gesprächspartner darauf, dass es so etwas wie Willensfreiheit nicht gibt.

Wenn ich Ereignisse aus der älteren und jüngeren Geschichte betrachte und über die manchmal verblüffenden bewussten Lebensentscheidungen nachdenke, die andere und ich (Martin Luther!) getroffen haben, argumentiere ich meinerseits mit ebenso viel Nachdruck dafür, dass Menschen einen freien Willen haben und dass seine Ausübung uns von anderen Lebewesen unterscheidet. Natürlich gibt es verschiedene mögliche Kompromisse: Auffassungen, die auf Daniel Dennett zurückgehen, dass wir so handeln sollten, »als ob« es Willensfreiheit gäbe, und auch andere so behandeln sollten; William James' »Mein erster Akt der Willensfreiheit wird sein, an die Willensfreiheit zu glauben«; oder Daniel Kahnemans Schlussfolgerung, dass das System 1 automatisch ist, während das System 2 bewusstes Nachdenken beinhaltet.

Ich bin jedoch zu dem Schluss gekommen, dass der Glaube oder mangelnde Glaube an die Willensfreiheit kein wissenschaftliches Problem ist. Vielmehr haben wir es hier, um den Begriff zu gebrauchen, der von dem Wissenschaftshistoriker Gerald Holton geschaffen wurde, mit Themata zu tun – Grundannahmen, die Wissenschaftler und andere Gelehrte an ihre Arbeit herantragen. Und als solche Grundannahme wird die Existenz oder Leugnung der Willensfreiheit genauso wie die Frage, ob die Natur des Menschen überwiegend universell ist oder wesentliche Unterschiede aufweist, nie entschieden werden. Und deshalb habe ich aufgehört, mir darüber Sorgen zu machen.

# Antony Garrett Lisi
## Der natürliche Tod


Theoretischer Physiker


Wenn wir nicht irgendwelche größeren Durchbrüche in der Forschung erzielen, werden Sie innerhalb der nächsten 100 Jahre sterben. Bevor das geschieht, werden Sie sehen, wie viele Ihrer Freunde und Verwandten, die Sie lieben, den Prozess des Verfalls, der Gebrechlichkeit und des Todes durchlaufen – ihre Persönlichkeit und alle ihre Erinnerungen werden für immer verloren sein. Während wir immer wieder Zeuge dieses Prozesses sind, wissen wir zwar, dass das die Eigenart der Natur ist, aber es ist furchtbar, tragisch und herzzerreißend. Die Aussicht auf unseren eigenen persönlichen Tod ist so grauenhaft, dass die meisten Menschen nicht bereit sind, sich damit aufrichtig auseinanderzusetzen. In die Leere zu starren und zu wissen – wirklich zu wissen –, dass unsere Existenz binnen kurzem an ihr Ende gelangen wird: So natürlich das auch ist, wir sind emotional oder intellektuell nicht gerüstet, diese Tatsache zu akzeptieren. Stattdessen belügen die meisten Menschen sich selbst und andere über den Tod.

Die größte Lüge, die je erzählt wurde, war, dass es ein mystisches Leben nach dem Tod gibt. Diese Lüge wurde jahrtausendelang eingesetzt, um den Mut der jungen Männer zu stählen, bevor man sie losschickte, um im Krieg zu töten und zu sterben. Schlimmer noch, die meisten Menschen belügen sich selbst, wenn sie mit Leiden und Verlust konfrontiert sind, mit Geschichten über ein besseres Leben nach diesem, obwohl es dafür überhaupt keine glaubwürdigen Belege gibt.

Aber warum ist es denn so schädlich, angenehme Phantasie-vorstellungen eines Lebens nach dem Tod zu teilen und daran zu glauben, wenn doch die Nichtexistenz sowohl unvermeidlich als auch zu schauerlich ist, um sich ihr zu stellen? Es ist deshalb schädlich, weil es zu schlechten Entscheidungen in diesem Leben führt, dem einzigen, das wir haben. Das Wissen, dass unser Leben so kurz ist, macht jeden Augenblick und jede Begegnung kostbarer. Das Glück und die Liebe, die wir im Leben finden und erreichen, ist alles, was wir bekommen. Die Tatsache, dass es kein übernatürliches Wesen im Universum gibt, das sich um uns kümmert, macht es umso wichtiger, dass wir uns umeinander kümmern.

Da die meisten Menschen sich über den Tod belügen, anstatt sich darüber Sorgen zu machen, vernachlässigen wir eine radikale Möglichkeit, die vom technischen Fortschritt hervorgebracht wird: Unsere bevorstehende Nichtexistenz ist vielleicht gar nicht so unvermeidlich, wie wir meinen. Von der Physik aus gibt es keinen Grund, warum unser gesundes Menschenleben nicht radikal um Tausende von Jahren oder mehr verlängert werden kann. Es ist nur ein kniffliges technisches Problem. Aber aus verschiedenen psychologischen, sozialen und politischen Gründen strengen wir uns nicht besonders an, um es zu lösen.

Es gibt natürlich auch ein paar Argumente gegen die Verlängerung des Lebens. Das geläufigste Argument ist, dass Alter und Tod natürlich sind. Aber alle Krankheiten, die durch Technologien geheilt wurden, darunter Polio, Pocken und Lepra, waren zwar natürlich, aber eindeutig nicht wünschenswert. Die Natur kann schön, aber auch schrecklich sein, und wir konnten einen Teil dieses Schreckens durch Wissenschaft und Technik lindern. Das zweitgeläufigste Argument ist, dass stark verlängerte Lebensspannen eine untragbare Belastung für die Umwelt bedeuten würden.

Aber eine unsterblich werdende Person würde keine größere Belastung für die Umwelt bedeuten, als ein Kind zu haben. Ein verjüngter Mensch erfordert weniger teure medizinische Behandlungen als ein Mensch, der durch den Verfall des Alters behindert ist, und hat eine größere Motivation, sich um die zukünftige Umwelt zu kümmern, weil die Wahrscheinlichkeit höher ist, dass er oder sie in ihr leben wird. Ein drittes Argument gegen die Heilbehandlung des Alterns ist, dass alle Versuche, die Lebensspanne des Menschen bedeutend zu erweitern, fehlgeschlagen sind. Das stimmt zwar, aber das war das gleiche Argument, das behauptete, dass die Schallmauer nicht durchbrochen werden könnte – bis Chuck Yeager sie mit seinem Raketenflugzeug durchbrach.

Selbst wenn die Wahrscheinlichkeit gering ist, bald ein technologisches Verfahren zu finden, um den Alterungsprozess zu verzögern oder umzukehren, so haben wir doch bei weitem zu wenig Anstrengungen darauf verwendet. Denn egal, was wir sonst mit unserer Arbeit im Leben erreichen können, wir werden schließlich bald nicht mehr hier sein, um deren Früchte zu genießen. Es gibt andere Probleme auf diesem Planeten, um die man sich Sorgen machen sollte, aber keines ist persönlich bedeutsamer. Und doch wird trotz dieser Motivation nur sehr wenig Geld für die Erforschung der Langlebigkeit ausgegeben. Da es keine Erfolgsgeschichte gibt und aufgrund von weitverbreiteten religiösen Überzeugungen, wird die Regierung sie nicht finanzieren. Und da das Erzielen von Erfolgen schwierig sein wird und der Markt mit falschen Behauptungen überflutet ist, hat die Industrie wenig Interesse an der Lösung des Problems. Obwohl die Gewinne astronomisch sein könnten, gibt es im Unterschied zu den Aussichten auf kosmetische Verbesserungen keinen leichten Weg zu ihrer Realisierung. Über hundertmal mehr Geld wird für die Forschung und Entwicklung zur Behandlung von Kahlköpfigkeit ausgegeben als für die Behandlung des Alterungsprozesses. Vielleicht haben wir eines Tages eine längere Lebensspanne – als unbeabsichtigten Nebeneffekt bei der Einnahme einer Pille, die uns volleres Haar verleiht.

Diese absurde Situation ist typisch für eine Forschung mit hohem Risiko und hohem Gewinnpotenzial auf einem Gebiet ohne Erfolgsnachweise. Auch trotz starker Motivation ist die finanzielle Unterstützung nahezu nichtexistent. Wissenschaftlern, die an der Verlängerung des Lebens arbeiten, mangelt es oft an Ausstattung oder einem Gehalt, von dem man leben kann, und sie riskieren ihre Karriere mit exzentrischen Forschungen, die wiederholt scheitern. Die Probleme sind schwierig. Aber selbst mit begrenzten Ressourcen widmet eine Handvoll Wissenschaftler ihr Leben dieser Jagd, weil es das Leben ist, das auf dem Spiel steht. Erfolge werden Forschungen in einem ähnlichen Maßstab wie beim Manhattan-Projekt erfordern, aber die Regierung und die Industrie werden sie nicht unterstützen. Die größte Hoffnung ist, dass Privatpersonen vortreten und die Forschung direkt oder durch Organisationen finanzieren werden, die zu diesem Zweck gegründet wurden. Vielleicht möchte ein exzentrischer, weitsichtiger Milliardär gerne eine Chance haben, nicht zu sterben. Oder vielleicht werden viele Menschen kleine Beträge beisteuern, um das zu ermöglichen. In einem gewissen Maß geschieht das auch, und es gibt mir Hoffnung.

Persönlich weiß ich, dass ich mich von anderen Menschen nicht besonders unterscheide; es fällt mir ebenfalls sehr schwer, die Sterblichkeit zu akzeptieren. Wenn ich an all jene denke, die verloren gingen und noch verloren gehen werden, und wenn ich mir meine eigene bevorstehende Nichtexistenz vorstelle, macht mich das krank. Es ist durchaus möglich, dass die Hoffnung, die ich für eine technologische Lösung von Altern und Tod hege, durch meinen Widerwillen gegenüber dem Abgrund beeinflusst ist. Obwohl ich hoffe, dass eine radikale Verlängerung des Lebens noch stattfinden wird, bevor ich sterbe, ist es, realistisch betrachtet, aufgrund unseres gegenwärtigen Fortschrittstempos wahrscheinlicher, dass ich sie haarscharf verpasse. So oder so, ob der Alterungsprozess innerhalb meiner Lebenszeit oder danach kuriert wird, es wird doch nicht rechtzeitig genug sein. Gute Menschen leiden und sterben, und das muss sich auf beispiellose Weise ändern.

Kate Jeffery
**Der Verlust des Todes**

Professorin für Neurowissenschaft des Verhaltens und Leiterin
des Research Department of Cognitive, Perceptual & Brain
Sciences am University College London

In jeder Generation destilliert das Leben sein Bestes, verpackt
es und gibt es weiter, scheidet die Schlacken aus und schafft
eine frischere, neuere und glänzendere Generation. Das hat
es hier fast vier Milliarden Jahre lang getan, und dabei hat es
sich von einzelligen Mikroorganismen, die wenig anderes taten, als sich an Felsen festzusetzen und Photosynthese zu
betreiben, bis zu Geschöpfen mit grenzenloser Energie und
Vorstellungskraft verwandelt, die Gedichte schreiben, Musik
machen, einander lieben und hart daran arbeiten, die Geheim-
nisse ihrer selbst und des Universums zu entziffern.

Und dann sterben sie.

Der Tod ist das, was diese zyklische Erneuerung und den
stetigen Fortschritt der Organismen möglich macht. Altern
und Tod gestatten einer Spezies zu wachsen und zu gedeihen. Da die natürliche Selektion garantiert, dass das Kind-das-
überlebt-um-sich-fortzupflanzen eine Verbesserung im Vergleich zu seinen Eltern ist (wenn auch nur in einem unendlich
kleinen Maß, denn so funktioniert die Evolution), ist es für die
Eltern besser, den Weg freizugeben und ihrem (überlegenen)
Kind zu gestatten, an ihre Stelle zu treten. Einfacher ausgedrückt, der Tod bewahrt die Eltern davor, mit ihren Kindern
und Enkeln um dieselben begrenzten Ressourcen zu konkurrieren. Der Tod ist so wichtig, dass wir in unseren Genen ein

selbstzerstörendes Alterungsprogramm fest verankert haben, das den Betrieb einstellt, sobald wir uns erfolgreich fortgepflanzt haben, so dass wir schließlich sterben und es unseren Kindern – den frischeren, neueren, glänzenderen Varianten unserer selbst – überlassen, mit dem Besten, was wir ihnen gegeben haben, weiterzumachen: den besten Genen, der besten Kunst und den besten Ideen. Vier Milliarden Jahre des Todes haben uns gute Dienste erwiesen.

Jetzt könnte all dies beendet werden, denn eines der Dinge, an denen wir Menschen mit unserer entwickelten Intelligenz, intensiv arbeiten, ist der Versuch, den Tod auszumerzen. Das ist eine verständliche Unternehmung, denn niemand will gerne sterben – Gene für den Wunsch zu sterben halten sich selten lange in einer Spezies. Jahrtausendelang haben menschliche Denker von der Überwindung des Alters und des Todes geträumt. Der Kampf dagegen durchdringt unsere Kunst und Kultur und einen Großteil unserer Wissenschaft. Wir personifizieren den Tod als Gespenst und verabscheuen ihn, fürchten ihn und assoziieren ihn mit allem, was es an Schlechtem in der Welt gibt. Wenn wir ihn überwinden könnten, um wie viel besser würde das Leben dann werden.

Im Laufe des letzten Jahrhunderts begann dieser jahrtausendealte Traum Gestalt anzunehmen, denn wir Menschen haben die Gene entdeckt, und innerhalb der Gene haben wir entdeckt, dass es Mechanismen für die Regulation des Alterns und des Todes gibt und wir außerdem diese Gene technisch manipulieren können – ihr Verhalten ändern können. Wir können sie hinzufügen, wegnehmen, ihre Funktion ändern, sie zwischen verschiedenen Arten austauschen – die Möglichkeiten sind aufregend und grenzenlos. Nachdem wir die molekularen Mechanismen entdeckt haben, die den Alterungsprozess und die Lebensspanne regulieren, haben wir angefangen, über die Möglichkeit nachzudenken, dass wir den Lauf des Lebens selbst ändern können. Wir könnten in der Lage sein, das Leben zu verlängern, und das möglicherweise schon sehr bald. Vor kurzem wurde geschätzt, dass aufgrund medizinischer und technischer Fortschritte der erste Mensch, der das Alter von 150 Jahren erreichen wird, bereits geboren wurde. Wenn wir erst einmal Krebs, Herzerkrankungen und Demenz – unsere größten Killer – ausgemerzt haben werden, können wir uns anschließend der biologischen Uhr zuwenden – dem Mechanismus, der für den Ablauf der Operationen zuständig ist, die unsere Lebensspanne begrenzen – und sie ebenfalls verändern. Warum sollte man es bei 150 Jahren belassen? Wenn man Krankheiten vom Menschen fernhält und die Uhr des Alterns angehalten wird, warum könnte ein Mensch dann nicht ein Alter von 200 Jahren erreichen? 300? 500?

Was für eine wunderbare Idee! Nur wenige Menschen scheinen daran zu zweifeln, dass das tatsächlich eine wunderbare Idee *ist*, und deshalb hat die Erforschung des Alterungsprozesses und der Lebensspanne in jeder reichen, technisch fortgeschrittenen Gesellschaft Finanzierungspriorität. Unter der Bezeichnung »gesundes Altern« bedeutet diese Forschung in Wirklichkeit die Verlängerung des Lebens, denn das Altern ist per definitionem ein fortschreitender, zeitabhängiger Verlust von Gesundheit und Funktionen, und wenn wir das verhindern, verhindern wir auch den Tod.

Wer möchte nicht 500 Jahre alt werden? Ein Leben frei von Altersschwäche und Schmerzen zu leben, in der Lage zu sein, viel mehr Zeit seinen Hobbys zu widmen, vieles zu erreichen, jeden Tropfen aus der rätselhaften, aber wunderbaren Existenz herauszuwringen, nicht nur das Aufwachsen der eigenen Kinder und Enkel, sondern auch *ihrer* Kinder und Enkel zu erleben. Oh ja, bitte!

Aber Moment mal. Unsere Lebensspanne hat einen Grund. Lebensspannen variieren äußerst stark in der biologischen Welt, von kaum einem Tag bei der Eintagsfliege bis zu mehr als 100 Jahren bei der Galapagos-Schildkröte und etwa 1500 Jahren bei antarktischen Schwämmen. Diese Spannen wurden von der natürlichen Auslese eingeprägt, weil sie diejenigen sind, die der Spezies am besten dienen – die den Kompromiss zwischen der Sorge für die eigenen Nachkommen und der Konkurrenz gegen sie maximieren.

Die meisten von uns lieben ihre Eltern. Aber stellen wir uns eine Welt vor, die nicht nur von unseren eigenen Eltern bewohnt wird, sondern auch von denen aller anderen Menschen und auch von unseren und deren Großeltern und unseren und deren Urgroßeltern – eine Gesellschaft, die von Menschen geführt wird, deren Ideen und Einstellungen 400 Jahre zurückreichen. Stellen wir uns eine Welt vor, in der unser Chef die nächsten 100 Jahre auf dem Posten sitzen wird, den wir begehren. Die Generationen würden miteinander um Nahrung, Wohnungen, Arbeitsplätze und Raum konkurrieren. Schon jetzt beklagen sich die Jungen darüber, wie die Alten mit ihren bereits rasch zunehmenden Lebensspannen die Hauspreise in die Höhe treiben, weil sie sich weigern, sich im mittleren Lebensalter zu verkleinern, und die Arbeitslosigkeit in die Höhe treiben, weil sie sich weigern, in Rente zu gehen. Stellen Sie sich vor, dass die Menschen vier Jahrhunderte vor Ihnen in den Wohnungs- und Jobschlangen stehen.

Die Verlängerung der menschlichen Lebensspanne wird in den Medien zwar oft gepriesen, aber sie wird fast nie in Frage gestellt. Niemand scheint daran zu zweifeln, dass wir die Erforschung des Alterungsprozesses vorantreiben, die entsprechenden Gene identifizieren, an ihnen herumbasteln und sie für uns arbeiten lassen sollten. Denn niemand will sterben, und daher wollen wir alle, dass diese Forschung Erfolg hat. Wir wollen das für uns selbst und unsere Familien. Wir wollen, dass wir selbst und die, die wir lieben, so lange wie möglich leben – für immer, wenn wir dazu in der Lage sind.

Aber ist es auch das Beste für unsere Spezies? Haben sich vier Milliarden Jahre Evolution geirrt? Wir sind keine antarktischen Schwämme oder Blaualgen – wir sterben aus einem bestimmten Grund. Wir sterben, damit unsere Jugend – jene besseren Varianten unserer selbst – gedeihen kann. Wir sollten uns über den Verlust des Todes Sorgen machen.

# David Berreby
## Globales Ergrauen

Journalist und Autor für *The New Yorker, The New York Times Magazine, Nature*; Autor des Blogs *Mind Matters* für bigthink.com; Autor von *Us and Them: The Science of Identity*

Was mir Sorgen macht, ist das zunehmende Ergrauen der Weltbevölkerung, das in globaler Hinsicht zwar ungleich, aber weitverbreitet ist. Es ist nicht auf dem Radar (außer bei gelegentlichen oberflächlichen Nachrichtenstorys und eng gefassten Erörterungen bestimmter Probleme in diesem oder jenem Bereich). Es sollte aber darauf sein – und zwar sowohl die kommende starke Zunahme der Zahl älterer Menschen als auch der allgemeine Anstieg des Durchschnittsalters, da Menschen im mittleren und hohen Alter einen größeren Teil der Menschheit ausmachen werden.

Beispielsweise geht die Weltgesundheitsorganisation davon aus, dass von den erwarteten neun Milliarden Menschen, wenn die Weltbevölkerung im Jahr 2050 ihren Gipfel erreicht, zwei Milliarden – mehr als einer von fünf – an Demenz leiden. Ist irgendeine Gesellschaft darauf vorbereitet? Setzt sich irgendeine wirklich damit auseinander, wie man sich vorbereiten könnte?

Zur kommenden Jahrhundertmitte wird in den reichen Nationen nahezu einer von drei Menschen älter als 60 Jahre sein. Aber dieser Umbruch wird sich nicht auf die entwickelte Welt beschränken. Der Altersmedian der chinesischen Bevölkerung liegt jetzt bei knapp 35 Jahren; bis 2050 wird er bei 49 Jahren liegen. Der Anteil der Menschen zwischen 60 und

80 Jahren wird 2050 in Indien um 326 Prozent höher liegen als jetzt. Ältere Menschen, die jetzt sieben Prozent der Bevölkerung Brasiliens darstellen, werden 2050 nahezu ein Viertel ausmachen. Eine Reihe armer Länder in Afrika und Asien wird zwar schon bald eine klassische Bevölkerungsexplosion erfahren und vor jungen Menschen strotzen. Aber sie werden Ausnahmen in einem globalen Trend sein. »Vor dem Jahr 2000 gab es immer mehr junge Menschen als alte«, schrieb Joel E. Cohen von der Rockefeller University vor einigen Jahren. »Vom Jahr 2000 an wird es mehr alte Menschen als junge geben.«*

Das Bewusstsein für diesen demographischen Wandel ist unvollständig und bruchstückhaft. Experten für das Gesundheitswesen erörtern die erwarteten gewaltigen Zunahmen »grauer« Krankheiten – chronische, nichtübertragbare Leiden wie Herz- und Lungenprobleme, Schlaganfall, Diabetes und Nierenversagen. Ökonomen sprechen über die Verwerfungen, die entstehen, wenn die Zahl der Menschen im arbeitsfähigen Alter zu gering ist, um die Rentner zu unterstützen. Finanzjongleure klagen über die vielen Millionen Menschen, die kein Geld anlegen können oder wollen, und blicken jetzt auf Jahrzehnte, in denen sie wenig Aussicht haben, das Einkommen zu erzielen, das sie brauchen. Nach Berichten über alte Menschen, die von ihren erwachsenen Kindern im Stich gelassen werden, haben die Regierungen in Indien und China Gesetze eingeführt, um den Wert der Familie zu stärken. In jeder Disziplin und jedem Beruf gibt es zwar eine gewisse Auseinandersetzung mit dieser enormen Verwerfung, aber meines Wissens erörtert fast niemand die zugrundeliegende Ursache oder macht den Versuch, die Folgen genau auszuarbeiten und sie aufeinander zu beziehen.

Die größte Sorge bei diesem Wandel dreht sich um das Netz der sozialen Sicherheit. Die meisten entwickelten und Schwellenländer versprechen zumindest eine gewisse Sicherheit und

---

* »Human Population Grows Up«, *Scientific American*, September 2005.

medizinische Versorgung für alte Menschen. Dieses Versprechen entstammt der Pyramidenstruktur einer Gesellschaft des 20. Jahrhunderts, in der aktive Menschen im arbeitsfähigen Alter zahlreicher sind als Rentner. Es ist schwer zu sehen, wie diese Garantien sozialer Sicherheit aufrechterhalten werden können, wenn weniger junge Arbeitskräfte für immer mehr und immer ältere Abhängige einstehen sollen. In China beispielsweise kommen jetzt etwa sechs Arbeitskräfte auf jede Person im Ruhestand. Bei den gegenwärtigen Trends wird dieses Verhältnis bis 2050 bei zwei Arbeitskräften pro Rentner liegen.

Das ist ein sicheres Rezept für Arbeitsknappheit, sinkende Produktion und politischen Aufruhr, da es unmöglich wird, die versprochenen Pensionen und die Gesundheitsversorgung für ältere Menschen zu bezahlen. Und das ist ein Grund, warum zu erwarten ist, dass China die berühmte »Ein-Kind«-Politik lockert, die derzeit noch für einen großen Anteil seiner Bevölkerung gilt – und warum immer mehr Staaten versuchen, ihre Geburtenraten zu erhöhen. Wie kann man dieser Art von Krise sonst noch entgegenwirken? Nun, man könnte das Rentenalter erhöhen, so dass die arbeitende Bevölkerung die Rentner länger unterstützt. Aber das ist aus einer Reihe praktischer und politischer Gründe nicht akzeptabel. Einer davon ist, dass das Rentenalter in einer ganzen Reihe von Ländern in die hohen Siebziger verlegt werden müsste, damit dies funktioniert.

In politischer Hinsicht mache ich mir Sorgen über die Konsequenzen einer Verlagerung von Macht und Einfluss weg von den jüngeren Leuten und hin zu denen im mittleren und höheren Alter. In einer Demokratie liegt die Macht in der Zahl, und wenn ihre Zahl älteren Menschen Macht verleiht, dann befürchte ich, dass ihre Anliegen (das Festhalten am Erreichten, das Bewahren der Vergangenheit nach ihren Vorstellungen, das Meiden des Unerprobten und Unvertrauten) beginnen werden, die Anliegen der jüngeren Menschen zu überwältigen. So etwas ist noch nie da gewesen, daher können wir auch nicht genau wissen, was die Konsequenzen sein werden. Aber ich bezweifle, dass sie positiv sind.

Ich meine, wir können uns auf einen offenen und hässlichen Konflikt zwischen den Generationen gefasst machen. Selbst die Vereinigten Staaten, die aufgrund ihrer Offenheit für Einwanderung in einem geringeren Ausmaß als andere reiche Nationen einer Überalterung entgegenblicken, befinden sich in den Anfängen einer politischen Debatte über Renten und medizinische Versorgung, die die Interessen älterer Arbeitskräfte (sichere und vorhersagbare Renten und medizinische Versorgung) gegen die der jüngeren stellen (Bildung, zukünftige Infrastruktur, Chancen).

In Ländern, in denen das Ergrauen wirklich schnell voranschreitet (Spanien, Italien, Japan), könnte eine Folge der steile Anstieg eines fremdenfeindlichen Nationalismus sein, und zwar aus zwei Gründen. Erstens gibt es gute Belege dafür, dass die Offenheit für Veränderungen und neue Erfahrungen mit dem Alter abnimmt. Robert Sapolsky entwarf in den 1990er Jahren dafür einige Tests und kam zu dem Schluss, dass sich das Zeitfenster für die Bereitschaft, neue Musikrichtungen anzuhören, jedenfalls bei seinen amerikanischen Versuchspersonen, etwa im Alter von 35 Jahren schloss und dass die Offenheit für neue Speisen etwa mit 39 Jahren endete. Menschen, die sich von einer kruden nationalistischen Botschaft – »Kehren wir dahin zurück, wie es in den alten Zeiten war, bevor die Dinge sich zum Schlechten wandten!« – angesprochen fühlen könnten, werden einen größeren Anteil der Wählerschaft ausmachen.

Zweitens werden Staaten aufgrund der ökonomischen Schwierigkeiten, die ich bereits erwähnt habe, nach Möglichkeiten suchen, die Zahl ihrer aktiven, berufstätigen Bevölkerung anzuheben, um all die Ruheständler zu unterstützen. Und hier sind die Optionen (a) die Anhebung der Geburtenrate oder (b) die Öffnung der Tore für Einwanderer aus all jenen armen, jungen Nationen Afrikas und Asiens oder (c) die Herstellung einer Menge von Robotern (wie man es in Japan zu versuchen scheint). Die Optionen (a) und (b) sind offensichtliche Auslöser für fremdenfeindliche Phrasen (»Junge Frauen müssen ihre Pflicht erfüllen und uns vermehren!« und »Wir haben jetzt zu viele von diesen verdammten Ausländern!«).

Schließlich mache ich mir an der kulturellen Front Sorgen darüber, dass den Befürchtungen von Leuten meines Alters (Mitte 50) und älteren zu viel Gewicht beigemessen wird. In den letzten 20 Jahren ist es intellektuell respektabel geworden, über die Unsterblichkeit als realistisches medizinisches Ziel zu sprechen. Ich meine, dass das ein frühes Anzeichen für eine ergrauende Bevölkerung ist. Hier ist ein weiteres: Wenn wir von medizinischer Versorgung sprechen, nimmt man häufig als gegeben an, dass das Leben erhalten und verlängert werden muss. Ray Kurzweil hat gesagt, dass immer, wenn er eine Hundertjährige fragt, ob sie 101 werden will, die Antwort ja lautet. Hat er die Kinder, Nachbarn oder Angestellten der Hundertjährigen gefragt? Vielleicht würden sie eine andere Antwort geben, aber in einer ergrauenden Welt wird die Vorstellung natürlicher Grenzen und eines fairen Anteils am Leben zu einem Tabuthema.

Der Ökonom und Jurist Richard Posner beschrieb die Lenkung, die vor dem Ergrauungszeitalter bestand, folgendermaßen: »In den alten Zeiten haben die Leute einen Hüftbruch erlitten und starben, was großartig war; jetzt reparieren sie sie.« Posner wuchs mit der einfachen und einst dem gesunden Menschenverstand entsprechenden Vorstellung auf, dass man seine Zeit auf Erden hat und dann aus dem Weg geht. Weil andere, jüngere Menschen da sind und sie den eigenen Platz einnehmen müssen. Sie brauchen das Geld für etwas anderes als für die Pflegekräfte ihrer Eltern, sie brauchen die Arbeitsplätze, die von älteren Menschen besetzt gehalten werden, sie brauchen die Bandbreite, die wir alten Leute mit Gesprächen über gestraffte Bauchdecken und Viagra besetzen werden. Und sie brauchen ein paar Jahrzehnte, ohne im Schatten ihrer Eltern zu stehen. Einst konnten Menschen, die ihren Ältesten gegenüber pflichtbewusst, wenn nicht gar liebend ergeben waren, auf ihre Befreiung zählen. (Ich denke an Virginia Woolf, deren Vater mit 71 starb. 25 Jahre später schrieb sie: »Er wäre heute 96 gewesen, ja 96 ... aber glücklicherweise wurde er es nicht. Sein Leben hätte dem meinen ein völliges Ende gesetzt. Was wäre geschehen? Kein Schreiben, keine Bücher – unvorstellbar.«) Ich befürchte, dass es aufgrund des demographischen Wandels akzeptabel wird, jüngeren Generationen zu sagen, dass ihr Tag nie kommen wird, nie kommen sollte.

Vielleicht sollte ich jedoch positiver und weniger wie ein typischer Mittfünfziger sein, der die Lebensweise seiner Jugend lobpreist. Zweifellos wird die grauer gewordene Welt auch ihre Vorteile haben. Ältere Menschen verbrauchen beispielsweise pro Kopf weniger Energie und weniger Industrieprodukte. Im Jahr 2010 analysierten der Klimawissenschaftler Brian O'Neill und seine Kollegen diesen Effekt und kamen zu dem Schluss, dass das globale Ergrauen bis zu 29 Prozent an der Reduzierung der Kohlendioxidemissionen beisteuern könnte, die notwendig ist, um in diesem Jahrhundert eine Klimakatastrophe abzuwenden. Wie man auch immer zum Ergrauen stehen mag, so geschieht es doch unbestreitbar. Es verdient viel mehr Aufmerksamkeit.

# Robert Kurzban
## All das T in China

Psychologe; Leiter des Pennsylvania Laboratory for Experimental Evolutionary Psychology (PLEEP) an der University of Pennsylvania; Autor von *Why Everyone (Else) is a Hypocrite: Evolution and the Modular Mind*

Im Jahr 2020 wird es Schätzungen zufolge 30 Millionen mehr Männer als Frauen auf dem chinesischen Heiratsmarkt geben, was dazu führt, dass vielleicht bis zu 15 Prozent der jungen Männer ohne Partnerin bleiben.

Anthropologen haben ein beständiges historisches Muster dokumentiert: Wenn das Geschlechterverhältnis sich in Richtung eines kleineren Frauenanteils bewegt, konkurrieren die Männer immer stärker und zeigen ein eher riskantes, an der unmittelbaren Zukunft orientiertes Verhalten, das auch Glücksspiele, Drogenmissbrauch und Verbrechen einschließt. Dieses Muster passt gut zur übrigen Welt der Biologie. Jahrzehntelange Forschung in der Verhaltensökologie hat gezeigt, dass bei Tierarten, bei denen es eine starke Variation beim Paarungserfolg unter den Männchen gibt, die Männchen besonders heftig miteinander konkurrieren.

Die genauen Einzelheiten des Weges von einem verzerrten Geschlechterverhältnis zu antisozialem Verhalten bei Menschen sind zwar nicht völlig geklärt, aber eine mögliche physiologische Verbindung besteht darin, dass das Testosteronniveau – häufig einfach als »T« bezeichnet – ansteigt, wenn man unverheiratet bleibt, was wiederum das Treffen von Entscheidungen und das Verhalten beeinflusst.

Sollte all dieses T in China ein Grund zur Sorge sein?

Die Unterschiede zwischen Gesellschaften, die Polygynie gestatten, und denen, die das nicht tun, sind möglicherweise aufschlussreich. In Gesellschaften mit Polygamie gibt es aus naheliegenden Gründen eine größere Zahl unverheirateter Männer als in Gesellschaften, die die Polygynie verbieten. Diese unverheirateten Männer konkurrieren um die übrigen unverheirateten Frauen; sie weisen eine größere Neigung zu Gewalt auf und zeigen mehr kriminelles Verhalten als ihre verheirateten Pendants. Tatsächlich zeigen länderübergreifende Forschungen eine durchgängige Beziehung zwischen unausgeglichenen Geschlechterverhältnissen und den Raten von Gewaltverbrechen. Je höher der Anteil unverheirateter Männer in einer Population, umso größer ist die Häufigkeit von Diebstahl, Betrug, Vergewaltigung und Mord. Die Größe dieser Effekte ist nichttrivial: Manche Schätzungen legen nahe, dass eine Heirat die Wahrscheinlichkeit kriminellen Verhaltens um bis zu 50 Prozent reduzieren kann.

Außerdem ist historisch belegt, dass relativ arme, unverheiratete Männer sich mit anderen unverheirateten Männern zusammengeschlossen und Gewalt angewendet haben, um sich Ressourcen zu sichern, die sie ansonsten nicht erhalten konnten.

Obwohl zunehmende Raten bei Verbrechen und Gewalt in asiatischen Ländern mit unausgeglichenen Geschlechterverhältnissen schon an sich einen Grund zur Sorge darstellen würden, sind das Problem nicht nur die potenziellen Opfer von Verbrechen, die aufgrund des Ungleichgewichts im Geschlechterverhältnis begangen werden könnten. Belege deuten darauf hin, dass Überschüsse unverheirateter junger Männer auch messbare wirtschaftliche Effekte haben und das Pro-Kopf-BIP senken.

China spielt natürlich eine entscheidende Rolle in der modernen stark vernetzten Weltwirtschaft und ist der größte oder zweitgrößte Handelspartner von 78 Ländern. Obwohl viele Amerikaner sich darüber Sorgen machen, dass China die Vereinigten Staaten »überholt« – als ob die Ökonomie ein Null-summenspiel wäre –, geht die wirkliche Gefahr von den Auswirkungen einer potenziellen wirtschaftlichen Verlang-samung aufgrund von Bürgerunruhen oder anderen Faktoren in China aus. Regionale Wirtschaften, wie z. B. Südkorea und Taiwan, würden zweifellos schwer getroffen werden, aber Europa und die Vereinigten Staaten würden Einbrüche in Angebot und Nachfrage erleiden, die unvorhersagbare, aber möglicherweise massive wirtschaftliche Konsequenzen haben.

Der Weg von unverheirateten Männern zu einer globalen wirtschaftlichen Kernschmelze ist vielleicht etwas indirekt, aber die Bedeutung Chinas für die Weltwirtschaft lässt solche Bedrohungen der Stabilität als etwas erscheinen, worüber man sich Sorgen machen sollte.

# Haim Harari
## Technologien könnten die Demokratie gefährden

Physiker; ehemaliger Präsident des Weizmann-Instituts für Wissenschaften; Autor von *A View from the Eye of the Storm: Terror and Reason in the Middle East*

Die Wissenschaft ist Quelle zahlreicher Lösungen für medizinische, soziale und wirtschaftliche Probleme. Sie ist auch ein unglaublich aufregendes und schönes intellektuelles Abenteuer. Sie führt zu neuen Technologien, die unser Leben verändern, und zwar oft zum Besseren. Könnten diese Technologien die Grundlagen der liberalen Demokratie gefährden? Das mag zwar verrückt klingen, doch sollten wir uns alle darüber Sorgen machen. Es ist eine wirkliche Bedrohung, die jeden denkenden Menschen beunruhigen sollte, wenn er oder sie glaubt, dass die Wissenschaft die Menschheit voranbringen kann und dass die Demokratie das am wenigsten schlechte Regierungssystem ist.

Ein ernsthaftes Missverhältnis entsteht allmählich, Schritt für Schritt, zwischen zwei Dingen, die anscheinend nichts miteinander zu tun haben: dem Eindringen von Wissenschaft und Technologie in alle Bereiche unseres Lebens und der liberalen Demokratie, wie sie in der gesamten freien Welt praktiziert wird. An sich sind Wissenschaft und Technologie weder gut noch schlecht; es ist der Gebrauch, den wir davon machen, der zu weitreichendem Nutzen oder negativen Ergebnissen führen kann. Ihre Anwendungen sind häufig geplant und überlegt, aber manchmal auch unbeabsichtigt und zufällig. Der sich entwickelnde Konflikt zwischen den Folgen moderner

Technologie und dem Überleben der Demokratie ist zwar unbeabsichtigt, birgt aber große Gefahren.

Wir können sieben Bestandteile dieses gärenden Problems darlegen:

Erstens ein Missverhältnis von Zeitskalen. Viele Probleme, denen Entscheidungsträger gegenüberstehen, werden komplexer – multidisziplinär, global, generationenübergreifend. Bildungssysteme, Forschungspolitik, soziale Sicherheit, geopolitische Trends, Krankenversicherung, Umweltprobleme, Pensionierungsmuster – all diese Dinge finden auf einer Zeitskala von Jahrzehnten statt. Die Zeitdifferenz zwischen Erörterung und Entscheidung, Durchführung und Folgen wird dank unserer wachsenden Fähigkeit zur Analyse langfristiger globaler Effekte sowie einer längeren Ausbildung, Arbeitsdauer und Ruhestandszeit der Durchschnittsperson größer. Andererseits ist der Zeithorizont von Politikern immer die nächste Wahl – irgendetwas zwischen zwei und sieben Jahren. Während die moderne Technologie zu längeren Zeitskalen bei Problemen führt, erzeugt sie augenblickliche Onlinebewertungen für die Beliebtheit regierender Amtsinhaber und drängt sie zu kurzfristigen Lösungen. Wir leben zwar länger, denken aber kürzer.

Der zweite Bestandteil ist eine weitere Art von zeitlichem Missverhältnis. Twitter, SMS, Internetkommentare oder »Talkbacks« und ähnliche Einzeiler lassen die alten, oberflächlichen 60-Sekunden-Fernsehnachrichten wie eine Ewigkeit erscheinen. Aber echte öffentliche Probleme können nicht durch O-Töne zusammengefasst werden. Dadurch werden Extremismus und Oberflächlichkeit gefördert und Politiker beinahe gezwungen, sich in den üblichen 140 Zeichen von Twitter auszudrücken, anstatt in 140 Zeilen oder 140 Seiten eines anständigen Positionspapiers. Die Wähler werden nur mit ultrakurzen Slogans bedacht, während die jüngere Generation zum *Homo neo-brevis* wird: die nächste evolutionäre Phase der menschlichen Rasse mit einer kurzen Aufmerksamkeitsspanne, einer Vorliebe für Einzeiler und schmalen Fingern für das Smartphone.

Das dritte Problem ist die wachsende Bedeutung wissenschaftlicher Bildung und quantitativen Denkens für Entscheidungsträger. Die heutige Welt konfrontiert uns mit Energiefragen, neuen Medien, genetischer Manipulation, pandemischer Grippe, Wasserproblemen, Massenvernichtungswaffen, Finanzderivaten, Erderwärmung, neuen medizinischen Diagnoseverfahren, Cyberkriegen, geistigem Eigentum, Stammzellen und zahlreichen anderen Wandlungen, mit denen Leute nicht umgehen können, die keine wissenschaftlichen Argumente, begleitet von einfachen quantitativen Erwägungen, verstehen. Leider fehlen der überwältigenden Mehrheit der führenden Entscheidungsträger in den meisten Demokratien diese rudimentären Fähigkeiten, was zu groben Fehlurteilen und historischen Fehlgriffen führt, die einen Einfluss auf viele kommende Generationen haben werden. Wir brauchen wissenschaftlich ausgebildete politische Entscheidungsträger.

Das vierte ist die Tatsache, dass die Wählbarkeit für hohe Ämter Talente erfordert, die mit jenen nichts zu tun haben, die man zum Regieren und Führen braucht. Bedeutende Länder wählen häufig solche Personen in führende Ämter, deren Referenzen normalerweise nicht einmal für eine Stelle als Geschäftsführer eines Kleinunternehmens ausreichen würden. Der demokratische Prozess beginnt nicht mit einer angemessenen Stellenbeschreibung, sondern mit der Fähigkeit, Fernsehzuschauer zu bezaubern und als »einer der guten Jungs« oder als ein weltfremder, bewunderter Prinz (oder noch besser als beides) zu erscheinen. Das Fernsehen und andere elektronische Medien stellen sicher, dass die meisten Wähler nie die wirkliche Person, sondern nur ein Bild auf dem Bildschirm sehen, das durch alle möglichen Zusätze potenziert wird. Ein Rednertalent, das die Fähigkeit einschließt, von einem Teleprompter abzulesen, während es so aussieht, als würde man improvisieren, ist wichtiger als Erfahrung, Vertrautheit mit globalen Fragen und Führungsqualitäten.

Die fünfte Gefahr liegt in der verrückten Hetze nach »Transparenz«, die von der sofortigen Verbreitung aller Enthüllungen über das Web gefördert wird. Es ist nahezu unmöglich, zu einer anständigen, offenen Diskussion auf hohem Niveau zu kommen, unkonventionelle Optionen abzuwägen, bevor man sie ablehnt, mit kreativen Ideen zu spielen und kontroverse Ansichten zu formulieren, wenn jedes gesprochene Wort innerhalb von Tagen auf den Bildschirmen von einer Milliarde Computern und Smartphones erscheint und in einem Satz und häufig ohne Kontext zusammengefasst wird. Es ist unmöglich, einen ehrlichen Empfehlungsbrief oder eine gründliche ausgewogene Bewertung einer Organisation oder eines Projekts zu schreiben, wenn die Diskretion nicht gewährleistet ist und Enthüllungen vergöttert werden. Es überrascht daher nicht, dass talentierte und erfahrene Leute mit erwiesenen Fähigkeiten auf anderen Gebieten vor dem Eintritt in die Politik zurückschrecken, wenn die »Transparenz« sie zu vernichten droht. Man hegt die Befürchtung, dass zukünftig gewählte und ernannte leitende Beamte die Ergebnisse und Bilder ihrer letzten Darmspiegelung im Namen der Transparenz ins Web stellen müssen.

Der sechste Bestandteil, der ebenfalls durch die Technologie verstärkt wird, ist der öffentliche Wunsch nach Freiheit – der Rede, der Presse, der Information, des akademischen Diskurses und alle anderen Freiheiten, die von einer ordentlichen Demokratie garantiert werden. Das sind ebenso wie andere Menschenrechte in der Tat die Stützpfeiler der Demokratie. Wenn sie jedoch zu unannehmbaren Extremen geführt werden, können sie schwere Verzerrungen mit sich bringen: Die Anstiftung zum Mord oder Völkermord ist erlaubt; Pädophilie ist akzeptabel; Enthüllungen lebensgefährdender Informationen hinsichtlich der Staatssicherheit sind in Mode; gleiche Unterrichtszeiten für den Kreationismus und die Evolutionstheorie werden verlangt; der Schutz der Rechte von Terroristen und Mördern wird mit mehr Nachdruck vorgebracht als die Verteidigung der Rechte der Opfer. Zahlreiche andere absonderliche Situationen, für die eine Anwendung der menschlichen Grundrechte nie gedacht war, treten in Erscheinung.

Obwohl die Technologie selbst diese Situationen nicht geschaffen hat, verwandeln die Kürze der Nachrichten sowie ihre schnelle und weite Verbreitung in Kombination mit der Fähigkeit, all das Genannte über die Grenzen hinweg von rückständigen Diktaturen in Demokratien hinein zu übertragen, unsere geheiligten Menschenrechte und bürgerlichen Freiheiten in zweischneidige Schwerter.

Schließlich ist die siebte Säule des traurigen Missverhältnisses zwischen der modernen Technologie und der Demokratie die Globalisierung. Politische Grenzen mögen zwar einen Staat, ein Land oder einen Kontinent definieren. Aber jede politische Einheit muss einen bestimmten Satz von Regeln haben. Land A kann eine vorbildliche Demokratie sein und Land B eine finstere Diktatur. Wenn es zwischen ihren Gesellschaften sehr wenig Austausch gibt, können beide Regierungsformen überleben und ihre eigenen Regeln befolgen. Die Globalisierung hilft dabei, fortschrittliche Ideen in finstere politische Ecken hinein zu verbreiten, aber wenn in Deutschland die Leugnung des Holocaust eine Straftat ist und eine Satellitenübertragung aus dem Iran jedes Haus in Deutschland direkt erreichen kann, haben wir eine neue Situation. Wenn die moderne Technik schnelle und effiziente Geldwäsche ermöglicht, die von zahlreichen internationalen Banken nahezu mit Lichtgeschwindigkeit vollzogen wird, haben wir eine neue Herausforderung. Wenn die Welt versucht, internationale Entscheidungen und Verträge durch Mehrheitsbeschlüsse von Ländern zu besiegeln, von denen die meisten noch nie etwas erfahren haben, was auch nur entfernt an eine Demokratie erinnert, setzt sie globale antidemokratische Maßstäbe durch. Wir beobachten auch einen Anstieg illegaler Immigrationsmuster, grenzübergreifende rassistische Aufhetzung, internationale Steuerflucht, Drogenhandel, Kinderarbeit in einer Region, die Güter für eine andere Region produziert, die sie verbietet, und zahlreiche Phänomene, die von der schnellen Mobilität und der modernen Kommunikation durch heutige Technologien verstärkt werden.

Es stimmt zwar, dass es alle diese sieben Punkte schon jahrelang gibt. Wir haben schon oft kurzsichtige Führer gehabt, uns über oberflächliche Fernsehberichterstattung komplexer Fragen beklagt, beobachtet, wie wissenschaftlich ungebildete Führer sich blind in einem Labyrinth technischer Fragen bewegt haben, unerfahrene, gutaussehende Politiker gewählt, ein vernünftiges Niveau von Transparenz gefordert, die Anwendung ehrenhafter konstitutioneller Prinzipien übertrieben und an die Verbindung mit anderen Nationen auf unserem Planeten geglaubt. *Aber die moderne Technik hat die Muster all dieser Dinge verändert und einen gefährlichen Mangel an Gleichgewicht zwischen unseren Idealen und der heutigen Wirklichkeit verstärkt.*

Als jemand, der an den äußerst positiven Beitrag von Wissenschaft und Technik für unsere Gesundheit, Ernährung, Bildung, Sicherheit und Erkenntnis des Universums glaubt, leide ich sehr, wenn ich diese charakteristischen Züge beobachte, und ich glaube, dass wir uns wirklich Sorgen machen sollten. Die einzige Möglichkeit, mit dem Problem fertig zu werden, besteht darin, die Evolution der Struktur der modernen liberalen Demokratie zuzulassen und ihr zu erlauben, sich den neuen Technologien anzupassen. Das muss erst noch geschehen. Wir haben zwar noch keine Lösungen und Heilmittel, aber es muss Möglichkeiten geben, um die Grundmerkmale der Demokratie zu bewahren, während wir zugleich ihre einzelnen Regeln und Muster so fein einstellen, dass die negativen Effekte minimiert werden und die moderne Wissenschaft und Technik in die Lage versetzt werden, mehr Gutes zu tun als Schaden anzurichten.

# Bruce Parker
## Die Vierte Kultur

Gastprofessor am Center for Maritime Systems, Stevens Institute of Technology; Autor von *The Power of the Sea: Tsunamis, Storm Surges, Rogue Waves, and Our Quest to Predict Disasters*

Wenn *Edge* die Dritte Kultur ist (Wissenschaftler und andere Denker, die neue Ideen über die Welt direkt der Allgemeinheit vermitteln) und wenn die übrigen Wissenschaftler und die sogenannten literarischen Intellektuellen die ersten beiden Kulturen sind, wie C. P. Snow vorschlug, dann gibt es auch noch eine andere Kultur, deren Einfluss so schnell wächst, dass sie zu Recht die Vierte Kultur genannt werden kann. Diese »Kultur« ist nicht wirklich neu.

In der Vergangenheit hätten wir sie einfach Populärkultur genannt und sie dann als eine Welt von meist oberflächlicher Unterhaltung abgetan, mit der sich nur ein bestimmtes Segment der Bevölkerung beschäftigt (jenes Segment, das nicht als intellektuell oder einflussreich gilt). Aber jetzt ist diese Populärkultur global, wird vom Internet angetrieben und hat sich infolgedessen weit verbreitet, und ihr wachsender Einfluss erlaubt uns nicht mehr, sie so leicht abzutun.

Das Internet und die damit verbundenen Medien und Kommunikationsinstanzen (insbesondere Mobiltelefone und Kabelfernsehen) stärken die Vierte Kultur. Und bei dieser Kultur handelt es sich nicht mehr nur um Popmusik, Filme, Fernsehen und Videospiele. Sie schließt jetzt Religion und Politik ein und beinahe alles, was Menschen im Alltagsleben berührt. Sie ist eine von unten nach oben gerichtete »Kultur«, die das geistige Niveau herunterschraubt, was wahrscheinlich Auswirkungen haben wird.

Wir sollten uns über die wachsende Dominanz der Vierten Kultur und über ihren möglichen direkten und indirekten Einfluss auf uns alle Sorgen machen. Aufgrund ihrer Kommunikationsmöglichkeiten und ihrer Anziehungskraft auf die Egos der Menschen, ihre Sexualität, Vorurteile, Glaubensüberzeugungen, Träume und Ängste kann die Vierte Kultur leicht die Gedanken von Millionen formen. Sie begünstigt Emotionen gegenüber der Logik, Selbstzentriertheit gegenüber geistiger Offenheit und den Unterhaltungswert und die Fähigkeit, Geld zu verdienen, gegenüber Wahrheit und Einsicht. Und zum größten Teil ignoriert sie die Wissenschaft.

Die hauptsächliche Nutzung des Internets liegt immer noch in der Unterhaltung, aber schon allein das ist bedenklich. Sowie ein immer größerer Teil der Bevölkerung immer mehr Stunden am Tag mit Unterhaltung füllt, bleiben dadurch weniger Stunden für Aktivitäten übrig, die die Erkenntnis, das Mitgefühl oder das Interesse an allem fördern, was außerhalb der eigenen, vom Internet dominierten Mikrokosmen liegt. Wenn die eigenen »Leistungen« im Leben und das Selbstbild sich auf solche Dinge konzentrieren, wie die größte Zahl von Tötungen in einem Videokriegsspiel zu erreichen oder in der Lage zu sein, den eigenen Lieblingsrockstar persönlich zu sehen oder mitzuerleben, wie die eigene Lieblingssportmannschaft ein Spiel gewinnt (was alles vor dem Internet auch möglich war, jetzt aber zu viel größeren Extremen getrieben wird), welche Leidenschaft bleibt dann noch übrig für die wirkliche Welt oder für die Probleme der Mitmenschen? Würde es eine Übertreibung darstellen, wenn man eine Parallele zu den Römern andeuten wollte, die die Massen von den Problemen der wirklichen Welt ablenkten, indem sie sie ins Kolosseum lockten, wo ihnen Gladiatorenkämpfe auf Leben und Tod präsentiert wurden?

Die Vierte Kultur ist wahrscheinlich keine Bedrohung für die Naturwissenschaften; zu viel Geld wird mit Naturwissenschaft (und der aus ihr resultierenden Technik) verdient, als dass sie verschwinden könnte. Wir versuchen nicht, die Naturwissenschafts- und Mathematiknoten unserer Studenten zu verbessern, damit wir mehr Wissenschaftler produzieren können. Es wird immer jene Kinder geben, die mit einer grenzenlosen Neugier, wie die Welt funktioniert, geboren werden und so zur Naturwissenschaft oder zu einer anderen Art von analytischer Tätigkeit geführt werden. Der Grund, warum wir unsere Kinder besser in den Naturwissenschaften ausbilden wollen, ist, sie zu besseren Staatsbürgern zu machen. Unsere Bürger müssen die Welt und ihre Probleme durch die Augen der Naturwissenschaft sehen. Sie müssen in der Lage sein, logische Ansätze für Problemlösungen zu erkennen, und nicht geblendet sein von religiösen Ansichten, Mythen oder falschen Ängsten, die von den Gegnern bestimmter Vorgehensweisen gefördert werden.

Nirgendwo gibt die Vierte Kultur mehr Anlass zur Sorge als in ihrem Einfluss darauf, wen wir als unsere Führer auswählen, indem wir ein mittlerweile benachteiligtes demokratisches System benutzen. Wie die Produkte/Ergebnisse der Naturwissenschaft genutzt werden, liegt jetzt häufig in der Hand von Entscheidungsträgern, die Naturwissenschaft nicht verstehen. Manche von ihnen denken, dass Naturwissenschaft schlecht ist und sorgfältig untersuchte und geprüfte Theorien sich von religiösen Dogmen nicht unterscheiden.

Wir wollen, dass die gewählten Amtsinhaber intelligente Leute sind, denen daran liegt, das zu tun, was für alle Menschen der Nation (oder der Welt) am besten ist. Aber die zur Wahl stehenden Regierungspositionen sind die einzigen Stellen, die kein Anforderungsprofil aufweisen, das die angehenden Kandidaten erfüllen müssen – außer einem Mindestalter und beim Präsidenten, dass er in den Vereinigten Staaten geboren ist. Kandidaten, die sich für ein Amt zur Wahl stellen, brauchen weder einen Hochschulabschluss noch Unternehmenserfolge oder irgendwelche nachprüfbaren Leistungen, um gewählt zu werden. Sie müssen einfach nur Leute überzeugen, für sie zu stimmen, und zwar mit allen beliebigen emotionalen Mitteln, die die Teams ihrer Kampagnen sich ausdenken können. Dank der Vierten Kultur ist es leichter geworden, uninformierte und sogar dumme Kandidaten durch emotionale Manipulation in Form von Appellen an die Religion, den Patriotismus, Klassenunterschiede, ethnische Voreingenommenheiten usw. zu wählen (Appelle, die natürlich von riesigen Geldsummen unterstützt werden). Markante Sprüche und Wahlwerbekampagnen, die wie Filmtrailer aussehen, siegen letztlich über einen sorgfältig überlegten, schlüssigen Diskurs.

Die Presse, die einst als der vierte Pfeiler einer demokratischen Regierung galt, weil sie die anderen drei Säulen zur Ehrlichkeit zwang, reduziert sich jetzt bloß noch auf »die Medien« und hat erschreckend viel oder gar das meiste ihrer Kontrollfunktion eingebüßt. Bei dem Versuch, in dieser vom Internet dominierten Medienwelt finanziell zu überleben, hat die Presse Nachrichtenredaktionen zurückgefahren, verlässt sie sich mehr auf zweifelhafte Quellen aus dem Internet, behandelt populäre Storys als Nachrichten (und reduziert damit den Raum für wichtige Storys, besonders wissenschaftliche Storys) und belässt selbst die idiotischsten und beleidigendsten Kommentare auf ihren Websites (im Namen der Redefreiheit, aber in Wirklichkeit, um so viele Kommentare wie möglich zu haben, damit sie Werbefachleuten beweisen können, dass ihre Websites populär sind).

Wir hatten gehofft, dass das Internet eine demokratisierende Kraft sein würde. Wir hatten gehofft, dass es jedem eine Stimme verleihen würde und neue Ideen und Ansätze für die Lösung ernsthafter Probleme zutage fördern würde. Bis zu einem gewissen Grad hat es das auch, und es kann noch eine Menge mehr leisten. Aber das Internet hat auch den Ignoranten eine Stimme verliehen. Eine Stimme, die sie nie zuvor besaßen. Eine laute und emotionale Stimme. Wir können zwar hoffen, dass die Auswirkungen des wachsenden Einflusses der Vierten Kultur sich nicht im großen Maßstab als zerstörerisch erweisen, aber dies ist etwas, über das es sich lohnt, besorgt zu sein, und es lohnt sich auch, nach Möglichkeiten zu suchen, ihren Einfluss zu verringern. Das ist ein weiterer Grund dafür, warum die Ausbreitung der Dritten Kultur so wichtig ist.

# Eduardo Salcedo-Albarán
# Die Unfähigkeit der klassischen Sozialwissenschaften, »moderne« Staaten zu verstehen, die durch Verbrechen geformt werden

Philosoph und Politologe; Direktor von Scientific Vortex, Inc.

Der klassischen Politologie und Geschichtswissenschaft zufolge entwickelten sich nach den mittelalterlichen Königreichen, die auf dem Willen Gottes und des Königs gründeten, moderne weltliche und liberale Staaten. Diese modernen Staaten stützen sich auf weltliche Gesetze, deren Zweck es ist, das Wohl der Gesellschaft und die Autonomie des Individuums zu schützen. Augenscheinlich haben die meisten Staaten des Westens die Demokratie, unparteiische Gesetze und den Schutz der Menschenrechte angenommen und sich damit auf die Moderne zubewegt. Wir sollten uns jedoch über verschiedene »moderne« Staaten Sorgen machen, die praktisch durch Verbrechen geformt werden – Staaten, in denen Gesetze von Verbrechern verkündet und die, was noch schlimmer ist, durch eine formelle und »legale« Demokratie legitimiert werden. Die Anführungszeichen stehen deshalb da, weil die gesellschaftliche Wirklichkeit normalerweise nicht so aussieht, wie die klassischen Sozialwissenschaften sie beschreiben.

Im Allgemeinen denkt man, dass es bei Verbrechen, wie im Film, um eine Auseinandersetzung zwischen den Bösen und den Guten geht; beide treffen nur sporadisch aufeinander, z.B. durch Bestechung oder Infiltration. Die Daten zeigen jedoch, dass eine Grauzone der Zusammenarbeit und gemeinsamen Entscheidung zwischen den Guten und den Bösen eine Konstante ist: Aufrührer und Aufruhrbekämpfer, Staatsdiener, Politiker, Kandidaten und verschiedene private Akteure arbeiten zusammen, um die Regeln von Gesellschaften zu definieren und Institutionen gemäß ihren eigenen (manchmal kriminellen) Interessen zu formen.

In solchen Staaten wird das ganze Drum und Dran einer formellen Demokratie größtenteils beibehalten: Gesetzesentwürfe werden vorgeschlagen, Gesetze werden verabschiedet, und es werden Wahlen durchgeführt. Jenseits dieser Formalismen sind Mitglieder krimineller Netzwerke die Akteure bei diesen Prozessen. In afrikanischen Ländern wie im Sudan oder der Demokratischen Republik Kongo sind Privatindustrie, Aufständische und Staatsbeamte in eine zirkuläre Kausalität der Korruption verstrickt, die zu ungeheuerlicher Gewalt führt.

Ähnliche Umstände gelten in Mexiko, Guatemala und Kolumbien. 2012 verlangten die Vereinigten Staaten die Auslieferung eines ehemaligen guatemaltekischen Präsidenten, weil er an einem großangelegten Geldwäschekomplott mitgewirkt hat. In Mexiko wurden 2009 38 Bürgermeister des Staates Michoacán verhaftet, weil sie mit dem kriminellen Netzwerk La Familia zusammengearbeitet hatten. In Kolumbien unterzeichneten im Juli 2001 30 Gouverneure, Bürgermeister, leitende Politiker und Kandidaten einen Geheimvertrag mit der Gruppe der kontrarevolutionären Vereinigten Selbstverteidigungskräfte Kolumbiens, um den kolumbianischen Staat durch die Verabschiedung einer neuen Reihe von Regeln neu zu begründen. Einige der Unterzeichner wurden dann zu staatlichen Gesetzgebern.

Hier geht es nicht um die sporadische Korruption unter Vollstreckungsbeamten; hier geht es um massive Korruption und Kooptierung bei der Festlegung von Gesetzen und Institutionen – dieselben Gesetze und Institutionen, auf die sich Staaten stützen. Es geht um Situationen, in denen die »Bösen« nicht mehr gegen die »Guten« kämpfen; stattdessen werden sie eins mit dem formellen Staat, und ihre kriminellen Interessen werden von den Gesetzen und Institutionen des Staates geschützt.

Es stellen sich mehrere Fragen: Was lässt sich über Gesetze sagen, die von Verbrechern vorgeschlagen und verabschiedet werden? Sind das »echte« Gesetze? Sollen wir die einzelnen Menschen auffordern zu entscheiden, ein bestimmtes Gesetz zu befolgen oder nicht zu befolgen, je nach dem, ob die Gesetzgeber kriminelle Gruppen favorisieren? Was ist mit den Fällen, in denen die Gesetzgeber nicht kriminelle Gruppen, sondern mächtige Unternehmen favorisieren? Brauchen wir eine andere Definition von »Gesetz«? Brauchen wir eine andere Definition von »Staat«?

Das ist nicht nur eine begriffliche Frage.

Zivil- und Strafgesetze bilden die Grundlage des Alltagslebens. Was wir denken und wie wir uns verhalten, ist das Ergebnis der Interaktion zwischen unserem Gehirn und den Kodizes, Regeln und Institutionen in unserer Umgebung. Wenn diese Kodizes und Institutionen auf kriminellen Interessen beruhen, ändern sich die gesellschaftlichen und kulturellen Definitionen von Richtig und Falsch. Dann haben wir eine Gesellschaft, in der die Illegalität die Norm ist – eine Gesellschaft, die gewöhnlich als ein gescheiterter Staat definiert wird. Das Ergebnis ist ein Teufelskreis, der kriminelle Netzwerke stärkt, die über verschiedene Länder hinweg operieren – Netzwerke, die an weitverbreiteter Korruption, Massenmord, Menschenhandel, Entführungen, Erpressungen und Gewalt beteiligt sind. Die klassischen Sozialwissenschaften – mit ihren Dichotomien wie legal/illegal, rational/emotional, Mikro/Makro und individuell/gesellschaftlich u. a. – sind nicht ausgerüstet, um die gegenwärtige gesellschaftliche Wirklichkeit in solchen Ländern zu verstehen.

Neben den traditionellen qualitativen und quantitativen Werkzeugen sind neue integrative Ansätze notwendig, um die gegenwärtige gesellschaftliche Wirklichkeit zu erklären. Wir sollten uns daher auch Sorgen machen über die Unfähigkeit von Sozialwissenschaftlern, die Aufmerksamkeit auf Situationen wie jene zu lenken, die ich gerade beschrieben habe. Während sie sich darauf konzentrieren, diese Wirklichkeit anhand ihrer klassischen Dichotomien und Rahmenvorstellungen zu erklären, versinken manche Staaten im Chaos.

Ebenso wie die Konvergenz und Beseitigung von Grenzen in Medizin, Ingenieurswesen, Genetik, Künstlicher Intelligenz und Biochemie den Begriff des Lebens durch neue und integrative Ansätze neu definiert haben, wird die Konvergenz und Beseitigung der Grenzen zwischen den verschiedenen Sozialwissenschaften die Neudefinition von Begriffen wie »Verbrechen«, »Gesetz« und »Staat« ermöglichen und sie mehr in Einklang mit der Wirklichkeit bringen. Ebenso wie wir die Welt nicht mehr im Sinne von organisch/anorganisch oder natürlich/künstlich verstehen können, können wir auch die gesellschaftliche Welt nicht mehr im Sinne von legal/illegal oder emotional/rational verstehen.

Wir müssen uns sowohl Sorgen über »moderne« Staaten machen, die durch Verbrechen geformt werden, als auch über die klassischen Wissenschaftler, die sie zu erklären versuchen. Gesellschaften brauchen Armeen, eine Exekutive und eine öffentliche Ordnung, aber noch wichtiger ist, dass eine Gesellschaft eine Armee von anspruchsvollen und scharfsinnigen, auf die Zukunft gerichteten *Edge*-Denkern braucht, die keine Angst haben, Grenzen zwischen den Wissenschaften zu beseitigen, und denen mehr daran liegt, die gesellschaftliche Wirklichkeit zu verbessern, als in angesehenen Zeitschriften zu publizieren – eine »Armee« von *Edgies*, die schwache Staaten dabei unterstützen, das große Potenzial der Menschheit auszuschöpfen.

# Andrew Lih
# Ist der neue öffentliche Raum ... öffentlich?

Außerordentlicher Professor an der Annenberg School for Communication & Journalism an der University of Southern California; Autor von *The Wikipedia Revolution*

Das Aufkommen von Websites sozialer Medien hat die Entwicklung eines neuen digitalen öffentlichen Raums ermöglicht, in dem Gespräche zwischen vielen Leuten auf einer Vielfalt von Multimedia-Plattformen unterstützt wurden, von Youtube über Twitter bis hin zu Weibo. Dadurch wurde ein globales Publikum miteinander verbunden und ein neues digitales Gemeingut geschaffen, das tiefgreifende Auswirkungen auf die bürgerliche Gesellschaft, soziale Normen und sogar Regimewechsel im Nahen Osten hat. So wichtig er auch geworden ist, sind entscheidende Aspekte dieses neuen öffentlichen Raums wirklich öffentlich?

Es gibt Gründe zur Beunruhigung.

Obwohl wir Inhalte und Verbindungen generieren, die ein reichhaltiges globales Gespräch versorgen, das noch vor zehn Jahren unvorstellbar war, haben wir eigentlich keine Möglichkeit, diesen Informationsstrom im Nachhinein zu rekonstruieren, seine Quellen zu bestimmen, ihn zu erforschen und zu untersuchen. Die Bandbreite von Herausforderungen ist gewaltig, sei es, weil die Informationen von privaten Händen in Beschlag genommen sind, der volle Zugang zu ihnen verhindert wird, sie der Sicht entrückt werden, mit bankrott gegangenen Unternehmen zurückgezogen werden oder wegen gesetzlicher Schranken vor dem Kopieren geschützt sind.

Insbesondere hat sich Twitter zum Zentrum eines neuen globalen öffentlichen Gesprächs entwickelt. Doch jeder, der jemals dessen Suchfunktion verwendet hat, weiß, dass die Chance, einen Inhalt ein zweites Mal zu finden, gering ist. Facebook funktioniert standardmäßig nur in einem privaten Zugangsmodus und wird sogar noch stärker vor genauer Suche und Überprüfungen abgeschirmt, und zwar nicht nur durch die Öffentlichkeit, sondern auch durch die Urheber der ursprünglichen Inhalte.

Wie steht es mit dem leichteren Fall von Leuten, die einfach die Kontrolle über ihre eigenen Inhalte innerhalb dieser Dienste geltend machen? Nutzer von Inhaltssystemen sozialer Medien haben immer noch das alleinige Urheberrecht für ihre Inhalte, obwohl die Dienstleistungsbedingungen, denen die Nutzer zustimmen, ziemlich weitreichend sind. Twitter ist recht typisch: »Sie gewähren uns eine weltweite, nicht-exklusive, tantiemenfreie Lizenz (mit dem Recht auf Sublizenz), um solche Inhalte in allen beliebigen Medien oder Verteilungsverfahren (die jetzt bekannt sind oder später entwickelt werden) zu nutzen, zu kopieren, zu reproduzieren, zu verarbeiten, anzupassen, zu modifizieren, zu veröffentlichen, zu übertragen, anzuzeigen und zu verteilen.«

Ohne das Ausmaß oder die Reichweite dieser Art von Lizenzvereinbarungen beurteilen zu wollen, ist doch die Logistik des Zugangs zu den eigenen Daten beunruhigend. Typischerweise sind diese Dienste (Twitter, Facebook, Weibo, Instagram et al.) die alleinigen digitalen Besitzer Ihrer Texte, Links, Bilder oder Videos, die in ihren Systemen generiert wurden. Sie mögen zwar das Urheberrecht besitzen, aber besitzen Sie auch eine Kopie von dem, was Sie in deren Systeme eingespeist haben? Haben Sie wirklich Kontrolle über den Zugriff auf Ihre Inhalte? Haben Sie die Fähigkeit, nach den Informationen, die Sie generiert haben, zu suchen und sie wieder aufzurufen? Ist der öffentliche Zugang zu Ihren Daten (z.B. über Schnittstellen zur Anwendungsprogrammierung) jetzt möglich oder wird er langfristig garantiert?

Dass wir weiterhin eine Reihe von Informationssystemen ohne Sicherheiten für ihre langfristige Überlebensfähigkeit oder Verpflichtung zum offenen Zugang verwenden, ohne zu wissen, ob sie gute Verwalter unserer Geschichte und des öffentlichen Gesprächs sind, sollte uns allen Sorgen machen.

Was können wir hier tun?

Man muss Twitter zugutehalten, dass es mit der Library of Congress eine Partnerschaft eingegangen ist und die Tweets der ersten vier Jahre (2006 bis 2010) zur Forschung und Untersuchung übergeben hat. Seit dieser ersten Zusammenarbeit hat Twitter sich bereit erklärt, der Bibliothek alle Tweets laufend zur Verfügung zu stellen. Das ist zwar lobenswert, aber es ist so, als ob man aus einem virtuellen Feuerwehrschlauch tränke, da jeden Tag etwa eine halbe Milliarde neue Tweets generiert werden. Nur wenige Einrichtungen besitzen die Technologie zur Verarbeitung solch großer Datenmengen.

Die Vereinbarung mit Twitter stellt für die Bibliothek eine ziemliche Herausforderung dar, da sie keine angemessene Möglichkeit hat, die Daten zu verwalten. Ihrem eigenen Eingeständnis zufolge war sie nicht in der Lage, den etwa 400 Forschungsanfragen bezüglich dieser Daten nachzukommen, weil sie immer noch mit »bedeutenden technischen Herausforderungen« zu ringen hat, »um das Archiv Forschern auf umfassende und nützliche Weise zugänglich zu machen«. Bislang hat die Bibliothek nicht geplant, die gesamte Datenbank zum Download für andere freizugeben, damit sie versuchen können, die Daten zu verarbeiten.

Wir haben Gründe, uns Sorgen darüber zu machen, dass dieser neue digitale öffentliche Raum, obwohl er vernetzt und gemeinschaftlich ist, keine wirkliche Vereinigung von Daten ist, die für zukünftige Generationen rekonstruiert und für geeignete Untersuchungen zugänglich gemacht werden kann. Rechtliche, infrastrukturelle und kooperative Herausforderungen gibt es in großer Zahl, und sie werden dafür verantwortlich sein, dass dieser Raum in der nahen Zukunft wahrscheinlich fragmentarisch, löchrig und inkohärent bleibt.

# Frank Wilczek
## Verpasste Chancen

Herman-Feshbach-Professor für Physik am MIT; Nobelpreisträger 2004; Autor von *The Lightness of Being: Mass, Ether, and the Unification of Forces*

Wir sollten uns vor allem davor fürchten, unsere großen Chancen zu vergeben.

Heute genießen viele 100 Millionen Menschen einen materiellen Lebensstandard, der höher liegt als alles, was nur wenige Glückliche vor gerade erst einem Jahrhundert erreicht hatten. Mehr noch: Dinge, die wir heute für selbstverständlich halten, wie z. B. den augenblicklichen Zugang zu fernen Freunden und zu den besten künstlerischen und intellektuellen Produktionen der Welt, waren damals kaum vorstellbar.

Wie ist dieses Wunder geschehen?

Wegbereiter war ein neues Grundlagenwissen. Die Einsicht in den Elektromagnetismus erlaubte uns, sowohl Energie als auch Information zu übertragen; die ersten Schritte beim Verstehen der Quantenwelt haben die Mikroelektronik, Laser und eine Menge anderer Technologien unterstützt. Die Kenntnis des wahren Ursprungs von Krankheiten ermöglichte deren Verhinderung oder Heilung; das molekulare Verständnis des Stoffwechsels von Pflanzen und Tieren unterstützte gewaltige Verbesserungen in der Landwirtschaft, was zu reicheren Ernten mit weit weniger menschlicher Arbeit führte.

Grundlegende Durchbrüche lassen sich naturgemäß nicht vorhersagen. Doch es gibt allen Grund zur Hoffnung auf schon bald mehr. Die Werkzeuge der Quantenwissenschaft und der

Molekularbiologie sind schärfer als je zuvor, und jetzt können sie mit einer außergewöhnlichen, immer stärker werdenden Computerleistung verknüpft werden. Chancen winken: die Herausforderung der Herstellung von Quantencomputern, wirkliche Möglichkeiten für die Steigerung der menschlichen Geisteskraft und der Verlängerung der Spanne eines gesunden Lebens und andere, die wir uns noch nicht vorstellen können.

Was könnte schiefgehen?

Gibbon sprach bei seiner Schilderung des Untergangs von Rom von »dem natürlichen und unvermeidlichen Effekt maßloser Größe« und vom »Triumph der Barbarei und Religion«. Diese Kräfte – die Umleitung intellektueller Anstrengungen von der Innovation zur Ausbeutung, der Wahnsinn endloser Kriege, ein aufkommender Fundamentalismus – lösten schon früher ein dunkles Zeitalter aus, und sie könnten es erneut tun.

# Sam Harris
## Die Macht schlechter Anreize

Neurowissenschaftler; Vorsitzender des Project Reason; Autor von *Free Will*

Stellen Sie sich vor, dass ein junger Weißer fälschlicherweise für ein schweres Verbrechen schuldig erklärt und zu fünf Jahren Haft in einer Hochsicherheitsanstalt verurteilt wurde. Er hat keine gewalttätige Vorgeschichte und ist verständlicherweise entsetzt über die Aussicht, unter Mördern und Vergewaltigern zu leben. Als sich die Gefängnistore hinter ihm schließen, schrumpft ein ganzes Leben voller verschiedenartiger Interessen und Bestrebungen auf einen einzigen Punkt zusammen: *Er muss es vermeiden, sich Feinde zu schaffen, damit er seine Strafe unbehelligt absitzen kann.*

Unglücklicherweise sind Gefängnisse Orte perverser Anreize – wo genau diejenigen Normen, die man befolgen muss, um zu vermeiden, ein Opfer zu werden, unausweichlich zu Gewalt führen. In den meisten US-Gefängnissen befinden sich Weiße, Schwarze und Hispanoamerikaner in einem Zustand permanenten Krieges. Dieser junge Mann ist kein Rassist und würde es vorziehen, mit jedem, der ihm begegnet, friedlich umzugehen, aber wenn er sich keiner Gang anschließt, wird er wahrscheinlich das Ziel von Vergewaltigung und anderen Misshandlungen durch Gefangene aller Rassen sein. Keine Seite zu wählen bedeutet, das attraktivste Opfer von allen zu werden. Da er weiß ist, wird er wahrscheinlich keine andere realistische Wahl haben, als sich zu seinem Schutz einer weißen rassistischen Gang anzuschließen.

Also tut er das. Um jedoch ein angesehenes Mitglied zu bleiben, muss er bereit sein, andere Mitglieder der Gang zu verteidigen, egal wie soziopathisch deren Verhalten ist. Außerdem entdeckt er, dass er bereit sein muss, bei der kleinsten Provokation Gewalt anzuwenden – einen verbalen Anwurf beispielsweise mit einem Messerstich zu vergelten –, wenn er nicht den riskanten Ruf erwerben will, einer zu sein, den man nach Belieben angreifen kann. Wenn man nicht auf das erste Zeichen von Respektlosigkeit mit massiver Gewalt reagiert, geht man das untragbare Risiko weiterer Misshandlungen ein. Also beginnt der junge Mann, sich genau auf jene Weise zu verhalten, die jedes Hochsicherheitsgefängnis zur Hölle auf Erden macht. Und er verlängert seine Haftstrafe auch noch aufgrund der schweren Verbrechen, die er hinter Gittern begeht.

Ein Gefängnis ist vielleicht der Ort, an dem man die Macht schlechter Anreize am leichtesten erkennt. Und doch finden wir an vielen anderen Orten in unserer Gesellschaft ansonsten normale Männer und Frauen, die in derselben Falle stecken und eifrig das Leben für jeden schlechter machen, als es sein muss. Gewählte Beamte ignorieren langfristige Probleme, weil sie die kurzfristigen Interessen der Wähler befriedigen müssen. Leute, die für Versicherungsgesellschaften arbeiten, beziehen sich auf technische Details, um hoffnungslos kranken Patienten die Behandlung zu verweigern, die sie brauchen. Geschäftsführer von Unternehmen und Investmentbanker gehen außergewöhnliche Risiken ein – sowohl für ihre Unternehmen als auch für die Wirtschaft insgesamt –, weil sie Erfolgsprämien ernten, ohne die Strafe für Misserfolge zu erleiden. Anwälte belangen fortgesetzt Leute, von denen sie wissen, dass sie unschuldig sind (und verteidigen jene, von deren Schuld sie überzeugt sind), weil ihre Karriere davon abhängt, Verhandlungen zu gewinnen. Unsere Regierung führt einen Krieg gegen Drogen, der genau das Problem von Schwarzmarktprofiten und Gewalt erzeugt, das er zu lösen vorgibt ...

Wir brauchen Systeme, die klüger sind als wir selbst. Wir brauchen Institutionen und kulturelle Normen, die uns besser machen, als wir von Natur aus sind. Mir scheint, dass die größte Herausforderung, vor der wir jetzt stehen, der Aufbau solcher Systeme ist.

# Marco Iacoboni
## Die Publikationspraxis
## wissenschaftlicher Literatur

Neurowissenschaftler; Professor für Psychiatrie und
Bioverhaltenswissenschaften an der David Geffen School of
Medicine der University of California in Los Angeles; Autor
von *Mirroring People: The Science of Empathy and How
We Connect with Others*

Wir sollten uns über die Publikationspraxis wissenschaftlicher
Literatur Sorgen machen. Wenn ich sage »Publikationspraxis
wissenschaftlicher Literatur«, denke ich vor allem an die von
Experten begutachtete Literatur der Biowissenschaften und
Biomedizin. Wir sollten uns Sorgen darüber machen, weil es
scheint, dass die einzigen Daten, die in den Biowissenschaften
und der Biomedizin veröffentlicht werden können, neue Entdeckungen sind. Das ist ein ernsthaftes Problem, weil einer der
entscheidenden Aspekte der Wissenschaft die Reproduzierbarkeit von Ergebnissen ist. Das Problem bei den Biowissenschaften ist, dass niemand Ihre Replikationsdaten veröffentlichen
will, wenn Sie ein Experiment und seine Ergebnisse repliziert
haben. »Das wissen wir schon«, lautet die typische Antwort.
Selbst wenn das Experiment nicht wirklich eine Replikation
ist, sondern einem anderen ähnlich ist, das zuvor schon veröffentlicht wurde, und die Ergebnisse nicht einmal genau iden-
tisch mit den zuvor veröffentlichten sind, sondern ihnen nur
ziemlich nahe kommen, will niemand diese Untersuchung
veröffentlicht sehen, es sei denn, Sie finden eine Möglichkeit,
die Daten in einem neuen Licht zu erörtern. Nur Experimente,
die Ergebnisse hervorbringen, die zu den früher veröffentlich-

ten Untersuchungen im Gegensatz stehen, werden wahrscheinlich veröffentlicht. Hier ist es der Mangel der Replikation, der das Experiment interessant macht.

Das andere große Problem ist, dass Experimente, die mit negativen Ergebnissen oder »Null-Ergebnissen« aufwarten – d. h. die keinerlei Effekt des Experiments nachweisen –, ebenfalls schwierig zu veröffentlichen sind, wenn sie nicht die mangelnde Replikation eines zuvor veröffentlichten bedeutenden Ergebnisses demonstrieren.

Die Kombination dieser beiden Vorgehensweisen macht es sehr schwer, allein anhand der Literatur herauszufinden, welche Ergebnisse solide und replizierbar sind und welche nicht. Und das ist eindeutig ein Problem.

Manche haben vorgeschlagen, dass wir zur Lösung dieses Problems alle unsere negativen Ergebnisse veröffentlichen sollten und positive Resultate erst dann, nachdem wir sie selbst repliziert haben. Ich finde, das ist eine großartige Idee, obwohl ich nicht sehe, dass die Gemeinschaft der Biowissenschaftler und Biomediziner sie in naher Zukunft umsetzen wird. Ich möchte jedoch einige praktische Beispiele dafür anführen, inwieweit die Literatur der Biowissenschaften und Biomedizin im Argen liegt und wie man dieses Problem lösen könnte.

Eine der aufregendsten jüngeren Entwicklungen in der Neurowissenschaft des Menschen ist das, was als *nichtinvasive Neuromodulation* bezeichnet wird. Sie besteht aus einer Reihe von Techniken, bei denen entweder Magnetfelder oder schwache Ströme verwendet werden, um das menschliche Gehirn schmerzfrei und mit keinen oder vernachlässigbaren Nebenwirkungen zu stimulieren. Eine dieser Techniken wurde bereits von der Food and Drug Administration für die Behandlung von Depressionen anerkannt. Andere mögliche Einsatzbereiche umfassen die Reduktion von Anfällen bei Epileptikern, die Verbesserung beim Wiedererlangen der Funktionen nach einer Schädigung des Gehirns und im Prinzip sogar die Verbesserung kognitiver Fähigkeiten bei Gesunden.

In meinem Labor führen wir eine Reihe von Experimenten unter Verwendung der Neuromodulation durch, u. a. zwei Studien, in denen wir spezifische Gehirnregionen des Frontallappens stimulieren, um die Empathie zu verbessern und soziale Vorurteile zu reduzieren. Jedes Experiment hat ein Grundprinzip, das ersichtlich auf früheren Studien und Theorien beruht, die durch diese Studien angeregt wurden. Unser Experiment zur Empathie basiert in erster Linie auf unseren früheren Arbeiten zu Spiegelneuronen und Empathie. Da wir eine Reihe von Untersuchungen selbst durchgeführt haben, sind wir ziemlich überzeugt von dem Hintergrund, auf dem das Grundprinzip unseres Experiments basiert. Das Experiment zu sozialen Vorurteilen wurde jedoch durch einen klugen Artikel angeregt, der vor kurzem von einer anderen Gruppe veröffentlicht wurde, die ebenfalls die Technik der Neuromodulation des Frontallappens verwendete. Die kognitive Aufgabe, die in dieser Untersuchung eingesetzt wurde, weist Ähnlichkeiten mit den kognitiven Mechanismen sozialer Vorurteile auf. Folgendes ist jedoch der Haken: Wir kennen jenen veröffentlichten Artikel (weil er veröffentlicht wurde), aber wir haben keine Ahnung, ob eine Reihe von Forschergruppen versuchte, etwas Ähnliches zu leisten, und keine Effekte erzielte – einfach deshalb, weil negative Ergebnisse nicht veröffentlicht werden. Außerdem ist es unmöglich zu wissen, wie replizierbar die Studie ist, die die Anregung für unser Experiment lieferte, weil Replikationsuntersuchungen auch nicht veröffentlicht werden. Mit anderen Worten, wir haben es mit viel mehr Unbekannten zu tun, als uns lieb ist.

Die Veröffentlichung von Replikationen und negativen Ergebnissen würde die Erkenntnis sehr erleichtern, was empirisch solide ist und was nicht. Wenn 20 Labors dasselbe Experiment durchführen und 18 keine experimentellen Effekte erhalten, während die übrigen zwei gegensätzliche Effekte erzielen, und alle diese Untersuchungen veröffentlicht werden, dann weiß man einfach aus ihrer Lektüre, dass in dieser Forschungsrichtung nicht viel zu holen ist. Aber wenn 14 Labors denselben Effekt nachweisen, drei keinen Effekt erzielen und drei den entgegengesetzten Effekt, dann ist es wahrscheinlich, dass der Effekt, der von den 14 Labors nachgewiesen wurde, viel solider ist als die Effekte, die von den anderen sechs Labors festgestellt wurden.

Vor dem Hintergrund des gegenwärtigen Veröffentlichungs- systems ist es kompliziert, zu diesen Schlussfolgerungen zu gelangen. Eine Möglichkeit wäre, Experimente zusammenzu- fassen, die eine Reihe von Eigenschaften gemein haben. Bei- spielsweise haben wir und andere Gruppen Spiegelneuronen bei Autismus untersucht und sind zu dem Schluss gelangt, dass bei Autismus die Aktivität der Spiegelneuronen re- duziert ist. Einige andere Gruppen konnten das nicht fest- stellen. Die Untersuchungen, die eine Beeinträchtigung der Spiegelneuronen bei Autismus nachwiesen, überwiegen bei weitem die Studien, die das nicht nachweisen konnten. In diesem Fall ist es vernünftig, solide Schlussfolgerungen aus der wissenschaftlichen Literatur zu ziehen. In vielen ande- ren Fällen, wie bei dem Beispiel der Neuromodulation des Frontallappens und sozialen Vorurteilen, gibt es jedoch eine große Ungewissheit aufgrund der Selektivität der Publikati- onspraxis.

Die einfachste Methode, das Problem zu lösen, besteht dar- in, die Frage, ob eine Untersuchung veröffentlicht werden soll oder nicht, nur auf der Grundlage der Schlüssigkeit des expe- rimentellen Designs, der Datensammlung und der Analyse zu beantworten. Wenn das Experiment gut durchgeführt wurde, sollte es veröffentlicht werden, ob es eine Replikation ist oder nicht, unabhängig davon, welche Art von Ergebnissen es auf- weist. Eine Minderheit in der Gemeinschaft der Biowissen- schaftler und Biomediziner schlägt endlich diese Alternative zu den gegenwärtig vorherrschenden Praktiken bei der Veröf- fentlichung wissenschaftlicher Literatur vor. Wenn diese Min- derheit am Ende zu einer Mehrheit wird, werden wir schließ- lich eine wissenschaftliche Literatur haben, die quantitativ bewertet werden kann ($x$ Studien zeigen dies, während $y$ Studien jenes zeigen), anstatt qualitativ (diese Studie zeigt $x$, aber jene Studie zeigt $y$).

Dieser Ansatz wird es irrationalen Behauptungen (die Leugnung der Evolution oder die Leugnung des Klimawandels sind die einschneidendsten Beispiele) noch mehr erschweren, »Wissenschaftlichkeit« vorzuspiegeln. Er würde auch die Zahl von Kontroversen in den Biowissenschaften auf jene Fragen beschränken, die wirklich unklar sind, und uns allen die Zeit ersparen, die wir damit verbringen, über Fragen zu streiten, die schon lange durch die empirischen Daten hätten entschieden werden sollen.

# Eric R. Weinstein
## Exzellenz

Mathematiker und Ökonom; Geschäftsführer von Thiel Capital

Seit zwei Jahrzehnten bin ich mit dem Krieg über Exellenz beschäftigt.

Ich weiß, dass die wenigen von uns, die an der Auseinandersetzung beteiligt sind, tief besorgt sind über die Epidemie der Exzellenz, die begünstigt wird, weil Exzellenz ihre Wirtsorganismen zwingt, ihre Ausbreitung zu fördern, indem diese ihre Einschätzung von Kosten und Nutzen ändern. Die meisten gebildeten Menschen bewundern heute jene, die die sagenhaften »10 000 Stunden« Ausbildungszeit absolvieren, um angesehene Experten auf einem Gebiet zu werden. Zahlreiche Amerikaner drängen ihre wissbegierigen Kinder vom kreativen Spiel weg, damit sie beim Lernen glänzen können, in der Hoffnung, dass sie Spitzenkandidaten für die Zulassung zu einem Exzellenzzentrum werden und nach ihrem Abschluss die Jagd nach Exzellenz weiter verfolgen.

Das Problem mit alledem ist, dass die Exzellenz uns keinen Ausweg aus unseren modernen Problemen bietet. Innerhalb ein und desselben Jahrhunderts haben wir die Zwillingskerne der Zelle und des Atoms entschlüsselt und die Bedingungen für synthetisch biologisches und sogar digitales Leben mit Computerprogrammen geschaffen, die sowohl zu Abstammung als auch zu Variation in der Lage sind, worauf die Selektion jetzt operieren kann. Wir befinden uns auf wahrhaft neuem Gelände, bei dem wir wenig Grund haben zu glauben, dass wir es kontrollieren können; nur die Träger von Exzellenz würden diese jüngsten Errungenschaften mit harmlosen Variationen aufgrund der Erfindung des Kompasses oder der Dampfmaschine vergleichen. Wenn wir also unsere neu entdeckten, gottgleichen Fähigkeiten überleben wollen, müssen wir Verfahrensweisen finden, die weit außerhalb von Expertenwissen, Exzellenz und Meisterschaft liegen.

Unter Bezug auf Sewall Wrights Theorie adaptiver Fitnesslandschaften sehen wir vier Modi menschlicher Leistungen, gepaart mit dem, was man als ihre vertrauteren, begleitenden Archetypen betrachten könnte:

A) *Klettern – Expertenwissen:* den steilsten Weg nach oben zur Exzellenz zu gehen, um zu einer Gemeinschaft zugelassen zu werden, die ein lokales Fitnessmaximum besetzt und verteidigt.

B) *Überschreiten – Genie:* das »adaptive Tal« zu einem unbekannten und unbesetzten noch höheren Maximalniveau der Fitness zu überschreiten.

C) *Bewegen – Heldentum:* »Fitnessberge« für die eigene Gruppe zu bewegen.

D) *Erschüttern – Rebellion:* Gipfel einzuebnen und Täler zuzuschütten, um die Landschaft ebener zu machen.

Das Wesen des Genies als Modalität ist, dass es die Logik der Exzellenz umzukehren scheint. Manchmal müssen wir uns zumindest am Anfang vom scheinbaren Erfolg wegbewegen und uns kopfüber in scheinbare Misserfolge stürzen, um Ergebnisse zu erzielen, von denen nur wenige meinen, dass sie überhaupt möglich sind. Das ist das Wesen des sogenannten adaptiven Tals, das lokale Hügel von echten Gipfeln höherer Fitness trennt. Auf einer technischen Ebene ist Genie die Modalität, die die Weitsichtigkeit, die nötig ist, um die Existenz eines höheren Gipfels abzuleiten, mit der Standfestigkeit und der Fähigkeit verknüpft, die entbehrungsreiche Reise zu einem höheren Gebiet zu überleben. Es muss nicht eigens erwähnt werden, dass das Schauspiel eines Menschen, der sich gegen seine Expertengemeinschaft bewegt, sich von Vergünstigungen ab- und der Peitsche zuwendet, im Allgemeinen als alarmierend betrachtet wird, unabhängig davon, ob dieser Mensch ein gestörter Irrer oder ein Genie ist, das auf dem Wege ist, das Gruppendenken der Gemeinschaft außer Kraft zu setzen.

Die Helden und Rebellen akzeptieren nicht einmal, dass die Landschaft unbeweglich ist, sondern sehen, wie Fitnessdünen durch die Formung oder Einebnung der Landschaft versetzt werden können, und haben ein Auge auf die Veränderung der Fitness ausgewählter Populationen.

Keiner dieser Modi ist an sich gut oder schlecht. Erfolgreiche Individuen verfügen im Allgemeinen über eine Reihe solcher Modalitäten, die von einer ausgesuchten Leitmodalität dominiert werden. Aber der erste Modus des von Exzellenz getriebenen Expertenwissens hat sich mit institutioneller Unterstützung in etwas Unerwartetes verwandelt, wie ein eusozialer, vernetzter Superkonkurrent, der Genie und Heldentum verdrängt, um institutionelle Unterstützung innerhalb des Forschungsunternehmens zu gewinnen. Eine offensichtlich dumme Idee wie »selbstregulierende Finanzmärkte« verbreitet sich jetzt reibungslos unter austauschbaren Experten, die die jetzt vollständig kompatiblen Exzellenzzentren bei Zeitungen, bei der Regierung, an Universitäten, in Denkfabriken, beim Rundfunk und bei Berufsverbänden besetzen. Schon bald salbadern die höchsten Regierungsebenen Unsinn über »die große Mäßigung« im Angesicht von Finanzkatastrophen.

Ich habe nahezu die gesamte Forschungslandschaft durchsucht und war schockiert über die Feststellung, dass Exzellenz eine nahezu universelle Eindringtiefe hat, mit den möglichen Ausnahmen des Silicon Valley und der Hedgefonds. Exzellenz als zweites Eisen im Feuer des Kults der Geschichte duldet keine Auseinandersetzungen. Als Pathogen verbreitet sie sich schnell, wie ein Virus, das vorzugsweise auf den Schaffellen amerikanischer Eliteuniversitäten oder anderen Infektionsüberträgern lauert.

In der Vergangenheit lebten viele Wissenschaftler am Rande der Ehrbarkeit oder gar jenseits davon und galten als Schürzenjäger, Säufer, Fanatiker, Frauenhasser, kindisch, schlampig, faul, politisch intrigant, inkompetent, mordgierig, vorwitzig, grässlich und geistig instabil, wie z. B. (in der Reihenfolge der genannten Attribute) John von Neumann, George Gamow, William Shockley, James Watson, Albert Einstein, Marie Curie, Stephen Smale, J. Robert Oppenheimer, Francis Crick, Paul Ehrenfest, Serge Lang, Edward Teller und Alexander Grothendieck, die diese Charakterisierungen durch Verhaltensweisen verifizierten, die zeigten, dass ihnen nur wenig daran lag, was selbst andere Wissenschaftler von ihren Entscheidungen hielten.

Aber diese Geringschätzung, die sich in stark abweichendem Verhalten ausdrückte und an Kriminalität grenzte, wurde häufig durch Genialität und Heldentaten aufgewogen. In den letzten Jahrzehnten haben wir solche in sozialer Hinsicht randständigen Menschen blockiert oder aus unserem Forschungsunternehmen hinaus- und in Startup-Unternehmen und Hedgefonds hineingejagt. Infolgedessen werden unsere Universitäten immer mehr von übergründlich geprüften Spezialisten bevölkert und werden zu den gefürchteten Exzellenzzentren, die die viel versprechenden Geister größter Wirkung bevormunden und anpassen.

Wenn es in dieser traurigen Lage Hoffnung gibt, dann liegt sie im Aufkommen eines Archipels alternativer Institutionen neben dem Fließband des Expertentums. Diese Inselkette von meist zeitlich begrenzten Zusammenkünften hat angefangen, den Bedarf an Heldentum und Genie zu befriedigen. Die wichtigsten Stationen dieses Archipels sind heterogen im Vergleich zu ihren Gegenstücken an den Eliteuniversitäten und umfassen Burning Man, Foo Camp, TED, Breakout Labs, *Edge*, Sci Foo, Y Combinator, das Thiel-Fellowship-Programm, INET, FQXi und Summit Series, um nur einige zu nennen – sowie andere, die noch verschwiegener sind.

Im Gefolge der *Challenger*-Katastrophe wurde Richard Feynman irrtümlicherweise gebeten, Mitglied der Rogers-Kommission zu werden, die den Unfall untersuchte. In einem Moment der Offenheit wandte sich der Vorsitzende Rogers in einer Herrentoilette an Neil Armstrong und sagte: »Feynman wird zu einer echten Qual.« Das ist regelmäßig das Urteil, das praxiserprobte Leute über große Geister fällen. Aber der beunruhigendste Teil dieser Anekdote ist nicht die Geschichte selbst, sondern die Tatsache, dass wir im modernen Zeitalter jetzt so stark von alten Feynman-Storys abhängen, weil wir keine lebenden Helden haben, die ihn ersetzen könnten: der letztlich tragische Triumph außer Kontrolle geratener Exzellenz.

# Jessica L. Tracy
## Vollkommene Arroganz

Außerordentliche Professorin für Psychologie an der University of British Columbia

Ich mache mir Sorgen über die jüngste Epidemie des Lügens und Betrügens, die den öffentlichen Diskurs in verschiedenen Bereichen infiziert hat. Denken wir nur an die Fälschung von Zitaten durch den Wissenschaftsautor Jonah Lehrer in seinem 2012 erschienenen Buch *Imagine: How Creativity Works* – das anschließend von seinem Verleger aus den Buchhandlungen zurückgerufen wurde. Oder die Fälschung empirischer Daten durch den Sozialpsychologen Diederik Stapel, die in mehr als 50 veröffentlichten Artikeln angeführt wurden – die meisten davon wurden von den Zeitschriften schließlich widerrufen. Oder Lance Armstrongs Jahre im Radsport, die von illegalem Doping geprägt waren, was die Aberkennung seiner sieben Siege bei der Tour de France und eine Sperre auf Lebenszeit zur Folge hatte.

Diese problematischen Verhaltensweisen erwuchsen entweder aus einem technologischen Fortschritt oder einer Änderung des gesellschaftlichen Klimas. Die gegenwärtige überbordende Attraktivität der Sozialpsychologie und sozialwissenschaftlichen Literatur zahlte sich aus für kluge und kreative Leute wie Lehrer und Stapel, die durch das Verfassen sozialwissenschaftlicher Literatur ein solches Maß von Anerkennung erlangten, wie es bis vor kurzem unvorstellbar war. Armstrong hatte ziemliches Glück (oder Pech), seine Höhepunkte als Radsportler in einer Zeit zu erleben, als Blutdoping kaum nachzuweisen war. Aber Veränderungen wie diese sind nur die naheliegendsten Ursachen der Epidemie. Es gibt eine umfassendere, tiefere psychologische Ursache, und die ist überhaupt nicht jüngeren Datums; während der gesamten Evolutionsgeschichte war sie Bestandteil der Natur des Menschen. Der psychische Mechanismus, der diese verderbten Verhaltensweisen motiviert und fördert, ist *anmaßender Stolz* – die Arroganz und der Egoismus, die Menschen dazu treiben anzugeben, zu lügen, zu betrügen und andere zu schikanieren, um vorwärtszukommen.

Anmaßender Stolz unterscheidet sich vom selbstbewussten, echten Stolz, den wir bei wohlverdienten Leistungen empfinden. Während der echte Stolz zu harter Arbeit, Beharrlichkeit und empathischem Interesse für die anderen motiviert, nährt der anmaßende Stolz Feindseligkeit, Aggression, Einschüchterung und Vorurteile. Und das ergibt auch Sinn, weil es nicht bedeutet, dass man sich wirklich gut fühlt, wenn man anmaßend stolz ist. Stattdessen hat es mit aufgeblähten, unechten und oberflächlichen Gefühlen von Großartigkeit zu tun, die strategisch und defensiv als Kompensation für tief sitzende, häufig unbewusste Unsicherheiten genutzt werden. Die anmaßend Stolzen sind narzisstisch, haben aber ein geringes Selbstwertgefühl und sind anfällig für Scham. Sie bewältigen und verbergen ihre unterdrückten Selbstzweifel durch Arroganz. Und weil sich jede beliebige Art von Stolz besser anfühlt als Scham, versuchen jene, die anmaßenden Stolz empfinden, ihn um jeden Preis aufrechtzuerhalten – indem sie neue Möglichkeiten finden, sich selbst voranzubringen und anderen zu schaden. Wie eine Droge führt der anmaßende Stolz zu dem Gefühl, dass das Vorwärtskommen entscheidend sei, das einzige Mittel sei, um Unsicherheiten fernzuhalten. Aber die Unsicherheiten steigen gelegentlich zur Oberfläche des Bewusstseins empor und erinnern diejenigen, die für anmaßenden Stolz empfänglich sind, daran, dass sie nicht gut genug, klug genug oder schnell genug sind, und lassen ihnen keine andere Wahl, als über das hinauszugehen, was sie von sich aus erreichen können. Sie setzen Gewalt, Aggression, Lügen und Betrug ein, um die Macht und den Stolz aufrechtzuerhalten, von dem sie abhängig geworden sind. Und der anmaßende Stolz überzeugt sie davon, dass sie damit durchkommen können.

Die Evolution des anmaßenden Stolzes, der der universalen menschlichen Motivation zugrunde liegt, die soziale Hierarchie emporzuklettern, ist nichts Neues. Neu ist, dass die Schikaneure, die diesen Stolz empfinden, eine Plattform haben. Lehrer und Stapel waren nicht die ersten Autoren oder Wissenschaftler, die nach Ruhm strebten, aber sie operierten in einem neuen Klima, wo Wissenschaft und wissenschaftliche Berichterstattung ein Mittel sind, um Ruhm zu erlangen. Und Armstrong wurde zum ersten Radsportprofi, der den Bekanntheitsgrad eines Filmstars erreichte, als er von einer beinahe tödlichen Krebserkrankung genas, um das schwerste Radrennen der Welt siebenmal zu gewinnen.

Was ist die Lösung für meine Sorgen? Idealerweise werden die Institutionen bessere Methoden entwickeln, um Lügner und Betrüger dingfest zu machen und ihnen härtere Strafen aufzuerlegen, so dass das Gleichgewicht zwischen Risiko und Lohn aufgehoben und ins Negative gekippt wird. Aber es könnte auch noch eine andere Lösung geben. Wir können Menschen nicht daran hindern, anmaßenden Stolz zu empfinden; das ist Teil unserer menschlichen Natur, und unter der Voraussetzung, dass Macht finanzielle und reproduktive Vorteile verschafft, ist er auch evolutionär adaptiv. Aber wir können auf seine Gegenwart und Fallgruben achten und ihn früher entdecken. Arroganz ist etwas Offensichtliches, und Forschungen in meinem Labor haben ergeben, dass Menschen schnell und genau die dominantesten Mitglieder ihrer sozialen Gruppe identifizieren – diejenigen, die wahrscheinlich am meisten anmaßenden Stolz empfinden. Schwierig ist es dagegen zu vermeiden, dass man zur Beute ihres manipulierenden Einflusses wird, und sie stattdessen ihres Fehlverhaltens zu bezichtigen. Ist das überhaupt möglich? Vielleicht, aber nur dann, wenn wir damit anfangen, die Erfolgsgeschichten zu hinterfragen, die als zu schön erscheinen, um wahr zu sein. Das bedeutet, den kollektiven Stolz zu opfern, den wir aufgrund der scheinbaren Leistungen (und sogar der Arroganz) unserer Kulturhelden empfinden. Indem wir die Arroganz anderer zulassen, nähren wir den Stolz, der zu einer Enttäuschung großen Ausmaßes und auch zu Verbrechen führen kann, und vertiefen den Graben zu echten Leistungen und gerechten Belohnungen.

# Roger Highfield
## Der Niedergang des wissenschaftlichen Helden

Direktor für außerbetriebliche Angelegenheiten der Science Museum Group; Koautor (mit Martin Nowak) von *Kooperative Intelligenz: Das Erfolgsgeheimnis der Evolution*

Im nach-olympischen Großbritannien suhlen sich immer noch alle im Glanz der Erfolge der Superhelden des Sportsommers 2012. Dank Bradley Wiggins, Jessica Ennis, Mo Farah und allen anderen britischen Medaillengewinnern stimmt eine überwältigende Mehrheit der Ansicht zu, dass die Spiele trotz der hohen Kosten von rund neun Milliarden Pfund sehr wertvoll waren. Aber an wie viele Helden der Wissenschaft jenes Jahres erinnert man sich im Vergleich dazu? Antwort: an den britischen theoretischen Physiker Peter Higgs, und zwar wegen Arbeiten, die er vor einem halben Jahrhundert leistete.

Das macht mir Sorgen, weil die Wissenschaft aus dem gleichen Grund Helden braucht wie die Olympischen Spiele. Wenn wir unsere Helden aufgeben, lassen wir die Wissenschaft fade werden. Und wenn sie langweilig wird, verliert die Wissenschaft Unterstützung und Finanzmittel. Die Wissenschaft muss gewöhnliche Menschen mehr als je zuvor anregen und einnehmen, weil sie durch die Vermittlung der Technik die stärkste Kraft ist, die auf die heutige Kultur einwirkt. Was für einen Unterschied würde es für das Ansehen der Wissenschaft in der Öffentlichkeit ausmachen, wenn wir ein paar mehr zeitgenössische wissenschaftliche Helden hätten!

Aber es ist schwieriger geworden, sie zu finden. Ein Grund dafür ist, dass die herkömmlichen Darstellungen wissenschaft-

licher Entdeckungen so fehlerhaft waren, dass die Idee des
Helden selbst in Misskredit gekommen ist. Diese Darstellungen erheben in der Regel ein paar brillante Männer zu Genies,
überantworten aber den Rest – darunter nahezu alle Frauen –
der Vergessenheit. Wissenschaftshistoriker haben eindeutig
klargestellt, wie die Annalen durch Einzelne ungeheuer verzerrt wurden, um bestimmte Disziplinen zu feiern und Nationen zu glorifizieren. Sie betonen, dass Entdeckungen eine
Geschichte vieler Beteiligter sind und nicht von einsamen
Helden oder von »Aha«-Erlebnissen getragen werden. Dagegen habe ich nichts. Wissenschaftler sind an einem großen kooperativen Unternehmen beteiligt, bei dem sie auf der müh-
samen Arbeit ihrer Vorgänger, Kollegen und Konkurrenten
aufbauen. Das Problem ist, dass diese Ansicht, wenn man sie
bis zum Äußersten treibt, den Eindruck vermitteln kann, dass
die Wissenschaft von einer riesigen und gesichtslosen Armee
betrieben wird, die den unendlichen Parameterraum möglicher Experimente oder Theorien erforscht, in dem Durchbrüche unvermeidlich sind und individuelle Bemühungen wenig zählen.

Eine zweite Kraft, die Helden unterminiert, erwächst aus
dem unerbittlichen Aufstieg der Großen Wissenschaft. Etwa
10 000 Gastwissenschaftler, die Hälfte aller Teilchenphysiker
der Welt, kommen ans CERN bei Genf, um sich bei ihrer Forschung zusammenzuschließen. Die Mitglieder des International Human Genome Sequencing Consortium stammten
aus einem weiten Spektrum von Institutionen. Die anschlie-
ßende Enkodierungsanalyse des Genoms wurde von über
440 Wissenschaftlern geleistet. Selbst in der Mathematik, tra-
ditionellerweise ein einsamer Beruf, wird mehr zusammengearbeitet dank dem Polymath Project des Mathematikers Tim
Gowers in Cambridge.

Sind die Helden wegen des Aufstiegs gemeinschaftlicher
Wissenschaft und der Bemühungen der Historiker zum Aussterben verdammt?

Ich hoffe nicht. Wie Hollywood schon weiß, sind wir so gepolt, dass wir Erzählungen schätzen, die von Individuen berichten. Das wurde 1944 in der Studie der Psychologen Fritz Heider und Mary-Ann Simmel anschaulich demonstriert, in der Versuchspersonen ein Trickfilm gezeigt wurde, in dem zwei Dreiecke und ein Kreis sich um ein Quadrat herum bewegten.* Die Versuchsteilnehmer erzählten Geschichten, in denen der Kreis und das kleine Dreieck einander liebten, das große, böse, graue Dreieck versuchte, den Kreis zu stehlen, wie sie sich umarmten und danach für immer ein glückliches Leben führten usw. Vor kurzem enthüllten Gehirnscans von Chris und Uta Frith vom University College London sowie von Francesca Happé vom Kings College eine Aktivierung der temporo-parietalen Verbindung und des medialen präfrontalen Kortex während solcher Szenarien.** Bemerkenswert ist, dass dasselbe Gehirnnetzwerk beteiligt ist, egal, ob man bewegte Formen oder geistige Zustände anderer betrachtet. Es gibt eine menschliche Vorliebe zu allem, was wir um uns herum sehen, Geschichten zu erfinden, in dunklen Schatten handelnde Wesen und Botschaften in den Sternen auszumachen. In diesen Mustern können wir auch Helden finden. Die Geschichten, die Helden schaffen, sind wichtig, weil sie durch einen Mechanismus, der als indirekte Reziprozität bezeichnet wird, einen guten Ruf begründen, der für die Entwicklung der Kooperation entscheidend ist.

Die Wirklichkeit der Geschichte einer wissenschaftlichen Entwicklung ist immer komplexer, als es Heldengeschichten nahelegen. Aber wir müssen pragmatisch sein, wenn wir die »Wahrheit« des wissenschaftlichen Fortschritts einem breiten Publikum präsentieren. Hier geht es nicht um die Entscheidung, ob man den Leuten die vollständige, facettenreiche, komplexe Geschichte hinter einem Durchbruch erzählt oder einfach nur Geschichten. Wenn wir es mit der Öffent-

---

* »An experimental study of apparent behaviour«, *Amer. J. Psychol.* 13 (1944).
** Castelli, F., Frith, C., Happé, F., Frith U., »Autism, Asperger syndrome and brain mechanisms for the attribution of mental states to animated shapes«, *Brain* 125(8): 1839–49 (2002).

lichkeit zu tun haben, geht es gewöhnlich um die Entscheidung, entweder nichts Interessantes zu sagen oder eine ansprechende Heldenerzählung zu geben. Wenn die Magie der Wissenschaft verkauft werden soll, müssen wir akzeptieren, dass die effektivste Methode über Heldengeschichten läuft.

Wenn sie bis zum Äußersten getrieben wird, kann die kollektivistische Sicht banal sein. Jedes Mal, wenn ich eine gute Tasse Kaffee trinke, könnte ich den Bauern in Kolumbien danken, die die Bohnen anbauen, jenen in Brasilien, die die saftigen grünen Felder sich wiegenden Zuckerrohrs bestellten, mit dem der Kaffee gesüßt wird, oder dem Hirten in Devon, der die Kühe gemolken hat, damit mein Muntermacher mit einem Schaumhäubchen dekoriert werden kann. Ich könnte auch den Arbeitern des Kernkraftwerks danken, die den Strom bereitstellten, um den Kaffee zu erhitzen, der Person, die als Erste die geniale Idee hatte, ein Getränk zu kosten, das auf gerösteten Samen beruht oder die die erste Espressomaschine patentierte. Ich könnte all diese Hunderte von Leuten auflisten, die über die ganze Erde verteilt als Zulieferer arbeiteten, um die Energie, Information und Inhaltsstoffe zusammenzubringen. Ich ziehe es vor, dem Barista zu danken, da unsere verblüffende Fähigkeit zur Kooperation ein definierendes Merkmal menschlicher Gesellschaften ist. Es ist ein Faktum, dass an nahezu allem, was wir tun, viele andere beteiligt sind.

Sie werden bemängeln, dass die Heldenverehrung unser Bild von der Art und Weise, wie Wissenschaft praktiziert wird, verzerren kann. Ja, das kann sie. Aber die Öffentlichkeit ist gebildet genug, um zu erkennen, dass das wirkliche Leben immer komplizierter ist als die Aufnahme eines Athleten zeigt, der auf dem Podest steht. Niemand gibt etwas anderes vor. Bei den Paralympics dankten die Helden in der Regel ihrer Familie, ihrem Sponsor, ihren Trainern, dem Freund, der die Fahrstunden bezahlte, den Sportpsychologen, Sportwissenschaftlern usw. für ihre Goldmedaillen. Wir alle wissen das zwar, aber das schmälert die Wirkung eines Goldmedaillengewinns nicht.

Sie werden bemängeln, dass das, was ich sage, letztlich darauf hinausläuft, dass wir Helden brauchen, weil die Öffentlichkeit schwer von Begriff ist. Keineswegs. Es ist nur so, dass ich es wichtig finde, zu den Leuten in einer Sprache zu sprechen, die sie verstehen, und so, dass sie zuhören werden. Wir brauchen geeignete Wahrheiten, die den Kern der Wissenschaft einem breiten Publikum vermitteln können, ohne die strapaziöse Hervorhebung der kollektiven Aspekte von Entdeckungen, und schon gar nicht mit einem Rückgriff auf Formeln, Fachjargon und dichte Beschreibungen. Wissenschaftler benutzen gewöhnlich Metaphern, um komplexe Ideen zu übermitteln, und genauso brauchen wir heldenhafte Figuren als Metaphern, um die groben Züge wissenschaftlicher Entwicklungen zu vermitteln. Der Punkt ist, dass Helden als virale Überträger der Wissenschaft im übervölkerten Reich der Ideen fungieren. Das ist wichtig, weil es notwendig ist, so viele Menschen wie möglich wissen zu lassen, worum es in der Wissenschaft geht, wenn die moderne Demokratie funktionieren soll.

Letztlich sollten wir uns deshalb Sorgen über den Niedergang der Helden der Wissenschaft machen. Die Kultur der Skepsis, des Prüfens und des vorläufigen Bildens eines Konsenses in der wissenschaftlichen Forschung ist die bedeutendste Leistung unserer Spezies, und es ist an der Zeit, dass das jeder versteht (nun gut, bei den Politikern wird es damit schwierig werden). Die wirkliche Frage ist nicht, ob wir Helden haben sollten oder nicht – natürlich sollten wir das –, sondern wie wir sicherstellen, dass sie eine halbwegs wahre Geschichte über diese erstaunliche und äußerst wichtige Bemühung erzählen, die wir als Wissenschaft kennen.

# Michael Vassar
## Autoritäre Unterwerfung

Mitgründer und wissenschaftlicher Generaldirektor von
MetaMed Research; ehemaliger Geschäftsführer des Singularity
Institute

Niemand weiß wirklich, worüber wir uns Sorgen machen sollten; die klügsten Leute, die herumlaufen, scheinen allgemein
der Ansicht zu sein, dass die Anwort sei: intelligente Maschinen. Damit könnten sie zwar recht haben, aber andere Arten
von nichtmenschlicher Intelligenz haben eine Erfolgsbilanz,
über die man sich Sorgen machen sollte. Ich mache mir Sorgen darüber, dass so wenige von uns irgendetwas tun, um sich
dagegen zu wehren.

In einem vorsprachlichen Stamm brauchen die meisten Af-
fen nicht zu entscheiden, wohin sie gehen: wenn sie alleine
losgehen, wird entweder ihr Anführer sie töten, weil sie rebel-
liert haben, oder ein Jaguar tötet sie, sobald sie sich von ihrer
Gruppe getrennt haben. Nur die Rudelführer müssen ihre wir-
ren symbolischen Intuitionen aktivieren, die ihnen sagen, was
es da draußen gibt und was getan werden sollte. Wie Abraham
Maslow vielleicht sagen würde: Nur Menschen, die sich selbst
als Anführer betrachten, die ihr Bedürfnis nach Wertschätzung befriedigt haben, sind in der Lage, sich selbst zu verwirklichen.

Maslow schlägt vor, dass ein Mensch auf einer bestimmten
Beschreibungsebene sich aus fünf Programmen zusammen-
setzt. Das eine flieht vor unmittelbarer Gefahr, ein anderes
strebt nach Behaglichkeit und körperlicher Sicherheit, ein

weiteres findet einen sozialen Kontext, in den man sich integrieren kann, ein viertes baut in diesem Kontext Ansehen auf, und das fünfte steuert die Intentionalität im großen Ganzen. Wenn ein bestimmtes Programm Erfüllung rückmeldet, wird das nächste Programm eingeschaltet und beginnt, in seinem raffinierteren Spiel anzutreten.

Einige dieser Programme kümmern sich um Dinge, die man ziemlich genau verstehen kann, wie einen Karren, einen Pflug oder ein Schwert. Andere achten auf kompliziertere Dinge, wie z. B. langfristige Allianzen und Fortpflanzungsgelegenheiten innerhalb eines Stammes. Die ersteren Programme umfassen etwa ein Bewusstsein der Situation und detaillierte Planung, während die letzteren wahrscheinlich mittels ausgeklügelter und impliziter Mustererkennung und der automatischen Befolgung grober Heuristiken operieren. Wenn das so ist, dann können die letzteren Programme recht leicht gehackt werden. Sie werden wohl auch ein weniger fruchtbares Terrain für die Entstehung einer universalen Turingmaschine bieten. Mechanische Metaphern von Festigkeit und Form könnten ein gutes Substrat für die digitale und somit potenziell abstrakte Kognition abgeben, während soziale Metaphern für vage Eigenschaften wie Schrulligkeit, Gravität und Sinnlichkeit wohl eine schwache Grundlage für die universale Kognition darstellen. Diese Programme scheinen von den größten wissenschaftlichen Erneuerern der Geschichte abgetan worden zu sein, die in der Regel Aussagen machen wie »Ich weiß nicht, wie ich in den Augen der Welt wohl erscheine, aber in meinen eigenen Augen war ich nur wie ein Junge, der am Strand spielt und sich damit vergnügt, ab und zu einen glatteren Kieselstein zu finden …« oder »Was kümmert es dich, was andere Leute denken?« – was wie eine Befürwortung der physischen gegenüber der sozialen Kognition klingt.

Ich mache mir also Sorgen um die Folgen, wenn man die Bevölkerung bei der Befriedigung ihrer physiologischen Bedürfnisse, aber nicht ihrer Bedürfnisse nach Liebe, Zugehörigkeit und Wertschätzung unterstützt. Eine solche Bevölkerung wäre der Gefahr ausgesetzt, dass die Programme zur Befriedigung physiologischer Bedürfnisse und des Drangs nach Sicherheit unterentwickelt bleiben. Das wäre schädlich, wenn diese Funktionen die Grundlage für präzises Denken im Allgemeinen sind. Man könnte geltend machen, dass die Lösung dieses Problems darin besteht, Menschen durch ihre Bedürfnisse nach Liebe, Zugehörigkeit und Wertschätzung hindurcheilen zu lassen, aber dieser Ansatz zieht weitere Risiken nach sich.

Dacher Kelltner und andere Psychologen haben gezeigt, dass ein höherer sozioökonomischer Status – im Wesentlichen eine größere Befriedigung von Wertschätzungsbedürfnissen – zu vermehrtem unethischen Verhalten führt; andere Forschungen deuten darauf hin, dass äußere Anstrengungen zur Steigerung des Ansehens dazu tendieren, einen antisozialen Narzissmus hervorzubringen. Untersuchungen dieser Art passen gut zu Jonathan Haidts Theorien über die autoritäre Dimension moralischer Kognition. Es ist wohl kein Zufall, dass eine der beliebtesten Religionen der Welt wörtlich »Unterwerfung« bedeutet. Im Allgemeinen haben autoritäre Impulse schon immer Herrscher dazu veranlasst, die Bäuche ihrer Untertanen zu füllen und sie eng am Boden gedrückt zu halten. Steven Pinker hat überzeugend den Erfolg der modernen Gesellschaften nachgewiesen, uns einen beispiellosen Frieden beschert zu haben. Menschen, die keine Angst um ihre Sicherheit haben, die aber daran verzweifeln, jemals Liebe oder Zugehörigkeit zu erlangen, sind am unterwürfigsten.

Wenn wir sagen, dass jemand »klug« ist, meinen wir im Grunde, dass er oder sie schnell lernt. In einem Umfeld, in dem die meisten Schüler ein Leseniveau der siebenten Klasse erreichen, nehmen die »begabten« Schüler den vollen Gehalt ihres Unterrichts auf. New York Citys dreimaligem Lehrer des Jahres John Taylor Gatto zufolge besteht dieser Lehrplan in erster Linie aus sechs Lektionen, aber mir scheint, dass diese Lektionen sich in einem Wort zusammenfassen lassen: Unterwerfung.

Robert Altmeyers Untersuchungen zeigen, dass autoritäre

Herrscher für eine Bevölkerung autoritär Unterwürfiger eine Lebensnotwendigkeit sind. Da jene, die ihre Schullektionen lernen, zu unterwürfig sind, um ihr eigenes Leben zu lenken, ist unsere Gesellschaft gezwungen, den seltenen, intelligenten, autoritären Herrschern, die sie finden kann, große Geldsummen zukommen zu lassen, von Gründern von Startup-Unternehmen, die mit Finanzderivaten handeln, bis zu den in Fortune 500 gelisteten soziopathischen Vorstandsvorsitzenden. Da sie ihre Aufmerksamkeit jedoch auf ihr Ansehen geheftet haben, ihr konkretes Denken unterentwickelt ist und sie ihre Schulbildung nur schlecht verdaut haben, sind solche Führer nicht in einer guten Position, um Wert zu schöpfen. Sie können zwar einen gewissen Wert hervorbringen, indem sie auf unvollkommene Weise etablierte Modelle nachahmen, aber sie können die abstrakten Modelle nicht konstruieren, die für ernsthafte Innovationen notwendig sind. Dafür sind wir auf die wenigen Selbstverwirklicher angewiesen, die wir immer noch bekommen können – Menschen, die nicht nach Ansehen hungern. Und das umfasst nicht die Reichen, Mächtigen und »Klugen«; sie haben ihre Lektionen in der Schule gut gelernt.

# Gino Segrè
**Werden wir zu sehr miteinander vernetzt?**

Emeritierter Professor für Physik an der University of
Pennsylvania; Autor von *Ordinary Geniuses*

Vor kurzem war der 20. Jahrestag des uneingeschränkten
Daseins des World Wide Web zu feiern. Es wurde am CERN
geschaffen, der Heimat des weltgrößten Teilchenbeschleuni-
gers – eine Reaktion auf die Bedürfnisse großer Gruppen von
Experimentatoren, die um den Erdball herum verteilt sind.
Sie brauchten eine Möglichkeit, Daten und Analysen schnell
und effizient mitzuteilen. Das WWW lieferte ihnen das Werkzeug. Dieses Modell wurde immer wieder kopiert. Unser Verständnis der Genetik, das von internationalen Konsortien von
Sequenzierern unterstützt wird, ist ein weiteres Beispiel für
dieses Phänomen.

Der Nutzen einer größeren technischen Vernetztheit ist so
klar und wird so geschätzt, dass ich mir keine weitere Mühe
geben muss, die Erträge zu beschreiben. Ich möchte vielmehr
erwägen, was die negativen Effekte einer so guten Vernetztheit sein könnten.

Ich tue das mit dem Risiko, wie einer jener quengeligen alten Leute zu klingen, deren jede zweite Äußerung mit den
Worten beginnt *Zu meiner Zeit haben wir es anders gemacht.*
Ich möchte daher ausdrücklich erklären, dass ich nicht versuche, meinem Ärger darüber Luft zu machen, dass ich sehe, wie
die jungen Leute SMS-Nachrichten an ihre Freunde schreiben,
während ich meine sogenannte Weisheit an sie vermittle, oder
über den befremdenden Effekt, allzu oft von Leuten umgeben

zu sein, die ihre iPhones kontinuierlich auf Mitteilungen prüfen. Das sind triviale Ärgernisse und haben jedenfalls mit der vorliegenden Überlegung nichts zu tun.

Die Frage nach der Bedrohung durch eine gesteigerte technische Vernetztheit ist nicht folgenlos. Mögliche Verluste, die sich daraus ergeben, lassen sich erkennen im weiteren Kontext des Mangels an Diversität infolge der Homogenisierung der Weltkultur und der Gefahren, die für die Entwicklung der Menschheit von ihr ausgehen. Auch wenn übergreifende Synthesen dieser Art möglich sind, möchte ich mich auf ein paar Gedanken über den wissenschaftlichen Fortschritt beschränken. Dabei stelle ich leider fast ausschließlich Fragen, anstatt Antworten zu liefern.

Auf einer grundlegenden Ebene zeigt sich die Bedrohung bei der Ernennung von Junior-Fakultätsmitgliedern. Ein Postdoktorand muss jetzt häufig publizieren, und da die Anzahl der Zitationen seiner Schriften Teil der Bewerbungsunterlagen ist, kann man sich diesem Erfordernis nur schwer widersetzen. Aber bringt es auch gehaltvolle oder gar innovative Wissenschaft hervor? Bei dem Versuch, dem Club beizutreten, können diese Bemühungen beeinträchtigt werden. Wie wahrscheinlich ist Ihre Beförderung, wenn Sie nicht im Gleichschritt den goldenen Weg zu mehr Veröffentlichungen, mehr Zitationen und den allzu kostbaren Forschungszuschüssen gegangen sind? Wenn Sie den Mainstream verlassen und den weniger ausgetretenen Weg einschlagen, werden Sie dann nicht eher in eine Karrieresackgasse geraten?

Ich befürworte keineswegs die Isolation, aber es ist überwältigend, jeden Morgen auf meinem Computer die Liste (mit Zusammenfassungen) aller Hochenergiephysik-Vorabdrucke zu sehen, die am Tag zuvor eingereicht wurden. Sie erscheinen mit Hinweisen auf den Zugriff im PDF- und alternativen Formaten. Birgt das die Gefahr einer Herdenmentalität? Sofort einreichen, damit keiner zuvorkommt und es zu spät ist! Können wir uns Situationen vorstellen, in denen ein solcher Druck unproduktiv ist? Ermuntert das zum Gruppendenken?

Man kann einen Vergleich zu der Art und Weise ziehen, wie sich ein angehender Wissenschaftler gegenwärtig Informationen beschafft. Der Computer ist der schnelle, leichte und effiziente Weg dazu, aber das frühere Durchblättern der Wissenschaftszeitschriften in der Bibliothek hatte auch seine Vorteile. Obwohl es in viele Sackgassen führte, war es auch eine Möglichkeit, merkwürdige Informationen, die den Wanderer auf unvorhergesehene Weise anregen konnten, aufzunehmen und zu speichern.

Entmutigen wir den Exzentriker, den Querdenker oder die Person, die eine verrückte Idee eine Weile in ihrem Geist rumoren lassen möchte? Wir wollen nicht noch einmal das Bild Einsteins beschwören, der sich als Unbekannter in einem Patentamt abplagte, sondern den weniger berühmten Fall Max Delbrücks betrachten. Er war der Sohn eines Berliner Professors, erwarb sein Doktorat in Physik unter Max Born und war Postdoktorand im Kopenhagener Institut von Niels Bohr zu einer Zeit, als dies der gerade und schmale Pfad zum Erfolg als theoretischer Physiker war. Aber im Alter von 26 Jahren entschied er sich dafür, die Verbindungen zur Biologie zu studieren. Das führte schließlich zu seinen Untersuchungen der Replikation von Viren. Seine erste akademische Stellung erhielt er erst mit 34. Es war eine Anstellung als Dozent an der Vanderbilt University – schwerlich die Erfüllung des Traums eines schnellen Aufstiegs in der Hierarchie. Aber die Arbeiten, die er bereits geleistet hatte, sollten ihm fast 30 Jahre später den Nobelpreis für Physiologie oder Medizin einbringen.

Es war nie leicht, aber wäre das Überleben heute für einen Delbrück schwieriger?

Ich glaube, dass der Wunsch, eine unvorhergesehene, unkonventionelle Entdeckung zu machen, ein wesentlicher Bestandteil davon ist, was jemanden reizt, Wissenschaftler zu werden und dabeizubleiben. Wie in anderen Lebensbereichen kommen auch hier Forderungen nach Konformität dazwischen. Es wäre naiv, die Bemühungen um Forschungsgelder und die

zunehmend schwere Last zu ignorieren, die diese Bemühungen auferlegen, während die Forschung teurer wird; das
ist eine weitere Facette des Wissenschaftslebens. Aber um zu
meiner ursprünglichen Botschaft zurückzukehren: Ist es nicht
möglich, dass eine größere technische Vernetztheit subtile
negative Effekte hat, die in Betracht gezogen werden sollten,
wenn wir die Vorteile preisen, die sie uns gewährt? Während
die Wissenschaft voranschreitet, sollten wir vielleicht ein
paar Warnsignale am Straßenrand beachten.

# Arianna Huffington
# Stress

Vorsitzende, Generaldirektorin, Chefredakteurin der Huffington Post Media Group; landesweit publizierende Kolumnistin; Autorin von *Third World America*

Eines von den Dingen, die mir am meisten Sorgen machen, ist das wachsende Auftreten von Stress in unserer Gesellschaft. In den letzten 30 Jahren ist das anhand von Selbstaussagen ermittelte Stressniveau bei Männern um 25 Prozent und bei Frauen um 18 Prozent gestiegen. Stress trägt einen großen Anteil zum Anstieg von Diabetes, Herzkrankheiten und Übergewicht bei. Er ist also ein viel größeres Problem, als den meisten Menschen klar ist, aber zum Glück scheint es ein wachsendes Bewusstsein für die zerstörerische Kraft und die Kosten von Stress zu geben – sowohl im Sinne von Geld als auch von Menschenleben. Stress richtet nicht nur bei unseren Beziehungen, Karrieren und unserem Glück verheerende Schäden an, sondern auch bei unserer Gesundheit. Auf der kollektiven Ebene ist der Preis, den wir zahlen, niederschmetternd – der Weltgesundheitsorganisation zufolge kostet Stress amerikanische Unternehmen 300 Milliarden Dollar im Jahr. Das rührt zum Teil daher, dass Stress auch der meistgenannte Grund für langfristige gesundheitsbedingte Ausfälle ist, so das Ergebnis einer Umfrage, die von CIPD (Chartered Institute of Personnel and Development), des weltgrößten Personalverbandes, durchgeführt wurde.

In den Vereinigten Staaten leiden 36 Millionen Erwachsene an unkontrolliertem hohen Blutdruck, obwohl 32 Millionen davon regelmäßige medizinische Versorgung erhalten. Und beinahe genauso viele Amerikaner – über 25 Millionen – haben Diabetes. Die Centers for Disease Control and Prevention schätzen, dass 75 Prozent der Ausgaben in der Gesundheitsfürsorge auf chronische Krankheiten entfallen, die verhindert werden könnten. Das ist ein Grund dafür, warum die Kosten für die Gesundheitsfürsorge exponentiell wachsen: Die Ausgaben stiegen 2010 um 3,8 Prozent und 2011 um 4,6 Prozent.

Die leichtere, gesündere und billigere Methode zur Behandlung von Stress besteht in der Bekämpfung seiner Ursachen, anstatt seiner Wirkungen. Die gute Nachricht ist, dass wir wissen, was zu tun ist: Praktiken wie Achtsamkeit, Meditation, Yoga und gesunde Schlafgewohnheiten haben sich bei der Bekämpfung von Stress als äußerst erfolgreich erwiesen. Und ein Bewusstsein der Vorteile einer Stressreduzierung breitet sich aus, von den Unterrichtsräumen der Harvard Business School, wo die Studenten ihre Emotionen besser verstehen lernen, bis zu großen Unternehmen auf der ganzen Welt, die Meditation, Achtsamkeitstraining und Yoga an ihren Arbeitsplätzen eingeführt haben. Olympiaathleten haben Mittagsschlaf und Stressreduktion in ihren Tagesablauf eingebaut. Kriegsveteranen und die medizinischen Fachkräfte, die sie behandeln, setzen zunehmend Yoga als effektive Methode im Umgang mit den Folgen von PTSS (Posttraumatische Stressstörung) ein.

Darüber hinaus ermöglichen neue Hightech-Instrumente den Menschen, mehr und mehr Kontrolle über ihre eigene Gesundheit zu gewinnen. Die erste Welle der Verbindungstechnologie hat uns zwar mit der ganzen Welt hypervernetzt – uns dabei jedoch häufig von uns selbst getrennt. Deshalb bin ich so begeistert von der neuen Welle der Technologie, die uns wieder mit uns selbst in Verbindung bringt. Beispielsweise ist ein stabiler Markt für tragbare Geräte entstanden, die alles überwachen, von der Bewegung und Nahrungsaufnahme bis hin zu Gewicht und Schlaf. Dreißig Millionen tragbare Geräte wurden 2012 ausgeliefert und 80 Millionen sollen 2016 ausge-

liefert werden – bis dahin wird der Markt von tragbaren Geräten ein Volumen von sechs Milliarden Dollar haben. Diese
vielen Innovationen sind Signale einer bedeutenden Einstel-
lungsänderung zur Rolle, die die Technik in unserem Leben
spielen kann und sollte.

# Joseph LeDoux
# Die nützliche Verwendung unserer Ängste

Henry & Lucy Moses Professor für Naturwissenschaft und
Professor für Neurowissenschaft und Psychologie an der New
York University; Autor von *Das Netz der Persönlichkeit. Wie
unser Selbst entsteht*

Worüber sollten wir uns Sorgen machen? Wählen Sie Ihren
Giftstoff oder Ihre Giftstoffe. Es herrscht kein Mangel: Man
lese nur die Titelseite irgendeiner bedeutenden Zeitung oder
schaue sich die Internet- oder Kabelnachrichtensendungen an.
Und wenn Sie beunruhigt darüber sind, dass Sie sich nicht
über die richtigen oder über ausreichend viele Dinge Sorgen
gemacht haben, hören Sie auf, sich zu grämen. Es gibt sicher
andere, die das übernommen haben.

Seit die Redewendung »das Zeitalter der Angst« Eingang ins
Wörterbuch fand, hat jede Generation behauptet, dass sie sich
um mehr sorgen müsste als die vorhergehende. Tatsache ist jedoch, dass Angst ein Teil der menschlichen Grundverfassung
ist. Sie ist der Preis, den wir dafür zahlen, ein Gehirn zu haben, das Vorhersagen macht – für die Fähigkeit, eine Zukunft
zu sehen, die nicht zwangsläufig von der Vergangenheit vor-
ausgesagt wird.

Obwohl wir eine ängstliche Spezies sind, sind wir nicht alle
gleich ängstlich. Wir haben alle unseren eigenen festgelegten
Angstpunkt – einen Punkt, von dem wir angezogen werden.
Haben Sie je bemerkt, wie kurzlebig die Ruhe ist, die sich aus
der Beseitigung einer Quelle für Beunruhigung ergibt? Wenn
Sie sich von der einen befreit haben, nimmt schon bald etwas

anderes deren Stelle ein und lässt uns um unser besonderes Sorgenniveau geistern.

Angst kann lähmend sein. Aber selbst diejenigen, die nicht unter einer Angststörung leiden, beherbergen Stoffe, die durch ihre Synapsen kreisen und manchmal mit den einfachsten Pflichten des Lebens interferieren. Wir wollen die Angst nicht unbedingt völlig loswerden, da sie einem Zweck dient: Sie gestattet uns, unsere Energie auf die Zukunft zu konzentrieren. Wir sollten uns darüber Sorgen machen, eine Möglichkeit zu finden, wie wir unsere Angst nutzen können, anstatt von ihr benutzt zu werden.

# Xeni Jardin
# Die Wissenschaft hat uns einem Verständnis von Krebs nicht nähergebracht

Technikkultur-Journalistin; Gründungspartnerin und Mitherausgeberin von *Boing Boing;* Produktionsleiterin und Moderatorin von *Boing Boing Video*

Wir sollten uns Sorgen darüber machen, dass uns die Wissenschaft einem Verständnis von Krebs noch nicht nähergebracht hat.

Im Dezember des Jahres 1971 unterzeichnete Präsident Nixon den National Cancer Act und startete damit Amerikas Krieg gegen den Krebs. Über 40 Jahre später ist dieser Krieg genauso wenig wie die kostspieligen Kriege gegen Drogen und Terror gewonnen worden.

Dem National Cancer Institute zufolge wurde 2012 bei 227 000 Frauen in den Vereinigten Staaten Brustkrebs diagnostiziert. Und die Zahlen sind steigend. In Amerika sind in den letzten beiden Jahrzehnten mehr Frauen an Brustkrebs gestorben als insgesamt Amerikaner im Ersten Weltkrieg, im Zweiten Weltkrieg, im Koreakrieg sowie im Vietnamkrieg getötet wurden.

Aber militärische Metaphern eignen sich nicht zur Beschreibung der Erfahrung, Krebs zu haben, zu behandeln oder zu versuchen, ihn zu heilen. Wissenschaft ist kein Krieg. Was uns zu Fortschritten bei Krebs führen wird, sind nicht bessere Metaphern, sondern bessere Fortschritte der Wissenschaft.

Warum hat uns die Wissenschaft über 40 Jahre nach dieser Kriegserklärung noch kein Heilmittel beschert? Oder ein deutlicheres Verständnis der Ursachen und Vorbeugungsmaßnahmen? Oder einfach effektivere und weniger entsetzliche Behandlungsformen?

Trotzdem ist es heute besser als je zuvor, eine Krebsdiagnose zu bekommen. Betrachten wir die Fortschritte, die man beim Brustkrebs gemacht hat. Vor einer Generation hätte man Frauen, bei denen Brustkrebs diagnostiziert wurde, mit einer viel größeren Wahrscheinlichkeit einen vorzeitigen Tod, mehr Verunstaltungen und eine viel niedrigere Lebensqualität während und nach der Behandlung prognostizieren müssen.

Behandlungsbezogene Nebenwirkungen wie etwa das »Chemogehirn« werden erst jetzt als wissenschaftlich begründete Phänomene erkannt. Vor einer Generation wurde Brustkrebspatientinnen gesagt, dass die kognitive Beeinträchtigung, die sie während und nach der Chemotherapie erlebten, sozusagen »nur in ihrem Kopf« stattfände.

Keine Frage, es hat Fortschritte gegeben. Aber wie viel denn wirklich? Das Beste, was eine evidenzbasierte Medizin Frauen im Jahr 2013 anbieten kann, ist immer noch Gift, Herausschneiden, Verbrennen und dann noch mehr Gift. Eine typische Behandlung von auf Hormone reagierendem Brustkrebs umfasst Chemotherapie, Brustamputation und -rekonstruktion, Bestrahlung, mindestens fünf Jahre lang die tägliche Einnahme eines Anti-Östrogen-Medikaments und obendrein ein paar zusätzliche kleine Operationen.

Bei der Krebsbehandlung gibt es immer noch keine Garantien. Die einzigen Gewissheiten, die wir von unseren Ärzten erhalten können, sind solche, die niemand will. Nachdem sie unzählige Male von Chirurgen und Onkologen beim Abwägen der Behandlungsoptionen »Wir wissen es nicht genau« gehört haben, verstehen Krebspatienten schließlich den springenden Punkt. Sie wissen es wirklich nicht.

Wir verwenden immer noch die gleichen brutalen Chemomedikamente, die gleichen barbarischen Operationen, die gleichen Strahlungsstöße, die unsere Mütter und Großmütter vor Jahrzehnten erduldeten – ohne dass sich die Vorhersage, wem das nützen wird, wesentlich verbessert hätte und ohne dass ein Heilmittel in Sicht wäre. Die Krebsspezialisten können sich nicht einmal auf Test- und Diagnoseempfehlungen einigen: Sollen Frauen ab 40 jedes Jahr eine Mammographie machen lassen? Ab 50? Oder überhaupt keine Mammographien? Du hast es weit gebracht, Baby.

Um unseren Sorgen auf den Grund zu gehen, sollten wir vielleicht einfach nur »dem Geld folgen«. Denn der Profit, der mit Krebs gemacht wird, liegt in der Herstellung von Krebsmedikamenten, Maschinen, Operationstechniken – und nicht im Entdecken eines Heilmittels oder neuer Betrachtungsweisen der Ursachen. Wahrscheinlich gibt es keine Profite bei der Bestimmung der Verbindung zu Umweltursachen: Wie das, was wir als Kinder essen und einatmen, zur Mutation unserer Zellen führen kann; wie Strahlung oder vom Menschen erzeugte Chemikalien unsere Risikofaktoren beeinflussen können.

Noch zynischer kann man werden, wenn man einen Blick darauf wirft, wie viel Geld sich mit unserer Vergiftung verdienen lässt. Wollen die bestimmenden Unternehmen in der Fastfood-, Chemie- und Agrarindustrie, dass wir erforschen, wie ihre Produkte Krebsraten beeinflussen? Ist es nicht billiger für sie, wenn sie sich einfach jeden Oktober mit einer Spende »für die Sache« reinwaschen?

Und trotz all des widerlichen Pink-Ribbon-, auf gutes Gewissen erpichten Wohltätigkeitsrummels (für sich genommen auch schon eine Industrie!), konzentrieren sich nur wenige Brustkrebsverbände darauf, die Ursachen zu bestimmen oder einen großen Teil der Spenden wirklicher Forschung und wissenschaftlicher Innovation zukommen zu lassen. Forschungen, die sich auf das Genom konzentrieren, tragen zwar große Hoffnungen, aber für Wissenschaftler ist es schwerer als je zuvor, die Finanzierung dieser Wissenschaft in unseren Regierungslabors NIH und NCI sicherzustellen. Warum hat der Cancer Genome Atlas nicht mehr Fortschritte erzielt, die jetzt in effektivere Therapien umgesetzt werden könnten?

Hat das Profitmotiv, das unsere Marktwirtschaftsgesellschaft antreibt, unsere Wissenschaft verbogen? Wenn wir den Krieg gegen den Krebs nach all dem, was wir jetzt wissen, heute noch einmal starten würden, wie und wo würden wir anfangen?

Die Forschung und Wissenschaft, die Krebs heilen wird, wird nicht zwangsläufig von Krebskliniken mit großen Namen oder von großen Pharmaunternehmen geleistet. Sie verlangt eine neue Weise des Denkens über Krankheit, Gesundheit und die Wissenschaft selbst. Wir schulden das den Millionen von Menschen, die mit Krebs leben – oder, genauer gesagt, mit allen Mitteln versuchen, nicht daran zu sterben.

Ich weiß das. Ich bin einer von ihnen.

# Aubrey de Grey
## Die riskante Unfähigkeit der Gesellschaft zur adäquaten Reflexion über Ungewissheit

Gerontologe; Mitgründer und wissenschaftlicher Leiter der SENS Research Foundation; Autor von *Niemals alt!: So lässt sich das Altern umkehren*

Menschen mit guter Allgemeinbildung erwarten üblicherweise von anderen Menschen mit guter Allgemeinbildung, dass sie neue Informationen zu unvertrauten Themen leicht lernen und aufnehmen. Mit »aufnehmen« meine ich nicht nur die Aneignung von Tatsachen, sondern auch den allgemeinen Tenor des Themas, wie er in der Expertengemeinde besteht. Leider bleibt diese Erwartung häufig unerfüllt. Die Tiefe dieses Problems wurde mir erstmals durch meine eigene Arbeit bewusst, der Entwicklung medizinischer Eingriffe gegen das Altern. Das Hauptproblem besteht dabei darin, dass wir während der gesamten Forschungsgeschichte keine andere Wahl hatten, als den Schrecken des Alterns mit allen nur erdenklichen psychologischen Tricks, egal wie irrational, aus unserem Geist zu verbannen – ein Phänomen, gegenüber dem die Forscher auf diesem Gebiet tragischerweise nicht immun sind (obwohl sich das mit erfreulichem Tempo ändert). Aber hier möchte ich mich auf ein viel allgemeineres Problem konzentrieren.

Ungewissheit bezieht sich vor allem auf Zeitskalen. Menschen haben sich in einer Umgebung entwickelt, in der die nahe Zukunft am bedeutsamsten war, aber in jüngerer Zeit ist es wichtig geworden, von dieser Geisteshaltung abzugehen. Im Sinne von Reflexionsmethoden bedeutet das, dass wir eine evolutionär nicht selektierte Fertigkeit entwickeln müssen, nämlich wie man die kumulativen Ungewissheiten, die längerfristige Vorhersagen implizieren, am besten integrieren kann.

Betrachten wir die Automatisierung. Das schrittweise Voranschreiten des Trends, der zwar schon vor langem begann, aber seinen größten Sprung mit der industriellen Revolution machte, hat zu einer bahnbrechenden Veränderung der Arbeitsstrukturen von der Manufaktur und Landwirtschaft bis zu den Dienstleistungsindustrien geführt. Aber verblüffenderweise gibt es so gut wie keine Einschätzung dazu, was das natürliche Fortschreiten dieses Phänomens – nämlich die Automatisierung auch von Dienstleistungsstellen – für die Zukunft der Arbeit bedeuten könnte. Was bleibt übrig, sobald der Dienstleistungssektor in dieselbe Richtung geht? In der Unterhaltungsindustrie kann realistischerweise nur eine beschränkte Zahl von Arbeitsstunden ausgefüllt werden. Doch anstatt eine Welt zu planen und zu entwerfen, in der es normal ist, das man viel weniger Stunden pro Woche oder viel weniger Jahre während der gesamten Lebenszeit arbeitet, haben die Gesellschaften auf der ganzen Welt in einen politischen Status quo eingewilligt, der im Grunde keine Veränderung beinhaltet. Woher stammt diese politische Trägheit?

Das Hauptproblem ist hier der Mangel an probabilistischem Denken seitens der Öffentlichkeit. Das weitere Voranschreiten der Automatisierung beruht, wie in anderen Bereichen auch, sicherlich auf Fortschritten, die nicht im Einzelnen und daher auch nicht in einem genauen Zeitrahmen vorweggenommen werden können. Deshalb ist es ein Thema zum Spekulieren. Ich verwende diesen Begriff nicht abschätzig, sondern um zu betonen, dass Aspekte der Zukunft, über die wir nur wenig wissen, eben deshalb nicht ignoriert werden können: Wir müssen mit dem auskommen, was wir haben. Es liegt an den geistigen Größen unter den Vordenkern in Wissenschaft und Technik, hier die Führung zu übernehmen. Die öffentliche Politik folgt allermeistens der öffentlichen Meinung, anstatt sie anzuführen: Das Wichtigste, auf das Politiker hinarbeiten, ist ihre Wiederwahl. Solange also die Wähler nicht einmal in der Lage sind, mittelfristige Schlussfolgerungen zu ziehen – sagen wir für die nächsten zehn Jahre –, ist es abstrus zu erwarten, dass politische Entscheidungsträger Besseres leisten.

Die Situation ist am schlimmsten in den Extremfällen, die mit »Hohes Risiko, hoher Gewinn« beschrieben werden können – eine wahrgenommene geringe Erfolgswahrscheinlichkeit, aber ein gewaltiger Nutzen im Falle des Erfolgs. Wie jeder Akademiker beteuern wird, sind die vorherrschenden Mechanismen zur Bereitstellung öffentlicher Gelder für die Forschung auf ein katastrophales Niveau des Widerwillens gegenüber Arbeiten mit hohem Risiko und hohen Gewinnen gesunken, und zwar so weit, dass leitende Wissenschaftler dem System um einen Schritt voraus sind, indem sie sich im Wesentlichen um Geld für Arbeiten bewerben, die schon weitgehend abgeschlossen sind und kein Risiko tragen, nicht rechtzeitig geliefert zu werden. Die Forschungsgebiete, die die *Edge*-Leser am meisten interessieren, unterliegen dieser Herausforderung ganz besonders. Visionäre Themen haben notwendigerweise einen langfristigen Charakter und tragen daher auch ein hohes Risiko. Außerdem werfen sie nahezu genauso notwendig hohe Gewinne ab. Beispielsweise im Bereich der medizinischen Forschung: Tragen wir durch die gegenwärtige Verteilung der Forschungsgelder im größten Maß mit der höchsten Wahrscheinlichkeit zum Nutzen der meisten Menschen bei? In allen diesen Bereichen, die mir einfallen, sind öffentliche Meinung und Politik voreingenommen zugunsten von Ansätzen, die auf zweifelhafte Weise (oft auf sehr zweifelhafte Weise) bescheidene kurzfristige Vorteile liefern könnten, aber nahezu überhaupt keine Aussichten auf effektivere Ansätze der zweiten Generation in fernerer Zukunft bieten. Die Wege zu diesen Ansätzen der zweiten Generation, die die beste Erfolgschance bieten, werden wegen ihres Mangels an »unmittelbaren Ergebnissen« an den Rand gedrängt.

Darüber sollten wir uns große Sorgen machen. Es kostet bereits eine Vielzahl von Menschenleben, da die Leben rettende Forschung verlangsamt wird. Und wie schwer ist dieses Problem wirklich anzugehen? Wie schwer ist das Bayes'sche Theorem wirklich? Das Bedeutendste, das diejenigen zum Nutzen der Menschheit tun können, die dieses Problem verstehen, ist die Agitation für ein besseres Verständnis probabilistischen Denkens bei politischen Entscheidungsträgern, Meinungsbildnern und folglich auch der Öffentlichkeit.

# Eric J. Topol, M.D.
## Die zunehmende Instabilität des Genoms

Professor für Genomik am Scripps Research Institute;
Direktor des Scripps Translational Science Institute; Autor
von *The Creative Destruction of Medicine*

Man hat uns etwas Falsches beigebracht. Der alte Schulunterricht lehrte, dass unsere DNS-Sequenz zu 50 Prozent von unserer Mutter und zu 50 Prozent von unserem Vater stammt, ließ dabei aber den springenden Punkt aus, dass es neue, sogenannte *de-novo*-Mutationen gibt, die spontan auftreten und eine große Sache sind.

Erst im vergangenen Jahr konnten wir ganze menschliche Genome von Familien und sogar von einzelnen Samenzellen sequenzieren, um direkt zu quantifizieren, wie häufig diese *de-novo*-Mutationen auftreten. Bei jedem von uns gibt es zwischen 80 und 100 Veränderungen unserer erblichen (Keimbahn-)DNS, die sich in der DNS unserer Eltern nicht finden lassen. Aber die Quelle ist die Instabilität des Genoms ihrer Eier oder Spermien. Im Durchschnitt kommen etwa 15 bis 20 »Schreibfehler« von unserer Mutter und dreißig bis sechzig von unserem Vater. Wir haben eine neue Einschätzung der biologischen Uhr des Vaters, wobei ältere Väter eine höhere DNS-Instabilität aufweisen, und es gibt zunehmend Belege dafür, dass dieses Phänomen mit einem höheren Risiko für Autismus und Schizophrenie verbunden ist.

Obwohl die neuen Mutationen bei jedem einzelnen Menschen selten sind und einen winzigen Bruchteil, nämlich weniger als 0,001 Prozent seines Genoms, repräsentieren – so ist

doch die Wahrscheinlichkeit groß, dass sie schädlich sein werden. Der Grund dafür ist, dass sie nicht der natürlichen Selektion der Evolution unterliegen. Während es eine kleine Wahrscheinlichkeit dafür gibt, dass die Mutation einen positiven
Effekt haben könnte, spricht eine überaus große Wahrscheinlichkeit für eine schädliche Auswirkung, wie wir in jüngsten
Untersuchungen solcher Mutationen bei Kindern mit schwerer Geistesschwäche und anderen Entwicklungskrankheiten
des Gehirns gesehen haben.

Um nun auf die *Edge*-Frage von 2013 zu antworten: Was ist
daran beunruhigend? Wir sollten uns Sorgen darüber machen,
dass diese Instabilität des Genoms in unserer Keimbahn-DNS
und auch in unserer somatischen (Körperzellen-)DNS im Zunehmen begriffen ist. Wir sehen mehr neue Fälle von Krebs,
bei denen eine abweichende DNS im Spiel ist, die prototy-
pisch für genomische Instabilität sind. Und während der
Trend zu älteren Vätern ein deutliches und globales Phänomen ist und zu einem kleinen Teil des höheren Vorkommens
von Autismus beitragen könnte, handelt es sich doch möglicherweise um etwas viel Größeres. Bislang wissen wir nur,
dass es eine Beziehung zu leicht zu diagnostizierenden Merkmalen wie Schizophrenie und schweren kognitiven Defizi-
ten gibt. Wie steht es mit den subtileren Auswirkungen solcher Mutationen auf andere Gesundheitsverfassungen, wie
z.B. leichte kognitive Beeinträchtigungen oder eine Anfälligkeit für Diabetes? Die Frage, der wir wirklich nachgehen müssen, ist, warum die Instabilität des Genoms mit dem Alter zunimmt und warum von Jahr zu Jahr bei mehr Menschen Krebs
diagnostiziert wird – bei etwa 1,7 Millionen Amerikanern im
Jahr 2012. Außerdem wurde – auch unter Berücksichtigung
des fortschreitenden Alters der Bevölkerung – ein erhöhtes
Vorkommen bei sieben der häufigsten Krebstypen festgestellt.

Ich denke, dass ein bedeutender Anteil der Instabilität des
Genoms auf Umweltfaktoren zurückgeht. Beispielsweise ist
der Kontakt mit stärkerer Strahlung ein Hauptverdächtiger –
sei es vom Menschen erzeugte Wärmestrahlung, die von Treib-

hausgasen in der Atmosphäre ausgeht, oder durch bildgebende Verfahren in der Medizin, die ionisierte Strahlung verwenden. Wahrscheinlich gibt es in unserem »Exposom« viele andere Umweltauslöser, die erst noch aufgedeckt werden müssen, wie z.B. die Interaktion unserer erblichen DNS mit dem Mikrobiom unseres Darms oder der allgegenwärtige Kontakt, den wir zu Viren haben, die die Instabilität des Genoms potenzieren können.

Obwohl wir jetzt eine Einschätzung der Häufigkeit von *de-novo*-Mutationen aufgrund der spektakulären Fortschritte der Sequenzierungstechnik und -analyse haben, verstehen wir nicht einmal in groben Zügen, was sie überhaupt erst induziert – und kennen auch nicht die subtileren Effekte, die mit einer Art von Rückentwicklung der Menschheit einhergehen. Besonders beunruhigend ist die Tatsache, dass die Anzeichen größerer Instabilität des Genoms, im Kontext der Evolution des Menschen über Millionen von Jahren hinweg betrachtet, in einer relativ kurzen Zeitspanne auftreten.

Es könnte daher lange dauern, bis dieser Prozess zum Abschluss kommt. Aber wir könnten jetzt etwas dagegen tun, indem wir eine detaillierte Untersuchung von *de-novo*-Mutationen und Interaktionen mit der Umgebung bei Hunderttausenden Menschen und ihren Nachkommen durchführen. Wir wollen ja nicht alle menschlichen *de-novo*-Mutationen unterdrücken, aber vielleicht wird es irgendwann eine Möglichkeit geben, schädliche Mutationen zu verhindern oder auszusieben – und diejenigen, die sich als günstig erweisen, zu fördern. Manche könnten das für eine unnatürliche Selektion halten, aber so etwas könnte nötig sein, um den Strom umzukehren.

Azra Raza, M.D.
# Die gegenwärtigen Sequenzierungsstrategien ignorieren die Rolle von Mikroorganismen bei Krebs

Professorin für Medizin; Direktorin des Zentrums für MDS (Myelodysplastisches Syndrom) an der Columbia University

Als Forscherin, die fast vier Jahrzehnte lang Krebs untersucht hat, habe ich mehrere Zyklen erlebt, in denen sich der Fokus der Forscher radikal verschoben hat, um sich den vorherrschenden technischen oder geistigen Fortschritten der Zeit anzupassen.

In den 1970er Jahren, als die Verwendung einzelner chemotherapeutischer Medikamente bei manchen Krebsarten beeindruckende Ergebnisse hervorbrachte, wurde entdeckt, dass der Zusatz von weiteren Wirkstoffen die Reaktionsrate effektiv verdoppeln konnte. Die siebziger Jahre standen daher im Zeichen von Kombinationschemotherapien. Die achtziger Jahre wurden von einem Wettlauf bei der Identifikation von Mutationen bei menschlichen Homologen von Genen dominiert, die bei Tieren Krebs verursachen (Onkogene).

Darauf folgte in den 1990er Jahren eine Konzentration auf Immuntherapien und monoklonale Antikörper, deren Ergebnis einige durchschlagende Erfolge bei der Behandlung von Lymphomen waren. Vor dem Hintergrund der technischen Fortschritte, die sich aus dem Human Genome Project ergaben, hat sich der Brenpunkt des Interesses in diesem Jahrzehnt auf die Entwicklung des Krebsgenomatlas verlagert, wobei Genomanalysen mit hohem Durchsatz verwendet werden, um genetische Mutationen bei einigen der verbreitetsten Krebsarten zu katalogisieren.

Vorausgesetzt wird hier, dass durch die Identifikation von Mutationen bei Krebszellen und ihren Vergleich mit normalen Zellen derselben Person ein besseres Verständnis des bösartigen Prozesses und somit neue Ansatzpunkte für die Behandlung erreicht werden. All das ist zwar sehr aufregend, aber wenn der gegenwärtige Trend der Sequenzierung des Krebsgenoms unverändert fortgesetzt wird, könnte es sein, dass man die Rolle von Pathogenen bei der Einleitung und/oder Aufrechterhaltung von Krebs für lange Zeit nicht erfassen wird, und zwar aus folgendem Grund.

Die Chance, einmal im Leben Krebs zu bekommen, beläuft sich auf eins zu zwei bei Männern und eins zu drei bei Frauen. Der am breitesten akzeptierten Ansicht zufolge ist Krebs eine genetische Krankheit. Obwohl kein Zweifel besteht, dass Krebs durch mutierte Zellen verursacht wird, stellt sich doch die Frage, wie die Mutationen in diesen Zellen überhaupt erst entstehen. Unter mehreren Möglichkeiten gibt es zumindest zwei, die das Krebswachstum mit Pathogenen in Verbindung bringen könnten.

Die erste ist, dass die Person zwar mit einer mutierten Zelle geboren wird, dass aber die Zelle in einem Latenzzustand bleibt, weil die Mikroumgebung (Mutterboden), in der sie lebt, für ihre Wucherung nicht geeignet sein könnte. Wenn die Umgebungsbedingungen sich so ändern, dass der Mutterboden zu Lasten der normalen Zellen jetzt für die abnorme Zelle fruchtbarer ist, dann könnte die mutierte Zelle ihre Klonpopulation erweitern, was ein Krebswachstum zur Folge hat. Es ist eine wohlbekannte Tatsache, dass die meisten Krebsarten in einer proinflammatorischen Mikroumgebung gedeihen und dass Pathogene in der Lage sind, eine normale Mikroumgebung in eine proinflammatorische zu verwandeln und damit die erforderlichen Bedingungen für das Wachstum einer mutierten Zelle zu schaffen.

Eine zweite Möglichkeit ist, dass das Pathogen eine normale Zelle infiziert und ihre Lebensmaschinerie ausnutzt, was ein entfesseltes Wachstum der mutierten Zelle zur Folge hat. Es ist also nicht unvernünftig, nach dem Vorhandensein eines Mikroorganismus entweder bei der bösartigen Zelle oder in ihrer Mikroumgebung zu suchen.

Untersuchungen haben bereits nachgewiesen, dass 20 bis 30 Prozent aller Krebsarten weltweit mit einer chronischen Infektion verbunden sind: Das Epstein-Barr-Virus kann Lymphome und Nasen-Rachen-Krebs verursachen; das menschliche Papillomavirus (HPV) verursacht Gebärmutterhalskrebs sowie Kopf- und Nackentumoren; eine langfristige bakterielle Infektion mit *Helicobacter pylori* kann Magenkrebs verursachen; und das Hepatitis-B-Virus (HBV) verursacht Leberkrebs. Es besteht durchaus die Möglichkeit, dass zukünftig noch viel mehr Krebsarten mit Pathogenen verknüpft werden, und manche krebserzeugenden Pathogene könnten sich als Teil unseres kollektiven Mikrobioms erweisen, der Gemeinschaft von Mikroorganismen, die in unserem Körper leben. Das Mikrobiom macht etwa ein bis drei Prozent unserer Biomasse aus und übertrifft die menschlichen Körperzellen um einen Faktor von 10.

Das Human Microbiome Project (HMP), ein Zusammenschluss von 80 Universitäten und wissenschaftlichen Institutionen, der von den National Institutes of Health finanziert wird, betrachtet diesen Aspekt am Rande, indem es die Gemeinschaften von Bakterien bestimmt, die im menschlichen Körper leben, und ihre Rolle für Gesundheit und Krankheit.

Leider bestimmt das HMP nur die Gemeinschaften von Bakterien (sie haben 10 000 Arten nachgewiesen!), die in unserem Körper leben, denn das wird nicht bei der Identifikation von Mikroorganismen helfen, die mit Krebs verbunden sind. Der Grund dafür, dass bisher nicht noch mehr Krebsarten mit Mikroorganismen verknüpft wurden, besteht darin, dass es uns an geeigneten Techniken für die Entdeckung trickreicher Pathogene wie Retroviren fehlt. Leider wird nur ein geringer Teil von Anstrengungen und Geld in dieses Forschungsgebiet investiert.

Die meisten Forscher untersuchen bösartige Krankheiten mit Hilfe der Sequenzierung, aber Mikroorganismen, die mit Krebs verbunden sind, wird man dadurch nicht entdecken, weil die Genomsequenzierung, die eine Sequenzierung des gesamten Genoms beinhalten sollte (100 Prozent der DNS), größtenteils auf die Sequenzierung des ganzen Exoms reduziert wurde (auf den genkodierenden Bereich, der etwa zwei Prozent der DNS umfasst). Das geschah zumindest teilweise, weil die massive parallele Sequenzierung für den Routineeinsatz noch immer nicht ökonomisch machbar oder technisch fortgeschritten genug ist. Das Problem ist, dass die Integration eines Krebs verursachenden Pathogens wahrscheinlich nicht in der kodierenden Region (Exom) stattfindet, welche derzeit im Mittelpunkt der Untersuchungen jener Forscher stehen, die auch weiterhin die wichtigsten Triebkräfte der Krebsforschung sind.

Das zweite Problem ist, dass die überwältigende Mehrheit der Forscher nur die bösartigen Zellen untersucht, während die Krebs verursachenden Mikroorganismen in den Zellen der Mikroumgebung des Tumors sitzen könnten, nur um damit den Mutterboden für das Wachstum und die Ausbreitung der mutierten Zelle fruchtbar zu machen. Um ein umfassenderes Verständnis des Prozesses der Krebsentstehung zu entwickeln, ist es wichtig, sowohl den Samen als auch den Mutterboden zu untersuchen und eine Sequenzierung des ganzen Genoms durchzuführen, anstatt nur die kodierenden Regionen des Genoms zu erforschen.

Carl Zimmer schreibt in seinem Buch *Parasitus Rex*, dass Parasiten »Experten darin sind, nur den Schaden zu verursachen, der notwendig ist, weil die Evolution sie gelehrt hat, dass ein unnötiger Schaden ihnen am Ende selbst schaden wird«. Die Evolution wird die bösartigen Zellen (und ihre Herren) schließlich lehren, dass die einzige Möglichkeit, wie sie sich selbst erfolgreich fortpflanzen können, darin besteht, den Wirt unsterblich zu machen, anstatt ihn zu töten. Hoffen wir, dass wir die Antwort auf das Krebsdebakel vorher finden werden.

# Terrence J. Sejnowski
## Das Versagen der Genomik bei Geistesstörungen

Neuroinformatiker, Francis Crick Professor am Salk Institute for Biological Studies; Koautor (mit Patricia Churchland) von *Grundlagen zur Neuroinformatik und Neurobiologie*

Das Human Genome Project war ein großer Erfolg. Wir haben nicht nur das menschliche Genom, sondern nach einem Jahrzehnt der Fortschritte bei der Gensequenzierung sind auch die Kosten von ein paar Milliarden Dollar pro Genom auf ein paar Tausend gefallen. Das hatte eine tiefgreifende Wirkung darauf, welche Fragen wir über biologische Systeme stellen können, und hat zu vielen wichtigen Ergebnissen geführt.

Geistesstörungen sind ein bedeutendes gesundheitliches Problem für die Gesellschaft. Die meisten von uns kennen jemanden mit einem autistischen Kind, einen schizophrenen Cousin, einen Freund, der an Depressionen leidet. Welchen Einfluss hatte die Genomik auf die Behandlung dieser Krankheiten?

Autismus kommt bei einem Prozent der Kinder unter acht Jahren vor, und ihre Pflege über die gesamte Lebensspanne hinweg kostet die Gesellschaft geschätzte 3,2 Millionen Dollar; die jährlichen Kosten für alle autistischen Menschen in den Vereinigten Staaten liegen bei 35 Milliarden Dollar. Schizophrenie, deren Symptome erstmals im frühen Erwachsenenalter auftreten, betrifft ein Prozent der Bevölkerung – jährliche Kosten: 33 Milliarden Dollar. Zum Vergleich: Die durchschnittlichen Jahreskosten des Kriegs in Afghanistan lagen bei 100 Milliarden Dollar. Wir führen mannigfaltige Kriege gegen

Geistesstörungen, ohne dass ein Ende in Sicht wäre. Die Last, die auf Familien und Pflegekräften liegt, ist nicht bloß finanzieller Natur: Jeder Mensch mit einer bedeutenden Geistesstörung kann das Leben vieler anderer zerrütten.

Sowohl Autismus als auch Schizophrenie weisen wesentliche erbliche Komponenten auf, und es bestand große Hoffnung, dass man den Ursprung von Geistesstörungen durch die Identifikation der verantwortlichen Gene verstehen könnte. Bei Untersuchungen eineiiger Zwillinge ergab sich eine Übereinstimmung für Autismus von 30 bis 90 Prozent – und 40 bis 60 Prozent für Schizophrenie. Das ganze Genom betreffende Assoziationsuntersuchungen wurden im großen Maßstab bei Tausenden Familien mit diesen Störungen durchgeführt, wobei festgestellt wurde, dass keine Mutation eines einzelnen Gens, kein Einschub, keine Löschung oder Variation in der Anzahl mehr als nur einen kleinen Bruchteil der Varianz in der Population erklären kann. Diese Untersuchungen kosten Hunderte Millionen Dollar und haben Listen von Autoren, die so lang sind wie die über den Artikel zur Entdeckung des Higgs-Bosons. Hunderte von Genen sind daran beteiligt. Viele davon sind bekannt dafür, dass sie für die Entwicklung und Funktion von Synapsen wichtig sind. Da Autismus und Schizophrenie alles andere als Mendel'sche Merkmale sind, ist es viel schwieriger, therapeutische Ziele zu identifizieren, die für ein großes Spektrum von Patienten wirksam wären. Das war eine große Enttäuschung und eine Sorge im Hinblick auf die zukünftige Genomforschung zu Geistesstörungen.

Obwohl die Sequenzierung der Genome von Patienten noch keinen direkten Nutzen erbracht hat, ermöglichen die Instrumente der Genetik doch neue Ansätze für die Behandlung von Geistesstörungen. Klinische Depressionen sind eine weitere lähmende Störung, die 15 Millionen Amerikaner betrifft; 20 Prozent davon reagieren nicht auf Antidepressiva. Die jährlichen Kosten für Depressionen liegen bei 83 Milliarden Dollar. Eine viel versprechende neue Therapie für medikamentenresistente Depressionen ist die elektrische Reizung des anterioren cingulären Kortex, der mit anderen Gehirnregionen verknüpft ist, welche für die Regulation des Wohlbefindens wichtig sind, d.h. ob wir uns sicher oder verletzbar fühlen, und vor allem für unsere emotionalen Reaktionen Relevanz besitzen. In einigen Fällen sind die Wirkungen dramatisch, wenn der Schleier der Depression sich nur Minuten nach Beginn der elektrischen Reizung lüftet. Obwohl eine Tiefenreizung des Gehirns viel versprechend ist, wissen wir nicht, warum sie funktioniert; Fortschritte werden hier von einer genaueren Steuerung der neuronalen Aktivität abhängen. Eine neue Technik, die die Behandlung von Depressionen und anderen Störungen des Gehirns, wie z.B. der Parkinson-Krankheit, revolutionieren könnte, beruht auf der Reizung von Neuronen durch Licht anstatt durch Mikroelektroden. Die Optogenetik ermöglicht die selektive Zuführung lichtempfindlicher Ionenkanäle an Neuronen mit Hilfe von Viren. Je nachdem, welcher Ionenkanal eingesetzt wurde, kann Licht ein Neuron zum Feuern oder Schweigen veranlassen.

Psychosen werden gegenwärtig mit Medikamenten behandelt, die bestenfalls palliativ sind und schwächende Nebenwirkungen haben. Die Fortschritte bei der Verbesserung der Behandlung von Geistesstörungen waren zwar langsam, aber es gibt Gründe, optimistisch zu sein. Die Tatsache, dass Depressionen so schnell behoben werden können, deutet darauf hin, dass die neuronalen Schaltkreise intakt sind, sich aber in einem unausgeglichenen Zustand befinden. Eine grobe elektrische Reizung mag das auf eine Weise kompensieren, die wir noch nicht verstehen. Bei der Schizophrenie gibt es Belege für ein Ungleichgewicht zwischen der Erregung und Hemmung kortikaler Schaltkreise; insbesondere gibt es bei einer wichtigen Klasse von hemmenden Interneuronen eine Herunterregulierung von GABA, einem hemmenden Neurotransmitter, der zu einer negativen Rückkoppelung der erregenden Pyramidenzellen in der Hirnrinde führt. Projekte der gleichzeitigen Zellableitung von einer Million Neuronen durch Nanotechnologie sind schon auf dem Weg; dadurch werden wir eine viel bessere Kartierung der Hirnaktivität bei normalen und abnormen Zuständen erhalten. In dem Maße, wie wir mehr über die Eigenart dieser Ungleichgewichte erfahren und die molekularen Techniken für die Manipulation neuronaler Schaltkreise perfektioniert werden, könnte es möglich sein, die Symptome wichtiger Geistesstörungen besser zu behandeln und vielleicht sogar zu heilen.

Es gibt ein breites Spektrum von Symptomen und Schweregraden unter den Patienten, bei denen Autismus und Schizophrenie diagnostiziert wurde. Wir wissen jetzt, dass das zum Teil von der besonderen Kombination der betroffenen Gene abhängt. Umweltfaktoren haben ebenfalls einen großen Einfluss. Um Tolstoi zu paraphrasieren: Glückliche Gehirne sind alle gleich; jedes unglückliche Gehirn ist auf seine eigene Weise unglücklich.

# Stuart Firestein
# Überzogene Erwartungen

Professor und Leiter des Department of Biological Sciences an der Columbia University; Autor von *Ignoranz: Die Triebfeder der Wissenschaft*

Wie oft versagt die Wissenschaft? Wie oft sollte sie versagen? Sollten wir uns über die Versagensrate der Wissenschaft Sorgen machen?

In jüngerer Zeit wurde viel Aufhebens von all den Dingen gemacht, die die Wissenschaft vorhergesagt hat und die nicht eingetreten sind. Typischerweise wird das als Anklage gegen die Wissenschaft und manchmal sogar als Grund dafür präsentiert, nicht zu sehr an sie zu glauben. Beides ist falsch. Die Statistiken sind falsch und die Interpretation ebenso.

Der statistische Fehler ergibt sich daraus, dass man wissenschaftliche Vorhersagen in einen Topf wirft, die sich der Art nach unterscheiden. Beispielsweise sind seit der Nachkriegszeit die Titelseiten von populären Wissenschafts- und Technikzeitschriften voll mit Vorhersagen verblüffender Entwicklungen, von denen man meinte, dass sie unmittelbar bevorstünden – schwebende Flughäfen, unterirdische Städte, fliegende Autos, mehrstöckige Fahrbahnführungen durch Stadtzentren usw., usw., usw. Nur sehr wenige dieser ungezügelten Vorhersagen trafen ein – wie groß war jedoch die Wahrscheinlichkeit, dass sie eintreffen würden? Es handelte sich einfach um die ungebändigten Phantasien der populärwissenschaftlichen Autoren oder Grafiker, die auf ein dramatisches Titelblatt aus waren, damit mehr Zeitschriften verkauft werden.

Man kann diese Vorhersagen nicht mit ernsthafteren Versprechungen, wie z. B. der Ausmerzung von Krebs, in einen Topf werfen. Die eine Art von Vorhersage ist bloß eine phantasievolle Reflexion; die andere ist eine Art Schuldschein. Künstliche Intelligenz, Raumfahrt, alternative Energien und billigere, reichlichere Nahrungsmittel fallen alle in diese zweite Kategorie. Sie kosten Geld, Zeit und Ressourcen und sind ernsthafte Tätigkeiten; mit den Spekulationen von Science-fiction-Schriftstellern sind keinerlei Kosten verbunden.

Aber natürlich haben sich nicht alle der ernsthaften Versprechungen auch erfüllt. Der zweite Irrtum, der die Interpretation betrifft, besteht darin, dass wir meinen, wir hätten riesige Summen öffentlicher Gelder und Ressourcen auf jämmerliche Misserfolge verschwendet. Betrachten wir beispielsweise einmal den sogenannten Krieg gegen Krebs. Seit Präsident Nixons »Kriegserklärung« an diese Krankheit im Jahre 1971 haben wir in 42 Jahren 125 Milliarden Dollar für die Krebsforschung ausgegeben. Das Ergebnis: Im selben Zeitraum von 42 Jahren sind rund 16 Millionen Menschen an Krebs gestorben, und Krebs ist jetzt die häufigste Todesursache in den USA. Das klingt zwar schlecht, aber tatsächlich haben wir viele der früher tödlichen Krebsarten geheilt und eine unbekannte Zahl von Fällen durch das Verständnis der Bedeutung von Umweltfaktoren (Asbest, Rauchen, Sonnenbestrahlung usw.) verhindert.

Und wie steht es mit all den positiven Nebeneffekten, die in der ursprünglichen Vorhersage nicht enthalten waren – Impfstoffe, verbesserte Verabreichungsmethoden von Medikamenten, ein hochentwickeltes Verständnis der Zellentwicklung und des Alterungsprozesses, neue Methoden der experimentellen Genetik, Entdeckungen, die uns zeigen, wie Gene reguliert werden (alle Gene, nicht nur Krebsgene), und eine Vielfalt anderer Annehmlichkeiten, die nie als Ergebnisse des Kriegs gegen Krebs gezählt werden? Dann gibt es die beispiellose Zunahme unseres Verständnisses der Biologie auf jeder Ebene – von biochemischen Kaskaden über das Verhalten von

Zellen zu Regulationssystemen bis hin zu ganzen Tieren und Menschen sowie die oben genannten Wirkungen der Umwelt auf die Gesundheit. Rechnet irgendjemand all das zusammen? Ich wage zu behaupten, dass alles in allem dieser Krieg gegen den Krebs uns mehr für das aufgewendete Geld gegeben hat als jeder wirkliche Krieg, gewiss aber jeder Krieg in der jüngeren Vergangenheit.

Ein großer Teil der Wissenschaft besteht aus Misserfolgen, aber es sind produktive Misserfolge. Das ist ein entscheidender Unterschied in der Betrachtung der Misserfolge. Wichtiger noch ist die Tatsache, dass nicht alle falsche Wissenschaft auch schlechte Wissenschaft ist. Wie bei den überzogenen Erwartungen zum wissenschaftlichen Fortschritt wurden die Erwartungen zur Gültigkeit wissenschaftlicher Resultate einfach übertrieben. Wissenschaftliche »Tatsachen« sind alle vorläufig, alle müssen revidiert oder manchmal auch auf den Kopf gestellt werden. Aber das ist nicht schlecht; tatsächlich ist es entscheidend für stetigen Fortschritt. Es ist zugegebenermaßen schwierig, weil man nicht einfach alles glauben kann, was man liest. Aber wir sollten doch vernünftig sein und diese unbestreitbare Tatsache des Lebens anerkennen – nicht nur in den Zeitungen, sondern auch in wissenschaftlichen Zeitschriften.

Auf dem Gebiet der Pharmakologie, wo Medikamente hergestellt werden, sagen wir, dass dem Ersten Hauptsatz der Pharmakologie zufolge jedes Medikament mindestens zwei Wirkungen hat – die eine, die man kennt, und die andere (oder die anderen?). Und der noch wichtigere Zweite Hauptsatz der Pharmakologie besagt, dass die Spezifizität eines Medikaments umgekehrt proportional zu seiner Verweildauer auf dem Markt ist. Einfacher ausgedrückt, bedeutet das, dass ein Medikament bei seinem ersten Erscheinen auf dem Markt wegen einer spezifischen Wirkung verschrieben wird und eine gute Wirkung zu haben scheint. Aber wenn es im Lauf der Zeit breiter verschrieben und von einer vielgestaltigeren Population eingenommen wird, beginnen sich Nebenwirkungen einzustellen; das Medikament ist für die spezielle Pathologie doch nicht so spezifisch, wie man dachte, und es scheint andere unerwartete Wirkungen zu haben, die hauptsächlich negativ sind. Das ist ein natürlicher Vorgang. So erfahren wir etwas über die Begrenzungen unserer Ergebnisse. Wäre es besser, wenn wir diesen Vorgang kurzschlössen? Ja. Ist es wahrscheinlich, dass wir dazu in der Lage sind? Nein – es sei denn, wir würden uns damit zufriedengeben, nur sehr konservative Ansätze zur Heilung von Krankheiten auszuprobieren.

Worin besteht also die Sorge? Darin, dass wir eine irrationale Ungeduld gegenüber der Wissenschaft entwickeln, gegenüber ihren falschen Wendungen und gelegentlichen Sackgassen, gegenüber ihren vorläufigen Ergebnissen, die einer ständigen Revision bedürfen. Und darin, dass wir unser Vertrauen und unseren Glauben an die Wissenschaft als der für sich genommen besten Methode zum Verstehen des physischen Universums (was uns oder einen Großteil von uns einschließt) verlieren. Aus einer historischen Perspektive mag der Pfad zu Entdeckungen zwar klar erscheinen, aber die Wirklichkeit ist, dass es Schleifen und Wendungen und Umschwünge und Misserfolge und Sackgassen auf dem Weg zu jeder Entdeckung gibt. Tatsachen sind nicht unveränderlich, und Entdeckungen sind vorläufig. Das ist der chaotische Prozess der Wissenschaft. Wir sollten uns Sorgen darüber machen, dass unsere unrealistischen Erwartungen dieses verblüffende Chaos zerstören.

# Susan Blackmore
## Der Verlust unserer Hände

Psychologin; Autorin von *Zen and the Art of Consciousness*

Ich meine nicht, dass irgendjemand daherkommen wird und unsere Hände abhackt. Ich meine, dass wir unwissentlich, aber eifrig mehr und mehr unserer manuellen Fertigkeiten an Maschinen abgeben. Unser Geist verliert die Tuchfühlung mit unserem Körper und der Welt um uns herum, und wir werden von der sich entwickelnden Technosphäre eingesogen.

Zunächst schufen wir Maschinen, um sie nach unserer Pfeife tanzen zu lassen und unser Leben leichter und genussvoller zu machen, aber wir haben nicht bemerkt, wie schnell sich diese Beziehung ändert. Was als Herr und Knecht begann, entwickelt sich zu einer »Zwangssymbiose«, einem Zustand, in dem keiner ohne den anderen überleben kann.

Diese Maschinen erfassen alle Bereiche von den Hochleistungsmaschinen, die unsere Straßen bauen oder unsere Feldfrüchte ernten, bis zu den Denkmaschinen, die im Toaster bis zum Internetserver überall eingebaut sind. Motoren und Kräne nehmen uns zwar ganz offensichtlich schwere Handarbeit ab, aber dabei ändern sie auch das Wesen unseres Geistes. Das ist so, weil es bei manuellen Fertigkeiten nicht allein um die Hände geht, sondern auch um die Art und Weise, wie unser Gehirn und unsere Hände miteinander interagieren. Wenn ich lerne, wie man Kartoffeln pflanzt, ein Stuhlbein drechselt oder einen Dachziegel ersetzt, lerne ich nicht nur intellektuell, wie groß die Zwischenräume zwischen den Knollen sein sollen oder die Prinzipien der Arbeit an einer Drechselbank;

ich setze meinen ganzen Körper und Geist beim Lernen einer neuen Fertigkeit ein. Das erfordert Zeit und Übung. Es verändert mich allmählich zu einer Person, die leichter lernen wird, wie man Bohnen anbaut, einen Stuhlsitz mit Schnitzereien verziert oder die Dachrinnen repariert.

Wir können den Verlust dieser Fertigkeiten an der offensichtlichen Tatsache ablesen, dass sie jetzt von weniger Menschen erlernt werden. Wie viele von uns könnten einen wasserdichten Unterstand bauen, Möbel herstellen oder auch nur unsere eigenen Nahrungsmittel anbauen? Diese Meme überleben zwar immer noch, besonders in weniger entwickelten Kulturen, aber die Zahlen sind rückläufig. Ebenso beunruhigend ist die Änderung der Einstellung. Beispielsweise werden im britischen Bildungssystem Fertigkeiten wie Holzarbeiten und Kochen oder Fachkenntnisse wie Maurerarbeit und Klempnerei jetzt mehr durch schriftliche Prüfungen getestet als dadurch, was die Schüler tatsächlich tun können. Das soll den Status dieser Fächer anheben, verwandelt sie aber stattdessen in ein rein intellektuelles Wissen und setzt die wichtigen manuellen Fertigkeiten herab, deren Erwerb so viel Übung verlangt. Jedes Mal, wenn wir eine Maschine bauen, die etwas tun soll, das wir früher selbst taten, entfernen wir unseren Geist ein Stückchen mehr von unseren Händen.

Weniger offensichtlich ist vielleicht, dass derselbe Prozess stattfindet, wenn wir mit Begeisterung die Kommunikationstechnik annehmen. Als wir begannen, E-Mails zu schreiben, schien das ein bequemer Ersatz für den langsamen Prozess des Briefeversendens zu sein. Als wir unser erstes Mobiltelefon bekamen, schien es nur eine bequemere Methode zu sein, mit anderen Menschen zu sprechen. Aber sehen wir uns jetzt die Smartphones an. Niemand kann in der heutigen Welt konkurrieren, ohne zumindest einen Teil dieser Technik zu nutzen. Auszusteigen, um »autark« zu werden, ist sogar noch zweckloser, als es in den 1970er Jahren war, als viele von uns mit der Idee kokettierten.

Doch weil wir diese Maschinen überhaupt erst erfunden haben, halten wir irgendwie an der Vorstellung fest, dass sie immer noch zu unserem Nutzen da sind und wir mit ihnen tun können, was wir wollen. Das ist offenkundig falsch. Aus der Perspektive eines Mems sind es die Technomeme und die wunderbare Maschinerie, die sie kopiert, rekombiniert, speichert und verbreitet, die einen Nutzen haben – und nicht wir. Sie sind es, die sich rasch entwickeln, während unsere Körper sich fast überhaupt nicht verändern.

Was sich aber ändert, ist der Gebrauch unseres Körpers. Unsere Hände verbringen jetzt nur wenig Zeit mit der Herstellung oder dem Anbau von Dingen und eine Menge Zeit mit dem Drücken von Tasten und der Berührung von Bildschirmen. Unser Gehirn hat sich zwar kaum in seiner Größe oder Grobstruktur geändert, wohl aber in seiner Funktion. Unsere entwickelten Wünsche nach Spaß, Wettbewerb und Kommunikation führen uns in das immer weiter ausgedehnte Reich der Onlineinformationen und weg von den Menschen unserer unmittelbaren Nähe. Und wer sind »wir«? Unser Selbst ändert sich ebenfalls, wenn es von unserem Körper abgekoppelt ebensosehr zur Person wird, die auf vielfachen Websites und Foren existiert, wie der physische Körper, der hier und jetzt handelt und interagiert – eine ebenso digital verbreitete Entität wie der Mann, der jetzt meine Hand in der seinen hält.

Worüber wir uns also jetzt Sorgen machen sollten, ist unsere Rolle in dieser Welt. Wenn wir nicht die Herren sind, die unsere Technik beherrschen, wer oder was werden wir dann?

Folgendes ist eine mögliche Analogie. Vor etwa zwei Milliarden Jahren entwickelten sich Mitochondrien aus primitiven Bakterien, indem sie eine symbiotische Beziehung mit frühen eukaryotischen Zellen eingingen. Jeder brachte dem anderen Nutzen, daher war das keine feindliche Übernahme, sondern ein allmähliches Zusammenkommen, bis weder die lebenden Zellen noch die Mitochondrien in ihnen ohne den anderen überleben konnten. Die Zellen ernähren und schützen die Mitochondrien; die Mitochondrien liefern die Energie. Könnte unsere Zukunft in diese Richtung weisen? Die Analogie impliziert eine Welt, in der Menschen die Energieversorgung handhaben, um eine stetig zunehmende Anzahl von Erfindungen anzutreiben, die als Gegenleistung mehr Spaß, Spiele, Informationen und Nachrichten liefern – eine Welt, in der wir die Früchte unserer Maschinen so hochschätzen, dass wir sowohl physisch als auch geistig bereitwillig mit ihnen verschmelzen.

Die Aussicht ist düster. Die Ansprüche dieses evolvierenden Systems sind unersättlich, und die Ressourcen unseres Planeten sind endlich. Unsere eigene Gier ist unersättlich, und doch macht ihre Befriedigung uns nicht glücklicher. Und was wäre, wenn das ganze System zusammenbricht? Ob es sich um den Klimawandel, Pandemien oder irgendein anderes der Katastrophenszenarien handelt, über die wir uns Sorgen machen – es könnte tatsächlich eine Zeit kommen, wo die Banken zusammenbrechen, die Energieversorgungsnetze versagen und wir unsere Telefone, Satelliten und Internetserver nicht mehr betreiben können. Was dann? Könnten wir unsere tastendrückenden, über den Bildschirm streichenden Hände dazu bringen, uns selbst zu ernähren? Das glaube ich nicht.

Wir sollten uns darüber Sorgen machen, dass wir uns anscheinend mehr um potenzielle Katastrophen sorgen, die über uns hereinbrechen könnten, als darum, wie wir uns gerade jetzt in der Gegenwart verändern.

# Christine Finn
## Kontaktverlust

Archäologin, Journalistin; Autorin von *Artifacts: An Archaeologist's Year in Silicon Valley*

Meine Sorge? Kontaktverlust.

Biologen von der University of Newcastle, England, veröffentlichten kürzlich einen Bericht, in dem behauptet wird, dass das Verschrumpeln der Haut an den Fingern bei einem langen Bad ein Zeichen für einen evolutionären Vorteil sei. Die dörrpflaumenartige Veränderung würde den Fingern einen besseren Halt verleihen. Mehr noch als uns beim Ergreifen der Seife zu unterstützen, drängte sich dieses Verrunzeln der Haut als ein Überlebensfaktor auf, als unsere mesolithischen Vorfahren in Flüssen und Felsbecken nach Nahrung suchten.

Diese vielfach kolportierte Erinnerung an unsere entwickelten Fähigkeiten half dabei, meine eigene wirkliche Sorge zu lindern – die man vielleicht haptisches Entsetzen nennen könnte –, nämlich den Kontakt mit der physischen Welt zu verlieren. Was für eine Zukunft haben Finger als Werkzeuge im digitalen Zeitalter? Wird jetzt, wo die jüngste Schnittstelle eine weiche und federleichte Berührung ist und Befehle von Menschen an Maschinen gesprochen, geatmet, gezwinkert oder gar durch Hirnwellen übertragen werden, die Arbeit der Finger das ausschließliche Revier von Künstlern und Kinderspiel sein? Finger könnten noch immer Kirchen und Turmspitzen bauen, und alle Menschen könnten, und sei es auch nur im Schauspiel der Dichter, eine Orange schälen. Aber

wird es im digitalen Zeitalter noch Seiten zum Umblättern geben, Ranken zum Entwirren, eine Gelegenheit für harte Tas-
tenanschläge, und nicht einfach nur ein flüchtiges Wischen?
Schließlich ist der Finger, der von Geburt durch seinen ein-
zigartigen Code markiert ist, unser Sicherheitswächter, ver-
schwiegen, wie der Finger, der auf den Mund gelegt wird.

Aber die Finger schlagen zurück.

Sie ermuntern uns, Küchengeräte zu handhaben und Groß-
mutters Nähkästchen zu entdecken; Eier zu schlagen, Teig zu
kneten und Kuchen zu glasieren; Strickzirkeln beizutreten;
unsere Hände in die Landschaft zu versenken, um wilde Nahrung zu pflücken. Die Dinge sind immer noch fühlbar; die
Verkaufszahlen wirklicher Bücher sind ermutigend, und wir
schreiben immer noch gerne Randbemerkungen und knicken
die Ecke einer Seite um.

Vor ein paar Monaten besuchte ich das Haus in Florida, in
dem Jack Kerouac *Gammler, Zen und Hohe Berge* in einem
ekstatischen Schreibrausch binnen elf Tagen und Nächten
schrieb. An diesem Zufluchtsort, an den er sich zurückzog,
um den New Yorker Kritikern zu entkommen, die *Unterwegs*
verrissen hatten, übersetzten seine Finger vom Gehirn zu
den Händen und wieder zum Gehirn, wobei die Synapsen,
von Koffein und Benzadrin angeregt, zischten. In diesen mit
Holz verkleideten Zimmern war fast 60 Jahre später der charakteristische Klang einer Schreibmaschine aus Metall zu
hören. Es war nicht Jacks Geist, der darauf herumhämmerte,
sondern die derzeitige Stipendiatin, eine junge Frau in den
Zwanzigern, die, so war zu erfahren, aus Ohio sowohl mit einem Laptop als auch mit einer altmodischen mechanischen
Schreibmaschine angereist war, um dem nachzuspüren, wie
sich das anfühlt.

Dieser Essay begann mit der sprichwörtlichen Notiz, die
von Hand auf die Rückseite eines Umschlags geschrieben
wurde. Meine Finger setzten dann die Wörter auf meinem
Smartphone zusammen. Meine Sorge war, dass diese beiden
Prozesse, die für die Gestaltgebung und Synthese notwendig

sind, irgendwie im Konflikt miteinander stünden. Ich machte mir Sorgen über unsere Beherrschung der Technik. Aber das Schrumpeln der Haut an unseren Fingern erinnert mich daran, dass wir uns auf Erzeugnisse der Evolution wie auf Dinge, die noch immer der Evolution unterliegen, einlassen.

# Scott Sampson
## Die Kluft zwischen Mensch und Natur

Dinosaurier-Paläontologe; Forschungskurator am Utah Museum of Natural History; Autor von *Dinosaur Odyssey: Fossil Threads in the Web of Life*

Wir sollten uns alle Sorgen über den gähnenden psychologischen Abgrund machen, der die Menschheit von der Natur trennt. Tatsächlich lassen sich starke Gründe dafür anführen, dass die Überbrückung dieser Kluft es verdient, zu den dringlichsten Prioritäten des 21. Jahrhunderts zu zählen. Doch bisher hat es die Kluft zwischen Mensch und Natur noch nicht einmal auf unsere kulturelle Agenda geschafft.

In den letzten Jahrzehnten haben uns zahlreiche Wissenschaftler und Umweltaktivisten gesagt, dass wir unsere Lebensweise ändern und ein Gleichgewicht mit der Natur finden müssen, um nicht katastrophale Konsequenzen zu gewärtigen. Ich habe mich häufig daran beteiligt und düstere Statistiken in der Hoffnung ausgegeben, Menschen zum Handeln zu veranlassen. Die unausgesprochene Annahme war, dass kalte, harte Fakten ausreichen, damit Menschen (einschließlich Geschäftsleute und gewählte Amtsträger) »es kapieren« und ihre nicht nachhaltige Lebensweise ändern. Bislang bewegen sich jedoch praktisch alle Schlüsselindikatoren – von Treibhausgasemissionen bis zum Verlust von Lebensräumen und Arten – immer noch in die falsche Richtung.

Das Problem ist, dass Menschen keine rationalen Wesen sind. Zumindest dann nicht, wenn es um die Änderung ihres Verhaltens geht. Wie Marketingexperten schon lange erkannt haben, sind Menschen weit zugänglicher für emotionale Botschaften, besonders wenn sie durch Bilder vermittelt werden. Wollen Sie die Verkaufszahlen für ein neues Automodell steigern? Schöne Menschen, die durch unberührte Naturlandschaften fahren, sind viel stärkere Motivationsquellen als Statistiken über Pferdestärken und Kraftstoffeffizienz.

Aber welche Emotion fehlt? Welche Emotion brauchen wir, um einen nachhaltigen Wandel des menschlichen Verhaltens zu fördern? Mit einem Wort: Liebe.

Wie der verstorbene Evolutionsbiologe Stephen Jay Gould in einem untypischen Anflug von Sentimentalität einmal behauptete: »Wir können diese Schlacht zur Rettung von Arten und Umwelten nicht gewinnen, ohne zugleich auch eine emotionale Bindung zwischen uns selbst und der Natur zu schmieden – denn wir werden nicht kämpfen, um etwas zu retten, was wir nicht lieben.« Die gute Nachricht ist, dass dank einer langen evolutionären Periode innigen Kontakts mit der nichtmenschlichen Welt die Fähigkeit zur Ausbildung einer emotionalen Bindung an die Natur wahrscheinlich in uns allen schlummert und darauf wartet, wiedererweckt zu werden (man denke an E. O. Wilsons »Biophilie«).

Die schlechte Nachricht ist, dass wir als biologische Art noch nie so sehr von der Welt der Natur getrennt waren. Aufgrund verschiedener Faktoren – darunter die Angst vor Fremden und eine Besessenheit von Bildschirmen – sind die direkten Begegnungen mit der Natur bei Kindern stark zurückgegangen, nämlich auf weniger als zehn Prozent davon, was noch vor nur einer Generation üblich war. Der durchschnittliche amerikanische Jugendliche verbringt jetzt sieben bis zehn Stunden pro Tag mit dem Starren auf Bildschirme und bloß eine Handvoll Minuten in irgendeiner »natürlichen« Umgebung. Das Ergebnis dieses Rückzugs in die häuslichen vier Wände ist eine außer Kontrolle geratene Gesundheitskrise, und zwar sowohl für Kinder (Übergewicht, ADHS, Stress usw.) als auch für die Orte, an denen sie leben.

Die Wissenschaft war eine der wesentlichen Kräfte, die

einen Keil zwischen Mensch und Natur getrieben haben und uns dazu brachten, die Natur als Objekt anstatt als Subjekt anzusehen, als auszubeutende Ressource anstatt als zu respektierende Verwandte. Doch die Wissenschaft hat insbesondere in den letzten Jahrzehnten auch unser völliges Eingebettetsein in die Natur aufgezeigt, angefangen mit den Billionen von Bakterienzellen, die die Zahl der menschlichen Zellen in unserem Körper bei weitem überwiegen, bis hin zu unserer Rolle als jüngste Akteure in dem 14 Milliarden Jahre umfassenden Epos der Evolution.

Brauchen wir mehr Wissenschaft? Sicher, und die breite Öffentlichkeit muss die notwendigen Tatsachen erfahren, so düster und schwierig sie auch sein mögen. Beim Verfolgen eines nachhaltigen Weges in die Zukunft werden wir auch all die technische Unterstützung brauchen, die wir bekommen können. Doch Wissen und Technik ohne emotionale Verbindung werden es einfach nicht fertigbringen. Die nächste Generation der Menschen muss lernen, ihre Beziehung zur Welt der Natur auf eine Weise zu betrachten, die unserer gegenwärtigen anthropozentrischen, reduktionistischen und materialistischen Sicht fremd erscheinen wird.

# Bruce Schneier
## Macht und das Internet

Sicherheitstechniker; Autor von *Die Kunst des Vertrauens*

Alle umwälzenden Technologien erschüttern herkömmliche Machtgleichgewichte, und das Internet stellt keine Ausnahme dar. Die Standardgeschichte ist, dass es die Machtlosen ermächtigt, aber das ist nur die halbe Geschichte. Das Internet ermächtigt jeden. Mächtige Institutionen machen vielleicht keinen schnellen Gebrauch von dieser neuen Macht, aber da sie mächtig sind, können sie sie effektiver nutzen. Regierungen und Unternehmen sind sich mittlerweile der Tatsache bewusst, dass sie das Internet nicht nur nutzen, sondern auch in ihrem Interesse kontrollieren können. Wenn wir die Zukunft, in der wir leben wollen, und die Rolle der Informationstechnologie bei der Umsetzung dieser Welt nicht besonnen erwägen, werden wir am Ende ein Internet haben, das existierende Machtstrukturen und nicht die Gesellschaft im Allgemeinen begünstigt.

Wir haben alle die umwälzende Geschichte des Internets erlebt. Ganze Industrien, wie z. B. Reisebüros und Videotheken, sind verschwunden. Das herkömmliche Verlagswesen – Bücher, Zeitungen, Lexika, Musik – hat Macht eingebüßt, während Amazon und andere hinzugewonnen haben. Werbungsbasierte Unternehmen wie Google und Facebook haben eine Menge Macht gewonnen. Microsoft hat Macht verloren (so schwer das auch zu glauben ist).

Das Internet hat auch die politische Macht verändert. Einige Regierungen haben Macht verloren, als die Bürger sich online organisierten. Politische Bewegungen wurden einfacher und trugen zum Sturz von Regierungen bei. Der Obama-Wahlkampf machte einen revolutionären Gebrauch vom Internet, sowohl 2008 als auch 2012.

Und das Internet hat die gesellschaftliche Macht verändert, als wir Hunderte von »Freunden« auf Facebook sammelten, unseren Weg zur Berühmtheit tweeteten und Gemeinschaften für die obskursten Hobbys und Interessen fanden. Manche Verbrechen wurden leichter: Die Vorspiegelung einer falschen Identität wurde zum Identitätsdiebstahl, Urheberrechtsverletzungen wurden zum Austausch von Dateien, und der Zugang zu zensiertem – politischem, sexuellem, kulturellem – Material wurde kinderleicht.

Jetzt versuchen mächtige Interessen, diesen Einfluss bewusst zu ihrem Vorteil zu steuern. Manche Unternehmen schaffen Internetumgebungen, die ihre Wirtschaftlichkeit maximieren – Facebook und Google unter vielen anderen. Einige Industriezweige betreiben Lobbyarbeit, damit Gesetze erlassen werden, die ihre besonderen Geschäftsmodelle rentabler machen: Telekommunikationsanbieter wollen in der Lage sein, zwischen verschiedenen Arten von Internetverkehr zu unterscheiden, Unternehmen der Unterhaltungsindustrie wollen gegen den Austausch von Dateien hart durchgreifen, Werbefachleute wollen uneingeschränkten Zugang zu Daten über unsere Gewohnheiten und Vorlieben.

Auf der Regierungsseite zensieren mehr Länder das Internet als je zuvor – und sie tun das immer effektiver. Die Polizei nutzt auf der ganzen Welt Internetdaten zur Überwachung – mit geringerer richterlicher Aufsicht und manchmal, bevor irgendein Verbrechen geschieht. Die Militärs schüren ein Cyberkrieg-Wettrüsten. Die Überwachung des Internets – sowohl durch Regierungen als auch durch Handelsunternehmen – ist im Steigen begriffen, nicht nur in totalitären Staaten, sondern auch in westlichen Demokratien. Sowohl Unternehmen als auch Regierungen stützen sich stärker auf Propaganda, um einen falschen Eindruck von der öffentlichen Meinung zu erzeugen.

1996 gab der Cyberliberalist John Perry Barlow seine Unab-
hängigkeitserklärung für den Cyberraum heraus. Er sagte den
Regierungen: »Ihr habt kein moralisches Recht, über uns zu
herrschen, und ihr besitzt auch keine Vollstreckungsmetho-
den, die wir aus gutem Grund fürchten sollten.« Es war ein
utopisches Ideal, und viele von uns glaubten ihm. Wir glaubten, dass die Internetgeneration, d. h. jene, die die sozialen
Veränderungen, die diese neue Technologie brachte, bereitwillig begrüßten, rasch die gewichtigeren Institutionen der vorangehenden Epoche ausmanövrieren würde.

Die Wirklichkeit erwies sich als viel komplizierter. Wir ver-
gaßen, dass Technik die Macht in beiden Richtungen vergrößert. Als die Machtlosen das Internet entdeckten, hatten sie
plötzlich Macht. Aber obwohl die Unorganisierten und Flin-
ken als Erste Gebrauch von den neuen Technologien machten,
wurden sich schließlich die mächtigen Kolosse des Potenzials
bewusst – und sie haben mehr Macht zur Vergrößerung. Das
Internet verändert nicht nur Machtgleichgewichte, sondern
die Mächtigen können auch das Internet verändern. Erinnern
wir uns daran, wie inkompetent das FBI in den frühen 1990er
Jahren bei der Untersuchung von Internetverbrechen war?
Oder wie Internetnutzer Chinas Zensoren und die Geheimpo-
lizei des Nahen Ostens in die Tasche steckten? Oder wie das
digitale Bargeld Regierungswährungen obsolet machen sollte
und internetgestützte Organisationen politische Parteien obsolet machen sollten? Jetzt erscheint all das wie längst vergangene Geschichte.

Es ist zwar nicht alles einseitig. Die Massen können sich gelegentlich um ein spezifisches Problem herum organisieren –
SOPA/PIPA (Stop Internet Piracy Act/Protect Internet Property
Act), der arabische Frühling und so weiter – und können manche Handlungen der Mächtigen blockieren. Aber das ist nicht
von Dauer. Die Unorganisierten werden wieder unorganisiert,
und mächtige Interessen nehmen wieder die Zügel in die Hand.

Auseinandersetzungen über die Zukunft des Internets sind
moralisch und politisch komplex. Wie wägen wir die Privat-

sphäre gegen die Interessen einer Strafverfolgung ab, die eine Verletzung der Urheberrechte verhindern soll – oder Kinderpornographie? Ist es akzeptabel, dass man von unsichtbaren Computeralgorithmen beurteilt wird, wenn man Suchergebnisse erhält? Wenn einem Nachrichtenartikel präsentiert werden? Wenn man vom Flughafensicherheitspersonal für eine zusätzliche Überprüfung ausgesondert wird? Haben wir ein Recht, Daten zu korrigieren, die uns betreffen? Sie zu löschen? Wollen wir Computersysteme, die nach einer Reihe von Jahren Dinge vergessen? Das sind komplizierte Fragen, die eine sorgfältige Erörterung, internationale Kooperation und schrittweise Lösungen verlangen. Glaubt irgendjemand, dass wir dieser Aufgabe gewachsen sind?

Wir sind es nicht, und das ist das Problem. Denn wenn wir nicht versuchen zu verstehen, wie wir das Internet gestalten sollen, so dass seine positiven Wirkungen die negativen überwiegen, werden mächtige Interessen die ganze Gestaltung leisten. Das Design des Internets ist nicht durch Naturgesetze festgeschrieben. Seine Anfänge waren vom Zufall bestimmt: ein ursprünglicher Mangel kommerzieller Interessen, wohlwollende Vernachlässigung seitens der Regierung, militärische Anforderungen an Überlebensfähigkeit und Unverwüstlichkeit sowie die natürliche Neigung von Computertechnikern, offene Systeme zu konstruieren, die einfach und reibungslos funktionieren. Auf diese Mischung der Kräfte, die das Internet von gestern geschaffen haben, wird man sich nicht für die Schaffung des Internets von morgen verlassen können. Kämpfe um die Zukunft des Internets finden in diesem Augenblick statt: in den Legislativen rund um die Welt, in internationalen Organisationen wie der International Telecommunication Union und der Welthandelsorganisation sowie in Körperschaften für Internetstandards. Das Internet ist das, was wir aus ihm machen, und es wird ständig von Organisationen, Unternehmen und Ländern mit spezifischen Interessen und Agenda neu geschaffen. Entweder wir kämpfen um einen Platz am Tisch, oder die Zukunft des Internets wird uns vorgesetzt.

# Kai Krause
## Nahe an *Edge*

Softwarepionier; Designer von Software und graphischen
Benutzerschnittstellen; Philosoph

Wir alle sollten uns *wirklich* Sorgen darüber machen ... dass
es irgendwo in New York einen mächtigen Kulturunternehmer
gibt, der ein paar Hundert der intelligentesten Gehirne um
sich schart und seine Armee grauer Zellen darauf ansetzt ...
*mit noch mehr Dingen aufzuwarten, um die man sich Sorgen
machen kann.*

Als ob uns die tägliche Dosis von Krisen und Abgründen
ausgegangen sei und wir unbedingt frische Untergangsszena-
rien bräuchten, die zu der düsteren Stimmung passen?

Ich hatte eigentlich gehofft, dass wir diese Übung in eine
nützliche und positive Richtung hätten wenden können. Beispielsweise: »*Machen Sie einen konkreten Vorschlag, wie im
Jahr 2013 eine Milliarde Dollar am effektivsten genutzt werden könnte*« – und schauen, wozu dieser Pool von Gehirnen
wirklich imstande ist. *Und es dann in die Tat umsetzen.*

In der Gruppe gibt es einige Milliardäre und viele Philan-
thropen. Man könnte leicht einen *Edge*-Preis in Konkurrenz
zum X-Preis ausschreiben und konkrete Probleme vorlegen,
die auf die intelligenteste Art und Weise zu lösen sind.

Dabei könnte es um einzelne wissenschaftliche Probleme
gehen, aber auch um das Metaproblem der *Wissenschaft selbst*,
unterbewertet und in einem gewissen Grad verwaist zu sein.
Das Higgs-Boson bedeutet den einfältigen Hinterwäldlern, die
gut eine bessere Bildung in allen Bereichen vertragen könnten,

sehr wenig. Und es geht nicht nur um eine Anhebung des Grundniveaus, man findet auch ein gewaltiges schlummerndes Potenzial an der Spitze – die Intelligenten in jeder Klasse in jeder Stadt, überall.

Nur als Beispiel: Stellen Sie sich einen Augenblick vor, wie es wäre, wenn buchstäblich jedes Kind sein eigenes xPad bekäme. *Völlig kostenlos*. Alle mit identischen Eigenschaften, völlig bruchsicher. Mit einer Cloud-Infrastruktur, die für jeden Schüler ein Zuhause bietet, einer schlanken Datenstation, die kaum irgendetwas lokal enthält, jedes Gerät einfach nur als Pforte, neutral und austauschbar. Es wäre sinnlos, eines zu stehlen, ein wertloser Artikel.

Die bloße Größe des Zielpublikums würde es Dritten gestatten, brillante Lernsoftware zu schaffen. Sie würde das Spielfeld ausgleichen und das Bewusstsein auf allen Ebenen steigern. Neue Unterrichtsformen könnten angeboten werden, etwa wie man Antworten und Lösungen findet, wie man sucht, wie man mit Sicherheitsfragen umgeht, mit den Annehmlichkeiten und Fallgruben sozialer Netzwerke – all jene Fragen, die für Kinder so viel wichtiger sind als der Lehrplan »alter Schule« und mit denen sie jetzt auf sich allein gestellt fertig werden müssen.

In den Vereinigten Staaten gibt es etwa 80 Millionen Menschen, die in den Bildungsinstitutionen eingeschrieben sind. Das Gesamtbudget liegt bei fast einer Billion. Glauben Sie, dass eine solche Intervention etwas ausrichten könnte? Darauf könnte man wetten. Außerdem wäre sie auch äußerst kostengünstig. Natürlich gibt es endlos viele *Aber, Aber, Aber* dagegen. Eine Menge Detailfragen, vieles, worüber man nachdenken muss. Aber *das* ist genau der Punkt, an dem eine Denkfabrik intelligenter Leute zu großem Nutzen eingesetzt werden sollte.

Man könnte genau das zum Gegenstand eines *Edge*-Preises machen: die besten Vorschläge zur Umsetzung einer solchen Intervention, die zu Hunderten solcher Vorschläge führen würde, begleitet von einem Begutachtungssystem, um *die wirklich klugen Ideen an die Spitze aufsteigen zu lassen* – anstatt die Sache an eine Studiengruppe vermeintlicher »Experten«, unendlich langsame Regierungsprozesse oder nachdrücklich vertretene Interessen der Industrie zu übergeben. Stellt man diese Frage in den Schulen selbst, würde man von der Zahl detaillierter Probleme, über die man sich Sorgen machen kann – aber auch von den Lösungen und Vorschlägen – verblüfft sein!

Der Trick bestünde darin, *das System zu schaffen*, in dem die besten Ideen belohnt werden können. Meinen Sie wirklich, dass Apple 126 Milliarden in Barreserven braucht, und nicht auch mit 124 Milliarden glücklich wäre? Ich wette, sie würden gerne helfen, wenn auch nicht aus völlig altruistischen Gründen – und die anderen würden das ebenfalls tun. Hat man einen geeigneten Vorschlag mit großen Möglichkeiten zur Entfaltung, dann ist das Geld nicht wirklich das Problem.

Und jetzt sind wir bei meinem eigentlichen Gedanken angekommen. Wir sollten uns *wirklich* Sorgen darüber machen, *dass das nicht geschieht.*

Und ich meine nicht dieses einzelne, aus dem Hut gezauberte Beispiel mit dem xPad. Ich meine das Prinzip selbst: Wir begreifen nicht, dass alle Probleme viel zu komplex geworden sind, um mit unserer gegenwärtigen Methodologie gelöst zu werden: Die Art und Weise, wie die Regierung definiert wird, wie sie betrieben wird, wie sie gewählt wird, wie sie finanziert wird, wie sie Gelder einsetzt – *alles liegt im Argen* ... Das hat nichts mit rechts oder links zu tun, sondern mit einer möglichst abstrakten Betrachtungsweise: *Die Einzelnen stehen unmittelbar vor der Kündigung ihres Vertrags mit der Gesellschaft.*

Und wenn man darüber nachdenkt, liegt der einzige Ausweg aus alldem in den angewandten Wissenschaften: *Kluges Denken, intelligentes Planen, systematische Analyse;* jenseits von Parteimeinungen, außerhalb von Konzernmarken, ohne finanziellen Gewinn. Man kann das beinahe als Kunstform betrachten: *die Schönheit eines optimalen Weges, das Vergnügen, eine Lösung zu finden.*

Und es *gibt* die Menschen, die dazu imstande sind, die sich ihr ganzes Leben lang genau diesen Prozessen gewidmet haben – aber leider nur in ihren begrenzten Unter-Unter-Untergebieten.

Der Zustand unserer Erde ist das krönende Superproblem von allen – und doch sind die Menschen, die in der Lage wären, Einsichten und unverbrauchte Ideen anzubieten, häufig mit trivialen und prosaischen Randproblemen beschäftigt, wie es scheint. Wie etwa damit, die Frage zu beantworten, ob sie sich noch mehr Dinge ausdenken können, über die man sich Sorgen machen sollte.

# Rolf Dobelli
## Das Paradoxon des materiellen Fortschritts

Gründer von Zurich.Minds; Journalist; Autor von *Die Kunst des klaren Denkens*

Vor kurzem war ich zum Abendessen bei einem Freund, einem prominenten Anwalt für Urheberrecht, in seiner Villa in der Schweiz, eine der wenigen, die direkt am Zürichsee liegen. Wie das bei Leuten mit Villen so üblich ist, bot er mir die gesamte Tour und ließ auch die Sauna nicht aus (wie viele verschiedene Möglichkeiten gibt es, eine Sauna auszustatten?). Die Villa bot ein Feuerwerk des technischen Fortschritts. Mein Freund konnte jeden Bereich eines jeden Raums durch eine Berührung seines iPads regeln. »Der materielle Fortschritt«, sagte er während seiner Show, »wird bald in jedes Haus einziehen.« Geschichten über exquisit ausgestattete Hightech-Häuser sind zwar schon seit Jahrzehnten im Umlauf, aber es war doch nett zu sehen, dass so etwas schließlich existiert. Als er meinen Mangel an Verblüffung spürte, führte er mich in sein »Bilderzimmer«. Die ausgestellten Fotos zeigten ihn mit seiner Familie, auf Segelbooten, auf Skipisten, Golfgeländen, Tennisplätzen und zu Pferde. Ein Foto, auf das er besonders stolz zu sein schien, zeigte ihn mit Papst Benedikt XVI. »Eine Privataudienz«, sagte er.

Was lernen wir also daraus, was wir nicht schon vom *Großen Gatsby* gelernt haben?

Der materielle Fortschritt wird sich auch weiterhin verbreiten. Wissen ist kumulativ. In der Vergangenheit gab es Zeiten, in denen sich das Wissen verringerte. Der klassische Fall sind

Tasmanien oder – im größeren Maßstab – das Mittelalter. Aber seit Gutenberg ist es schwer, sich vorzustellen, dass die Menschheit je wieder Informationen verlieren wird. Durch die Akkumulation von Wissen und den globalen Handel werden die Güter und Dienstleistungen, die mein Rechtsanwaltfreund heute genießt, bald schon dem ärmsten Bauern in Simbabwe zur Verfügung stehen. Aber egal, wie viel Wissen wir anhäufen, egal, wie billig Rechenprozesse, Kommunikation und Informationsspeicherung werden, egal, wie reibungslos der Handel fließt, jener Bauer wird nie einer Verabredung mit dem Papst näher kommen.

Dabei ist der Papst als Allegorie für alle Güter und Dienstleistungen zu sehen, die immun gegen technische Herstellung und Reproduktion sind. Man kann nur auf einem St. Barts Urlaub machen. Rauschenberg schuf nur wenige Originale. Nur eine bestimmte Zahl von Villen sprenkelt das Seeufer bei Zürich. Die Anwendung der Technik verhilft nicht dazu, mehr davon herzustellen. Eine Unterredung mit einem virtuellen Papst ist da kein Ersatz.

Als Säugetiere sind wir Statussucher. Tiere, die keinen Status suchen, ziehen keine geeigneten Paarungspartner an und scheiden letztendlich aus dem Genpool aus. Daher bleiben Güter, die einen hohen Status verleihen, äußerst wichtig, sind jedoch außerhalb der Reichweite der meisten von uns. Nichts, was die Technik hervorbringt, wird daran etwas ändern. Eines Tages könnten wir ja vielleicht unsere Kognition neu entwerfen, um den Statuswettbewerb zu reduzieren oder zu beseitigen. Aber bis dahin müssen die meisten Menschen mit den Frustrationen des gebrochenen Versprechens der Technik leben: Nämlich dass Güter und Dienstleitungen für jedermann nahezu kostenlos verfügbar sein werden, die statusverleihenden Güter sich aber zugleich noch weiter aus der Reichweite entfernen. Das ist ein Paradoxon des materiellen Fortschritts.

Richtig, früher definierte Luxus Dinge, die das Leben erleichterten: sauberes Wasser, Zentralheizung, Kühlschränke, Autos, Fernsehgeräte, Smartphones. Heute scheint der Luxus das Leben eher zu erschweren. Einen Rauschenberg auszustellen und zu sichern, Polo spielen zu lernen und einen angemessenen Pferdestall zu unterhalten oder Zugang zum Papst zu bekommen sind beschwerliche Unternehmungen. Das spielt aber keine Rolle; gerade ihre Unerschwinglichkeit, die Tatsache, dass diese Dinge für die meisten Menschen nahezu unmöglich sind, ist das, was zählt.

Während der globale Wohlstand zunimmt, werden nichtreproduzierbare Güter exponentiell im Wert steigen. Zu viel Wohlstand und Begabung auf der Suche nach Status hat ein Auge auf zu wenig statusverleihende Güter geworfen. Der Preis für nichtreproduzierbare Güter hängt sogar noch mehr von der Ungleichheit des Wohlstands als von dem absoluten Wohlstandsniveau einer Gesellschaft ab – was weiter zu dieser Verknappung beiträgt.

Das Versprechen des technischen Fortschritts kann per definitionem nicht gehalten werden. Ich meine, wir sollten uns über die Konsequenzen Sorgen machen, unter anderem über eine denkbare Gegenreaktion auf das gegenwärtige ökonomische Ökosystem von Technologie, Kapitalismus und Freihandel.

# Ursula Martin
## Genaue Beobachtung und Beschreibung

Professorin für Informatik am Queen Mary College der
University of London

Nehmen Sie eine Kartoffel aus einem Sack Kartoffeln. Schauen
Sie sie genau an. Ja, wirklich, Sie müssen diese Übung machen. Legen Sie sie zu den anderen Kartoffeln zurück, mischen
Sie sie durcheinander und sehen Sie zu, ob Sie sie wieder finden können. Leicht? Versuchen Sie es jetzt mit Orangen. Immer noch leicht? Holen Sie jetzt einen Freund und beschreiben, zeichnen oder fotografieren Sie die Kartoffel detailliert
genug, damit er sie herausfinden kann. Oder die Orange.

In meinem Blumenbeet wächst ein Unkraut mit einer rosa
Blüte, und etwas sehr Ähnliches mit einer gelben Blüte wächst
an der Mauer. Das sind der Gemeine Erdrauch (*Fumaria offi-
cinalis*) und Lerchensporn (*Pseudofumaria lutea*), Wildblu-
men der Mohnfamilie, und dem Bestimmungsbuch zufolge
findet man Erstere gewöhnlich in kultivierter Erde und Letztere an Kalkwänden. Um genau zu bestimmen, welche der
etwa zwölf englischen Erdraucharten ich in meiner Hand
halte, muss ich die präzise Beschreibungssprache der Botanik
verwenden und Blütenstände, Blütenstängel und Kelchblätter
zählen und messen. Das Bestimmungsbuch bietet hilfreiche
handgezeichnete, farbige Illustrationen, Schwarzweißabbil-
dungen von Blütenteilen und einen Nachschlageschlüssel
(»Wenn der Blütenstand kürzer als der Blütenstängel ist und …
dann ist es ein …«) als Ergänzung der Beschreibungen im
Text.

Einst waren solche Beobachtungen, Beschreibungen und Illustrationen Standardausrüstung für professionelle Wissenschaftler und Amateure. Meine achtbändige Flora, auf schwerem Papier gedruckt und mit liebevollen Illustrationen ausgestattet, die jetzt Sammlerwert besitzt, wurde von der ursprünglichen Besitzerin, einer Dame aus dem 19. Jahrhundert mit viel Muße, häufig benutzt. Das Werk behauptet, für »Nicht-Wissenschaftler« geschrieben zu sein, aber der Inhalt unterscheidet sich von einer modernen Flora nur durch die Aufnahme einer gewissen Anzahl volkskundlicher Inhalte, Anekdoten und literarischer Verweise.

Darwins Bücher und Briefe sind voll von sorgfältigen Beschreibungen. Der Amateur, der Schwierigkeiten mit einem Bestimmungsbuch hat, mag Trost finden, wenn er liest, wie Darwin sich über den Unterschied zwischen einem Stamm mit zwei Blättern und einem Blatt mit zwei Blättchen ärgert. Darwin scheint eine Schwäche für Erdrauchgewächse gehabt zu haben, da er wundervoll detaillierte Beschreibungen der verschiedenen Arten bietet, ob und unter welchen Bedingungen sie Insekten anziehen und wie die Geometrie und Biegsamkeit der verschiedenen Pflanzenteile einen Einfluss darauf hat, wie der Pollen von Bienen weggetragen wird. Er suchte nach Mechanismen, die die evolutionäre Variabilität sicherstellen, indem sie die Wahrscheinlichkeit erhöhen, dass Bienen gelegentlich Pollen von einer Blüte auf eine andere übertragen, was ab und an Kreuzungen verursacht – eine Analyse, die sich später in *Die Entstehung der Arten* widerspiegelte.

Shakespeare und sein Publikum kannten nicht nur ihr Unkraut, sie kannten auch dessen Lebensraum und den Unterschied zwischen Ackerland und ständigem Weideland. In *Heinrich V.* hören wir, wie die Vernachlässigung in Kriegszeiten das Land verändert hat, so dass urbares Land, das brach lag, von Unkraut, Schierling und Erdrauch eingenommen wurde und in den ungemähten Wiesen »schlechter Ampfer, rauhe Disteln, Kletten« Schlüsselblumen, Pimpinelle und Klee ersetzt haben. Gärtner auf der ganzen Welt werden Mitgefühl empfinden.

Google kann eine glückliche Stunde bescheren, wenn man Verweisen auf Erdrauch folgt: Onlinedatenquellen ermöglichen die Erfassung und Analyse von Bildern, Beobachtungen sowie geographischen und anderen Daten, die nie zuvor so möglich waren, und liefern Informationen für das Erstellen und Überprüfen umfassender wissenschaftlicher Hypothesen. Aber die Analyse ist nur so gut wie die verfügbaren Eingangsdaten – die Wissenschaftsprojekte von Bürgern scheitern, wenn die Bürger nicht in der Lage sind, mehr als »rosa Blüte« und ein verschwommenes Mobiltelefonfoto einzuspeisen. Keine noch so umfassende Bildanalyse oder Datenauswertung kann jedoch die Aufmerksamkeit und Präzision ersetzen, die von Darwin und Tausenden anderer professioneller und Amateurnaturforscher und Ökologen praktiziert wurde.

Brechen wir also eine Lanze für die Beobachtung und Beschreibung. Erdrauch und Lerchensporn mögen für eine fortgeschrittene Unterrichtsstunde sein. Beginnen wir mit der Kartoffel.

# Bruce Hood
## Einfluss

Direktor des Bristol Cognitive Development Centre an der
University of Bristol; Autor von *The Self Illusion: How the Social
Brain Creates Identity*

Da ich zu denen gehöre, die fest an den Tod unseres Sonnensystems und letztlich an die Entropie des Universums glauben, meine ich, dass die Frage, worüber wir uns Sorgen machen sollten, am Ende irrelevant ist. Jedenfalls korrigiert die natürliche Selektion auf lange Sicht Störungen, die die Stabilität von Umwelten bedrohen. Die Natur wird einen Weg finden, und letztlich wird alles zu existieren aufhören. Ich könnte also aalglatt sein und einfach sagen: »Mach' dir keine Sorgen, sei unbekümmert.« Natürlich sind wir nicht so gestrickt, und glücklich zu sein verlangt, dass man sich keine Sorgen macht. Mein Anliegen, das trifft es eher als Sorge, ist also, wie wir mit der Wissenschaft umgehen, und insbesondere die Besessenheit im Hinblick auf *Einfluss*.

Bis zum letzten Jahrhundert war die Wissenschaft weitgehend das Vorrecht der unabhängigen Reichen, die die Ressourcen und die Zeit hatten, um ihre Leidenschaft für Entdeckungen zu verfolgen. Später investierten große kommerzielle Unternehmen in Forschung und Entwicklung, um durch Innovationen einen Vorteil gegenüber der Konkurrenz zu gewinnen. Die Einführung der staatlichen Finanzierung der Wissenschaft im frühen 20. Jahrhundert wurde durch Kriege, Wirtschaftsdepressionen und Krankheiten angeregt. Dadurch wurde nicht nur die Bandbreite der Forschung erweitert, weil viel größere Projekte ermöglicht wurden, die nicht bloß durch Profite motiviert waren, sondern es wurde auch ein neuer Berufsstand geschaffen: die von der Regierung finanzierten Wissenschaftler.

In Großbritannien war das Ende des 20. Jahrhunderts das goldene Zeitalter der Finanzierung. Seitdem gab es zumindest im Westen einen bedeutenden Rückgang bei der Unterstützung wissenschaftlicher Forschung. Heute ist es viel schwerer, Forschungsgelder einzuwerben, da die Regierungen mit der Weltrezession zu kämpfen haben – es sei denn natürlich, dass diese Forschung wirtschaftlichen Wohlstand generiert.

Früher war es so, dass bei der Gewährung eines Forschungsstipendiums erwartet wurde, dass die Ergebnisse jeder Arbeit in Form von Veröffentlichungen oder Präsentationen auf Tagungen verbreitet wurden – Erwartungen, die in einem oder zwei Sätzen ausgedrückt werden konnten. Ein bedeutender Teil der Bewerbung muss heute in Großbritannien (und ich stelle mir vor, dass das auch für die USA gilt) auf sogenannte »Einflusspfade« ausgerichtet werden. Was genau bedeutet das?

Nach den eigenen Richtlinien des britischen Forschungsrats muss es ein

> nachweislicher Beitrag sein, den eine hervorragende Forschung für die Gesellschaft und die Wirtschaft leistet. Der Einfluss umfasst all die äußerst unterschiedlichen Formen, wie forschungsbezogene Erkenntnisse und Kompetenzen Einzelpersonen, Organisationen und Staaten nützen durch: die Förderung der globalen Wirtschaftsleistung und insbesondere der wirtschaftlichen Wettbewerbsfähigkeit Großbritanniens; die Steigerung der Effektivität öffentlicher Dienste und der öffentlichen Ordnung; die Verbesserung der Lebensqualität, Gesundheit und kreativer Leistungen.

Das ist nicht einfach eine Übung, bei der man Kästchen an-
kreuzt. Als Teil der landesweiten Bewertung britischer Forschung, die als Research Excellence Framework (REF) bekannt
ist, spielt der Einfluss eine herausragende Rolle in der Gleichung. »Worin besteht das Problem?«, könnten Sie fragen.
Das Geld der Steuerzahler finanziert die Forschung, und sie
wollen einen Ertrag aus ihren Investitionen.

Das erste bedeutende Problem ist, dass damit der Schwerpunkt von wissenschaftlichen Entdeckungen auf die Anwendung der Wissenschaft verlagert wird. In den letzten zehn
Jahren habe ich in meiner eigenen Abteilung erlebt, dass diejenigen, die auf theoretischem Gebiet in der Wissenschaft arbeiten, nicht so erfolgreich beim Einwerben von Zuschüssen
sind wie jene, die auf Anwendungen hinarbeiten. Darüber hinaus sind diese Anwendungen in erster Linie durch wirtschaftliche Ziele motiviert. Universitäten werden ermuntert, Partnerschaften mit der Industrie zu bilden, um den Rückgang der
Finanzierung durch die Regierung auszugleichen. Das ist aus
zwei Gründen problematisch: Die Praktiken und Ziele der Industrie stehen im Konflikt mit denen des unabhängigen For-
schers; außerdem wurden viele wichtige Innovationen nicht
als Anwendungen entworfen und wären wahrscheinlich auch
nicht in einer Umgebung entstanden, die den kommerziellen
Wert betont. Ich würde behaupten, dass die Konzentration auf
Einfluss das Pferd von hinten aufzäumt – oder zumindest den
Wert theoretischer Arbeit nicht erkennt. Wir sollten uns an
Francis Bacons Aussage erinnern, dass glückliche Zufälle eine
natürliche Folge des wissenschaftlichen Strebens sind.

Viele von uns arbeiten auf Gebieten, die sich nur schwer
in den Einflussrahmen einpassen lassen. Meine eigene Forschung ist theoretisch. Wenn ich gebeten werde, eine Aussage
über Einflusspfade zu machen, verlasse ich mich auf meine Erfahrung mit und meine Freude an öffentlichen Vorlesungen,
weil, offen gestanden, die Dinge, die mich interessieren, sich
nicht deutlich in Einflüsse übersetzen lassen, die die Wirt-
schaftsleistung fördern. Öffentliches Engagement kann jedoch

problematisch sein, besonders wenn man es mit dringenden Anliegen zu tun hat. Die meisten Mitglieder der Öffentlichkeit – und vor allem auch die Medien, die sie informieren – sind weder mit der wissenschaftlichen Methode noch mit der Statistik vertraut. Das ist ein Grund, warum die Öffentlichkeit Wissenschaftlern so argwöhnisch gegenübersteht oder sie frustrierend findet, weil sie nie eine direkte Antwort auf solche relevanten Probleme wie Impfungen oder Gesundheitsrisiken geben. Die meisten Nichtwissenschaftler verstehen keine Erklärungen, die in Begriffen von Wahrscheinlichkeiten oder komplexen, multifaktoriellen Interaktionen abgefasst sind. Wöchentliche Schlagzeilen wie »X verursacht Krebs« oder »Die Entdeckung der Gene für X« spiegeln dieses Bedürfnis nach der Vereinfachung wissenschaftlicher Befunde wider.

Schließlich sind die meisten Akademiker selbst dem Zauber des Einflusses erlegen. Jede wissenschaftliche Zeitschrift hat einen Impact-Faktor, der ein Maß dafür ist, wie oft Artikel zitiert werden. Das ist zwar ein vernünftiges Maß, aber es erzeugt eine Voreingenommenheit im Wissenschaftsprozess, da es jenen Untersuchungen Priorität einräumt, die am außergewöhnlichsten sind. Wie wir in den letzten Jahren gesehen haben, hat das zum Niedergang mehrerer berühmter Wissenschaftler geführt, die ihre Stellen verloren, weil sie Untersuchungen fälschten, die am Ende in Zeitschriften mit hohem Einfluss erschienen. Warum haben sie das getan? Einfach deshalb, weil man Einfluss braucht, um erfolgreich zu sein. Meine Sorge ist, dass Einfluss mit guter Wissenschaft unvereinbar ist, weil er den Prozess dadurch verzerrt, dass man nach unmittelbaren Erfolgen sucht und die Umsicht zum Teufel schickt.

Vielleicht ist meine Sorge unbegründet. Die Wissenschaft korrigiert sich selbst, und wenn die Welt aus der Rezession herauskommt, sollten wir die Rückkehr zum Gleichgewicht zwischen Theorie und Anwendung sehen. Andererseits hätte ich vielleicht mehr Unheil verkünden sollen; auf diese Weise hätte ich wahrscheinlich mehr Einfluss erzielt.

# Giulio Boccaletti
# Die komplexen, folgenschweren, gar nicht so einfachen Entscheidungen über unsere Wasserressourcen

Physiker, Atmosphären- und Meeresforscher; Geschäftsführer von The Nature Conservancy

Wir sollten uns über den Zustand der Wasserressourcen Sorgen machen. Ich bezweifle, dass es auch nur eine Veröffentlichung zum Zeitgeschehen gibt, die sich nicht mit der »globalen Wasserkrise« beschäftigt hat. Alles in allem lassen sie berechtigte Bedenken aufkommen.

In den nächsten 20 Jahren werden wir etwa 40 Prozent mehr Wasser bereitstellen müssen als heute, um eine intensivere Wirtschaftätigkeit zu unterstützen, von der Herstellung von Nahrungsmitteln bis zur Energieerzeugung. Da nahezu die Hälfte der globalen Nahrungsproduktion von 20 Prozent bebauten und bewässerten Landes stammt, ist es unwahrscheinlich, dass wir die Nahrungbedürfnisse einer wachsenden und wohlhabenderen Bevölkerung erfüllen können, ohne mehr Wasser zu gewinnen, zu speichern und zu liefern.

Die herkömmliche Lösung dafür besteht im Bau einer neuen Infrastruktur – Staubecken, Dämme, Kanäle. An manchen Orten könnte das sehr wohl die richtige Antwort sein, insbesondere in jenen Ländern, die einen Großteil ihrer Wasser-Infrastruktur erst noch aufbauen müssen, aber insgesamt könnte es sich als zu teuer erweisen, um die einzige Lösung darzustellen.

Wir müssen die Art und Weise unserer Wassernutzung ändern und mit weniger mehr erreichen. Leider haben wir keine große Erfolgsbilanz bei der Steigerung der Ressourcenproduktivität. 1967 gründete die National Academy of Sciences das Committee on Resources and Man, um folgende neo-Malthusianische Frage zu beantworten: Sind wir in der Lage, unsere Ressourcenproduktivität so zu steigern, dass wir unseren Planeten nicht erschöpfen? Oder ist unser exponentielles Wachstum ein Vorläufer des Zusammenbruchs der Ökosysteme im globalen Maßstab? Fast 50 Jahre später lautet die gute Nachricht, dass wir immer noch hier sind. Die schlechte Nachricht ist, dass unsere gesteigerte Produktivität, wie es von dem Komitee vorhergesehen wurde, sich als nicht ausreichend erwiesen hat: Beim Wasser wie bei anderen Ressourcen wurde sie bislang von der Nachfrage übertroffen.

Aber die Sorgen um das Wasser enden nicht bei dem Problem der Quantität. In den entwickelten Ländern finden Tausende löslicher chemischer Verbindungen in Spurenkonzentrationen ihren Weg zu großen Wasservolumina. Arzneimittel (von Entzündungshemmern bis zu Antidepressiva), Körperpflegeprodukte, Waschmittel, Pestizide, verschiedene Kohlenwasserstoffe – die Liste ist lang und wächst. Ob einige davon bedeutende epidemiologische Konsequenzen haben werden oder nicht, bleibt zwar abzuwarten, aber in den meisten Fällen können sie nicht durch die technischen Standardlösungen aufgefangen werden.

An der Front der Ökosysteme sind wir auch nicht besonders erfolgreich. Manchmal habe ich den Eindruck, dass der Schutz des Süßwassers nur von Buchhaltern im mittleren Alter mit einer Leidenschaft fürs Angeln als Anliegen wahrgenommen wird. Das sollte nicht so sein. Mehr als ein Viertel aller Wirbeltierarten auf der Erde lebt in Flüssen. Im Verhältnis haben wir mehr Arten in Süßwasserökosystemen verloren als sonst irgendwo. Diese Verschlechterung ist auch für uns nicht gut. Biologisch intakte Flüsse und ihre angrenzenden Ökosysteme könnten ein notwendiges Gegengewicht bilden bei der Steigerung unserer Nutzung von Wasserressourcen für Wirtschaftstätigkeiten. Wenn wir die intensiv bewässerte Landwirtschaft ausweiten und den Einsatz von Dünger verstärken wollen, sind funktionierende Uferökosysteme wesentlich, um deren Einfluss zu mildern und sicherzustellen, dass die Kosten für die Erzeugung von Trinkwasser nicht explodieren. Wenn wir angesichts des Klimawandels die Überschwemmungsrisiken besser in den Griff bekommen wollen, werden wir die harte Infrastruktur zunehmend mit intakten Feuchtgebieten verschmelzen müssen.

Wir haben also zweifellos Grund zur Sorge. Quälende Ängste (insbesondere solche, die sich auf Katastrophen beziehen) sind, wenn es ums Wasser geht, vor dem Hintergrund des Gesagten eine besonders nutzlose Gefühlsregung. Wassersysteme sind nicht einfach ein Merkmal unserer Landschaft, das vor menschlicher Tätigkeit geschützt werden muss. Sie sind ein Stützpfeiler unserer Gesellschaften und eine elementare Infrastruktur für unsere Wirtschaftssysteme. Dass sie so vielen konkurrierenden und manchmal auch unvereinbaren Interessen ausgesetzt sind, ist eine unvermeidliche Folge ihrer entscheidenden Bedeutung für nahezu all unser Tun.

Es wurde schon unzählige Male wegen der globalen Wasserkrise Alarm geschlagen, aber das Hindernis für effektives Handeln liegt nicht in einem Mangel an Entschlusskraft, sondern in der großen Komplexität. Es ist erschreckend, dass wir – außerhalb eines beschränkten Kreises von Fachleuten – nicht in der Lage waren, in der Öffentlichkeit eine auf Tatsachen beruhende, praktische Methode der Auseinandersetzung über Wasserprobleme zu entwickeln. Wir brauchen keine hitzigen öffentlichen Debatten über die Wahrscheinlichkeit von »Kriegen um Wasser« oder über die populäre (falsche) Vorstellung, dass Wasser eine erschöpfbare Ressource ist. Wir brauchen Debatten über die praktischen, folgenschweren Entscheidungen, die wir treffen können.

Wie sollten wir mit den Wechselbeziehungen zwischen Nahrungsproduktion und Wasserknappheit umgehen? Welche Optionen haben wir im Hinblick auf die Wasserkraft, und was sind die Kosten? Wie sieht eine Wirtschaft aus, die mit den verfügbaren Ressourcen vereinbar ist? Gerade weil die Handhabung von Wasser für vielfache Ziele komplex ist und die Lösungen immer vom Kontext abhängen, müssen wir sicherstellen, dass die Menschen wissen, welche Fragen sie stellen sollen, und dass sie die Wechselbeziehungen verstehen, mit denen sie leben müssen.

Für viele Länder wird die Sicherstellung einer ausreichenden Wassermenge, um die Bedürfnisse einer wachsenden Bevölkerung nachhaltig zu erfüllen, ein komplizierter und teurer Balanceakt werden. Weltweit werden jedes Jahr 600 Milliarden Dollar für die Wasserwirtschaft ausgegeben, eine Summe, die mit den Ausgaben für die Erdgasförderung vergleichbar ist. Und das schließt die Ausgaben in anderen Bereichen – von der Landwirtschaft bis zur Industrieproduktion –, die die Intensität der Wassernutzung beeinflussen, noch nicht ein.

Historisch betrachtet, haben Regierungen den größten Teil dieser Ausgaben finanziert und die Wechselbeziehungen zwischen konkurrierenden Zielen als Teil ihres gewöhnlichen Verwaltungsprozesses ausgehandelt. Aber heute haben nur wenige öffentliche Institutionen Zugang zu den notwendigen Geldern, um solche Investitionen zu bezahlen, und viele haben Schwierigkeiten, überhaupt Finanzmittel aufzutreiben. Selbst wenn das Geld vorhanden ist, ist die Frage nach dem Umgang mit Wasserressourcen nicht einfach mehr nur ein Verwaltungsproblem. Während wir das, was wir mit unseren begrenzten Ressourcen tun können, ausdehnen, werden Wahlmöglichkeiten in verschiedenen Bereichen der Wirtschaft immer mehr miteinander vernetzt: Entscheidungen in der Industriepolitik, bei der Energieerzeugung und in der Landwirtschaft werden zu Entscheidungen über Wasser, und die Umweltergebnisse, die wir für unsere Flüsse anstreben, haben Implikationen für Arbeitsplätze und die Wirtschaftsentwicklung.

Das sind zutiefst politische und wertbeladene Fragen, die eine informierte, öffentliche Debatte verdienen. Die Menschen müssen in der Lage sein, über die Wechselbeziehungen zu diskutieren, mit denen sie leben sollen, genauso wie sie es mit anderen kollektiven, strategischen Problemen tun – oder tun sollten –, von Energiefragen bis zur Gesundheitsfürsorge. Wenn sie das nicht tun, werden unsere Wirtschaftssysteme, Gesellschaften und unsere Umwelt zwangsläufig ärmer sein.

# Stuart A. Kauffman
# Die Kinder Newtons und der Moderne

Gründungsdirektor des Institute for Biocomplexity and
Informatics an der University of Calgary; Autor von *Reinventing
the Sacred: A New View of Science, Reason, and Religion*

Der große Soziologe Max Weber schrieb: »Mit Newton wurde
die Welt entzaubert, und wir traten in die Moderne ein.« Ich
glaube, dass Weber recht hatte: Unsere Welt bleibt entzaubert,
und wir haben uns sprachlos in der Moderne verloren. Viele
von uns scheinen das Ende von etwas zu spüren – vielleicht
eine sinnlose Bedeutungslosigkeit in unserer Moderne.

Hatte Weber recht? Und wie ist das mit der Wissenschaft
verknüpft? Ja, Weber hatte recht, und die Entzauberung unserer Welt bleibt, weil wir, zumindest teilweise, Newtons Kinder bleiben.

Vor Newton hatten wir in den zwei vorangehenden Jahrhunderten in Europa die schwarzen und weißen Magier. Kepler
war der letzte weiße Magier und hoffte, dass die platonischen
Festkörper die Planetenbahnen beschreiben würden – nur um
darüber und über Aristoteles' Glaube hinauszugehen, dass
Planetenbahnen vollkommen (und folglich Kreise) seien, als
er entdeckte, dass die Planetenbahnen die Form von Ellipsen
haben.

Aber die schwarzen Magier suchten nach verborgenem Wissen, um die Natur auf den Kopf zu stellen und ihr ihren Anteil
abzuringen, eine irregeleitete Interpretation von Gottes Versprechen an Adam in der Genesis. In diesen Jahrhunderten
lebten wir mit der Magie, und unsere Welt war verzaubert.

Newton änderte alles mit seinen drei Bewegungsgesetzen, der universellen Gravitation und seiner Erfindung der Differential- und Integralrechnung. Betrachten wir sieben Billardkugeln, die auf einem Billardtisch rollen. Was werden sie tun? Newton lehrte uns, die Anfangsbedingungen der Positionen und der Impulse der Kugeln zu messen, die Randbedingungen des Tisches, und dann die Kräfte zwischen den Kugeln (und Banden) anhand seiner in Form von Differentialgleichungen ausgedrückten Bewegungsgesetze aufzuschreiben. Dann, sagte Newton, sollten wir seine Bewegungsgleichungen *integrieren*, um die ewigen Bahnen der Kugeln zu erhalten – wenn wir einstweilen von der Reibung absehen. Aber Integration ist die *Deduktion* der Konsequenzen der Differentialgleichungen, und Deduktion ist logische *Implikation*. Newton hat uns also mit seinem Newton'schen Paradigma sowohl die klassische Physik und ein völlig logisch impliziertes Werden physikalischer Systeme gegeben.

Etwas mehr als ein Jahrhundert später erhielten wir durch den Marquis de Laplace die Auffassung, dass ein riesiger Computer am Himmel, der Laplace'sche Dämon, mit Hilfe von Newtons Gesetzen die gesamte logisch implizierte Zukunft und Vergangenheit der Welt berechnen könnte, wenn alle Positionen und Impulse aller Teilchen des Universums bekannt wären. Das ist die Geburt des modernen Reduktionismus in der Physik, Weinbergs Traum von einer endgültigen Theorie, die alles implizieren wird, was sich im Universum ereignet.

Die Quantenmechanik ändert an dieser grundlegenden Auffassung nichts. Anstelle deterministischer, implizierter Bahnen haben wir anhand der Schrödinger-Gleichung die implizierte Bahn einer Wahrscheinlichkeitsverteilung, die als Quadrat der Amplituden von Schrödingers linearer Wellengleichung berechnet werden. In der modernen Physik – der allgemeinen Relativitätstheorie und Quantenmechanik – ist alles, was im Universum entsteht, logisch impliziert. Es kann nichts Neues entstehen. Und unsere Welt bleibt zutiefst entzaubert. Es kann keine natürliche Magie geben.

Von Newton bekommen wir die Aufklärung, unser Zeitalter der Vernunft, von da aus die industrielle Revolution und dann den Aufstieg der Moderne. Unsere Welt bleibt entzaubert.

## Jenseits des Newton'schen Paradigmas

Ich behaupte, dass – zumindest für die lebendige, sich entwickelnde Welt, die sich entwickelnde Biosphäre, die menschliche Wirtschaft, Rechtssysteme, Kultur und Geschichte – überhaupt keine Gesetze das Werden dieser Welten in ihre ständig neu entstehenden, aber nicht im Voraus angebbaren »angrenzenden Möglichkeiten« implizieren, die bei der Evolution nicht durch die »Wirkung« der natürlichen Selektion erreicht werden. Auch im menschlichen Leben werden diese angrenzenden möglichen Gelegenheiten typischerweise nicht durch menschliche Absichten »erreicht«.

Da diese evolutionären Prozesse typischerweise nicht im Voraus angegeben werden können, ändert sich der Phasenraum biologischer, ökonomischer, kultureller und rechtlicher Evolution selbst auf eine Weise, die sich nicht im Voraus angeben lässt. In der Physik können wir den Phasenraum immer im Voraus angeben und deshalb die Bewegungsgesetze aufschreiben und sie daher auch integrieren, um das implizierte Werden des physikalischen Systems zu erhalten. Da jedoch bei der Evolution des Lebens und des menschlichen Lebens der Phasenraum selbst sich auf eine Weise ändert, die man nicht im Voraus angeben kann, können wir auch keine Bewegungsgesetze aufschreiben. Und wir können auch nicht ohne Zirkularität die Randbedingungen für diese Evolution im Voraus angeben. Wir haben also weder Bewegungsgesetze noch deren Randbedingungen und können deshalb die implizierten Bahnen der Bewegungsgesetze (die wir ohnehin nicht haben) auch nicht integrieren.

Um zu zeigen, warum wir die Evolution der Biosphäre nicht im Voraus angeben können, setze ich an einer merkwürdigen

Stelle an: Bitte erstellen Sie für mich eine Liste *aller* Verwendungsweisen eines Schraubenziehers. Nun, man kann damit eine Schraube eindrehen, eine Farbdose öffnen, eine Tür aufhebeln (oder zukeilen), einen Angreifer erstechen, ihn an einen Stock binden, um daraus eine Harpune zu machen, die Harpune für fünf Prozent des Fangs an Ortsansässige vermieten ...

Folgendes scheinen die neuen und wesentlichen Punkte zu sein: 1. Die Verwendungsweisen eines Schraubenziehers sind in ihrer Zahl unbestimmt; 2. können diese Verwendungsweisen im Unterschied zu den ganzen Zahlen auf keine Weise natürlich geordnet werden.

Aber diese beiden Prämissen implizieren, *dass kein effektives Verfahren oder Algorithmus alle* Verwendungsweisen eines Schraubenziehers auflisten kann. Das ist das berühmte *Rahmenproblem* der algorithmischen Informatik, das seit Turing und seiner Maschine ungelöst ist.

Aber alles, was bei der Evolution eines Bakteriums in beispielsweise einer neuen Umwelt geschehen muss, ist, dass ein molekularer Schraubenzieher »eine Verwendungsweise findet«, die die Fitness des Bakteriums erhöht, und dass es eine erbliche Varianz für diese »Verwendungsweise« gibt. Dann wird die natürliche Selektion diese neue Verwendungsweise »herausziehen«, indem sie auf der Ebene des Bakteriums ausliest, und nicht auf der Ebene des molekularen Schraubenziehers.

Die wichtige Implikation des neu selektierten Bakteriums mit dem molekularen Schraubenzieher ist, dass dieser Evolutionsschritt den Phasenraum der Evolution selbst auf eine Weise ändert, *die sich nicht im Voraus angeben lässt.* Daher können wir auch keine Bewegungsgesetze für diese Evolution aufschreiben, und wir können auch nicht die Randbedingungen der Nische nichtzirkulär im Voraus angeben, so dass wir nicht einmal die Bewegungsgesetze integrieren könnten, die wir überhaupt nicht einmal aufschreiben können. Da wir nicht alle Verwendungsweisen des molekularen Schraubenziehers auflisten können, kennen wir auch den Ergebnisraum der Evolution nicht.

Die Evolution der Biosphäre und *erst recht* die der menschlichen Wirtschaft, von Rechtssystemen, der Kultur und Geschichte wird *von überhaupt keinen Gesetzen impliziert*. Echte neue Eigenschaften können entstehen, jenseits des Newton'schen Paradigmas, das jenseits der Wasserscheide des Lebens zusammenbricht.

Die Wiederverzauberung der Welt, ein Pfad, der über die Moderne hinausweist, steht uns offen.

# Victoria Stodden
## Woher haben Sie diese Tatsache?

Wissenschaftlerin für informatikgestütztes Rechtswesen;
Juniorprofessorin für Statistik an der Columbia University

Jeden Tag werden wir mit computergenerierten Ergebnissen, Schlussfolgerungen und Statistiken überflutet. In Gastkommentaren, politischen Debatten und öffentlichen Auseinandersetzungen werden Zahlen mit der Endgültigkeit einer zugeschlagenen Tür präsentiert. Tatsächlich müssen wir wissen, wie diese Ergebnisse erzielt wurden, so dass wir ihre Relevanz und Glaubwürdigkeit bewerten, Konflikte im Fall ihrer Verschiedenheit auflösen und bessere Entscheidungen treffen können. Selbst das Aufdecken der Herkunft einer Zahl ist eine Herausforderung, ganz zu schweigen von dem Versuch zu verstehen, wie sie bestimmt wurde. Das ist wichtig wegen unserer Vorgehensweise beim Schlussfolgern. Bei den Tausenden von Entscheidungen, die wir jeden Tag treffen, lassen wir uns selten auf einen vorsätzlich rationalen Prozess wie etwa der Sammlung relevanter Informationen, ihrer Destillation zu nützlichem Wissen und des Vergleichs von Wahlmöglichkeiten ein. In den meisten Situationen ist das Verharren und Abwägen von Pro und Kontra eine ziemlich gute Methode, um uns – metaphorische oder wirkliche – Vergewaltigungen, Plünderungen und Niederlagen einzufangen und die Freuden des Lebens zu verpassen. Daher tun wir das natürlich nicht sehr oft; stattdessen treffen wir schnelle Entscheidungen auf der Grundlage von Instinkten, Intuitionen, Heuristiken und Abkürzungen, die in Millionen von Jahren ausgefeilt wurden.

Computer hingegen sind sehr gut bei jenen Komponenten des Entscheidungsprozesses, wo wir Mängel aufweisen: Sie können riesige Datenmengen genau speichern, strukturieren und filtern, unglaublich schnelle Berechnungen ausführen und die Ergebnisse wunderschön anzeigen. Computer können Problemlösungsprozesse (noch?) nicht steuern oder Ergebnisse in einen bestimmten Kontext stellen, aber bei bestimmten wichtigen Fragestellungen sind sie von unschätzbarem Nutzen, weil sie uns viel besser informierte Entscheidungen ermöglichen. Sie operieren in Maßstäben, zu denen unser Gehirn nicht in der Lage ist, und sie machen es möglich, Probleme mit immer größeren Komplexitätsgraden in Angriff zu nehmen.

Das Ziel, bessere Entscheidungen zu treffen, steht hinter dem gegenwärtigen Rummel, der um große Datenmengen veranstaltet wird, dem Auftauchen all der »auf Belegen beruhenden« Erkenntnisse – in Politik, Medizin, Praxis, Management und bei Problemen wie Klimawandel, Finanzvorhersagen, Einschätzung der Gesundheit, sogar welchen Informationen man online ausgesetzt ist. Das Feld der Statistik hat sich lange Zeit mit der Zuverlässigkeit von Ergebnissen, die von Daten abgeleitet sind, beschäftigt und dabei viele erfolgreiche Beiträge eingebracht (z. B. Vertrauensintervalle, Quantifizierung der Verteilung von Modellfehlern und der Begriff der Robustheit).

Die wissenschaftliche Methode verlangt Skepsis bei der Interpretation von Schlussfolgerungen und eine transparente Mitteilung wissenschaftlicher Befunde, so dass andere das Ergebnis bewerten und verstehen können. Diese Vorstellungen sollten wir in unsere Alltagserwartungen aufnehmen, wenn uns neue Rechenergebnisse vorgelegt werden. Wir sollten imstande sein, uns einzuarbeiten und herauszufinden, woher die Statistiken kamen, wie sie berechnet wurden und warum wir sie glauben sollten. Diese Punkte werden so gut wie überhaupt nicht berücksichtigt, wenn Befunde öffentlich mitgeteilt werden.

Ich sage nicht, dass wir jede Tatsache unabhängig nachprüfen sollten, der wir in unserem Alltagsleben begegnen – dazu haben wir nicht genug Zeit, auch wenn wir es wollten –, aber die Möglichkeit sollte vorhanden sein, wo immer das praktikabel ist, insbesondere bei Erkenntnissen, die mit Hilfe von Computern generiert wurden. Selbst wenn niemand wirklich versucht, der Kette von Schlussfolgerungen und Berechnungen zu folgen, wird man doch bei der Generierung der Ergebnisse mehr Sorgfalt walten lassen, wenn das Potenzial zur Überprüfung existiert. Wenn nur wenige Leute sich die Überlegungen hinter den Ergebnissen ansehen, könnten sie Probleme entdecken, einen nötigen Kontext bereitstellen oder das Ergebnis so, wie es ist, bestätigen. In den meisten Fällen steht die Technologie bereit, um das zu ermöglichen.

Ein Beispiel. Ich erinnere mich, dass ich, als in den 1990er Jahren Nachrichten im World Wide Web zu erscheinen begannen, voller Eifer auf Statistiken mit Schnellzugriff wartete – um auf eine beliebige Zahl im Text klicken und sehen zu können, woher sie kam. Über ein Jahrzehnt später ist das immer noch nicht selbstverständlich, und Tatsachen werden ohne eine Möglichkeit der Überprüfung behauptet. Bei allen Schlussfolgerungen, die in die Sphäre der Öffentlichkeit eindringen, sollte man erwarten, dass alle Schritte offengelegt werden, die die Erkenntnisse generierten, und außerdem, dass die Daten, auf denen sie beruhen, zur Überprüfung bereitgestellt werden, wann immer das möglich ist, und dass die Computerprogramme, die die Datenanalyse ausführten, zugänglich gemacht werden – offengelegte Daten, offengelegte Quellen, wissenschaftliche Reproduzierbarkeit von Ergebnissen.

Ohne die Möglichkeit, Ergebnisse in Frage zu stellen, riskieren wir, dass wir fälschlicherweise meinen, wir zögen Nutzen aus dem Informationszeitalter, wenn wir in Wirklichkeit bloß Entscheidungen treffen, die auf Belegen beruhen, welche niemand, außer vielleicht den Leuten, die sie generierten, tatsächlich verstehen kann. Damit schließt man die Tür.

# Douglas T. Kenrick
## Droht die Idiokratie?

Professor für Psychologie an der Arizona State University; Autor
von *Sex, Mord und der Sinn des Lebens*

Der Film *Idiocracy*, der 2006 in die Kinos kam, war zwar kaum
ein Oscar-Anwärter, aber er begann mit einer interessanten
Prämisse: Angesichts der Tatsache, dass es in der modernen
Welt keinen starken Selektionsdruck hinsichtlich eines hohen IQ gibt, haben Menschen mit geringerer Intelligenz mehr
Kinder als die intelligenteren Menschen. Die Filmproduzen-
ten extrapolierten diesen Trend auf 500 Jahre und schilderten
eine von Strohköpfen bevölkerte Welt. Ist das eine Möglichkeit?

Es gibt mehrere Gründe zur Sorge. Erstens ist es eine richtige Annahme, dass die natürliche Selektion im Hinblick auf
Intelligenz weitgehend agnostisch ist. Wir Hominiden mit großem Gehirn denken gerne, dass die ganze Informationsverar-
beitungsmacht in unseren hypertrophierten Hirnrinden uns
schließlich ermöglichen wird, die großen Probleme der modernen Zeit zu lösen, so dass unsere Nachkommen auch in der
fernen Zukunft fortbestehen. Aber das ist nicht unbedingt der
Fall. Die Dinosaurier waren viel klüger als Küchenschaben
und die Australopithezinen waren im Vergleich zu ihnen Einsteins, doch die Schaben haben viel länger durchgehalten, und
man erwartet allgemein, dass sie *Homo sapiens* überdauern
werden.

Betrachten wir ein paar jüngere Phänomene:

1. Selbst wenn wir andere Faktoren konstant halten, haben Menschen in größeren Familien niedrigere IQs.

2. In der modernen Welt pflanzen sich weniger gebildete Menschen früher fort und haben größere Familien als höhergebildete Menschen.

3. Weniger gebildete Menschen haben eher konservative religiöse Überzeugungen als besser gebildete Menschen.

4. Eine konservative Religiosität ist verbunden mit der Ablehnung von Geburtenkontrolle und Abtreibung. Der Psychologe Jason Weeden hat Daten vorgelegt, die darauf hindeuten, dass das tatsächlich nahe am Kern der Spaltung zwischen der liberalen Linken und der konservativen Rechten liegt.

5. Einige konservative Religionen, wie z.B. die Kirche Jesu Christi der Heiligen der letzten Tage, ermuntern aktiv zu großen Familien.

6. Andere konservative Religionen, wie z.B. die römisch-katholische Kirche, ermuntern indirekt zu großen Familien, indem sie die meisten Mittel zur Familienplanung verbieten.

7. Große Familien sind in der Regel ärmer, und Armut löst eine frühere Pubertät und frühere Fortpflanzung aus (ein Großteil der jüngeren Untersuchungen deutet darauf hin, dass dieses Phänomen mit biologischen Mustern der Lebensgeschichte verknüpft ist und sich unabhängig von jeglichen normativen Einflüssen von Religionen oder der lokalen Kultur entfaltet). Diese Faktoren vereinen sich und sorgen dafür, dass ärmere, weniger gebildete junge Menschen wahrscheinlich auch so bleiben und die nächste (etwas größere) Generation der armen, weniger gebildeten jungen Menschen hervorbringen.

8. Gut gebildete intellektuelle Typen haben heutzutage kleinere Familien, und da hochgebildete Frauen eine Schwangerschaft länger aufschieben, verfehlen sie häufig ihr Fruchtbarkeitsfenster und haben gar keine Kinder.

Im Laufe des 20. Jahrhunderts zeigte der IQ die Tendenz, allgemein anzusteigen (ein Phänomen, das nach dem Forscher, der es entdeckte, als Flynn-Effekt bezeichnet wird). Verschiedene Hypothesen wurden für dieses Phänomen vorgebracht, unter anderem bessere Bildung und kleinere Familien. Aber die Faktoren, die ich oben aufgeführt habe, könnten eine Bewegung in die Gegenrichtung anstoßen und den Flynn-Effekt umkehren.

Es gibt noch eine andere potenziell ironische Wendung. Wenn die Bevölkerung der weniger gebildeten, religiös konservativen Personen zunimmt und diese auch weiterhin so wählen, wie sie gewählt haben, wird die finanzielle Unterstützung von Bildung und wissenschaftlicher Forschung wahrscheinlich ebenfalls zurückgehen. Eine weniger gebildete Bevölkerung könnte nicht nur zu einem Anstieg der Bevölkerungsgröße beitragen, sondern auch zu einer wirtschaftlichen Abwärtsspirale, und zwar aus Gründen, die mit einigen faszinierenden Entdeckungen verknüpft sind, die Heiner Rindermann und James Thompson gemacht haben. Diese Forscher untersuchten die wirtschaftlichen Konsequenzen von IQ-Variationen in 90 Ländern und analysierten den durchschnittlichen IQ der Bevölkerung jedes Landes insgesamt sowie den durchschnittlichen IQ der »intellektuellen Elite« (der obersten fünf Prozent der Bevölkerung) und der untersten fünf Prozent der Bevölkerung. Ebenso wie Länder sich in der Verteilung des Reichtums unterscheiden, differieren sie auch bei der Verteilung des IQ. Kanada und die USA z. B. sind beim durchschnittlichen IQ ihrer klügsten Menschen gleich (120), aber die untersten fünf Prozent der Kanadier sind um fünf Punkte intelligenter als die untersten fünf Prozent der Amerikaner (80 gegenüber 75).*

Ihre Analysen führten Rindermann und Thompson zu folgender Schlussfolgerung: Wenn ein Land über eine intellektuelle Schicht mit einem hohen IQ verfügt – viele Menschen mit

---

* »Cognitive Capitalism: The Effect of Cognitive Ability on Wealth, As Mediated Through Scientific Achievement and Economic Freedom«, *Psychol. Sci.*, 22:6, 754–63 (2011).

Fähigkeiten in Wissenschaft, Mathematik, Technik und Ingenieurswesen –, dann schlägt sich das unmittelbar in größerem
Reichtum für es nieder. Um es rein ökonomisch auszudrücken: Eine Zunahme von einem IQ-Punkt unter den Durch-
schnittsbürgern erhöht das BIP eines Landes um 229 Dollar,
während eine Zunahme um einen Punkt bei der intellektuellen Elite 468 Dollar wert ist.

Eine Hochleistungen erbringende intellektuelle Schicht ist
auch mit besser entwickelten und freieren ökonomischen und
politischen Institutionen verknüpft, die wiederum eine stärkere Entwicklung der »kognitiven Ressourcen« des Landes in
einem von Rindermann und Thompson so genannten »Tu-
gendkreis« anregen. Das freie Klima wird zu einem Katalysator für kreative Produktivität bei den Innovatoren mit hohem
IQ, die dadurch die Freiheit erhalten, ältere Verfahrensweisen
zu überdenken und in neue wissenschaftliche Gebiete vor-
zustoßen. Das wiederum regt neue Technologien an sowie
neuere und effizientere Geschäftsmethoden und ein besseres
Klima, in dem die nächste Generation von Innovatoren aufwachsen kann.

In dem Maße also, in dem es einem wachsenden antiintel-
lektuellen Anteil der Bevölkerung gelingt, Gelder für Bildung
und wissenschaftliche Forschung zu kürzen, sabotieren sie effektiv das System, das die bisher produktivste »Humankapi-
tal«-Maschine der Welt hervorgebracht hat. Meinen Kollegen
aus anderen Ländern zufolge hat das amerikanische Bildungssystem zwar einen wenig beeindruckenden Ruf bis zur Univer-
sitätsebene, wird jedoch als führend betrachtet, wenn es um
die Ausbildung auf höchstem Niveau geht – so dass Menschen
aus der ganzen Welt unbedingt in die USA kommen wollen,
um die beste Promotionsausbildung weltweit zu bekommen.
Daher scheint die Kürzung der Gelder für höhere Bildung und
wissenschaftliche Forschung (von der ein Großteil von unseren besten Doktoranden an bedeutenden Universitäten durchgeführt wird) eine Politik zu sein, die die wirtschaftliche Gesundheit des Landes zwangsläufig nachhaltig untergräbt.

Politische Maßnahmen, die die intellektuelle Oberschicht aushöhlen, untergraben daher das Wirtschaftswachstum und tragen indirekt zu der wirtschaftlichen Bedrohung bei, die ärmere, weniger gebildete Menschen dazu anregt, sich früher und zahlreicher fortzupflanzen.

Gavin Schmidt
**Die fehlende Verbindung zwischen Nachrichten und Verständnis**

Klimatologe am Goddard Institute for Space Studies der NASA

Wir sind von Komplexität umgeben. Probleme, die unsere Aufmerksamkeit verlangen – Gesundheitsreform, Klimawandel, der arabische Frühling –, haben einen historischen Kontext, weisen vielfache Gesichtspunkte auf, lassen unterschiedliche Werte aufeinanderprallen und zeigen eine verwirrende Menge von Akteuren mit je eigenen Tagesordnungen. Die Nachrichten sind eine Quelle für Ereignisse, die im gegenwärtigen Augenblick geschehen: Wahlergebnisse, wer welche Rede hielt, wie viele Menschen starben usw. Auch wenn sie unvollkommen ist, so erfüllt die Nachrichtenindustrie doch zum größten Teil ihre Pflicht, Informationen über »Neuigkeiten« zu liefern, und dank dem Aufkommen der Plattformen sozialer Medien und von Aggregatoren wie Google News ist es nie leichter gewesen, auf dem neuesten Stand zu bleiben.

Aber vieles von dem, was wir brauchen, um eine Situation zu verstehen, ist nicht »neu«. Wir brauchen ein tieferes Wissen um den Kontext, um unser Verständnis dessen zu erhellen, warum die neuen Ereignisse aufgetreten sind. Die Situation in Afghanistan ergibt keinen Sinn ohne eine Einschätzung der Kultur und Geschichte der Region. Die jüngste Warnung eines zukünftigen Klimaeffekts ergibt keinen Sinn, wenn man nicht versteht, wie wir unser Wissen über die Funktionsweise des Klimas erlangen und wie sehr es sich bereits verändert hat. Das Verständnis der Kräfte, die den arabischen Frühling antrieben, erfordert ein Hintergrundwissen über den Zusammenbruch des Osmanischen Reiches und die Reaktionen auf die kolonialistische Abenteuerpolitik, die darauf folgte. Leider ist dieser Kontext für die Medien nicht im Geringsten berichtenswert.

Die Lücke zwischen Neuem und Altem wird größer, und das sollte zutiefst beunruhigend sein. Es ist, als ob wir eine breite Bevölkerung hätten, die zwar über den Punktstand eines Spiels gut informiert ist, aber nichts von den Regeln weiß und, schlimmer noch, keinerlei Verlangen verspürt, glaubwürdige Quellen zu finden, um sie zu erklären. Öffentliche Diskussionen entarten häufig zu bloßen Stammeskonflikten; es ist viel leichter, Entscheidungen darauf zu gründen, wer was unterstützt, als sich selbst in ein Problem zu versenken. Jegliche Bemühung, um den Zugang zu gründlicher Information und Kontext zu erleichtern, muss daher begrüßt und erweitert werden. Neue Onlinewerkzeuge können entwickelt werden, um Informationen mit einem Gerüst zu versehen, indem man Einstiegspunkte bietet, die verschiedenen Wissensstufen entsprechen. Kontextschaltflächen am Rand von Onlinesuchen könnten den Interessierten zu den Hintergrundinformationen leiten. Aber wenn wir nicht anfangen, uns kollektiv darüber Sorgen zu machen, wird sich nichts ändern, und die Fähigkeit unserer Gesellschaft, auf rationale Weise mit Komplexität umzugehen, wird weiterhin abnehmen.

# Andy Clark
## Super-KIs werden nicht die Welt regieren (solange sie sich keine Kultur aneignen)

Philosoph, Lehrstuhl für Logik und Metaphysik an der University of Edinburgh; Autor von *Supersizing the Mind*

Die letzten Jahrzehnte haben phantastische Fortschritte bei lernenden Maschinen und in der Robotik erlebt. Diese Gebiete verfügen jetzt über gewaltige und vielgestaltige Datenbanken, atemberaubende Speicherkapazitäten und immer schnellere und unkonventionellere Prozessoren. Aber trotz alledem sollten wir uns keine Sorgen darüber machen, dass Künstliche Intelligenzen bald schon dem menschlichen Verständnis gleichkommen und es dann rasch hinter sich lassen werden, um uns zu ihren Sklaven, Spielzeugen, Schoßtieren oder Marionetten zu machen.

Denn wir Menschen profitieren von einem gigantischen und gegenwärtig noch menschenspezifischen Vorteil: der riesigen, aber nahezu unsichtbaren Masse von allmählich angesammelten kulturellen Praktiken und Innovationen, die die Inputs des menschlichen Gehirns beeinflussen. Diese allmählich angesammelten Praktiken sind – und das ist entscheidend – sehr fein auf die vielen ursprünglichen Neigungen eingestellt, darunter insbesondere Neigungen zur Sozialität, zum Spiel und zur Erkundung, die von den viel langsameren Prozessen der biologischen Evolution installiert wurden. Auf diese Weise verstärkt eine langsam akkumulierte Masse von gut angeglichenen kulturellen Praktiken und Innovationen das menschliche Verständnis.

Indem wir eine Abfolge von künstlich entworfenen Umwelten aufgebaut haben und dann in diese eingetaucht sind, wie z.B. die von Menschen geschaffenen Welten der Bildung, des strukturierten Spiels, der Kunst und Wissenschaft, restrukturieren und rekonstruieren wir unseren eigenen Geist. Diese künstlich entworfenen Umwelten sind Spezialanfertigungen für Wesen wie uns, und sie »kennen« uns so gut, wie wir sie kennen. Als Spezies verfeinern wir sie immer weiter, Generation für Generation. Diese schrittweise Restrukturierung und nicht schiere Verarbeitungsleistung, Speicherfähigkeit, Mobilität oder auch die Lernalgorithmen selbst sind die letzte (aber entscheidende) Zutat in der geistigen Mischung.

Um all das abzurunden, sind viele unserer Fähigkeiten zu kulturellem Lernen selbst kulturelle Innovationen, die durch soziale Interaktionen erworben wurden, anstatt sich direkt von biologischen Anpassungen herzuleiten, wenn die vor kurzem angeführten Argumente der Oxforder Psychologin Cecilia Heyes richtig sind. Mit anderen Worten, die Kultur selbst könnte für viele der Mechanismen verantwortlich sein, die dem Schneeball der Kultur die Mittel und den Impuls verleihen, einen Geist wie den unseren zu erzeugen.

Warum bedeutet das, dass wir das Auftauchen superintelligenter KI in der nächsten Zukunft nicht zu fürchten brauchen? Der Grund ist, dass nur ein wohlstrukturierter Weg durch die gewaltige Masse verfügbarer Daten selbst den besten Lernalgorithmus (der vielleicht in multiplen, aktiven, nach Informationen suchenden Akteuren verkörpert ist) in die Lage versetzen wird, etwas zu erwerben, das einem wirklichen Verständnis der Welt gleicht – die Art von Verständnis, die man braucht, um überhaupt das Ziel zu erzeugen, die Menschheit zu unterwerfen. Ein solcher Weg müsste spezifisch auf die ursprünglichen Neigungen, Triebe und Handlungsfähigkeiten der Maschinen selbst zugeschnitten sein. Wenn die langsame Koevolution von Körper, Gehirn, Neigungen und einer ständig wechselnden Kaskade gut darauf abgestimmter kultureller Praktiken tatsächlich der Schlüssel zu hochentwickeltem kognitiven Erfolg ist, brauchen wir den Aufmarsch der Maschinen nicht zu fürchten. Im Augenblick gibt es in der Welt der Künstlichen Intelligenzen einfach nichts, das so aussieht, als würde es diese Art von ermöglichender Leiter bereitstellen.

Algorithmen zum »Tiefenlernen« zeigen uns jetzt, wie man künstliche neuronale Netze auf eine Weise verwenden kann, die dem Lernen im großen Maßstab näher als je zuvor kommt. Wahrscheinlich brauchen wir aber auch eine »Tiefenkultur« ebenso wie Tiefenlernen, wenn wir je eine echte Hyperintelligenz aus den großen Datenbanken, die unsere besten probabilistischen Lernmaschinen antreiben, herauspressen wollen.

Das bedeutet stufenweise Abfolgen kultureller Praktiken, die sehr fein auf die eigenen Fähigkeiten der Maschinen zum Handeln und zur Kommunikation abgestimmt und auf die ursprünglichen Neigungen und Eigenarten der Ökonischen der Maschinen selbst eingestellt sind. Solche Tricks verstärken das menschliche Verstehen auf Wegen, die künstliche Systeme überhaupt erst noch nachbilden müssen.

# David Dalrymple
## Posthumane Geographie

Stipendiat der Thiel Foundation, Projekt Nemaload;
Biophysikprogramm an der Harvard University;
Forschungsmitarbeiter der Synthetic Neurobiology Group
am MIT Media Lab

Wenn der Wert der menschlichen Arbeit durch Fortschritte in
der Robotik und Künstlichen Intelligenz verringert wird, werden wir eine ernsthafte Restrukturierung unserer wirtschaftlichen, rechtlichen, politischen, gesellschaftlichen und kulturellen Institutionen brauchen. Solche Änderungen werden
von nahezu niemandem geplant. Das ist ziemlich beunruhigend.

Wenn jede vorstellbare menschliche Arbeit von einer Spezialmaschine besser erledigt werden kann, wird es für die Menschen sinnlos sein, Arbeitsstellen bei Kapitalgesellschaften
zu haben, um Löhne zu verdienen, die sie gegen Güter und
Dienstleistungen austauschen. Dies ist nicht das erste Mal,
dass ein ganzes Paradigma einer Kultur obsolet wird; Kapitalgesellschaften gibt es erst seit 500 Jahren. Davor bedeutete
eine »Arbeit« ein einzelnes Projekt; Handwerker und Händ-
ler wanderten als eigenständige Geschäftsleute von Stadt zu
Stadt.

Die Kapitalgesellschaft ist nützlich, weil sie Hunderte, Tausende oder gar Millionen Menschen zusammenbringen kann,
die unter zentraler Planung für einen gemeinsamen Zweck arbeiten. Länder sind aus ähnlichen Gründen nützlich, aber in
einem größeren Maßstab und mit einer zusätzlichen Eigen-

schaft, die mit der Durchsetzung von Gesetzen und der Sicherung von Grenzen und »nationaler Interessen« verbunden ist. Aber mit dem Fortschritt der Technik wird sich der Kontext, der dieser Art von Institutionen Macht verleiht, dramatisch ändern. So wie die Kommunikation billiger, schneller und transparenter wird, wird die zentrale Planung ein immer weniger geeignetes Instrument, um Menschen zusammenzubringen. Eine der am stärksten zentral geplanten Organisationen in der Geschichte, die Sowjetunion, wurde vom Faxgerät gestürzt, das die Bürger in die Lage versetzte, die staatlichen Medien zu umgehen. Das System von Kapitalgesellschaften ist zwar viel anpassungsfähiger, aber wir sehen bereits, wie es mit solchen Leuten wie der Hacker-Aktivistengruppe Anonymous zu kämpfen hat.

Wichtiger noch ist die Tatsache, dass zukünftige Technologien dazu dienen werden, Menschen in neuen, flexiblen Strukturen mit beispielloser Produktivität zusammenzubringen. Neue Formen von Entitäten entstehen, die weder Länder noch Kapitalgesellschaften sind, und in der nicht allzu fernen Zukunft werden solche Akteure weniger »randständig« sein und letztlich sowohl die Industrie als auch die Geopolitik beherrschen.

Die einzelnen Menschen werden schließlich sogar aus der gesellschaftlichen Welt schwinden. Wenn man sein Gehirn buchstäblich mit dem der anderen vernetzen kann, wer soll dann sagen, wo einer aufhört und die anderen anfangen? Wenn man seinen Geist auf künstliche Verkörperungen übertragen und ihn als digitale Datei kopieren kann, wer ist man dann? Wir werden eine neue Sprache, ein neues begriffliches Vokabular für alles brauchen, von der Demokratie über Eigentum bis zum Bewusstsein, um einer solchen Welt Sinn abzugewinnen.

Eine Möglichkeit, um mit der Entwicklung solcher Ideen zu beginnen, spiegelt sich im Titel meines Beitrags wider. Er hat etwas von einem Wortspiel und bezieht sich auf drei ganz verschiedene geistige Bewegungen: den Transhumanismus, der die Entstehung von technisch verbesserten »Nachmenschen« vorhersagt; die Humangeographie, die die Beziehungen der Menschen zueinander und zu den Räumen untersucht, die sie bewohnen; und den Posthumanismus, eine kritische Schule, die die bisherige Annahme überdenkt, dass es Individuen gibt. Diese Felder haben viel voneinander zu lernen, und ihre Kombination wäre ein guter Anfang, um sich diesen Problemen zu widmen.

Beispielsweise zeigen transhumanistische Geschichten über die Zukunft (wie die meisten Geschichten) ihre Figuren als Individuen. Sie mögen zwar in der Lage sein, einander Gedanken »telepathisch« mitzuteilen, und noch andere neue Fähigkeiten haben, wie den eigenen Geist von einer Verkörperung zu einer anderen zu bewegen (und damit die meisten Todesursachen zu vermeiden). Aber sie sind immer noch als Menschen erkennbar. Mit Gehirnschnittstellen hoher Bandbreite könnte das aber nicht mehr der Fall sein, wie die posthumanistischen Kritiker uns sagen.

Die Humangeographie neigt dazu, technologische Trends zu ignorieren, wenn sie sich nicht schrittweise vollziehen lassen – oder zumindest mit existierenden Begriffen leicht beschreibbar sind. Transhumanistische Technologien würden das geographische Bild drastisch verändern (von Sonnenenergie angetriebene Menschen beispielsweise würden keine Landwirtschaft benötigen). Diese geographischen Veränderungen würden wiederum bedeutende Folgen für den Entwicklungspfad der transhumanistischen Technik und Gesellschaft haben.

Der Posthumanismus ist sehr abstrakt. Es ist vielleicht keine Überraschung, dass Denker, die an Fragen wie »Gibt es Individuen?« oder »Was ist die Bedeutung von Identität?« interessiert sind, in der Regel kein Interesse an Fragen wie »Wie werden sich die Kapitalmärkte im Lichte dieser Veränderungen entwickeln müssen?« haben. Sie neigen auch dazu, ein allgemeines Misstrauen gegenüber der Technik zu hegen und zitieren häufig den verzerrenden Einfluss der Massenmedien.

Wenn sie den Transhumanismus überhaupt in ihrem Blickfeld haben, kritisieren sie ihn wegen seines Individualismus und gehen zu etwas anderem über, anstatt genauer hinzuschauen und die Möglichkeit völlig neuer Arten von Identitätsstrukturen mit diesen zukünftigen Fähigkeiten zu sehen. Und schließlich: Obwohl die Posthumanisten über Wirtschaftssysteme und Gesellschaften sprechen, tun sie das gewöhnlich ohne Bezug auf Daten aus dem wirklichen Leben oder auch nur auf historische Beispiele.

Ich persönlich habe wenig Zweifel daran, dass das nächste Paradigma der Zivilisation ein Wandel zum Besseren hin sein wird. Darüber mache ich mir keine Sorgen. Aber der Übergang von hier nach dort könnte schmerzhaft sein, wenn wir nicht irgendeine Vorstellung davon entwickeln, wo wir uns hineinbegeben und wie das gehandhabt werden könnte.

# Ed Regis
## Gesagt bekommen, dass unser Schicksal in den Sternen steht

Wissenschaftsautor; Koautor (mit George Church) von *Regenesis: How Synthetic Biology Will Reinvent Nature and Ourselves*

Die NASA und DARPA (Defense Advanced Research Projects Agency) finanzierten 2012 gemeinsam ein Hundert-Jahres-Raumschiffprogramm, dessen Ziel es ist, innerhalb der nächsten 100 Jahre einen bemannten interstellaren Flug zu erreichen. Am 13. September 2012 veranstaltete das Hundert-Jahres-Raumschiffprojekt die erste seiner geplanten jährlichen öffentlichen Konferenzen in Houston, Texas. Hier trafen sich etwa 100 Naturwissenschaftler, Sozialwissenschaftler, Pädagogen, Journalisten und verschiedene andere, um Zeugen einer Reihe von wissenschaftlichen Präsentationen zu sein, die Projekte skizzierten, durch die Menschen eventuell den Planeten Erde hinter sich lassen, zu den Sternen reisen und eine neue »Erde 2.0« in einem anderen Sonnensystem gründen könnten, und all das innerhalb eines Jahrhunderts.

Die Reise zu den Sternen, sagen viele der Befürworter, ist unser vorbestimmtes Schicksal als Spezies. Wie es Cameron Smith, der ein solcher Befürworter ist, in seinem Aufsatz »Starship Humanity« (Raumschiff Menschheit, *Scientific American*, Januar 2013) formuliert: »die Vorstellung einer Weltraumarche, eines riesigen Schiffes, das Tausende von Weltraumkolonisten auf einer nur in eine Richtung laufende, mehrere Generationen dauernden Reise weit von der Erde wegträgt«, ist »eine technische Zwangsläufigkeit«.

Weit entfernt davon, eine technische »Zwangsläufigkeit«

zu sein, ist es eine Tatsache, dass man nicht einmal weiß, ob eine solche Reise überhaupt technisch *möglich* ist. Denn zum einen sind schon die Entfernungen bis zu den nächsten Sternen außerhalb unseres Sonnensystems unvorstellbar groß. Der nächste Stern, Proxima centauri, ist 4,22 Lichtjahre (39 700 000 000 000 km) von der Erde entfernt. Selbst wenn wir uns so schnell wie das Raumschiff *Voyager 1* bewegen würden, das sich jetzt mit 61 000 km/h von uns entfernt, würde ein interstellares Raumschiff mehr als 73 000 Jahre brauchen, um dieses Ziel zu erreichen.

Und die Fortbewegung mit bedeutend höheren Geschwindigkeiten erfordert unmöglich aufzubringende Mengen von Energie. Wenn man das Raumschiff mit herkömmlichen chemischen Treibstoffen sogar auf zehn Prozent der Lichtgeschwindigkeit brächte, würde es für die Reise eine Treibstoffmenge brauchen, die in ihrer Masse dem Planeten Jupiter äquivalent wäre. Um diese Beschränkung zu überwinden, haben Befürworter interstellarer Reisen »exotische« Antriebssysteme vorgeschlagen, wie etwa Antriebsgeräte, die mit Antimaterie, Pi-Mesonen und Raumkrümmung funktionieren sollen. Jedes dieser Projekte hat es jeweils mit wesentlichen Schwierigkeiten zu tun: Da Materie und Antimaterie sich gegenseitig vernichten, muss beispielsweise ein Antimaterie-Antriebssystem das Problem lösen, die Antimaterie einzusperren und die Antimateriedüse in die erforderliche Richtung zu lenken. Sowohl die Pi-Mesonen- als auch die Raumkrümmungsantriebssysteme sind so exotisch, dass keines von beiden als wissenschaftlich realisierbar gilt.

Tatsächlich sind diese und andere solche Programme in Wirklichkeit nur mathematische Abstraktionen und keine funktionierenden Systeme: Sie sind bedeutende Extrapolationen von Materiezuständen, die heute erst auf der Nanoebene existieren. (Selbst die Herstellung winziger Mengen von Antimaterie erfordert beispielsweise riesige Beschleuniger, die gewaltige Kosten verursachen.) Noch andere Systeme hängen von abgefahrenen Möglichkeiten wie etwa der Verwendung von Extradimensionen ab, von denen man nicht weiß, ob sie existieren, und von physikalischen Kräften oder Einflüssen, von denen man nicht weiß, ob sie wirklich sind oder bloß Höhenflüge der Vorstellungskraft (wie z.B. die Änderung des Werts der Hubble-Konstanten, um das Universum kleiner zu machen).

Selbst wenn durch irgendein Wunder geeignete Antriebssysteme verfügbar würden, müsste ein Raumschiff, das sich mit relativistischen Geschwindigkeiten bewegt, mit hochentwickelten Kollisionsentdeckungs- und -vermeidungssystemen ausgerüstet sein, da eine Hochgeschwindigkeitskollision mit etwas so Kleinem wie einem Salzkorn der Begegnung mit einer Wasserstoffbombe entspräche. Sternenreisende sind weiteren Existenzbedrohungen in Form von dauerndem Kontakt mit Ionenstrahlung, Langeweile, Entfremdung von der natürlichen Umwelt, dem möglichen Ausbruch einer Massenepidemie, dem Aufstieg eines charismatischen Führers, der das ganze Projekt entgleisen lassen könnte, Meuterei der Besatzung, Bildung religiöser Splittergruppen usw. ausgesetzt. Daher ist es weit wahrscheinlicher, dass eine interstellare Reise nicht das Überleben, sondern den Tod der Besatzung bedeuten wird.

Abgesehen von all diesen Schwierigkeiten besteht der wichtigere Punkt jedoch darin, dass es keinen guten Grund gibt, sich überhaupt auf die Reise zu begeben. Wenn wir eine Erde 2.0 brauchen, dann sind der Mond, Mars, Europa und andere Himmelskörper innerhalb unseres Sonnensystems weitaus wahrscheinlichere Kandidaten für die Kolonisierung durch den Menschen als Planeten, die Lichtjahre entfernt sind.

Wie romantisch und traumhaft es auch klingen mag und wie sehr es das jugendliche Verlangen, »in den Weltraum zu reisen«, auch ansprechen mag, so bleiben doch interstellare Flüge eine Sciencefiction-Vorstellung – und mit etwas Glück werden sie das auch immer bleiben.

# Margaret Levi
# Schicksalsgemeinschaften

Politikwissenschaftlerin, Bacharach-Professorin für Internationale Studien an der University of Washington; Autorin von *Consent, Dissent, and Patriotism*

Wir leben alle in Schicksalsgemeinschaften; unser Schicksal ist mit dem von anderen einesteils so verknüpft, dass wir es wahrnehmen, und andernteils so, dass wir es nicht wahrnehmen können. Unsere individuellen und kollektiven Handlungen haben oft Folgen, manchmal unvorhergesehene, die andere bedeutend beeinflussen. Außerdem gibt es über unsere Familien hinaus jene, mit denen wir uns verbunden fühlen, deren Interesse und Wohlergehen wir als mit unserem eigenen eng verknüpft wahrnehmen. Im Fachjargon der Industriearbeiter der Welt (der Wobblies) »ist eine Verletzung von einem eine Verletzung aller«. Wer zum »einen« gehört und wer zu »allen« zählt, darüber sind wir uns nicht einig, und darin liegt das Problem.

Wie wir unsere Schicksalsgemeinschaft verstehen, ist ausschlaggebend für die Gefahren, denen die Welt heute und in Zukunft gegenübersteht. Dass so viele Menschen sich für ein Leben entscheiden, das die Schicksalsgemeinschaft auf eine begrenzte Menge anderer einengt, und den Rest als Bedrohung für ihren Lebensstil und ihre Werte betrachten, ist zutiefst beunruhigend, weil diese zeitgenössische Form von Stammesdenken und die Ideologien, die das unterstützen, ihnen ermöglicht, komplexe und übergreifende, wechselseitige Abhängigkeiten – lokale, nationale und internationale – zu leugnen

und ihre eigene Rolle bei der Erzeugung von Bedrohungen
für ihr eigenes Wohl und das der anderen zu ignorieren. Der
Klimawandel und religiöses Zelotentum gehören zu den gut
dokumentierten Beispielen individueller und kollektiver Handlungen, die bedeutende Nebenwirkungen aufweisen. Am alarmierendsten ist vielleicht unsere kollektive Unfähigkeit, zukünftige Generationen in unsere Schicksalsgemeinschaften
einzugliedern. Die Implikationen für nahezu alle Grundsätze
der öffentlichen Ordnung sind enorm.

Aber es gibt Hoffnung. Es ist möglich, die Schicksalsgemeinschaft weit über das Netzwerk derjenigen auszudehnen, die wir persönlich kennen. Wir treffen ständig Entscheidungen, die Konsequenzen für andere haben; inzwischen gibt
es Anzeichen dafür, dass wir andere Entscheidungen treffen
könnten, wenn wir diese Konsequenzen verstünden und unsere Schicksalsgemeinschaft erweitern würden. Beispielsweise kaufen wir billige Güter, ohne zu erkennen, dass sie auf
Arbeitsverhältnisse mit schlechter Bezahlung oder Behandlung
zurückgehen. Wie aus Untersuchungen von Michael Hiscox
und Jens Hainmueller hervorgeht, können mehr Informationen und ein anderer begrifflicher Rahmen die Konsummuster
von zumindest einigen Käufern ändern.

Jaron Lanier hat bei *Edge* dafür argumentiert, die »neue moralische Frage« bestünde darin, ob unsere Entscheidungen von
Eigeninteresse geleitet sind oder andere mit einbeziehen. Wen
eine Person in ihre Schicksalsgemeinschaft einschließt (was
Lanier »Empathiekreis« nennt), ist eine moralische Frage, ja,
aber es ist auch eine empirische Frage. Organisationelle und
institutionelle Faktoren können Variationen und Wandlungen
in der Schicksalsgemeinschaft erklären. Sie können Menschen
in die Lage versetzen, ihr Verständnis der Konsequenzen ihrer
Handlungen zu revidieren und die Grenzen ihrer Schicksalsgemeinschaften zu verändern. Von entscheidender Bedeutung
sind die Regierungsarrangements der Gruppe und die Verfahren für ihre Umsetzung. Alle Gruppen haben Regeln und Normen, die die Mitgliedschaft und angemessenes Verhalten fest

legen; Mitgliedsorganisationen, einschließlich der Regierung, kodifizieren diese Regeln und Normen zu formellen Institutionen. Wie die Schicksalsgemeinschaft – und nicht nur die Mitgliedschaft – definiert ist, verlangt sie Führungspersonen, die auf Prinzipien verpflichtet sind, welche sie auch unter unvorhergesehenen Umständen aufrechtzuerhalten bereit sind, die Bestrafung von Verletzungen (um diese Verpflichtungen glaubwürdig zu machen) und die Bereitstellung von Dienstleistungen, Sicherheit und andere Vergünstigungen, die die Mitglieder erwarten.

Aber die Gemeinschaft kann eng oder weit sein. Die Erweiterung der Schicksalsgemeinschaft über die tatsächlichen Mitglieder einer Organisation hinaus hängt von dem Wunsch und der Fähigkeit der Führungskräfte ab, die Mitglieder davon zu überzeugen, dass ihr Wohlergehen in Verbindung mit einer größeren Menge anderer, häufig unbekannter anderer, steht. Der Erfolg erfordert außerdem die Versorgung mit neuen Informationen in einem Kontext starker oder potenzieller Anfechtungen ihrer Wahrheitstreue. Diejenigen Organisationen, die bei der Erweiterung der Schicksalsgemeinschaft am effektivsten sind, gestatten ihren Mitgliedern, in Frage zu stellen, was ihnen gesagt wird, und nach zusätzlichen Informationen zu suchen, wenn es nötig ist. In der Praxis schließt das irgendeine Form der partizipierenden Regierung oder einer von unten nach oben gerichteten Demokratie ein.

Die Erweiterung der Gemeinschaft, der gegenüber Einzelpersonen eine gegenseitige Abhängigkeit empfinden, ist im Allgemeinen das Ergebnis von Faktoren, die kollektives Handeln fördern: Anreize, Strafen, anhaltende Überwachung. Aber durch einen Anstoß von den Verhaltensökonomen erkennen wir jetzt, dass die Berufung auf Fairness sowie die Schaffung emotionaler Bindungen genauso wichtig sind. Zumindest einige Menschen werden manchmal individuelle Opfer bringen, um Unfairness zu bekämpfen. Was Elisabeth Wood als »das Vergnügen, tätig zu sein« bezeichnet, kann Handlungen motivieren, die einem größeren Ganzen dienen. Wie Ernst Fehr,

Samuel Bowles und andere feststellen, können implizite und emotionale Anreize eher zu Komplementaritäten anstatt zum Ersatz intrinsischer und extrinsischer Motivationen führen.

Die gute Nachricht ist also, dass Schicksalsgemeinschaften auf Fremde und zukünftige Generationen erweitert werden können. Aber hier gibt es ein Problem – und zwei zusätzliche Quellen der Sorge. Erstens sind wir weit davon entfernt zu begreifen, wie wir unsere wissenschaftliche Kenntnis unserer wechselseitigen Abhängigkeiten nutzen können, um mehr Menschen die Gemeinschaftlichkeit ihres Wohlergehens bewusst zu machen. Wie dehnen wir das, was wir im Labor und aus Fallstudien gelernt haben, auf eine größere Menge von Institutionen und Organisationen aus? Noch beunruhigender ist zweitens die Tatsache, dass die Mechanismen, die Menschen aus ihrem beschränkten selbstdienlichen Verhalten herausholen, zum Guten oder Schlechten eingesetzt werden können. Terroristen und andere Fanatiker religiöser, nationalistischer oder politischer Couleur glauben, dass sie einem größeren kollektiven Guten dienen, zumindest denjenigen, die unter ihre Definition des Kollektivs fallen, dem gedient werden soll, und viele bringen Opfer für ihre Sache dar. Wie blockieren wir diese Gruppen und fördern die Regierungen und Organisationen, die einer breiteren Öffentlichkeit dienen? Das ist in der Tat ein Problem, über das es sich Sorgen zu machen lohnt.

# Stephen M. Kosslyn und Robin S. Rosenberg
## Mit anderen zusammenarbeiten

Stephen M. Kosslyn ist Psychologe; Direktor des Center for Advanced Study in the Behavioral Sciences an der Stanford University; Koautor (mit William Thompson und Giorgio Ganis) von *The Case for Mental Imagery*
Robin S. Rosenberg ist klinischer Psychologe; Autor von *Superhero Origins: What Makes Superheroes Tick and Why We Care*

Im Lauf des 21. Jahrhunderts werden die Aufgaben, denen unsere Spezies gegenübersteht, immer komplexer werden. Viele Probleme, die in einem früheren Zeitalter leicht von einer einzigen Person hätten bewältigt werden können, werden jetzt eine Menge hochentwickelter Fähigkeiten erfordern, die von verschiedenen Menschen beigetragen werden. Die einzelnen Beiträge müssen komplementär sein; das Ganze muss mehr als die Summe seiner Teile sein.

So viel scheint klar zu sein. Aber kein Bereich der gegenwärtigen formalen Bildung – an keinem Punkt vom Kindergarten bis hin zu Postgraduiertenarbeiten – ist dazu geeignet, Menschen beizubringen, wie sie effektiv mit anderen Menschen in zielorientierten Gruppen interagieren. Wenn eine solche Gruppe gut funktioniert, verzahnt sie die Talente und Fähigkeiten ihrer Mitglieder miteinander. Aber gegenwärtig kommt es zu solchen Synergien nur wegen einer glücklichen Kombination von Menschen, die zufällig komplementäre Kompetenzen und Fähigkeiten besitzen, welche für die jeweilige Aufgabe relevant sind, und die zufällig in der Lage sind, effektiv miteinander zu interagieren. Es liegt nicht auf der Hand, wie man am besten eine Gruppe zusammensetzen sollte, um eine solche Synergie zu fördern. Aber die meisten Menschen scheinen sich nicht bewusst zu sein, dass hier ein Problem verborgen ist.

Zum Beispiel: Viele Leute, die Stellenbewerber befragen, glauben, dass sie gut darin wären, den »richtigen« Bewerber auszuwählen – dass sie wissen, wie man geeignete Angestellte auf der Grundlage nicht nur des Inhalts der Antworten eines Bewerbers, sondern auch aufgrund seines nonverbalen Verhaltens aussucht. Es wurde jedoch wiederholt gezeigt, dass Befrager, die sich auf ihre Intuition und ihr »Gefühl« verlassen, im Allgemeinen bei der Auswahl von Stellenbewerbern *nicht* gut sind.

Dasselbe gilt für die Auswahl von Personen, die in zielorientierten Gruppen zusammenarbeiten sollen. Menschen haben intuitive Vorstellungen dazu, wie man Einzelne den Gruppen zuordnen und wie man diese Gruppen organisieren sollte, aber Entscheidungen, die sich auf solche Intuitionen gründen, sind nicht unbedingt besser als Zufallsergebnisse. Wenn man sich dabei auf das Glück des Zufalls verlässt, wird das nicht sehr effektiv sein, da aufgabenorientierte Gruppen mit zunehmend komplexen Herausforderungen zu tun haben. Wir müssen solche Intuitionen überwinden. Wir müssen uns darüber klarwerden, dass ein Verständnis dessen, wie man die richtigen Leute für die richtige Gruppe am besten auswählt, eine schwierige Aufgabe darstellt – ebenso wie ein Verständnis dafür, wie sie am effektivsten miteinander interagieren sollten.

Um eine Gruppe zusammenzusetzen, die effektiv ein komplexes Problem bearbeiten kann, müssen wir 1. wissen, wie das Wesen der Aufgaben zu analysieren ist, um die notwendigen Kompetenzen und Fähigkeiten zu bestimmen; 2. wissen, wie solche Kompetenzen und Fähigkeiten bei Personen zu identifizieren sind; und 3. wissen, wie unterschiedliche Menschen am effektivsten miteinander interagieren können, wenn sie an einer besonderen Aufgabe arbeiten. Viel Forschung wird erforderlich sein, um diese Probleme zu knacken (und solche Forschungen sind bereits im Gange), aber die Ergebnisse werden so lange nicht auf breiter Basis angewendet werden, solange man nicht das Wesen der Probleme erkennt und nicht weiß, warum sie wichtig sind.

Die Wissenschaft kann Besseres leisten als Intuitionen – aber zuerst müssen wir verstehen, dass Intuitionen nicht ausreichen. Und das ist nicht intuitiv einleuchtend.

# Daniel Haun
## Die globale Kooperation funktioniert nicht, und wir wissen nicht, warum

Leiter der Forschungsgruppe für vergleichende kognitive Anthropologie am Max-Planck-Institut für evolutionäre Anthropologie in Leipzig

Mehr denn je sind wir von der erfolgreichen Kooperation der Staaten abhängig, wenn es um Entscheidungen mit weltweiten Auswirkungen geht. Viele der dringlichsten Probleme lassen sich nicht durch Handlungen einzelner Länder lösen, sondern werden nur dann Lösungen finden, wenn die globale Gemeinschaft ihre Kräfte vereint. Die globale Kooperation funktioniert jedoch größtenteils nicht, selbst wenn das Problem wohldefiniert ist und man die Handlungsoptionen ziemlich gut kennt. Warum? Eine Antwort ist, dass die menschliche Einengung auf die Verfolgung der eigenen Interessen jede Möglichkeit zu kollektivem Handeln ausstechen wird. Diese Erklärung ist ebenso unzureichend wie pessimistisch. Wenn das der Kern des Problems wäre, wären Misserfolge unvermeidlich. Wir werden die Natur des Menschen nicht rechtzeitig ändern.

Die gute Nachricht ist, dass das anlagebedingte menschliche Eigeninteresse nicht der einzige Grund dafür ist, dass die globale Kooperation nicht funktioniert, obwohl es die Sache nicht gerade erleichtert. Ebenso wie sie ein anlagebedingtes Eigeninteresse haben, sind Menschen, wie sich zeigt, auch anlagebedingt kooperativ. Von einem frühen Alter an sind Kinder in der Lage und, was noch wichtiger ist, auch hochmotiviert, mit anderen zu interagieren, um gemeinsame Ziele zu erreichen. Kinder genießen die Zusammenarbeit. Zudem scheinen andere Primaten viele der elementaren Fähigkeiten zu besitzen, die für die Kooperation notwendig sind. Daher scheint die Kooperation seit langem Teil der biologischen Geschichte der Menschen zu sein, wobei viele der notwendigen Fähigkeiten und Motivationen erblich sind. Selbst erwachsene Menschen ziehen die Kooperation dem Treuebruch vor, wenn sie nicht zu viel Zeit zum Nachdenken haben. Wenn schnelle Entscheidungen getroffen werden, ist die spontane Reaktion, dass man kooperiert. Wir kooperieren viel mehr, als allein auf das Eigeninteresse gestützt zu erwarten wäre. Die Kooperation ist ebenso sehr ein Teil der menschlichen Natur wie das Eigeninteresse, daher ist es keine ausgemachte Sache, dass die globale Kooperation nie funktionieren wird. Die Herausforderung besteht im Aufbau eines Kontexts für die globale Kooperation, der unsere kooperative Seite zur Geltung bringt.

Die schlechte Nachricht ist, dass wir keine Ahnung haben, wie man das anstellen könnte. Der Grund ist, dass wir nicht wissen, wie Kooperation funktioniert, wenn man von kleinen Menschengruppen auf eine weltweite Ebene wechselt. Jetzt, wo es hart auf hart geht, nähern wir uns diesem Problem mit leeren Händen. Darüber sollten wir uns Sorgen machen.

Wir wissen, wie wir einen Kontext schaffen können, der die Kooperation zwischen begrenzten Gruppen von Individuen fördert (lokale Kooperation). Beispielsweise funktioniert die lokale Kooperation gut, wenn die Wahrscheinlichkeit für Gegenleistungen hoch ist und die Kooperierenden einander vertrauen. Einzelne kooperieren besser, wenn die Kommunikationskanäle effektiv sind, die Kooperierenden sich einander als ähnlich empfinden und das System die Möglichkeit vorsieht, dass Betrüger bestraft werden. Wir wissen jedoch nicht, wie diese Faktoren in einem Szenario globaler Kooperation wirken. Aber ist die globale Kooperation nicht einfach nur wie eine lokale Kooperation, außer dass viel mehr Individuen beteiligt sind? Können wir nicht einfach das nehmen, was wir über die lokale Kooperation wissen, und auf eine Gruppe von sieben Milliarden extrapolieren? Der Grund dafür, dass die globale Kooperation nicht funktioniert, könnte einfach sein, dass Gegenleistungen, Vertrauen, Kommunikation, Bestrafung und interindividuelle Ähnlichkeit in diesem Maßstab allesamt beeinträchtigt sind. Wenn das der Kern des Problems wäre, wären Misserfolge wiederum unvermeidlich. Zum Glück sind sie das aber nicht. Weil die globale Kooperation so nicht funktioniert.

Tatsächlich kann sich niemand vor den Folgen versagender globaler Kooperation verstecken. Und tatsächlich wird jeder auf irgendeine Weise zu einem Bestandteil globaler Lösungen werden. Aber was ist der wirkliche Maßstab, in dem sich die globale Kooperation vollzieht? Die globale Kooperation umfasst mehrere Schichten von Entscheidungsinstanzen. Entscheidungen werden häufig an Vertreter größerer Gemeinschaften delegiert, um das Handeln auf der lokalen, regionalen, nationalen und globalen Ebene zu koordinieren. Während also die Folgen der sogenannten »globalen Kooperation« tatsächlich global sind, findet der Entscheidungsprozess in relativ kleinen Gruppen von Leuten statt. Warum funktioniert es also nicht? Was sind die Unterschiede zwischen der lokalen Kooperation, wie wir sie kennen und jeden Tag erleben, und der globalen Kooperation, wenn die Gruppengröße der Kooperierenden in etwa gleich ist?

Der Unterschied ist, dass die Individuen, die in einem Szenario globaler Kooperation miteinander interagieren, auf einen anderen, komplexeren Problemraum reagieren. Internationale Vertreter, die den Großteil der Verhandlungen führen, interagieren zwar im Prinzip wie Individuen, aber sie tragen die Last, für eine viel größere Gemeinschaft zu sprechen. Diese Personen handeln nicht nur als Mitglieder einer kleinen Expertengruppe, sondern auch als Vertreter der Interessen von Tausenden oder Millionen von Menschen. Die Interessen der Massen sind einer der Faktoren, die von denen, die zu ihren Gunsten Entscheidungen treffen, in Betracht gezogen werden. Diese zusätzliche Schicht der Verantwortung könnte die Struk-

tur der Kooperation grundlegend ändern. Wir müssen dringend herausfinden, wie.

Außer um ihr eigenes Interesse und dem ihrer Gemeinschaften bei der Milderung des globalen Klimawandels müssen diese Vertreter sich auch viel mehr über die Beliebtheit
ihrer Entscheidungen sorgen, als es für die alltägliche, lokale
Kooperation typisch ist. Obwohl wir uns alle in einem gewissen Maße über die gesellschaftlichen Folgen unserer Entscheidungen Sorgen machen, hängt die Karriere der Vertreter in
Szenarien globaler Kooperation von ihrer Popularität ab – das
Problem der Wiederwahl. Die Erwägung der Wiederwahl engt
den Entscheidungsraum jedes Vertreters in einem ohnehin
schon zunehmend schwierigen Szenario ernsthaft ein. Daher
sind die Institutionen, die wir aufbauen, um bei der Lösung lokaler kooperativer Dilemmata erfolgreich zu sein, für die globale Kooperation potenziell unangemessen.

Während wir die lokale Kooperation ganz gut verstehen,
machen diese Faktoren und wahrscheinlich noch viele andere
die globale Kooperation zu einem ganz anderen Tier. Während
wir uns bemühen, ihm einen Sattel auf den Rücken zu schnal-
len, sind die Erfolgschancen minimal, wenn wir nicht herausfinden, wie Menschen in diesen neuen und außergewöhnlichen
Szenarien miteinander interagieren, und diese Informationen
nutzen, um Strukturen zur globalen Kooperation aufzubauen,
die die kooperative Seite der menschlichen Natur zur Geltung
bringen.

# Karl Sabbagh
## Das Verhalten normaler Menschen

Schriftsteller, Fernsehproduzent; Autor von *Remembering Our Childhood: How Memory Betrays Us*

Der beunruhigendste Aspekt unserer Gesellschaft ist das geringe Misstrauen gegenüber dem Verhalten normaler Menschen. Trotz der Lehre von der Ursünde, die das Christentum durchdringt, ist die Annahme, die die meisten von uns über die meisten Menschen im Alltagsleben teilen, dass sie im großen Ganzen keine Verbrecher oder Betrüger und auch nicht niederträchtig, selbstsüchtig oder auf schnelles Geld aus sind. Schlechtes Verhalten wird als etwas betrachtet, was hervorgehoben, in Berichten dargestellt und analysiert werden sollte, wohingegen Menschen, die nicht lügen und betrügen, als selbstverständlich gelten. Gutes Verhalten wird bei Menschen als Standardmodus betrachtet, und schlechtes Verhalten wird als »abnorm« angesehen, obwohl wir von uns selbst sowie durch Experimente wie denen von Stanley Milgram wissen, dass »normale« Menschen nicht immer Heilige sind.

Diese Weigerung, das Schlimmste von Menschen zu erwarten, durchdringt die Gesellschaft und schädigt uns auf jede erdenkliche Weise. Das ungeheuerlichste Beispiel aus jüngster Zeit betrifft natürlich Banker und Finanzleute, die gezeigt haben, dass nur die strengsten Einschränkungen ihrer Tätigkeiten sie daran hindern würden, unsere Brieftaschen zu klauen und riesige Gehälter oder Abfindungen einzustreichen, die meistens Belohnungen für Misserfolge sind. Und genau gegenüber diesen Einschränkungen zeigen die Institutionen den stärksten Widerstand, wobei sie, nachdem mal wieder eines ihrer Verbrechen aufgedeckt worden ist, versprechen, dass das nächste durch Selbstregulierung verhindert wird. Aber jede beliebige Tageszeitung wird unzählige Beispiele von Individuen enthalten, die demonstrieren, dass sie, wenn sie (wir?) mit etwas ungeschoren davonkommen können, es auch tun werden.

Es gibt eine Menge psychologischer Untersuchungen über die Natur des Bösen. Sie gehen gewöhnlich von der Annahme aus, dass Menschen von Natur aus gut sind, und versuchen zu erklären, warum manche von dieser »Norm« abweichen. Ist es nicht an der Zeit, den entgegengesetzten Standpunkt einzunehmen und zu erforschen, warum manche Menschen, vielleicht nicht viele, »gut« sind? Wenn man lange genug sucht, kann man Beispiele dafür finden. Etwa interne Informanten, die nicht zusehen können, wenn Banker tricksen, Ärzte Fehler vertuschen, Priester Kinder missbrauchen oder Staatsmänner ihre Abrechnungen fälschen. Paradoxerweise werden interne Informanten häufig geächtet, statt dass man ihre guten Taten begrüßt, und zwar selbst von Leuten, deren Verhalten nicht – zumindest nicht offenkundig – betrügerisch ist, die jedoch der Meinung sind, Berichte über unerlaubtes Verhalten seien an sich geschmacklos.

Ebenso wie es zunehmend Belege für eine biologische Basis politischer Überzeugungen, links gegenüber rechts, gibt, sollten wir vielleicht auch nach einer biologischen Basis für Güte suchen. So viele der Probleme der Welt wurzeln in der Neigung der Menschen – und tatsächlich auch Staaten –, sich so zu verhalten, dass sie die Vorteile für sich selbst möglichst maximieren, und zwar zu Lasten der anderen. Selbst Versuche, Lösungen für den Klimawandel anzuregen, werden von persönlicher Selbstsucht und dem Egoismus von Unternehmen heimgesucht.

Daher sollten wir uns darüber Sorgen machen, dass die Wissenschaft eine mögliche alternative Lösung vieler unserer Probleme verpasst. Sie sollte in Betracht ziehen, wie man mehr Menschen »gut« machen könnte, anstatt versuchen zu verstehen, was Menschen »schlecht« macht.

# Brian Knutson
## Metasorgen

Außerordentlicher Professor für Psychologie und
Neurowissenschaft an der Stanford University

Ich sorge mich um die Sorge. Insbesondere darüber, ob unsere
Sorgen sich auf die richtigen Objekte beziehen. Der Anpas-
sungswert von Sorgen besteht darin, dass sie uns dabei helfen,
den Tod zu vermeiden, ohne ihn zuerst zu erleben. Aber Sorgen können uns nur dann retten, wenn sie sich auf wirkliche
Bedrohungen beziehen, und nur dadurch, dass sie Handlungen
(Vermeidung) auslösen. Obwohl Sorgen von externen Faktoren verursacht zu sein scheinen, sind sie es nicht. Der neuronale Sorgenmotor läuft ständig und sucht wie Freuds frei flot-
tierende Angst nach seinem nächsten Zielgegenstand.

Die Umwelt unserer Vorfahren hat wahrscheinlich unseren
Sorgenmotor abgestimmt, da individuelle Unterschiede bei
der Intensität von Sorgen eine signifikante Erblichkeit aufweisen (etwa 50 Prozent) und normal verteilt sind (die meisten
Menschen erleben eher mäßige als minimale oder übermäßige
Sorgen). Diese glockenförmige Verteilung impliziert, dass im
Laufe von Generationen diejenigen, die sich zu wenig Sorgen
machten, starben (oder gefressen wurden), während jene, die
sich zu viel Sorgen machten, nicht leben (oder sich fortpflanzen) konnten. Die Vielfalt der Bedrohungen in der Umwelt
unserer Vorfahren selektierte wahrscheinlich ein optimales
Sorgenniveau. Weniger anerkannt ist die Vorstellung, dass die
Umwelt unserer Vorfahren nicht nur das Niveau, sondern
auch die Objekte der Sorgen selektierte. Betrachten wir die üb-

lichen Inhalte von Phobien, wie etwa Rampenlicht, Schlangen, Spinnen, große Höhen. Wenn man nicht im Dschungel von Neuguinea lebt, sind das wahrscheinlich nicht die existenziellen Bedrohungen, die die Aufmerksamkeit unseres Sorgenmotors verdienen. Die häufigsten Todesursachen in den Vereinigten Staaten sind typischerweise »langweiliger« (Herzkrankheiten, Krebs, Schlaganfall, Unfälle) und werden von näherliegenden Ursachen gefördert (Rauchen, Alkoholkonsum, einseitige Ernährung, Bewegungsmangel, Autos, Feuerwaffen). Diese »Sorgendiskrepanz« zwischen vorgestellten und wirklichen Bedrohungen deutet darauf hin, dass unsere Sorgen häufig auf die falschen Objekte gerichtet sind.

Meine *Metasorge* oder die Sorge über Sorgen besteht darin, dass die wirklichen Bedrohungen sich viel schneller ändern, als das in der Vergangenheit unserer Vorfahren der Fall war, was die Sorgendiskrepanz vergrößern könnte. Wir Menschen haben einen großen Teil dieser Umwelt mit unseren Mechanismen, Computern und Algorithmen geschaffen, die schnelle, zerstörerische und auch globale Veränderungen induzieren. Beispiele aus dem Finanzwesen und der Umwelt kommen einem in den Sinn – man denke nur an das Platzen von globalen Finanzblasen und an den Anstieg der Temperatur der Erdatmosphäre im letzten Jahrzehnt. Diese Veränderungen sind nicht nur im Hinblick auf einen evolutionären Zeitrahmen schnell, sondern entstehen plausiblerweise auch aus menschlichen Ursachen. Ich mache mir Sorgen darüber, dass unsere Sorgenmotoren ihre Ausrichtung nicht neu einstellen werden, um sich schnell genug diesen rasch wechselnden Bedrohungen zuwenden zu können, so dass präventive Handlungen möglich sind.

Wir könnten versuchen, die größer werdende Sorgendiskrepanz mit Hilfe von Daten aufzuheben. Wenn wir das relative Todesrisiko durch Schlangen, Spinnen, Autos und Waffen berechnen könnten, könnten wir die Diskrepanz zwischen dem, worüber wir uns Sorgen machen (z. B. Spinnen), und dem, was statistisch mehr Todesfälle verursacht (z. B. Autos), miteinander vergleichen. Dann könnten wir versuchen, eine Sorge mit einem tieferen Rang gegen eine Sorge mit einem höheren Rang zu vertauschen. Wir könnten sogar die groben Züge einer Software entwerfen, die eine bessere Aufteilung von Sorgen ermöglicht. (Ich setze auf die Entwickler von mobilen Anwendungen.) Wenn wir uns dann über etwas Sorgen machen, könnte es auch tatsächlich unsere Existenz bedrohen.

Eine andere Option für das Aufheben der Sorgendiskrepanz beinhaltet eine Änderung der Politik. Regierungen sammeln zweifellos wertvolle Daten über die relative Stärke verschiedener Bedrohungen, damit sie ihre begrenzten Ressourcen darauf richten können, die dringlichsten Gefahren zu reduzieren. Aber Informationen allein genügen nicht; sie müssen Verhaltensänderungen motivieren. Daher braucht man manchmal Gesetze (mit durchsetzbaren Sanktionen), um diese Informationen in Handlungen umzuwandeln. Leider müssen Regierungen im Falle globaler Bedrohungen ihre Gesetze miteinander koordinieren. Das ist nicht unmöglich; es geschah in der Vergangenheit, als Regierungen sich zusammentaten, um Fluorkohlenwasserstoffe zu verbieten, um den Abbau von Ozon in der Atmosphäre zu stoppen. Es kann auch in der Zukunft geschehen, wenn es um Kohlenstoffverbindungen und den globalen Klimawandel geht. Aber es erfordert eine massiv koordinierte und kontinuierliche Bemühung.

Mir geht es um *Metasorgen*, nicht um *Hypersorgen*. Hypersorgen verstärken sich selbst: Eskalierende Sorgen über Sorgen könnten eine positive Rückkoppelungsschleife antreiben, die in einer Angststarre endet. Da das Gehirn nur über eine begrenzte Energie verfügt, sollten wir Sorgen wahrscheinlich als eine zu erhaltende und effizient zu verteilende Ressource betrachten. Über die Erhöhung des Sorgenniveaus hinaus implizieren Metasorgen die Neuausrichtung der Sorgen auf der Grundlage von Informationen. Die Neueinstellung unserer alten Sorgenmotoren mag zwar schwierig sein, aber nicht unmöglich. Nehmen wir die Gesetze, die das Anlegen von Sicherheitsgurten beim Autofahren verlangen. Was ich wie ein

Wunder empfinde, ist nicht, dass diese Gesetze in den meisten Bundesstaaten der USA obligatorisch geworden sind, und
auch nicht einmal, dass sie die Zahl der Unfallopfer, wie vorhergesagt, verringern, sondern vielmehr, dass diese Gesetze
mich jetzt auf einer instinktiven Ebene ansprechen. Vor fünf-
undzwanzig Jahren hätte ich keine Sekunde gezögert, ohne Sicherheitsgurt zu fahren. Jetzt fühle ich mich unwohl und an-
gespannt, wenn ich den Sicherheitsgurt nicht anschnallen
kann. Mit einem Wort, ich mache mir Sorgen – und versuche,
die Diskrepanz aufzuheben.

# Joel Gold
## Krankhafte Angst

Psychiater; außerordentlicher klinischer Professor für Psychiatrie am Langone Medical Center der New York University

Sorgen können an und für sich eine äußerst zerstörerische Wirkung auf unser Leben haben. Die Dinge, über die wir uns Sorgen machen, unterscheiden sich in der Regel von jenen Problemen, die unsere Aufmerksamkeit in Beschlag nehmen, uns anregen und uns zum Handeln mobilisieren. Es ist nützlich, eine potenzielle oder bevorstehende Gefahr zu erkennen und dann etwas dagegen zu tun; etwas ganz anderes ist es, in einem Zustand der Lähmung zu verharren und zu grübeln. Wenn man wissenschaftlich, politisch oder persönlich handelt, um etwas gegen den Klimawandel zu tun, so ist das ein Fortschritt. Wenn man schlaflos im Bett liegt und über die schmelzenden Polarkappen nachdenkt, dann hat das keinen Effekt, außer den Geist und Körper des an Schlaflosigkeit Leidenden zu strapazieren.

Das Wort »Sorge« hat Passivität und Hilflosigkeit als Nebenbedeutung: Wir machen uns Sorgen über ein zukünftiges Ereignis und hoffen, dass es schon werden wird. Und die Frage, die man uns dieses Jahr stellt, impliziert, dass vieles von dem, worüber wir uns Sorgen machen, irrational ist. Ich bin zuversichtlich, dass viele der Beiträge, die sich darauf beziehen, worüber wir uns *keine* Sorgen machen sollten, die Leser beruhigen werden, weil sie spezifisch und durch Belege gestützt sein werden. Allgemeinplätze wie »Mach' dir keine Sorgen, sei unbekümmert« sind nutzlos; denken Sie daran, dass Menschen, die aufgefordert werden, sich zu »entspannen«, selten dazu in der Lage sind.

Außerdem gibt es einen großen Anteil der Bevölkerung, dem die dringende Bitte, gelassen zu bleiben, nicht wirklich hilft. Diese Menschen können nicht unterscheiden zwischen den Hindernissen im Leben, gegen die sie aktiv etwas unternehmen und dadurch ihre Sorgen verringern könnten, und jenen, für die es kein heilsames Verhalten gibt und die man daher am besten aus seinem Geist verbannt. Sie machen sich nicht nur Sorgen über unlösbare Probleme, sondern auch über Umstände, die anderen wahrscheinlich überhaupt nicht als Problem erscheinen. Bei dieser Gruppe werden irrationale Sorgen zu pathologischer Angst. Ich spreche von zig Millionen Amerikanern, die an Angststörungen leiden.

Gegenwärtig behandle ich in meiner psychiatrischen Praxis Menschen, die häufig spöttisch als »jene, die von Sorgen erdrückt werden, obwohl es ihnen gutgeht« bezeichnet werden. Ganz gewiss werden sie von Sorgen erdrückt, aber gut geht es ihnen überhaupt nicht. Niemand würde die Krankhaftigkeit in Frage stellen, die mit den irrationalen Ängsten der psychotischen Patienten verbunden ist, die ich früher im Bellevue Hospital behandelte: die Angst, dass sie vergiftet werden, dass Gedanken in ihren Geist eingeschleust wurden, dass sie die Erde zur Hölle verdammt hätten. Aber der Versuch, jemandem seine Phobie rational wegzuerklären – abgesehen von der Anwendung einer strukturierten kognitiven und verhaltensorientierten Therapie –, ist nicht nützlicher als der Versuch, jemandem seine Wahnvorstellungen auszureden.

Menschen mit Angststörungen leiden fürchterlich: Der junge Mann mit einer Zwangsneurose, der von verstörenden Vorstellungen gequält wird und sich gezwungen fühlt, seine Hände stundenlang zu waschen, bis sie bluten; der Kriegsveteran, der von Bildern der Kämpfe verfolgt wird und das Grauen buchstäblich noch einmal erlebt, das er physisch überlebt hat; der Geschäftsmann, der Hunderte von Kilometern mit dem Auto fahren muss, weil er Angst vorm Fliegen hat; die ehemalige Starathletin, die jetzt in der Falle sitzt, unfähig, ihr Haus zu verlassen, weil sie befürchtet, dass sie wieder eine Panikattacke im Einkaufszentrum oder beim Überqueren einer Brücke bekommt. Die Zahlen sind erschütternd: Angststörungen sind die am häufigsten diagnostizierten psychiatrischen Störungen. Jedes Jahr werden fast 20 Prozent aller erwachsenen Amerikaner davon heimgesucht und fast 30 Prozent im Laufe ihres Lebens. Diejenigen, die an Phobien, Panikattacken, generalisierten Angststörungen, posttraumatischen Belastungsstörungen und anderem leiden, sind eher depressiv, neigen stärker zu Medikamentenmissbrauch und sterben früher. Und bevor der Tod eintritt, sei es früher oder später, wird die Freude am Leben durch ihre Angst beeinträchtigt. Freude und Angst treten nicht gemeinsam auf.

Wir alle wollen die biologischen und sozialen Risikofaktoren für Angst vermeiden, aber für zig Millionen Amerikaner und Hunderte von Millionen Menschen weltweit ist es zu spät. Sobald die krankhafte Ängstlichkeit zupackt, sind nur eine Psychotherapie und/oder Psychopharmakatherapie wirksam. Die Sorgen legen sich wie ein Fieber auf die Person, die sich Sorgen macht. Ohne geeignete Behandlung brennt diese fieberhafte Angst die Seele weg. Mit einer solchen Behandlung kann das Fieber aufhören. Erst dann kann es der Person, die von Sorgen erdrückt wurde, wieder gutgehen.

# Douglas Rushkoff
## Der Verlust unseres kollektiven Erkennens und Bewusstseins

Medientheoretiker; Dokumentarist; Autor von *Present Shock: Wie wir die Zukunft eingeholt und die Gegenwart verloren haben*

Wir sollten uns Sorgen über den Niedergang des menschlichen Nervensystems machen. Wir sollten uns Sorgen darüber machen, dass etwas – wahrscheinlich etwas aus der Umwelt, aber möglicherweise auch etwas Raffinierteres – unsere Fähigkeit behindert, neue Menschen mit stimmig funktionierenden Wahrnehmungsapparaten zu erziehen. Wir sollten uns darüber Sorgen machen, was das nicht nur für die wirtschaftliche Zukunft unserer Gesellschaft bedeutet, sondern auch für die Zukunft unseres kollektiven Erkennens und Bewusstseins als Spezies.

Betrachten wir den steigenden Anteil unserer Jugendlichen, die als »Sonderschüler« klassifiziert werden. Nach dem gegenwärtigen Stand hat eines von 88 Kindern eine Autismus-Spektrum-Störung – und einer von 54 Jungen. Sieben Prozent haben ADHS. Und diese Zahlen steigen stetig. Die große Mehrheit der Kinder mit Spektrum-Störungen leidet auch an »Komorbiditäten«, wie z. B. Angststörungen, Sinnesverarbeitungsstörungen, geistigen Behinderungen und sozialen Störungen. Diese Sonderschulkinder werden wahrscheinlich eine besondere Ausbildung und dann besondere Fürsorge und besondere Betreuer für den Rest ihres Lebens brauchen. Jemand muss das bezahlen.

Während die Zahl der Kinder, die von diesen Behinderungen

betroffen sind, steigt, sinkt gleichzeitig der Umfang der verbleibenden Ressourcen, um die »neurotypischen« Mitglieder unserer Gemeinden zu erziehen und auszubilden. Je mehr Kinder jährlich 100 000 Dollar und mehr für eine Sonderschulbildung brauchen, umso weniger Geld bleibt übrig und umso größer müssen die regulären Klassen werden. Gewiss gibt es viele soziale Heilmittel für diese Probleme, von verstärkter Unterstützung und Beteiligung durch die Gemeinde bis zu einem radikalen Neuentwurf der Bildung selbst. Aber je weniger gut wir ausgebildet sind, umso weniger sind wir auch darauf vorbereitet, diese Probleme zu lösen.

Spektrum-Störungen sind bloß die sichtbarsten Belege für neuronale Störungen. Wir müssen auch die extensive Verwendung von selektiven Serotonin-Wiederaufnahmehemmern und anderen stimmungsaufhellenden Medikamenten betrachten. Im Unterschied zu psychedelischen und anderen psychosozialen Lernsubstanzen wurden die selektiven Serotonin-Wiederaufnahmehemmer für den ständigen Gebrauch entwickelt. Durch die Behandlung von Stress, Angst und sogar auch vorübergehenden Depressionen als chronische Erkrankungen ändern Ärzte, die diese Medikamente verschreiben (beeinflusst von den Unternehmen, die damit handeln), die Neurochemie der Menschen, um ihre Reaktionen auf das wirkliche Leben zu dämpfen. Die Tatsache, dass 23 Prozent der amerikanischen Frauen zwischen 40 und 59 Jahren selektive Serotonin-Wiederaufnahmehemmer nehmen, sagt vielleicht weniger über die Anfälligkeit dieser Gruppe für Depressionen aus als vielmehr etwas über die Art und Weise, wie unsere Gesellschaft gegenwärtig auf Frauen zwischen 40 und 59 reagiert. Das Opfer mit Medikamenten zu betäuben mag zwar auf einer bestimmten Ebene barmherzig sein, lähmt aber nur unsere kollektive Selbstregulation als Kultur und Spezies.

Auf der einen Seite sollten wir uns also Sorgen über eine Zukunft machen, in der nur noch wenige von uns übrig sind, um den Betrieb aufrechtzuerhalten und sich um eine riesige Bevölkerung neuronal gestörter Erwachsener zu kümmern. Wir sehen die Anfänge davon in einer von den Medien beeinflussten Gesellschaft mit idiotischen Überzeugungen, aggressiver Fahrweise und unangemessenen Reaktionen auf Reize. Die vernünftigen Leute, von denen wir abhängen, damit Restaurants, Krankenhäuser und überhaupt die Demokratie funktionieren, scheinen zahlenmäßig zurückzugehen und werden ersetzt durch jene mit leicht reizbarem Gemüt, Minderwertigkeitskomplexen und der Unfähigkeit, elementare soziale Hinweisreize zu verstehen. Wenn uns das alles zu schaffen macht, erwartet man andererseits von uns, dass wir Medikamente einnehmen, um unsere Wahrnehmungen und unsere Reaktionen hinsichtlich sozialer Phänomene zu ändern, die zu Recht jede gesunde Person depressiv machen würden. Und die Zahl der Menschen, die sich entschieden haben, ihre emotionale Bandbreite auf pharmazeutischem Wege zu begrenzen, sollte alarmierend sein – weil sie unsere kollektive Wirklichkeit nicht länger wahrnehmen. Immer weniger von uns bleiben beunruhigt genug, um die nötigen Maßnahmen zu treffen.

Ganz zu schweigen von der Tatsache, dass diese Medikamente am Ende in der Wasserversorgung und anderswo landen und wahrscheinlich zu einem Anstieg von Spektrum-Störungen bei Kindern führen. (Die Einnahme von selektiven Serotonin-Wiederaufnahmehemmern während der Schwangerschaft führt beispielsweise zu einer Verdopplung der Wahrscheinlichkeit, ein Kind zu bekommen, das eine Störung innerhalb des Autismus-Spektrums hat.) So schließt sich der Kreis, und wir werden zunehmend unfähiger, etwas gegen diese Rückkoppelungsschleife zu tun oder uns auch nur um sie zu kümmern. Wir versinken darin.

Aber es gibt noch eine größere Sorge. Wir sollten uns weniger darüber Sorgen machen, dass unsere Spezies ihre Biosphäre verliert, sondern vielmehr darum, dass ihre Seele verloren geht. Unsere kollektiven Wahrnehmungen und unsere Kognition sind unsere größten evolutionären Errungenschaften. Das sind die Tätigkeiten, die der Biologie ihre Bedeutung verleihen. Unser menschliches neuronales Netz steht im Begriff, sich zu verschlechtern, und unsere Wahrnehmungen werden sowohl unabsichtlich als auch durch unser eigenes Zutun verzerrt. Und alles, was die meisten von uns in der größeren wissenschaftlichen Gemeinschaft tun können, ist zu hoffen, dass die Technik irgendwie einen Ausgleich schafft, indem sie genauere Sensoren, schnellere Netze und ein neues virtuelles Zuhause für Komplexität liefert.

Wir sollten uns Sorgen darüber machen, dass solche Netze nicht ohne uns funktionieren werden; wir sollten uns ebenfalls Sorgen darüber machen, dass sie es tun könnten.

# Alison Gopnik
## Sorgen um Kinder

Professorin für Psychologie an der University of California in Berkeley; Autorin von *Kleine Philosophen: Was wir von unseren Kindern über Liebe, Wahrheit und den Sinn des Lebens lernen können*

Über Kinder nachzudenken, wie ich das zu meinem Lebensunterhalt tue, und sich Sorgen zu machen, geht Hand in Hand. Es gibt im menschlichen Leben nichts, was so wichtig und vordringlich ist wie die Erziehung der nächsten Generation, und doch kann man sich des Gefühls nicht erwehren, als ob wir nur wenig Kontrolle über das Ergebnis hätten. Der britische Premierminister Stanley Baldwin warf einmal der Presse vor, sie habe »Macht ohne Verantwortung – das Vorrecht der Dirne zu allen Zeiten«. Vielleicht ist es passend, dass das Vorrecht der Mutter genau das Gegenteil von dem der Dirnen ist: Wir Mütter haben Verantwortung ohne Macht, ein sicheres Rezept für Sorgen, wenn es je eines gab. Aber als Wissenschaftlerin und Mutter zugleich mache ich mir Sorgen darüber, dass ein Großteil unserer gegenwärtigen Sorgen über Kinder fehlgeleitet ist. Wir machen uns eine Menge Sorgen über die falschen Dinge, und wir machen uns nicht annähernd genug Sorgen über die richtigen.

Ein Großteil der Sorgen der Mittelschicht rührt von einer grundsätzlich irrigen Vorstellung der Entwicklung von Kindern her. Es ist das Bild, das in dem merkwürdigen, aber jetzt überall verbreiteten Begriff der »elterlichen Betreuung« (parenting) zum Ausdruck kommt. Solange es Vertreter von *Homo sa-*

*piens* gegeben hat, hat es auch Eltern gegeben. Menschliche Mütter und Väter sowie andere haben sich in besonderer Weise um die Kinder gekümmert. Aber der Ausdruck »elterliche Betreuung« tauchte erst im 20. Jahrhundert in Amerika auf und wurde in den 1970er Jahren allgemein geläufig. Dieser besondere Ausdruck geht mit einem Bild einher, einer Vision davon, wie wir die Beziehungen zwischen Erwachsenen und Kindern verstehen sollten. »Elterlich betreuen« ist ein zielgerichtetes Verb. Es beschreibt eine Aufgabe, eine Art Arbeit. Das Ziel ist, sein Kind zu einer besonderen Art von Erwachsenem zu formen – klüger oder glücklicher oder erfolgreicher als andere. Und die Idee ist, dass gewisse Strategien oder Techniken dieses Ziel erreichen. Daher machen sich die heutigen Eltern endlos Sorgen darüber, ob sie die richtigen Techniken anwenden, und geben Millionen Dollar für Bücher oder Programme aus, die diese beschreiben sollen.

Dieses Bild ist empirisch irreführend. Die Sorgen im Zusammenhang mit der »elterlichen Betreuung« konzentrieren sich auf relativ kleine Variationen bei dem, was Eltern und Kinder tun – gemeinsam im Familienbett zu schlafen oder zu schreien, eher mit der einen als der anderen Art von Spielzeug zu spielen, mehr oder weniger Hausaufgaben zu machen. Es gibt sehr wenige Belege dafür, dass irgendetwas davon einen großen Einfluss darauf hat, wie sich Kinder langfristig entwickeln. Es scheint auch keine Zauberformel dafür zu geben, wie man ein wirklich geliebtes und finanziell unterstütztes Kind als erwachsene Person klüger oder glücklicher oder erfolgreicher als andere machen könnte.

Von einem evolutionären Standpunkt aus betrachtet, ist das Bild sogar in einem noch tieferen Sinne irreführend. Die Kindheit ist eines der charakteristischsten evolutionären Merkmale der Menschen; wir haben eine viel längere Kindheit als alle anderen Primaten. Diese ausgedehnte Kindheit scheint zumindest teilweise eine Anpassung an die Variabilität und Unvorhersagbarkeit menschlicher Umwelten zu sein. Die Periode geschützter Unreife, die wir Kindheit nennen, gibt Men-

schen eine Chance zu lernen, zu erkunden und Neuerungen
einzuführen, ohne zugleich planen, handeln und sich um sich
selbst kümmern zu müssen. Und empirisch haben wir festgestellt, dass selbst die jüngsten Kinder wahrhaft außergewöhnliche Fähigkeiten zum Lernen und zur Vorstellung haben, die
von jeglicher bewussten Formung durch die Eltern ziemlich
unabhängig sind. Unsere lange, behütete Kindheit ermöglicht
wohl unsere charakteristischen menschlichen kognitiven Leistungen.

Die evolutionäre Entstehung unserer ausgedehnten Kindheit ging Hand in Hand mit Änderungen in der Tiefe und
Breite der menschlichen Fürsorge für Kinder. Menschen entwickelten bei der Fürsorge eine dreifache Absicherung. Im
Unterschied zu unseren engsten Primatenverwandten begannen menschliche Väter massiv in die Fürsorge ihrer Kinder zu
investieren; Frauen lebten über die Menopause hinaus, um für
ihre Enkel zu sorgen; und nicht verwandte Erwachsene – »Alloeltern« – beteiligten sich ebenfalls an der Fürsorge. Im Gegenzug konnten Kinder eine Vielfalt von Fertigkeiten, Einstellungen, Erkenntnissen und kulturellen Traditionen von all
diesen Betreuern lernen. Das scheint menschlichen Kindern
einen vielgestaltigen und facettenreichen kognitiven Werk-
zeugsatz an die Hand gegeben zu haben, den sie revidieren und
verfeinern konnten, um für die verschiedenen unvorhersagbaren Herausforderungen der nächsten Generation gewappnet
zu sein.

Dem evolutionären Bild zufolge liefert eine Gemeinschaft
von Betreuern den Kindern zwei wesentliche Zutaten, die ihnen ein gedeihliches Wachstum ermöglichen. Erstens stellen
die Erwachsenen einen unbedingt hegenden und stabilen Kontext bereit, eine Garantie, dass die Kinder in Sicherheit sein
werden und dass man sich um sie kümmert. Diese sichere
Basis gibt ihnen die Freiheit, sich zum Spielen, Erkunden und
Lernen hinauszuwagen – ihre eigene Zukunft zu gestalten.
Zweitens liefern Erwachsene den Kindern ein breites Spektrum von Modellen des Handelns in der Welt, selbst wider-

sprüchliche Handlungsmodelle. Die Kinder können dieses Repertoire nutzen, um effektive Handlungsweisen in unvorhersagbaren und variablen Umwelten hervorzubringen – und schließlich auch, um neue Umwelten zu schaffen. Das ist sehr verschieden von dem Bild der »elterlichen Betreuung«, bei dem besondere elterliche Handlungen die Erwachseneneigenschaften der Kinder formen sollen.

Das bringt mich zu den Dingen, über die wir uns nicht genügend Sorgen machen. Während Eltern aus der oberen Mittelschicht sich Sorgen darüber machen, ob sie ihre Kinder in nach vorne oder nach hinten ausgerichtete Kinderwägen setzen sollen, wächst mehr als eines von fünf Kindern in den Vereinigten Staaten unterhalb der Armutsgrenze auf, und fast die Hälfte der Kinder Amerikas wächst in Haushalten mit geringem Einkommen auf. Bei Kindern und insbesondere bei Kleinkindern ist die Wahrscheinlichkeit, in Armut zu leben, größer als bei jeder anderen Altersgruppe. Diese Zahl ist im Laufe des letzten Jahrzehnts massiv angestiegen. Wichtiger ist jedoch, dass diese Kinder nicht nur der Armut, sondern auch einer lähmenden Isolation und Instabilität ausgesetzt sind. Es ist nicht nur so, dass viele Kinder ohne Väter aufwachsen: Sie wachsen auch ohne Großeltern oder Alloeltern auf und mit Eltern, die gezwungen sind, viele Stunden an unzuverlässigen und schlecht bezahlten Arbeitsplätzen zu verbringen. Die Institutionen haben diese Lücke nicht geschlossen. Wir stellen immer noch zu wenig öffentliche Unterstützung für die Kinderfürsorge bereit. Wir zahlen den Eltern nichts und den Leuten, die in der Kinderbetreuung arbeiten, so gut wie nichts.

Natürlich haben wir schon lange die moralische Intuition verspürt, dass die Vernachlässigung von Kindern schlecht ist. Aber erst vor kurzem haben epigenetische Forschungen gezeigt, wie die Mechanismen von Fürsorge und Vernachlässigung genau funktionieren. Soziologische und ökonomische Untersuchungen haben empirisch gezeigt, wie einschneidend die Konsequenzen der frühen Erfahrung sein können. Die kleinen Variationen in der elterlichen Betreuung der Mittelschicht haben nur einen geringen Einfluss. Aber die Sicherstellung einer hochkarätigen Fürsorge in der frühen Kindheit für Kinder, die eine solche andernfalls nicht erhalten würden, hat einen enormen und dauerhaften Einfluss bis zum Erwachsenenalter. Die Belege deuten darauf hin, dass es dabei nicht einfach darum geht, den Kindern besondere Fertigkeiten oder verschiedene Wissensinhalte beizubringen – eine Art von breiter angelegter institutioneller Version der elterlichen Betreuung. Stattdessen gedeihen Kinder mit einer stabilen, hegenden, abwechslungsreichen Umwelt in vielfacher Hinsicht: bessere Gesundheit, eine geringere Tendenz zu Kriminalität, erfolgreichere Ehen. Das ist genau das, was wir von der Evolutionsgeschichte erwarten. Ich mache mir immer mehr Sorgen darüber, was mit den Generationen von Kindern geschehen wird, die nicht über das einzigartige menschliche Geschenk einer langen, behüteten, stabilen Kindheit verfügen.

# Keith Devlin
## Der Tod der Mathematik

Geschäftsführer des H-STAR Institute an der Stanford University;
Autor von *The Man of Numbers: Fibonacci's Arithmetic
Revolution*

Stehen wir kurz davor mitanzusehen, dass Fortschritte in der
Mathematik ein Ende finden? Bis zum letzten Jahr hätte ich
nein gesagt. Jetzt bin ich mir nicht mehr so sicher. Unter
der Voraussetzung, dass die Fortschritte in der Wissenschaft,
im Ingenieurswesen, in Technik und Medizin, die unsere moderne Welt geschaffen haben, alle in hohem Maße von Fortschritten in der Mathematik abhingen, ist es schwer, für die
Gesellschaft in der Zukunft etwas anderes als Stagnation und
vielleicht Niedergang zu sehen, wenn diese Fortschritte beendet wären. Wie wahrscheinlich ist das? Das weiß ich nicht.
Die Sicherheitsklausel bei der diesjährigen *Edge*-Frage ist das
Wort »sollten«. Hätte die Frage gelautet »Worüber *machen*
wir uns Sorgen?«, vermute ich, dass jede ehrliche Antwort, die
ich geben könnte, sich auf persönliche Fragen der Gesundheit,
des Alterns und der Sterblichkeit konzentriert hätte. Die
Mathematik – tot oder lebendig – wäre nicht in Betracht gekommen.

Gewiss gibt es viele Dinge, die in der Gesellschaft vor sich
gehen und mich stören. Aber es ist eine Folge des Älterwer-
dens, dass man bei Veränderungen in der Gesellschaft eher
dazu neigt, sie für schlecht zu halten. Von den Umständen, die
während unserer Lehrjahre vorherrschten, wurden wir konditioniert, und wenn diese Umstände sich ändern – was sie müs-

sen und sollen, da Gesellschaften lebendige Wesen sind –, finden wir das beunruhigend. Die Dinge scheinen zwangsläufig schlechter zu sein, als sie in unserer Kindheit waren, aber das spiegelt die Tatsache wider, dass wir als Kinder die Dinge einfach so akzeptierten, wie sie waren. Wenn man als Erwachsener einem Gefühl der Beunruhigung gestatten würde, sich in eine Sorge zu verwandeln, würde das bedeuten, eine egozentrische Weltsicht einzunehmen. Vor diesem Hintergrund sind wir reflektierende, rationale Wesen mit einem gewissen Grad von Kontrolle über unsere individuellen und kollektiven Handlungen, und es ist klug von uns, die Zeichen zu deuten und zu beurteilen, wenn eine Änderung der Richtung erforderlich ist.

Ein Zeichen, auf das ich letztes Jahr unerwartet stieß, war ein Hinweis darauf, dass die Mathematik, wie wir sie kennen, innerhalb einer Generation aussterben könnte. Das Zeichen war, wie Sie vermuten können, zwar technisch, aber nicht von der Art, die Sie sich wahrscheinlich vorstellen. Obwohl eine Reihe von Kommentatoren in den 1960er und 1970er Jahren darüber klagte, dass die Verbreitung von Taschenrechnern und Computern zu einer Generation mathematischer Analphabeten führen würde, war alles, was geschah, die Änderung des Fokus in der Mathematik, die für wichtig gehalten wurde. Insbesondere verschwand plötzlich eine hohe arithmetische Fähigkeit, die jahrhundertelang für ein erfolgreiches Leben entscheidend war – ebenso wie elementare Anbau- und Tieraufzuchtkompetenzen mit dem Beginn der industriellen Revolution verschwanden. Anstelle der arithmetischen Fertigkeiten entstand ein größeres Bedürfnis nach algebraischem Denken. (Die Tatsache, dass das Bedürfnis in vielen Fällen nur schlecht erfüllt wurde, weil man Algebra so lehrte, als handelte es sich um Arithmetik, hebt die neue Bedeutung algebraischer Fertigkeiten in der heutigen Welt nicht auf.) Es lässt sich nicht leugnen, dass technische Fortschritte die Art von Mathematik ändern, die praktiziert wird. Wenn Rechenmaschinen für jedermann auf der Erde zugänglich sind (mit

Ausnahme von Nordkorea), was in den nächsten zehn Jahren so gut wie sicher der Fall sein wird, wird die Welt wahrscheinlich nie mehr solche Entdeckungen zu sehen bekommen, wie sie in früheren Zeitaltern von mathematischen Riesen wie Fermat, Gauss, Riemann und Ramanujan gemacht wurden. Die Notizbücher, die sie hinterließen, zeigen, dass sie viele Stunden mit dem Ausführen schriftlicher Berechnungen verbrachten, als sie die Primalität und andere Eigenschaften von Zahlen untersuchten. Das führte sie dazu, ein so tiefes Verständnis von Zahlen zu entwickeln, dass sie grundlegende Vermutungen formulieren konnten, von denen sie selbst oder andere in der Folge einige beweisen konnten.

Wahrscheinlich gibt es Eigenschaften von Zahlen, auf die nie jemand kommen wird, sobald jeder Zugang zu leistungsfähiger Rechentechnik hat. (Andererseits gibt es auch einen Gewinn, da der Computer die sogenannte experimentelle Mathematik angeregt hat, bei der massive numerische Simulationen eine andere Art von Vermutung hervorbringen – solche, die man wahrscheinlich nicht ohne leistungsfähige Computer entdeckt hätte. Ich beschrieb dieses Phänomen in *Experimentelle Mathematik*, einem Buch, das ich vor ein paar Jahren mit Jonathan Borwein geschrieben habe.) Die Technik kann also sicherlich die Richtung der mathematischen Entdeckung ändern. Aber kann sie auch ihren Tod verursachen? Im September letzten Jahres habe ich einen Blick darauf erhascht, wie das geschehen könnte. Ich hielt gerade einen dieser (schlagartig berühmten) offenen Massen-Onlinekurse (Massive Open Online Course, MOOC) der Stanford University und lehrte 64 000 Studenten auf der ganzen Welt die Grundprinzipien mathematischen Denkens. Da der Kurs mathematisches Denken auf Hochschulniveau vermittelte und keine Berechnungen, gab es keine Möglichkeit von maschinell auswertbaren Hausarbeiten. Der Fokus lag auf der Lösung neuer Probleme, für die man kein Standardverfahren zur Verfügung hat – in einigen Fällen mussten strenge Beweise der Ergebnisse konstruiert werden. Diese Art von Arbeit ist kreativ und symbolisch und lässt sich nur leisten, indem man Blätter (manchmal mehrere Blätter) mit Symbolen und Diagrammen vollschreibt, wobei man manchmal Notationen verwendet, die man speziell entwirft, um das vorliegende Problem zu lösen.

In einer regulären Hochschulklasse würden ich oder meine Lehrassistenten die Arbeit der Studenten benoten, aber in einem offenen Onlinekurs ist das nicht durchführbar. Deshalb habe ich eine Methode benutzt, die als kalibrierte Bewertung durch Gleichgestellte bezeichnet wird und bei der die Studenten sich ihre Arbeiten gegenseitig benoten. Um die anonyme Mitteilung zu erleichtern, bat ich die Studenten, Smartphone-Fotos ihrer Arbeiten in guter Qualität zu machen oder ihre Seiten im PDF-Format zu scannen und sie auf die Kurs-Website hochzuladen, wo die Software für offene Onlinekurse die Verteilung organisieren und die Noten verfolgen würde. Bald schon stellten einige Studenten Fragen auf dem Diskussionsforum des offenen Onlinekurses und wollten wissen, ob sie ihre Arbeit in LaTeX tippen könnten, ein mathematisches Schriftsatzprogramm, das für fortgeschrittene Arbeiten in der Mathematik, Physik, Informatik und in den Ingenieurswissenschaften breite Verwendung findet. Ich sagte, dass sie das dürften. Tatsächlich hatte ich LaTeX zur Bereitstellung der Ressourcen für den offenen Onlinekurs, zur Erstellung der wöchentlichen Aufgabenblätter und zur Veröffentlichung des Kurslehrbuchs auf der Website verwendet.

Nun ist LaTeX ein großes komplexes System mit einer extrem langen und steilen Lernkurve, deshalb war ich nicht darauf vorbereitet, was als Nächstes geschah. Seit jener ersten Anfrage im Forum reichte kaum jemand seine Arbeit als Bild einer handgeschriebenen Seite ein! Fast die gesamte Klasse (genauer die für offene Onlinekurse typischen zehn Prozent, die während des gesamten Kurses hoch aktiv waren) bemühte sich endlos, um mathematische Symbole mit regulärem Tastaturtext zu schreiben oder beherrschte hinreichend LaTeX-Fertigkeiten, um ihre Arbeit auf diese Weise zu erledigen. Der Forums-Thread über den Gebrauch von LaTeX wurde einer der längsten und der meistbenutzten im Kurs. Ich schaudere bei dem Gedanken an die Zeit, die meine Studenten mit dem Tippen verbrachten – Zeit, die weit besser auf die Mathematik selbst hätte verwendet werden können.

Wir haben uns, wie es scheint, so an die Arbeit auf einer Tastatur und die Generierung von Seiten mit hübschem Layout gewöhnt, dass wir immer mehr die Gewohnheit – und Liebe – verlieren (wenn wir sie nicht schon komplett verloren haben), mit Papier und Bleistift zu kritzeln. Unsere Präsentationstechniken begünstigen die Form gegenüber der Substanz. Aber wenn das Kritzeln (in freier Form) verschwindet, dann glaube ich, dass die Mathematik ebenfalls verschwindet. Man kann einfach keine schöpferische Mathematik auf einer Tastatur betreiben. Die kognitive Auslastung ist zu groß. Die zunehmende Verfügbarkeit von Stiften, die das Geschriebene aufzeichnen, könnte, vermute ich, die Rettung sein. Aber das unterscheidet sich nicht wesentlich vom Fotografieren oder Scannen einer Seite, deshalb bin ich mir nicht so sicher, dass das die Lösung ist. Das Problem scheint in der Erwartung zu liegen, dass unsere Arbeit einen bestimmten Präsentationsstandard erfüllen soll. In einer Welt, die von billigen, hochentwickelten Präsentationstechniken beherrscht wird, wird die Arbeit mit Papier und Bleistift vielleicht aussterben. Und wenn das geschieht, wird die Mathematik keine Fortschritte mehr machen. Als lebendige, wachsende Disziplin wird sie sterben. Mathematik, Ruhe in Frieden? Vielleicht. Innerhalb der nächsten 20 Jahre werden wir wahrscheinlich Genaueres wissen.

Clifford Pickover
**Sollten wir uns Sorgen darüber machen,
dass wir nicht in der Lage sind,
alles zu verstehen?**

Autor der Pickover-Trilogie: *The Medical Book, The Physics
Book* und *The Math Book*

Früher machte ich mir Sorgen darüber, dass unsere mathematischen und physikalischen Beschreibungen des Universums
sich endlos entwickeln, unser Gehirn und unsere Sprache aber
fest eingewurzelt bleiben. Einige unserer Computerchips und
ein Teil unserer Software werden ungeheuer komplex. Neue
Formen der Mathematik und Physik werden ständig entdeckt
oder geschaffen, aber wir brauchen neue Möglichkeiten des
Denkens und Verstehens.

Früher machte ich mir Sorgen darüber, dass wir von immer mehr immer weniger verstehen werden. Beispielsweise
wurden in den letzten Jahren mathematische Beweise für
berühmte Probleme der Mathematikgeschichte angeboten,
aber die Argumente waren viel zu lang und kompliziert, als
dass die Experten hätten sicher sein können, dass sie richtig
sind. Der Mathematiker Thomas Hales musste fünf Jahre
warten, bevor Fachgutachter seines Geometrieartikels, den er
an die Zeitschrift *Annals of Mathematics* eingereicht hatte,
schließlich zu der Entscheidung kamen, dass sie keine Fehler finden konnten und die Zeitschrift Hales' Beweis veröffentlichen sollte, aber nur unter dem Vorbehalt, dass sie
nicht sicher wären, dass der Beweis auch richtig sei! Außerdem hat der Mathematiker Keith Devlin in der *New
York Times* zugegeben, dass »... die Mathematik eine solche Abstraktionsstufe erreicht hat, dass viele ihrer Grenz-

probleme nicht einmal von den Experten verstanden werden können.«[*]

Der israelische Mathematiker Doron Zeilberger bemerkte vor kurzem, dass heutige Mathematiktagungen Treffpunkte sind, wo nur wenige Menschen einander verstehen könnten. Die »ausgebrannten« Mathematiker schlenderten einfach von einem Vortrag zum nächsten, wo »sie kein einziges Wort verstanden«. 2009 schrieb Zeilberger: »Ich bin gerade zurück von der 1052. (Bereichs-)Tagung der AMS [American Mathematical Society] letztes Wochenende an der Penn-State-University und habe erkannt, dass das Königreich der Mathematik tot ist. Stattdessen haben wir eine disjunkte Vereinigungsmenge enger Spezialgebiete ... [Die Mathematiker] wissen nicht nur nichts außerhalb ihres engen Fachgebiets, es ist ihnen auch egal!« Nebenbei bemerkt, betrachtet sich Zeilberger als einen Ultrafinitisten, einen Anhänger der Philosophie, die die Existenz der unendlichen Menge natürlicher Zahlen (der gewöhnlichen ganzen Zahlen, die man beim Zählen verwendet) leugnet. Noch verblüffender ist seine These, dass selbst sehr große Zahlen nicht existieren – beispielsweise Zahlen, die größer als zehn hoch zehn hoch zehn hoch zehn sind. In Zeilbergers Universum können wir zwar anscheinend endlos weiterzählen, wenn wir mit eins, zwei, drei, vier usw. beginnen; aber schließlich werden wir die größte Zahl erreichen, und wenn wir eins hinzuaddieren, kehren wir zu Null zurück!

Auf die Gefahr hin, weiter Richtung Grenzen des Verstehens abzudriften, betrachten wir die Arbeiten des japanischen Mathematikers Shinichi Mochizuki. Einige seiner wichtigsten Beweise beruhen auf »inter-universaler Teichmüllertheorie«. Wenn er zukünftige Beweise entwickelt, die auf dieser mathematischen Maschinerie beruhen, welche über Jahrzehnte auf vielen Hunderten von Seiten ausgefeilt wurde, wie viele Menschen können seine Arbeit möglicherweise verste-

[*] Susan Kruglinski, »When Even Mathematicians Don't Understand the Math«, *New York Times*, 25. Mai 2004.

hen? Was bedeutet es überhaupt, in solchen Kontexten etwas zu »verstehen«? So wie die Mathematik und die Elementarteilchenphysik im 21. Jahrhundert voranschreiten, muss sich die Bedeutung von »Verstehen« offenbar ebenfalls verwandeln wie eine Raupe in einen Schmetterling. Das begrenzte, feuchte menschliche Gehirn ist die Raupe. Der Schmetterling ist unser Gehirn, das von Computerprothesen unterstützt wird.

Sollten wir uns *wirklich* darüber Sorgen machen, die Elementarteilchenphysik, Quantentheorie, Kosmologie oder die abgelegensten Regionen der Mathematik und Philosophie nicht verstehen zu können? Vielleicht können wir unsere Sorgen etwas in den Hintergrund treten lassen und unsere Modelle des Universums einfach akzeptieren, wenn sie nützlich sind. Heute benutzen wir Computer, die uns dabei helfen, über die Begrenzungen unserer Intuition hinaus zu denken. Computerexperimente führen Mathematiker zu Entdeckungen und Einsichten, von denen vor der Allgegenwärtigkeit der Computer niemand träumte. Computer und Computergrafiken gestatten den Mathematikern, Ergebnisse zu entdecken, lange bevor sie sie formal beweisen können, und sie eröffnen völlig neue Gebiete der Mathematik. Der Pädagoge David Berlinski schrieb einmal: »Der Computer hat … das Wesen der mathematischen Erfahrung selbst verändert, was zum ersten Mal darauf hindeutet, dass die Mathematik ebenso wie die Physik doch noch zu einer empirischen Disziplin wird, zu einem Ort, an dem Dinge entdeckt werden, weil sie zu sehen sind.« W. Mark Richardson versteht sehr gut, dass Wissenschaftler und Mathematiker lernen müssen, mit dem Rätsel zu leben: In einem Aufsatz, der 1998 in *Science* erschien, schrieb er:

> So wie die Insel des Wissens größer wird, dehnt sich die Oberfläche, die mit dem Geheimnis in Kontakt steht, aus. Wenn bedeutende Theorien gestürzt werden, macht das, was wir für sichere Erkenntnis hielten, Platz, und die

Erkenntnis berührt das Geheimnis auf andere Weise. Dieses neu enthüllte Geheimnis mag zwar demütigend und verunsichernd sein, aber das ist der Preis der Wahrheit. Kreative Wissenschaftler, Philosophen und Dichter gedeihen an dieser Küste.

# Daniel L. Everett
## Der Niedergang des Gelehrten

Sprachforscher; Dekan der Fakultät für Künste und
Wissenschaften der Bentley University; Autor von *Language:
The Cultural Tool*

Am 22. April 1961 unterbreitete der Zukunftsforscher und Erfinder R. Buckminster Fuller eine futuristische Vision für die
höhere Bildung, eine Vision, die er später als *Erziehungsindus-
trie: Prospekt universaler Planung und Instruktion* veröffentlichte. Seine Vorstellung war, dass die Bevölkerungsexplosion
und die beginnende Revolution der Informationstechnologie
eine massive Weiterentwicklung der höheren Bildung erforderlich machten. Die vielleicht beste Empfehlung seines Buches
ist, dass Universitäten »die umfassendsten, allgemeinen Com-
puteranlagen mit Netzwerkverbindungen erhalten sollten, um
die Dokumentationen zu verarbeiten, die ihre Fakultät und
Graduiertenstudenten objektiv aus dem subjektiv Gesammelten ihrer umfangreichen, neuen, welt- und universumsweiten
studentischen Datenerhebungen gewinnen«. Seiner Ansicht
nach würde das durchweg zu Verbesserungen in der Gesellschaft und den Universitäten führen und die Gelehrten weitgehend von der Lehre befreien und ihnen ermöglichen, ihre
Zeit fast ausschließlich der Forschung zu widmen.

Offene Massen-Onlinekurse, MOOCs, scheinen auf den ersten Blick Fullers Vision verwirklicht zu haben. Doch auch
wenn offene Onlinekurse mehr Studenten mit erstklassi-
gen Vorlesungen erreichen als jedes andere Format in der Geschichte, so bedrohen sie doch gleichzeitig das Überleben der

Gelehrsamkeit. Der Grund dafür ist, dass die Bevölkerung statt durch den massenhaften Zugang zu Lehrer-Gelehrten an Forschung und Entwicklung beteiligt zu werden, durch MOOCs näher an die Video-Technifizierung (vo-tech-ization) der höheren Bildung herangeführt wird. Anstatt Menschen zu tiefen Gedanken, neuen Ideen und nützlichen Anwendungen anzuregen, fördern MOOCs allzu oft den billigeren Erwerb von Scheinen (was manche Onlinepädagogen schon in Erinnerung an die Pfadfinder als »Wimpel« bezeichnen), die den Erwerb von Kompetenzen bescheinigen. Und zusammen mit diesem Wandel der Ziele und Methoden der höheren Bildung scheint das Verschwinden der Gelehrsamkeit als Beruf immer wahrscheinlicher zu sein. Das beunruhigt mich. Es sollte auch Sie beunruhigen.

Diese unerwartete Verwandlung von Fullers Traum in einen potenziellen Albtraum könnte die Gelehrsamkeit und die Existenzgrundlage von Gelehrten vernichten, weil der weit größere Teil der Gelehrsamkeit von Lehrer-Gelehrten herrührt – Männern und Frauen, die ihre Forschung durch ihre Studenten erhellen und ihre Lehre durch ihre Forschung bereichern. Obwohl MOOCs Eliteuniversitäten wahrscheinlich nicht bedrohen, werden sie doch zu vielen Schließungen kleinerer Colleges für Geisteswissenschaften und der Zweigstellen von staatlichen Universitäten führen. Bill Gates sagt voraus, dass eine Collegeausbildung über MOOCs bald nur noch 2000 Dollar kosten wird und »die Bedeutung ortsgebundener Aktivitäten in dieser Form der Colleges fünfmal geringer sein wird als heute«.* Und mit diesem Verlust der Bedeutung der Colleges wird der Niedergang des Lehrer-Gelehrten kommen – des Förderers von Erkenntnis und wissenschaftlichem Denken. MOOCs werden viele Universitäten, die Arbeitgeber der Gelehrten, durch Onlinezertifikate ersetzen.

Der Lehrer-Gelehrte ist eine bescheiden bezahlte Person, der das Problemlösen entwickelt und den Wissensdurst kulti-

---

* Techonomy Conference, Lake Tahoe, Kalifornien, 6. August 2010.

viert. Die Heimstatt, in der diese Entwicklung stattfindet, das moderne College oder die Universität, ist der Nachfahre von Platons Akademie. Die größten Errungenschaften der abendländischen Zivilisation gingen von der Universität und den Hochschulstudenten der Vergangenheit und Gegenwart aus, von den Schülern der Fachleute, die sie unter ihre Fittiche genommen, sie in Seminaren unterrichtet, mit ihnen in Forschungslabors zusammengearbeitet und von der Herrlichkeit des Studiums bei einem Bier (oder Kaffee) in Kneipen auf dem Campus und bei Studentenversammlungen gesprochen haben.

Einige Meilen von meiner Wohnung im Großraum Boston entfernt gibt es ein paar der besten Universitäten der Welt. Wenn ich mir die Veranstaltungsverzeichnisse der Abteilungen in den Dutzenden von Universitäten dieser Region anschaue, sehe ich Ankündigungen von Abendvorlesungen, gemeinsamen Brotzeiten, Laborberichten, Buchpräsentationen und Diskussionsveranstaltungen. Und ich weiß, dass diese nur einen Teil des peripathetischen Studierens darstellen, das in Amerikas physischen Institutionen stattfindet. Die Ersetzung dieser Erfahrungen liegt gegenwärtig nicht innerhalb der Möglichkeiten oder Ziele von MOOCs.

Die Triebkraft hinter den Universitäten, wie sie in den Vereinigten Staaten und anderen Ländern definiert wurden, war der Gedanke an gegenwärtige und zukünftige Entdeckungen – das Erlangen neuer Einsichten über die Vergangenheit, neue Behandlungsmethoden für menschliche Leiden, neue Methoden, um Probleme anzugehen, neue Möglichkeiten des Verstehens von Wert und Werten, neue Kapital- und Arbeitskraftflüsse und neue Methoden der Quantifizierung und Interpretation des so mühevoll erworbenen Wissens. Doch diese Vision der Universität als eines Brutkastens von Entdeckungen stirbt. Als Generation willigen wir ein in die Fehlinterpretation der Universitäten als Zertifizierer einer Arbeitsbefähigung anstatt als Förderer der Neugier und Anstifter zum geistigen Bruch mit dem Status quo. Die Studenten, die danach streben, »sich selbst zu finden« und die Welt zu verändern, werden durch Studenten ersetzt, die einen Job finden wollen. Das Tragische ist, dass man glaubt, dass diese Ziele eher eine krasse Alternative als eine kompatible Verknüpfung darstellen. Die Universitäten bereiten uns auf beides vor. Bislang.

Die Vorstellung des Post-Internet-Zeitalters, dass jegliches Wissen billig und schnell verfügbar sein sollte, nährt das explodierende Interesse an MOOCs sowie die Auffassung von Bildung als Weitergabe von Fertigkeiten. Wenn das Studium um seiner selbst willen ein Luxus ist, den wir uns nicht länger leisten können, dann wird die Gesellschaft den Professoren nicht gestatten, »zu ihrer Forschung zurückzukehren«, wie Fuller forderte. Warum sollte man so viele Professoren anstellen oder so viele Studentenwerke und so viele Bibliotheken nach der Automatisierung der Bildung beibehalten?

Ein Studium ist harte Arbeit, die von Tassen heißer Schokolade, Kaffeebechern und Gesprächen mit Leuten unterstützt wird, die ebenfalls geschuftet haben oder selbst schuften. Es ist die Arbeit des Einzelnen als Mitglied einer größeren Gemeinschaft von Studierenden. Menschen haben die Kultur errungen – die generationenübergreifende Vermittlung und Entwicklung des Studiums. Einer der größten Werte moderner Gesellschaften ist die merkwürdige und schöne Vorstellung, dass es mehrere Jahre des Lebens ihrer Jugend wert ist, an Gemeinschaften von Gelehrten teilzuhaben. Nicht nur die wohlhabende Jugend, sondern die ganze akademisch engagierte Jugend eines ganzen Landes.

Fullers Vision war, die Lehre mit Hilfe professioneller Videovorlesungen, die mit Anschauungsmaterial durchsetzt sind, zu verbessern – Videos innerhalb von Videos. Das haben wir erreicht. Aber seine damit verbundenen Ideen, dass diese Technik den Gelehrten gestatten würde, ihrer Forschung mehr Zeit zu widmen, während zugleich ein größerer Prozentsatz der Weltbevölkerung am Prozess der Entdeckung teilhaben könnte, werden von genau derselben Technik bedroht, die er vorhersagte. Wenn Gelehrte ihren Lebensunterhalt als Lehrer-Gelehrte verdienen, die Technik aber die meisten Gelehrten der Notwendigkeit enthebt zu lehren, dann wird es für Gelehrte nur wenige Einkommensquellen geben. Und wenn Studenten ein größeres Interesse daran haben, eine Anstellung anstatt die Wahrheit zu finden, dann mache ich mir Sorgen darüber, wie die Wirtschaft ihren lebenswichtigen Bedarf an Gelehrsamkeit decken kann, wenn Studenten in erster Linie MOOCs und andere Formen des Unterrichts begehren, die die Arbeitsmarktfähigkeit unmittelbar verbessern.

Fullers prophetischer Idee der Automatisierung von Bildung gelang es nicht, die wirtschaftlichen und geistigen Folgen ihres eigenen Erfolgs vorwegzunehmen – den Niedergang eben desselben Gelehrten, den sie beschützen sollte. Das sollte uns allen Sorgen bereiten.

# Colin Tudge
## Die Wissenschaft läuft Gefahr, zum Feind der Menschheit zu werden

Schriftsteller und Biologe; Autor von *Das Missing Link: Ida und die Anfänge der Menschheit*

Wir – Wissenschaftler und die Welt im Allgemeinen – sollten uns Sorgen machen, denn:

Die Wissenschaft ist zunehmend engstirniger geworden – materialistisch, reduktionistisch und unverbesserlich anthropozentrisch, philosophisch immer noch im 18. Jahrhundert verwurzelt.

Die Wissenschaft wird zunehmend mit Hightech gleichgesetzt. »Beruf« bedeutete einst den tiefen Wunsch, sich auf die Wahrheit einzulassen und sie aufzuspüren, insofern Menschen dazu in der Lage sind. Jetzt bedeutet es, eine Arbeitsstelle bei Monsanto zu bekommen.

Die Royal Society Großbritanniens ist zu einem Schaukasten für Hightech geworden, und Hightech wird als Mittel zur Generierung von Wohlstand betrachtet – und das gilt als »realistisch«, als weltorientiert, nicht nur als akzeptabel, sondern als tugendhaft.

Kurz, die Wissenschaft läuft Gefahr, ihre Redlichkeit und ihre geistige Unabhängigkeit zu verlieren – die Handlangerin des großen Geschäfts und der mächtigsten Regierungen zu werden. Da wir nicht annehmen können, dass die Steigerung von Wohlstand und technischer Steuerung von oben nach unten für die Menschheit (oder alle anderen Lebewesen) gut ist, läuft die Wissenschaft trotz all ihrer Wunder und Leistungen Gefahr, zum Feind der Menschheit zu werden.

Am schlimmsten von allem ist vielleicht die Tatsache, dass diejenigen, die in hohen Positionen sitzen – sowohl in der Wissenschaft als auch in der Politik –, nicht zu bemerken scheinen, dass dies geschieht. Sie hören nicht auf Kritik. »Öffentliche Debatte« bedeutet einen einseitigen Informationsfluss von oben nach unten. Der Status quo wird trotz all seiner offenkundigen Mängel und auch seiner Schrecken als »Fortschritt« verstanden. Aber diejenigen, denen es dabei gutgeht, einschließlich jener Intellektuellen, die sich entschieden haben, mit dem Strom zu schwimmen, können nicht einmal den ersten Schritt machen, um zu erwägen, dass sie sich irren könnten.

All das ist eine Tragödie, wie man es auch dreht und wendet.

# Tania Lombrozo
## Verstehensillusionen und der Verlust geistiger Demut

Juniorprofessorin für Psychologie an der University of California in Berkeley

Meine Rechtschreibfähigkeit hat sich in dem Maß verschlechtert, wie sich die automatische Rechtschreibprüfung verbessert hat. Warum soll ich mich mit der Multiplikation mehrstelliger Zahlen aufhalten, wenn ich ein Smartphone in der Hand habe? Ich kann auch nicht sagen, ob GPS und Navigationssoftware meine mentalen Landkarten präziser oder weniger präzise gemacht haben.

Das sind nur einige der Fertigkeiten, die dank jüngerer technischer Fortschritte aus dem Geist vieler Menschen ausgelagert wurden. Und es wird nicht lange dauern, bis wichtige Teile unseres gesellschaftlichen und geistigen Lebens nachziehen. Wenn Schnittstellen sich verbessern und Barrieren zwischen Geist und Maschine fallen, sind Informationen aller Art nicht nur innerhalb der Reichweite unserer Finger, sondern nahtlos in unsere Handlungen in der Welt integriert.

Fertigkeiten wie Rechtschreibung, räumliche Orientierung und sogar bestimmte Formen sozialen Wissens an unsere technischen Apparate zu verlieren macht mir keine großen Sorgen. Was mir Sorgen macht, ist die Illusion von Wissen und Verstehen, die sich daraus ergeben kann, dass Informationen so leicht und mühelos zur Verfügung stehen. Untersuchungen in den Kognitionswissenschaften deuten darauf hin, dass Menschen sich auf eine Vielfalt von Hinweisreizen stützen, wenn sie ihr eigenes Verständnis beurteilen. Viele dieser Hinweisreize betreffen die Art und Weise, wie auf Informationen zugegriffen wird. Wenn Sie sich leicht ein Bild, ein Wort oder eine Aussage ins Gedächtnis rufen können, steigt die Wahrscheinlichkeit, dass Sie glauben, Sie hätten dies erfolgreich gelernt, und dass Sie eine mühsame kognitive Verarbeitung unterlassen.

Eine solche Geläufigkeit ist zwar manchmal ein zuverlässiger Leitfaden für das Verstehen, es ist aber auch leicht zu täuschen. Die bloße Präsentation eines Problems in einer Schriftart, die schwieriger zu lesen ist, kann die Flüssigkeit des Verstehens vermindern und eine intensivere Verarbeitung auslösen – mit der überraschenden Konsequenz, dass Menschen beispielsweise bessere Ergebnisse bei logischen Deduktionen und kniffligen Problemen mit Wörtern haben, wenn die Probleme in einer weniger gut lesbaren Schriftart präsentiert werden. Daraus folgt, dass ein intelligenteres und effizienteres Abrufen von Informationen über Maschinen eine dümmere und weniger effektive Informationsverarbeitung im menschlichen Geist fördern könnte.

Betrachten wir ein anderes Beispiel: Die Bildungspsychologin Marcia Linn und ihre Mitarbeiter haben die »trügerische Klarheit« untersucht, die sich aus komplexen wissenschaftlichen Visualisierungen der Art ergeben kann, die die Technik im Klassenzimmer und bei Onlinekursen immer mehr zur Verfügung stellen.[*] Eine solche Klarheit kann trügerisch sein, weil die Transparenz und Erinnerbarkeit der Visualisierung fälschlicherweise für echtes Verstehen gehalten wird. Es ist nicht nur so, dass zusammen mit der Visualisierung das Verstehen ebenfalls verschwindet, sondern dass überhaupt nie ein echtes Verständnis erreicht wurde.

---

[*] Marcia C. Linn et al., »Can Desirable Difficulties Overcome Deceptive Clarity in Scientific Visualizations?«, in: Aaron Benjamin, Hg., *Successful Remembering and Successful Forgetting: A Festschrift in Honor of Robert A. Bjork*, New York: Routledge, 2010.

Menschen leiden an Verstehensillusionen zwar auch dann, wenn keine phantasievolle Technik im Spiel ist, aber gegenwärtige Trends zu einem schnelleren, leichteren und nahtloseren Informationsabruf drohen, jegliches unangebrachte Vertrauen auf das, was wir wirklich verstehen, noch zu verschlimmern, anstatt es zu korrigieren. Diese Trends drohen auch gewisse natürliche Mechanismen der Selbstkorrektur zu untergraben. Beispielsweise können Menschen häufig ein genaueres Urteil über ihr eigenes Verständnis fällen, nachdem sie einem anderen (oder auch nur sich selbst) etwas erklärt haben oder nach einer zeitlichen Verzögerung. Wenn man die soziale Interaktion und Zeit aus Informationstransaktionen herausnimmt, könnte das negative Folgen haben, wenn es um unsere Fähigkeit geht, unserem Verstehen einen Weg zu bahnen.

Sind technische Fortschritte und Verstehensillusionen zwangsläufig miteinander verbunden? Glücklicherweise nicht. Wenn eine Änderung der Schriftart oder eine Verzögerung des Zugriffs die Flüssigkeit vermindern kann, dann kann eine Menge anderer kleiner Kniffe beim Informationszugriff und ihrer Präsentation gewiss das Gleiche erreichen. In Bildungskontexten lässt sich trügerische Klarheit teilweise durch die Einführung dessen überwinden, was der Psychologe Robert Bjork »wünschenswerte Schwierigkeiten« nennt, wie z.B. die Variation der Bedingungen, unter denen Informationen präsentiert werden, die Verzögerung von Rückmeldungen oder das Einbeziehen der Lernenden in die Erzeugung von Informationen und ihre Kritik – alle diese Dinge unterbrechen ein falsches Gefühl von Verständnis. Und einige der sozialen Mechanismen, die dazu beitragen, das Verstehen zu schärfen, wie z.B. Erklärungen, können durch die Verbindung von Informationstechnologien und sozialen Medien erleichtert werden.

Aber das Vermeiden von Verstehensillusionen und der geistigen Selbstüberschätzung, zu der sie führen, wird mehr als nur eine Veränderung der Technik erfordern – dazu wird ein

Wandel in unseren Erwartungen und unserem Verhalten nötig sein. Wir müssen die Idee aufgeben, dass ein schneller und leichter Zugang zu Informationen immer ein besserer Zugang ist.

# Adam Alter
## Das Ende der Immunisierung durch Abhärtungserfahrungen

Psychologe; Juniorprofessor für Marketing an der Stern School of Business der NYU; Autor von *Drunk Tank Pink: And Other Unexpected Forces That Shape How We Think, Feel, and Behave*

Wenn Psychologen Versuchspersonen auffordern, eine neue gedankliche Aufgabe im Labor zu bearbeiten, beginnen sie mit einer Runde von Übungsdurchgängen. Wenn die Neuigkeit der Erfahrung nachlässt, entwickeln die Teilnehmer eine vorläufige Beherrschung der Aufgabe und verschwenden ihre begrenzten kognitiven Ressourcen nicht mehr mit dem Versuch, sich zu erinnern, welche Knöpfe gedrückt werden müssen, oder mit dem wiederholten Proben der Reaktionen, die von ihnen erwartet werden. Ebenso wie Impfstoffe Menschen gegen Krankheiten immun machen, bereitet eine kleine Dosis von Übungsdurchgängen die Teilnehmer auf die Härten des eigentlichen Experiments vor.

Die gleiche Logik erklärt, wie es Kindern gelingt, die geistigen Schwierigkeiten zu meistern, mit denen sie beim Erwachsenwerden konfrontiert sind. Die kleinen Härten des Alltags stärken sie für die größeren zukünftigen Herausforderungen, denen sie andernfalls unterliegen könnten, wenn diese Erfahrungsgerüste nicht wären. Ein Kind, das sich die Telefonnummer seiner Mutter merkt, ist danach besser darauf vorbereitet, andere Zahleninformationen im Gedächtnis zu behalten. Ein anderes, das im Mathematikunterricht regelmäßig Kopfrechnen übt, entwickelt die Kompetenzen, die man benötigt, um komplexere geistige Algorithmen zu vollziehen. Ein drittes, das an einem Regentag gelangweilt zu Hause sitzt, ist gezwungen, neue Formen der Unterhaltung zu erfinden, und lernt unterdessen die Anfangsgründe des kritischen Denkens.

Leider schwinden diese entscheidenden Erfahrungen mit dem Aufstieg von Lifestyle-Technologien. Der Betrieb von iPhones und iPads ist zwar wunderbar intuitiv, aber ihre Benutzerfreundlichkeit bedeutet, dass Kinder schon mit drei oder vier Jahren lernen können, wie man damit umgeht. Smartphones und Tablets merzen die Notwendigkeit aus, sich Telefonnummern zu merken, Kopfrechnungen durchzuführen und nach neuen Formen der Unterhaltung zu suchen, so dass Kinder des 21. Jahrhunderts nie die kleinen Härten erleben, die mit diesen Aufgaben verbunden sind. Sie ziehen sicherlich andere Vorteile aus der Technik, aber Bequemlichkeit und Stimulation sind zweischneidige Schwerter und künden auch vom Niedergang der Immunisierung durch Abhärtungserfahrungen. Die Kinder von heute sind deshalb wahrscheinlich nicht gut auf die schwierigeren Aufgaben vorbereitet, denen sie später begegnen werden.

Besonders beunruhigend ist nicht die Tatsache, dass die Kinder von heute aufwachsen, ohne kognitiv vorbereitet zu sein, sondern die Frage, was der Trend für ihre Kinder, Enkel usw. bedeutet. Die »ideale« Welt – jene, die mit jeder weiteren Generation immer mehr wie die heutige aussieht – ist dieselbe Welt, die nicht in der Lage ist, uns für Gedächtnisleistungen, Berechnungen, Entwürfe, Entwicklungen und, allgemeiner, für das Denken zu rüsten. Wir wissen noch nicht, welche kognitiven Fähigkeiten in der Zukunft von Maschinen und technischen Apparaten übernommen werden, aber das Spektrum wird mit der Zeit größer werden, und jene Menschen, die Regierungen, Firmen und wissenschaftliche Unternehmungen leiten, werden wegen dieser entgangenen Impfung umso schlechter vorbereitet sein.

# Larry Sanger
## Internetsilos

Mitgründer von Wikipedia und Gründer von Citizendium

Wir sollten uns über Onlinesilos Sorgen machen. Sie machen uns dumm und lassen uns dem anderen gegenüber feindselig werden.

Internetsilos sind Nachrichten-, Informations-, Meinungs- und Diskussionsgemeinschaften, die von einem einzigen Standpunkt dominiert werden. Beispiele sind die *Huffington Post* aufseiten der Linken und *National Review Online* aufseiten der Rechten, aber das sind nur ein paar Beispiele – und nicht einmal die schlimmsten. Im Bereich der Technik ist *Slashdot* eine andere Art von Silo – das der abgedrehten Ideen.

Informationssilos sind im Allgemeinen nichts Neues und beschränken sich nicht auf das Internet; Talk-Sendungen im Radio funktionieren genauso, Kirchen und Akademien sind häufig Silos, und Unternehmen sowie Organisationen untersuchen, wie sie eine Silokultur verhindern können. Aber Internetgemeinschaften sind besonders anfällig für eine Silomentalität, weil sie praktisch im Augenblick leben: Sie haben keine Geschichte konkurrierender unterschiedlicher Traditionen und sind selbstselektiv, wodurch sie sich selbst verstärken. Die Unterschiede zwischen Onlinegemeinschaften sind in der Regel krass. Deshalb gibt es online auch so viele Silos.

Es sollte nicht überraschen, dass Silos Spaß machen und auf viele von uns eine starke Anziehung ausüben. Sie geben uns ein Gefühl der Zugehörigkeit. Sie verstärken unsere Grundannahmen, bieten uns leichtverdauliche Gesprächsthemen an und umgehen so die Notwendigkeit schwierigen individuellen Denkens. Sie sprechen unsere epistemische Eitelkeit und unsere Faulheit an.

Das ist eines der Probleme. Silos lassen uns übertrieben selbstbewusst und unkritisch werden. Silos machen mir Sorgen, weil kritische Erkenntnis – die einzige Art von Erkenntnis bei allen schwierigen Gegenständen – einen robusten Marktplatz der Ideen erfordert. Silos schenken objektiv unhaltbaren Ansichten, die nur dazu dienen, die Egos ihrer Mitglieder zu streicheln, zu viel Glauben. Auf einem breiteren Markt würden solche Ideen einer dringend notwendigen Überprüfung unterzogen werden. Silos sind epistemisch suspekt. Sie machen uns dümmer. Sie mögen zwar voller (verzerrter) Informationen sein, aber lassen uns weniger kritisch denken und vermindern dadurch die Qualität unserer Überzeugungssysteme.

Es kann gesellschaftlichen Selbstmord bedeuten, ein Silo aus dem Silo heraus zu kritisieren, wohingegen externe Kritik in der Regel abprallt und ignoriert wird. Daher entwickeln Silos eine Feindseligkeit gegenüber abweichenden Meinungen und stärken Fanatiker und Machtlüsterne zu Lasten der eher Gemäßigten und der Wahrheitssucher. Silos entfremden uns auch voneinander – selbst von Freunden und Familienmitgliedern, die unsere Annahmen nicht teilen –, weil es Spaß macht und allzu leicht ist, die Opposition aus dem Inneren eines Silos heraus zu dämonisieren. Der Aufstieg des Internets scheint mit dem Aufkommen einer besonders erbitterten parteiischen Feindseligkeit in den späten 1990er und 2000er Jahren zu korrelieren, die sich womöglich noch verschlimmert hat und das Erreichen politischer Kompromisse zunehmend unpopulär gemacht und erschwert hat. Dadurch wird das Wohl der Republik bedroht, wenn man in Erwägung zieht, dass Kompromisse seit ihrer Gründung der Lebenssaft der Politik waren.

Meine Lösung? Zum einen kann man seinen Teil beitragen,

indem man regelmäßig die gegnerische Seite besucht und ihr in Gesprächen zeigt, wie vernünftig man sein kann. Es gibt wenig Erschütternderes für ein Silo als die Infiltration durch eine intelligente, hartnäckige Person.

# Gary Klein
## Das neue Zeitalter der Angst

Leitender Wissenschaftler bei MacroCognition LLC; Autor von
*Natürliche Entscheidungsprozesse: Über die »Quellen der
Macht«, die unsere Entscheidungen lenken*

Die diesjährige *Edge*-Frage fordert uns auf, neue Sorgen auszu-
weisen, dabei war mir nicht klar, dass uns die Dinge ausgehen
könnten, über die wir uns Sorgen machen sollten. Im Gegenteil – es gibt schon zu viele Bedrohungen, die uns schlaflose
Nächte bereiten. Und gerade das ist es, was mir Sorgen macht.
Es scheint, dass wir in ein neues Zeitalter der Angst eingetreten sind. Wenn das Problem ein inneres wäre, könnte es
mit angstlösenden Medikamenten behandelt werden. Leider
ist das Problem ein externes: in Form der ständig wachsenden
Liste von Befürchtungen, die von der Wissenschaft erzeugt
und von den Medien bereitwillig verstärkt werden. Schlechte
Nachrichten verkaufen sich gut. Wir schenken den Nachrichten über einen möglichen Schneesturm mehr Aufmerksamkeit als einer Vorhersage milden und sonnigen Wetters. Und
so füttert der Komplex Wissenschaft/Medien gerne unsere
Ängste mit allen Arten neuer Bedrohungen.

Ich mache mir Sorgen darüber, dass die *Zahl* von Dingen,
über die wir uns Sorgen machen müssen, weiterhin steigt. Der
Komplex Wissenschaft/Medien ist erfinderisch bei der Entdeckung aller möglichen Bedrohungen für unsere Nahrung
und unsere Wasserversorgung – entzückt darüber, uns vor der
Verschlechterung unserer Umwelt, sinkenden Geburtenraten, neuen Karzinogenen, körperlichen und geistigen Gesund-

heitsproblemen usw. zu warnen. Je neuer die Bedrohung, umso besser, weil neue Gefahren unsere Tendenz umgehen, uns
an Schreckensnachrichten zu gewöhnen, nachdem sie eine
Weile verbreitet worden sind. Nur sehr wenige alte Sorgen treten in den Ruhestand. Einige Krankheiten, wie etwa Pocken,
können besiegt werden. Aber selbst da hält der Komplex Wis-
senschaft/Medien unsere Sorge aufrecht, dass Terroristen Po-
ckenviren in die Hände fallen könnten oder sie die Krankheit
im Labor neu erschaffen und verheerende Schäden in einer
Welt anrichten könnten, die nicht mehr gegen Pocken geimpft
wird, weshalb unsere Verwundbarkeit durch Pocken möglicherweise zunimmt, anstatt abzunehmen.

Ich mache mir Sorgen darüber, dass die *Heftigkeit* der Sorgen weiterhin eskaliert. In einem Meer von Sorgen ragt eine
neue nur dann hervor, wenn ihre Folgen apokalyptisch sind.
Wenn sie unsere Zivilisation nicht bedroht, wird sie nicht viel
Sendezeit erhalten. Es gibt einen Druck auf Wissenschaftler
und Medienexperten zu zeigen, dass das neue Problem nicht
nur gefährlich, sondern äußerst gefährlich ist. Es darf nicht
nur ansteckend sein; es muss eine Möglichkeit für seine Mutation geben oder dafür, dass es sich an einen weitverbreiteten
Überträger bindet, was die Bedrohung durch eine tödliche
neue Pest bedeutet. Bei der Heftigkeit geht es nicht nur um die
Folgen, sondern auch um die Notwendigkeit unverzüglichen
Handelns. Um unsere Aufmerksamkeit zu steuern, muss der
Komplex Wissenschaft/Medien zeigen, dass dieses neue Problem an die Spitze unserer Prioritätenliste der Sorgen springen
sollte. Die Bedrohung muss sich nahe an einem Umschlag-
punkt befinden, jenseits dessen sie sich nicht mehr kontrollieren lässt.

Und ich mache mir Sorgen über die *vorgeschlagenen Heilmittel* für jede neue Gefahr. Um etwas wert zu sein, verlangt
eine neue Bedrohung schnelle und extreme Reaktionen. Diese
Reaktionen müssen sofort einsetzen und unsere Chance beseitigen, sie auf unbeabsichtigte Folgen hin abzuwägen. Je
überzogener unsere Befürchtungen sind, desto weniger ange-

messen sind die Reaktionen und umso größer sind die Chancen, die Dinge zu verschlechtern, anstatt sie zu verbessern.

Ich zögere, dieses Thema anzusprechen, weil ich das Problem einfach nur vergrößere, aber ich glaube, dass dies etwas ist, worüber es sich Sorgen zu machen lohnt, und ich sehe keine einfache Möglichkeit, diesem neuen Zeitalter der Angst entgegenzuwirken. Der Komplex Wissenschaft/Medien stockt die Palette weiterhin auf und findet ständig neue Gefahren, mehr Bedrohungen, um uns schlaflose Nächte zu bereiten – und dann müssen wir uns über die Folgen des Schlafentzugs Sorgen machen. Es hört nie auf.

Dave Winer
**Besitzt die Menschheit den Willen
zum Überleben?**

Pionier für Blogging und RSS-Software; Herausgeber des Weblogs
*Scripting News*

Bis vor wenigen Generationen hatte die Menschheit mit folgender Frage zu tun: »Haben wir, was man zum Überleben
braucht?« Wir beantworteten diese Frage mit der Erfindung
der Heizung, sanitärer Anlagen, der Medizin und Landwirtschaft. Jetzt haben wir die Mittel zum Überleben, aber besitzen wir auch den Willen?

Das ist die 800-Pfund-Frage, die mitten im Raum steht.

# Melanie Swan
## Das Recht auf die Vertraulichkeit neuronaler Daten

Denkerin auf Systemebene; Zukunftsforscherin; Direktorin der MS Futures Group; Gründerin von DIYgenomics

Eine Sorge, die noch nicht auf der wissenschaftlichen oder kulturellen Agenda steht, betrifft das Recht auf die Vertraulichkeit neuronaler Daten. Nicht einmal das Recht auf die Vertraulichkeit biometrischer Daten ist in unserem Blickfeld, was angesichts der Ströme persönlicher Daten verwundert, die bei den Selbstvermessungs-Aktivitäten angehäuft werden. Es sind mehrere Gründe, warum das Recht auf die Vertraulichkeit neuronaler Daten zu einem wichtigen Anliegen werden könnte: Erstens stehen schon personalisierte neuronale Datenströme von Geräten, die den Schlaf überwachen, zur Verfügung, und das könnte sich ausweiten bis hin zu Daten von Brillen, die die Augenbewegungen verfolgen, ständig getragenen Konsumenten-EEGs und tragbaren MRIs. An einem bestimmten Punkt könnte die Aussagekraft und Nützlichkeit neuronaler Daten in Korrelation mit einer Vielzahl von Gesundheitszuständen und denen körperlicher und geistiger Leistungsfähigkeit gebracht werden. Trotz der Empfindlichkeit dieser Daten könnte die Sicherheit praktisch unmöglich sein. Arglistiges Hacken persönlicher biometrischer Daten könnte vorkommen und würde eine entsprechende Reaktion erfordern. Es könnte viele obligatorische und optionale Verwendungen persönlicher biometrischer und neurometrischer Daten geben, für die wir unterschiedliche Genehmigungsmodelle bräuchten.

Die persönlichen biometrischen Datenströme nehmen in dem Maße an Umfang zu, wie Menschen sich mit Smartphone-Anwendungen, Geräten zur Bioüberwachung und anderen mit dem Internet verbundenen Werkzeugen an der Selbstvermessung beteiligen. Die Einführung tragbarer Elektronik (intelligente, vernetzte Uhren, disponible Patches, Datenbrillen) könnte das beschleunigen und sogar Tablets hinter sich lassen (derzeit die am schnellsten angenommene Elektronikplattform). Das könnte die unauffällige Sammlung riesiger Mengen von zuvor nicht verfügbaren objektiven Messdaten ermöglichen – und zwar nicht nur biometrische Daten, wie etwa die Konzentration von Kortisol (Stress), galvanische Hautreaktion, Variabilität der Herzschlagfrequenz und die Konzentration von Neurotransmittern (Dopamin, Serotonin, Oxytocin) –, sondern auch robuste neurometrische Daten, wie etwa die über Hirnsignale und die Verfolgung von Augenbewegungen, die zuvor nur im Labor erhoben werden konnten. Diese Daten könnten dann kartographiert werden, um den geistigen Zustand und das Verhalten einer Person vorherzusagen. Objektive Messdaten könnten das Wachstum auf vielen wissenschaftlichen Gebieten anregen und zu einem neuen Verständnis von Kognition und Emotion führen sowie die Möglichkeit bieten, Probleme wie das des Bewusstseins zu lösen.

Die potenzielle Anwendung objektiver Metriken und quantitativer Definitionen auf geistige Prozesse wirft auch die Frage nach dem Recht auf die Vertraulichkeit neuronaler Daten auf, insbesondere dann, wenn technischer Fortschritt eine leichtere Ermittlung der Zustände anderer bedeutet (stellen Sie sich ein Lesegerät an der Zimmerdecke vor, das die Zustände aller Personen im Raum feststellt). Biometrische Daten sind sensible Daten, da sie die Vertraulichkeit von Gesundheitsdaten haben, und für neuronale Daten gilt das umso mehr. Das Gehirn hat etwas Besonderes, was zutiefst persönlich ist, und man tendiert in Richtung einer strengen Vertraulichkeit auf diesem Gebiet. Beispielsweise sind viele Menschen bereit, ihre persönlichen Genomdaten mitzuteilen, aber nicht ihr Risikoprofil für die Alzheimer-Krankheit. Das Recht auf die Vertraulichkeit neuronaler Daten könnte zwar eine Sorge sein, ist aber insgesamt eher eine Aufforderung zum Fortschritt. Es werden schon Werkzeuge entwickelt, die Abhilfe schaffen könnten: unterschiedliche Forschungsökosysteme, Modelle für die abgestufte Beteiligung von Nutzern und eine Antwort auf arglistiges Hacken.

Angesichts des hohen potenziellen Werts neuronaler Daten für die Wissenschaft ist es wahrscheinlich, dass Modelle für die Sicherung der Vertraulichkeit ausgehandelt werden, um die Projekte weiterzuführen. Es könnte einen Druck geben, um schnell einen größeren Maßstab sowohl bei der Menge gesammelter Daten als auch bei der Aussagekraft und Nützlichkeit der Daten zu erreichen (die in einigen Gebieten der personalisierten Genomik immer noch in Frage steht). Rohdatenströme müssen mit neurophysiologischen Zuständen verknüpft werden. Es entwickelt sich bereits ein Ökosystem offener und geschlossener Forschungsmodelle, um verschiedenen Kombinationen von Forschern und Versuchspersonen Rechnung zu tragen. Ein Mittel, um einen größeren Maßstab zu erreichen, ist Crowd-Sourcing, und zwar sowohl für die Datenbeschaffung als auch für die Analyse. Das könnte sich hier als besonders richtig erweisen, da kostengünstige Werkzeuge für die Überwachung neuronaler Daten für Konsumenten verfügbar werden und interessierte Personen ihre Informationen zu einer offenen Datengemeinschaft beisteuern. Unterschiedlichen Präferenzen beim Grad der Vertraulichkeit wird dadurch Rechnung getragen, dass ein kleiner Prozentsatz derjenigen, die einverstanden sind, ihre Daten mitzuteilen, sich an der Schaffung eines wertvollen öffentlichen Guts beteiligen, das von allen genutzt werden kann. Noch stärker als in der Genomik (aber nicht bei phänotypischen Längsschnittdaten) könnten Open-Access-Daten bei neuronalen Forschungen zur Norm werden.

Vielleicht nicht schon am Anfang, aber in einer späteren Mainstream-Zukunft für neuronale Daten könnten wir ein diskret abgestuftes Genehmigungssystem zur verbesserten Gewährleistung von Vertraulichkeit und Sicherheit haben. Ein bekanntes Beispiel sind die Zugangsstufen (Familienangehörige, Freunde) in solchen sozialen Netzwerken wie Facebook und Google Plus. Bei neuronalen Daten könnten wir eine ähnliche (und größere) Spezifizität haben – indem wir beispielsweise Berufskollegen den Zugang zu bestimmten neuronalen Datenströmen zu bestimmten Tageszeiten gestatten. Es könnte jedoch Einschränkungen geben, die mit dem gegenwärtigen mangelnden Verständnis neuronaler Datenströme im Allgemeinen zu tun haben und damit, wie Signale übertragen, verarbeitet und kontrolliert werden können.

Das arglistige Hacken neuronaler Datenströme ist ein potenzielles Problem. Mögliche Probleme gibt es sowohl beim Hacken von externen Datenströmen und Geräten (wie bei allen anderen Datensicherheitsverletzungen) als auch beim Hacken von Mitteilungen, die zum Menschen zurücklaufen. Letzteres liegt zu weit in der Zukunft, um sinnvoll darüber zu spekulieren, aber Präzedenzfälle könnten Spam, Schadprogramme und Computerviren sein. Das sind »Red-Queen«-Probleme, wo Täter und die, die auf sie reagieren, im Gleichschritt konkurrieren und tatsächlich rennen, um auf derselben Stelle zu bleiben, wobei sie oft schrittweise Innovationen einführen, um den anderen zeitweise auszustechen. Das arglistige Hacken neuronaler Datenströme wird wahrscheinlich nicht in einem Vakuum stattfinden; wir können uns auf unglückliche Nebeneffekte gefasst machen, und wir werden Antworten brauchen, die analog zur Antivirensoftware sind.

Anstatt eine hemmende Sorge zu sein, fordert uns das Gebiet des Rechts auf die Vertraulichkeit neuronaler Daten auf, beim gesellschaftlichen Fortschritt zu einem neuen Knotenpunkt zu gelangen. Der potenzielle langfristige Erfolg des kontinuierlichen bioneurometrischen Informationsklimas ist bedeutend. Die Datensammlung anhand objektiver Messungen und ihre genehmigte Verbreitung könnte sowohl die Selbsterkenntnis stark verbessern als auch unsere Fähigkeit, andere zu verstehen und mit ihnen zusammenzuarbeiten. Ebenso wie die personalisierte Genomik dazu beigetragen hat, Gesundheitsfragen zu entstigmatisieren, könnten neuronale Daten dazu beitragen, Fragen geistiger Gesundheit und des Verhaltens zu entstigmatisieren, insbesondere dadurch, dass sie uns die Probleme der vielen aus den Daten der wenigen erschließen lassen. Ein besserer Umgang mit sich selbst und anderen könnte uns dafür frei machen, uns auf höhere Fähigkeitsebenen zu konzentrieren, weniger Zeit, Gefühle und kognitive Belastung auf Kommunikationsprobleme zu verwenden, die Relikte der Evolution sind, während wir zu einer wirklich hoch entwickelten Gesellschaft übergehen.

# Stanislas Dehaene
## Können sie mein Gehirn lesen?

Neurowissenschaftler, experimenteller Kognitionspsychologe
am Collège de France, Paris; Autor von *Lesen: Die größte
Erfindung des Menschheit und was dabei in unseren Köpfen
passsiert*

Wie viele andere Neurowissenschaftler erhalte auch ich meine
wöchentliche Dosis eigenartiger E-Mails. Meine Korrespondenten scheinen jedoch guten Grund zur Sorge zu haben: Sie
meinen, dass ihr Gehirn angezapft ist. Dank neuer »neuropho-
ner« Techniken überwacht jemand ihren Geist. Sie können
keinen einzigen Gedanken denken, ohne dass er sofort an
Google, die CIA, Nachrichtenagenturen weltweit ... oder an
ihre Ehepartner weitergegeben wird.

Das ist gewiss eine paranoide Sorge. Oder etwa nicht? Die
Neurowissenschaft macht riesige Fortschritte, und Sie müssen nicht unbedingt schizophren sein, um sich die Frage zu
stellen, ob man jemals das Schließfach Ihres Geistes knacken
wird. Wird es eine Zeit geben, vielleicht schon in der nahen
Zukunft, in der Ihre innersten Gefühle und intimsten Erinnerungen für andere offengelegt werden, um sich hindurchzu-
scrollen? Ich glaube, dass die Antwort ein vorsichtiges Nein
ist – zumindest für eine Weile.

Bildgebende Verfahren für das Gehirn sind zweifellos leis-
tungsfähig. Vor mehr als 15 Jahren, zur Zeit der Morgenröte
der funktionellen Magnetresonanztomographie, staunte ich
schon über die Tatsache, dass wir eine einzelne motorische
Handlung erfassen konnten: Jedes Mal, wenn eine Person mit

der rechten oder linken Hand auf einen Knopf drückte, konnten wir sehen, wie der entsprechende motorische Kortex aktiviert wurde, und wir konnten mit einer Sicherheit von über 98 Prozent sagen, welche Hand die Person benutzt hatte. Wir konnten auch sagen, welche Sprache die gescannte Person sprach. Als Reaktion auf gesprochene Sätze auf Französisch, Englisch, Hindi oder Japanisch breitete sich die Hirnaktivierung entweder in einem breiten Streifen der linken Hemisphäre aus, u. a. im Broca'schen Areal, oder blieb auf den auditiven Kortex beschränkt – ein sicheres Zeichen, dass die Person das Gesagte verstand oder nicht verstand. Vor kurzem gelang es uns auch zu sehen, ob jemand gelernt hatte, eine bestimmte Schrift zu lesen, indem wir einfach die Aktivierung des Areals für »visuelle Wortformen« beobachteten, eine Hirnregion, die unser Wissen von zulässigen Buchstabenfolgen enthält.

Immer wenn ich Vorlesungen über diese Forschungen hielt, hob ich die Grenzen unserer Methoden hervor. Handlungen und Sprache sind Makrocodes des Gehirns, erklärte ich. Sie mobilisieren gigantische kortikale Netzwerke, die zentimeterweit voneinander entfernt liegen und deshalb von unseren groben bildgebenden Verfahren aufgelöst werden. Die meisten unserer feinkörnigen Gedanken sind jedoch in einem Mikrocode von neuronalen Aktivitätsmustern verschlüsselt, die in einem Bereich von unter einem Millimeter liegen. Die neuronalen Konfigurationen, die meine Vorstellung einer Giraffe von meiner Vorstellung eines Elefanten unterscheiden, sind winzig, einzigartig für mein Gehirn und in denselben Hirnregionen miteinander vermischt. Daher werden sie auf immer der Decodierung entgehen, zumindest durch nichtinvasive bildgebende Verfahren.

2008 wurde ich teilweise durch Tom Mitchells schönen Artikel in *Science* widerlegt.[*] Seine Forschungen zeigten, dass

---

[*] »Predicting Human Brain Activity Associated with the Meanings of Nouns«, *Science* 320, 1191 (2008).

Schnappschüsse von hochmodernen funktionellen MRIs eine
Menge Informationen über spezifische Gedanken enthielten.
Wenn eine Person an verschiedene Wörter oder Bilder dachte,
unterschieden sich die Muster der Hirnaktivität, die durch
sie hervorgerufen wurden, so stark, dass ein Algorithmus des
maschinellen Lernens sie viel besser unterscheiden konnte,
als man dem Zufall nach erwarten würde. Auffallenderweise
waren viele dieser Muster makroskopisch, und sie waren sogar in den Gehirnen verschiedener Personen ähnlich. Das
rührt daher, dass, wenn wir an ein Wort denken, wir nicht
nur eine kleine Menge von Neuronen in den Temporallappen
aktivieren, die als innerer Verweis auf seine Bedeutung dient.
Die Aktivierung breitet sich auch zu entfernten sensorischen
und motorischen Hirnrindengebieten aus, die das konkrete
Netzwerk von Assoziationen jedes Wortes kodieren. Bei uns
allen aktiviert das Verb »treten« die Fußregion des motorischen Kortex, »Banane« ruft einen Geruch und eine Farbe
hervor usw. Diese Assoziationen und ihre kortikalen Muster
sind so vorhersagbar, dass sogar neue, ungeübte Wörter anhand ihrer Gehirnsignatur identifiziert werden können.

Warum ist diese Dekodierung des Gehirns eine interessante
Herausforderung für Neurowissenschaftler? Sie ist vor allem
ein Beweis, dass wir genug vom Gehirn verstehen, um es teilweise zu entschlüsseln. Beispielsweise wissen wir genug über
den Zahlensinn, um genau zu sagen, wo im Gehirn das Wissen
von Zahlen verschlüsselt ist. Und als Evelyn Eger in meinem
Labor hochauflösende MRI-Bilder dieser Parietallappenregion
aufgenommen hatte, konnte sie tatsächlich sagen, ob die gescannte Person zwei, vier, sechs oder acht Punkte oder gar die
entsprechenden arabischen Ziffern gesehen hatte.[*]

Im Jahr 2006 überprüften wir zusammen mit Bertrand Thi-
rion auf ähnliche Weise die Theorie, dass die visuellen Kortex-
gebiete als eine innere visuelle Tafel fungieren, auf die men-

[*] »Deciphering Cortical Number Coding from Human Brain Activity Patterns«, Curr. Biol. 19, 1608–15 (2009).

tale Bilder projiziert werden. Indem wir ihre Aktivität maßen, gelang es uns tatsächlich, die grobe Form dessen zu dekodieren, was eine Person gesehen hatte, und sogar dessen, was sie sich in ihrem Geist während völliger Dunkelheit vorgestellt hatte.* Jack Gallant von Berkeley verbesserte später diese Technik bis zu dem Punkt, dass er ganze Filme von den Spuren, die sie im Kortex hinterlassen, dekodieren konnte. Seine Rekonstruktion der groben Inhalte eines Films, wie er von der Beobachtung des Gehirns des Zuschauers abgeleitet wurde, war sofort ein Hit auf YouTube.

Warum weigere ich mich also, mir darüber Sorgen zu machen, dass die CIA sich diese Techniken zunutze machen könnte, um meine Gedanken zu überwachen? Weil viele Einschränkungen ihre praktische Anwendung unter Alltagsbedingungen immer noch behindern. Zuallererst erfordern sie einen zehn Tonnen schweren supraleitenden MR-Magneten, der mit flüssigem Helium gefüllt ist – eine unwahrscheinliche Ergänzung für Sicherheitsportale an Flughäfen. Außerdem funktioniert MRI nur mit einem kooperativen Freiwilligen, der vollkommen stillhält und sich auf die Anweisungen konzentriert; völlige Unbeweglichkeit ist absolut notwendig. Selbst eine Kopfbewegung von einem Millimeter, insbesondere wenn sie in enger Korrelation mit dem Scan-Protokoll auftritt, kann einen Gehirnscan ruinieren. In dem unwahrscheinlichen Fall, dass man Sie gegen Ihren Willen scannt, wird es wahrscheinlich ausreichen, wenn Sie Ihre Augen rhythmisch rollen oder Ihren Kopf ganz sachte synchron zu den Reizen bewegen, um eine Decodierung zu verhindern. Im Falle eines EEGs wird das Aufeinanderpressen der Zähne schon eine große Wirkung haben. Und wenn Sie systematisch an etwas anderes denken, wird das natürlich die Decodierung zerstören.

---

* »Inverse retinotopy: Inferring the visual content of images from brain activation patterns«, *NeuroImage* 33:4, 1104–16 (2006).

Schließlich gibt es Begrenzungen, die sich aus der Natur des neuronalen Codes ergeben. MRI tastet die Gehirnaktivität auf einer groben Raumskala und nur indirekt ab. Jedes Pixel in einem Hirnscan von der Größe eines Millimeters bildet einen Durchschnitt der Aktivität von Hunderttausenden von Neuronen. Doch der präzise neuronale Code, der unsere detaillierten Gedanken enthält, liegt vermutlich in der schnellen zeitlichen Abfolge individueller Aktionspotenziale Tausender Neuronen, die miteinander verknüpft sind – mikroskopische Ereignisse, die wir nicht sehen können, ohne den Schädel zu öffnen. In Wirklichkeit entzieht sich uns noch immer die genaue Art und Weise, wie Gedanken kodiert sind, auch wenn wir das täten. Entscheidend ist die Tatsache, dass die Neurowissenschaft auch nicht den Hauch einer Theorie hat, wie die komplexen kombinatorischen Ideen, die von der Syntax der Sprache ermöglicht werden, in neuronalen Netzwerken verschlüsselt sind. Bevor wir dahin kommen, haben wir nur eine sehr geringe Chance, verschachtelte Gedanken wie etwa »Ich denke, dass X ...«, »Mein Nachbar denkt, dass X ...«, »Ich dachte gewöhnlich, dass X ...«, »Er denkt, dass ich denke, dass X ...«, »Es ist nicht wahr, dass X ...« usw. zu decodieren.

Natürlich gibt es keine Garantie dafür, dass diese Probleme in der Zukunft nicht gelöst werden – nächste Woche oder im nächsten Jahrhundert, möglicherweise unter Verwendung von elektronischen Implantaten oder miniaturisierten elektromagnetischen Aufnahmegeräten. Sollten wir uns also Sorgen machen? Millionen von Menschen werden stattdessen frohlocken. Dies sind die vielen Patienten mit Gehirnläsionen, deren Leben sich bald ändern könnte dank solcher Gehirntechniken. Bei einem motivierten Patienten ist die Decodierung der Absicht, einen Arm zu bewegen, alles andere als unmöglich, und diese Decodierung könnte einem Querschnittsgelähmten ermöglichen, seine Autonomie wiederzugewinnen, indem er eine Computermaus oder einen Roboterarm steuert. Mein Labor arbeitet gegenwärtig an einem EEG-basierten Gerät, das die residuelle Hirnaktivität von Patienten im Koma oder in einem vegetativen Zustand entschlüsselt und Ärzten bei der Entscheidung hilft, ob Bewusstsein vorhanden ist oder bald zurückkehren wird. Solche nützlichen medizinischen Anwendungen sind die Zukunft der bildgebenden Verfahren für das Gehirn, und nicht die teuflischen Sciencefiction-Apparate, über die wir uns zu Unrecht Sorgen machen.

# Anton Zeilinger
## Der Verlust der Ganzheit

Physiker an der Universität Wien; wissenschaftlicher Direktor des Instituts für Quantenoptik und Quanteninformation der Österreichischen Akademie der Wissenschaften; Autor von *Einsteins Spuk: Teleportation und weitere Mysterien der Quantenphysik*

Worüber ich mir am meisten Sorgen mache, ist, dass wir immer mehr die formellen und informellen Brücken zwischen verschiedenen intellektuellen, geistigen und humanistischen Ansätzen der Weltauffassung verlieren.

Betrachten wir Europa im ersten Drittel des 20. Jahrhunderts. Wien war zu jener Zeit eine Brutstätte für Kunst, Wissenschaft, Literatur, Musik, Psychologie und viele andere Disziplinen. Johannes Brahms erteilte beispielsweise in der Familie Wittgenstein Musikunterricht, und der Wiener Kreis des logischen Positivismus, der von Mathematikern und Philosophen gegründet worden war, hat uns allen eine neue Sichtweise auf einige der grundlegendsten Fragen beschert.

Ein anderes Beispiel ist Erwin Schrödinger, der Erfinder der Wellenmechanik. Er schreibt in seinen autobiographischen Aufzeichnungen, wie er beinahe Physikprofessor in Czernowitz in der Bukowina (in der heutigen Ukraine) wurde. Dort hätte er Physik für Ingenieure unterrichten müssen und das, so schreibt er, hätte ihm eine Menge Freizeit gegeben, die er der Philosophie hätte widmen können.

In der heutigen Welt sind alle diese Tätigkeiten – die wissenschaftlichen, künstlerischen, was auch immer – in einem noch nie dagewesenen Grad voneinander abgesondert. Es gibt immer weniger Menschen, die in der Lage sind, die vielen Lücken zu überbrücken. Kompetenz- und Tätigkeitsbereiche werden immer enger; ständig entstehen neue Lücken. Zum Teil ist das sicherlich vom Wachstum des Internets verursacht, das meistens sofortige Antworten auf kleine Fragen liefert; je eingegrenzter die Frage, umso besser die Antwort. Tiefenanalyse ist ein Unternehmen, das seinem innersten Wesen nach völlig verschieden vom Surfen im Web ist.

Ich mache mir Sorgen darüber, dass dieser Trend – diese Einengung – sich fortsetzen wird. Und ich mache mir Sorgen darüber, dass wir am Ende bedeutende Teile unseres kulturellen Erbes und damit auch unsere eigentliche Identität als Menschen verlieren werden.

# Simon Baron-Cohen
## C. P. Snows zwei Kulturen und die Anlage-Umwelt-Debatte

Psychologe am Autism Research Centre an der Cambridge University; Autor von *The Science of Evil: On Empathy and the Origins of Cruelty*

Über 50 Jahre sind vergangen, seit C. P. Snow die Rede-Vorlesung im Senate House an der Cambridge University gehalten hat. Es war am 7. Mai 1959, als er seine Sorge öffentlich darlegte, dass die Mehrheit seiner Kollegen in den Geisteswissenschaften naturwissenschaftliche Analphabeten seien und die Mehrheit seiner Kollegen, die Naturwissenschaftler waren, kein Interesse an der Literatur hätten. Seine Sorge war, dass zwei Kulturen entstanden und immer weniger in der Lage waren, sich gegenseitig zu verstehen. Anhand einer drastischen Illustration machte Snow geltend, dass Naturwissenschaftler Schwierigkeiten mit dem Lesen eines Romans von Charles Dickens hätten und die meisten geisteswissenschaftlichen Professoren unfähig seien, den Zweiten Hauptsatz der Thermodynamik zu formulieren. »Das großartige Gebäude der modernen Physik erhebt sich also«, erklärte er, »und die Mehrheit der intelligentesten Menschen der westlichen Welt verstehen von ihm etwa so viel, wie ihre neolithischen Vorfahren verstanden hätten.«

Snow war seiner Ausbildung nach Naturwissenschaftler, der sich dem Schreiben von Romanen zuwandte, und damit Vertreter des selten gewordenen Menschenschlags, der versucht, es mit beiden Kulturen zu halten. 1962 schrieb der Cambridger Literaturprofessor F. R. Leavis vernichtend über Snows mangelndes Talent als Romanautor und versuchte, dessen Argument der »zwei Kulturen« zu verreißen. Leavis' Angriff wurde zu Recht als *ad hominem* zurückgewiesen. Aber hatte Snow recht?

Wenn ja, dann hat sich die Kluft zwischen diesen beiden Kulturen wohl verbreitert, da die Naturwissenschaft in den letzten 50 Jahren eine bemerkenswerte Fortschrittsrate aufwies. Andererseits ist die Naturwissenschaft durch die Bemühungen von John Brockman und anderen Literaturagenten und Verlegern, die Naturwissenschaftler ermuntert haben, sich einem breiteren Publikum zu öffnen, und dadurch die sogenannte dritte Kultur geschaffen haben, jetzt auch für Nichtwissenschaftler durchaus zugänglich. Ist die Kluft zwischen Snows zwei Kulturen also breiter oder enger geworden?

Ich meine, dass beides zutrifft. Die Kluft ist dank so wunderbarer Bücher wie Steven Pinkers *Der Sprachinstinkt* geringer geworden. Es sollte jetzt für einen Sprachwissenschaftler so gut wie unmöglich sein, die Sprache ausschließlich als ein Produkt der Kultur und nicht ebenfalls als Produkt unserer Gene zu sehen. Pinkers Buch verkörpert das, was die dritte Kultur sein sollte, indem es die komplexe Wechselwirkung zwischen Biologie und Kultur beim Hervorbringen menschlichen Verhaltens illustriert. Naturwissenschaftler finden die Vorstellung einer Interaktion zwischen Biologie und Kultur nicht überraschend und sehen sie beinahe als Binsenwahrheit an. Als Psychologe fallen mir nur wenige, wenn überhaupt irgendwelche Beispiele für menschliches Verhalten ein, die gänzlich das Ergebnis der Kultur sind, und ich nehme an, dass die meisten Menschen, die an menschlichem Verhalten interessiert sind, die gleiche gemäßigte Position der Anerkennung einer Interaktion zwischen Biologie und Umwelt einnehmen. Ein harter biologischer Determinist oder ein harter Sozialdeterminist zu sein scheint extrem.

In den 1970er Jahren studierte ich in Oxford Humanwissenschaften, die einem Witz mancher Leute zufolge genau in der Mitte der Banbury Road lagen, wobei die Abteilung für Sozialanthropologie sich auf der einen und die Abteilung für biologische Anthropologie auf der anderen Straßenseite befand. Die Studenten der Humanwissenschaften fühlten sich wie zweisprachige Kinder, die nicht nur bei Bedarf zwischen den zwei Kulturen hin- und herwechseln konnten, sondern automatisch multidisziplinär über Themen nachdachten, selbst wenn ihre akademischen »Eltern« in jeder Abteilung nur selten die Straße überquerten, um etwas über die Kultur des anderen zu erfahren. Mir scheint, dass wir eine beträchtliche Wegstrecke zurückgelegt haben und es jetzt einen reichhaltigen Austausch zwischen den Disziplinen gibt, zumindest bei der Untersuchung menschlichen Verhaltens.

Aber ich mache mir Sorgen darüber, dass die Kluft zwischen C. P. Snows zwei Kulturen auf einigen Gebieten so breit geblieben ist wie jeher und sich sogar noch verbreitert hat. Zur Illustration betrachte man das Gebiet der Geschlechtsunterschiede hinsichtlich des Geistes. Meine eigene Ansicht ist, dass uns die Erforschung der Geschlechtsunterschiede zweierlei lehrt: Erstens kann man nicht darauf schließen, was für eine Art von Geist jemand hat, wenn man nur sein Geschlecht kennt, da ein Individuum typisch oder atypisch für sein Geschlecht sein kann. Tatsächlich wäre das schablonenhaft und sexistisch. Zweitens, dort, wo man *im Durchschnitt* Geschlechtsunterschiede findet, wenn man Gruppen von Männern und Gruppen von Frauen miteinander vergleicht, spiegeln diese Unterschiede wahrscheinlich ein Gemisch kausaler Faktoren wider, von elterlichen Erziehungsstilen und den Einflüssen der Peergroup bis hin zur Testosteronmenge, die der Fötus im Mutterleib produziert, und den Wirkungen der Gene, die an das Geschlecht gebunden sind.

Dennoch findet man auch heute noch Akademiker, die behaupten, dass es keine universellen Geschlechtsunterschiede z. B. bei der Sprache gibt – aufgrund dessen, dass alle Geschlechtsunterschiede bei Sprache und Kommunikation entweder kulturspezifisch sind oder sich nicht fortpflanzen. Solche Behauptungen reduzieren sprachliche Geschlechtsunterschiede auf die Besonderheiten einer bestimmten Kultur oder eines bestimmten Experiments und müssen daher nicht auf die Biologie Bezug nehmen. Obwohl ich zustimmen würde, dass die Ähnlichkeiten des Gesprächsstils von Männern und Frauen größer als die Unterschiede sind, ist meine Interpretation der Belege zum Spracherwerb von *Kindern*, dass die Unterschiede zwischen der Sprachentwicklung von Jungen und Mädchen im Durchschnitt nichttrivial und wahrscheinlich universell sind. Folgendes sind bloß zwei solcher experimentellen Belege.

Erstens zeigen Mädchen ein schnelleres Wachstum beim Umfang ihres Vokabulars als Jungen. Das lässt sich an einer großen russischen Untersuchung von 550 Mädchen und 487 Jungen im Alter von 18 bis 36 Monaten ablesen, die dieselben Muster widerspiegelt, die in einer anderen Kultur, nämlich in England, gefunden wurden. Zweitens sind die Stotterrate und das Vorkommen anderer Sprachprobleme bei Jungen mindestens zweimal so hoch wie bei Mädchen. Das geht aus einer noch größeren Datenmenge vom National Survey of Children's Health hervor, in der in den USA mehr als 91 000 Kinder im Alter von drei bis 14 Jahren erfasst wurden, darunter auch Kinder mit unterschiedlichem ethnischen Hintergrund. Sozialdeterministen wollen vielleicht die Daten solcher Untersuchungen nehmen und versuchen, sie rein im Sinne von nachgeburtlichen Erfahrungen zu erklären, da jedoch Genmutationen (wie z. B. GNPTAB und CNTNAP2) mit Stottern und Sprachstörungen verknüpft sind, ist es wahrscheinlich, dass sich individuelle Unterschiede in der typischen Sprachentwicklung (einschließlich typischer Geschlechtsunterschiede) teilweise als genetisch bedingt herausstellen werden.

Niemand leugnet die wichtige Rolle, die Erfahrung und Lernen bei der Sprachentwicklung spielen. Was mir Sorgen macht, ist, dass die Debatte über Geschlechtsunterschiede *immer noch* Anlage versus Umwelt zu polarisieren scheint, wobei manche in den Sozial- und Humanwissenschaften behaupten, dass die Biologie überhaupt keine Rolle spielt, und offenbar die gegenteiligen wissenschaftlichen Belege gar nicht kennen. Wenn C.P. Snow heute noch lebte, würde er wohl so wie ich daran verzweifeln, dass trotz der Bemühungen, die Naturwissenschaft einer breiteren Öffentlichkeit nahezubringen, das Gebiet der Geschlechtsunterschiede ein Bereich bleibt, in dem die beiden Kulturen durch einen tiefen Abgrund voneinander getrennt sind.

# Nicholas A. Christakis
# Das unvermeidliche Eindringen gesellschaftspolitischer Kräfte in die Wissenschaft

Arzt, Sozialwissenschaftler an der Harvard University; Koautor (mit James Fowler) von *Die Macht sozialer Netzwerke: Wer uns wirklich beeinflusst und warum Glück ansteckend ist*

Ich mache mir nicht wirklich Sorgen über all das Schlechte, das die Wissenschaft der Gesellschaft zufügen könnte. Ich bin auch gerne bereit, Befürchtungen wegen der Kernkraft, genetisch veränderter Nahrungsmittel oder gar der Verbreitung genetischer Sequenzen von Viren beiseitezuschieben. Stattdessen mache ich mir viel mehr Sorgen um das Schlechte, das die Gesellschaft der Wissenschaft zufügen könnte, und ich meine, wir sollten uns alle Sorgen darüber machen.

In letzter Zeit habe ich eine Menge alarmierender und unzuträglicher Eingriffe der Regierung in die Wissenschaft beobachtet – Gesetze, die den Centers for Disease Control and Prevention (Zentren für Krankheitskontrolle und -prävention) verbieten, die Epidemiologie von Waffengewalt zu untersuchen; Gesetze, die verlangen, dass unseren Kindern »Intelligent Design« gelehrt wird; Gesetze, die die Erforschung von Stammzellen regeln; Gesetze, die die Klimawissenschaft beeinflussen. Politiker und Experten bedienen sich wie Priester alter Zeiten des Internets und des Fernsehens, um die Wissenschaft auf eine Weise zu verunglimpfen, die für meine Ohren schon fast mittelalterlich klingt.

Seit die Inquisition Galilei vorgeladen hat, haben soziale, politische und religiöse Erwägungen das Verhalten der Wissenschaft natürlich beeinflusst. Mehr noch, soziale Erwägungen hatten diese Wirkung, seit Archimedes für den Entwurf von Kriegswaffen bezahlt wurde. Wir können diese Wirkungen in der Tat so weit zurückverfolgen, wie unsere Aufzeichnungen reichen. Es war schon immer so, dass soziale Kräfte die wissenschaftliche Forschung geformt haben – was wir untersuchen, wie wir es untersuchen, warum wir es untersuchen, wer etwas untersucht.

Obwohl die Wissenschaft seit eh und je »gesellschaftlich konstruiert« wurde, wurde diese Tatsache doch erst in den letzten Jahrzehnten explizit beschrieben. Wir können jetzt nachvollziehen, wie Wissenschaftler vergangener Jahrhunderte Ansichten vertreten konnten (und sogar »objektive« Beobachtungen machen konnten), die nicht nur eindeutig falsch waren, sondern auch eindeutig durch die Ideologie oder Kultur angetrieben wurden. Ansichten, die von phrenologischen Ursachen von Verbrechen bis zur medizinischen Diagnose reichen, entlaufene Sklaven litten an der Krankheit »Drapetomanie« (krankhafter Wandertrieb), haben alle einen wissenschaftlichen Anstrich erhalten.

Aber wir sollten uns über dieses uralte und unvermeidliche Eindringen gesellschaftspolitischer Kräfte im gegenwärtigen historischen Augenblick wirklich Sorgen machen, weil unsere Gesundheit, Sicherheit und unser Wohlstand sehr stark vom Fortschritt der Wissenschaft abhängen, und zwar in verschiedenen Hinsichten, die nicht weit genug anerkannt werden. Wie wir die Wissenschaft formen, beeinflusst unser kollektives Wohlergehen. Der entscheidende Antrieb des wirtschaftlichen Wachstums mag durchaus unser kumulatives Wachstum von Wissen sein. Wissenschaft und Erfindungen machen uns reicher, und das Tempo wissenschaftlicher Entdeckungen ist in den letzten 200 Jahren gestiegen, während es mit dem Wirtschaftswachstum einher- oder ihm kausal voranging.

Daher sollten wir aufmerken, wenn die Wissenschaft (und die wissenschaftliche Bildung) zu einem Spielball von Politikern wird oder wenn Wissenschaftler wie jede andere Interessengruppe angesehen werden (ebenso wie Bauern oder Banker), anstatt als etwas völlig anderes. Wir sollten uns Sorgen darüber machen, dass die politische Einmischung in die Wissenschaft, und sogar die Abneigung gegen sie, uns allen Schaden zufügt. Ich schlage nicht vor, dass Wissenschaftler von der Gesellschaft abgeschnitten, frei von moralischen Skrupeln oder kollektiver Aufsicht sein sollten. Aber die Wissenschaft als etwas Willkürliches oder Bedrohliches und die Wissenschaftler als (bloß) an sich selbst interessiert aufzufassen – und diese Entschuldigungen vorzuschieben, um die wissenschaftliche Forschung einzuschränken oder wissenschaftliche Ergebnisse zu verzerren –, ist gefährlich.

Eine unangenehme Ironie besteht hier darin, dass angesichts der Veränderungen in der Praxis der Wissenschaft im 21. Jahrhundert mehr Unterstützung durch die Regierung und mehr gesellschaftliche Aufsicht notwendig sind. Lange vorbei sind die Tage, als einsame Wissenschaftler mit bescheidenen Ressourcen (Newton, Darwin, Curie, Cavendish, Cox) bedeutende Entdeckungen machen konnten. Die besten wissenschaftlichen Leistungen erfordern immer mehr Ressourcen im großen Maßstab und interdisziplinäre Teams. Wir haben keine andere Wahl, als uns auf eine breite gesellschaftliche Unterstützung und die öffentliche Brieftasche zu stützen, wenn wir unsere Arbeit tun wollen. Politische Erwägungen sind daher unvermeidlich. Wir wollen keine ungehinderte, ungeprüfte, unkontrollierte oder isolierte wissenschaftliche Forschung – eine solche könnten wir auch gar nicht haben.

Es gibt also keinen Ausweg aus der Vexierfrage. Für jene, die beides haben wollen – die wollen, dass die Öffentlichkeit die Wissenschaft unterstützt, sich aber auch aus ihr raushält –, lautet meine Antwort, ja, das will ich auch am liebsten. Wir sollten uns alle Sorgen darüber machen, wenn Politiker und die Öffentlichkeit die Tatsache aus den Augen verlieren, dass wissenschaftliche Forschung ein öffentliches Gut ist.

Leo M. Chalupa

# Die wachsende Diskrepanz zwischen der wissenschaftlichen Elite und der großen »wissenschaftlich behinderten« Mehrheit

Neurobiologe; Augenarzt; Vizepräsident für Forschung an der George Washington University

Auf einem Inlandflug saß ich einmal neben einem erfolgreichen Rechtsanwalt, der sich daran erinnerte, dass er eine Vorlesung über Hirnforschung besucht hatte, die ich zehn Jahre zuvor bei einem Privatclub in San Francisco gehalten hatte. Während unseres Gesprächs fragte er mich, ob ich immer noch versuchte herauszufinden, wie das Gehirn funktioniert. Als ich sagte, dass ich immer noch auf diesem Gebiet forsche, schien er überrascht zu sein, weil er dachte, dass nach zehnjähriger Arbeit alles herausgefunden worden wäre.

In diesem Augenblick wurde mir klar, dass dieser hochgebildete Mann keine Ahnung davon hatte, wie die Wissenschaft funktioniert. Er war wissenschaftlich ungebildet, und der Abschluss, den er an einer führenden Forschungsuniversität gemacht hatte, bevor er in die juristische Fakultät eintrat, hatte ihm über den elementarsten Grundsatz des wissenschaftlichen Fortschritts nicht vermittelt – dass die Forschung eine niemals endende Suche ist.

Betrachten wir nun die enorme Unwissenheit über verschiedene Tatsachen, die in den letzten Jahren wiederholt dokumentiert wurde. Die meisten Menschen glauben nicht an die Evolution; ein beträchtlicher Teil glaubt, dass die Erde erst ein paar tausend Jahre alt sei; viele meinen, dass Impfstoffe mehr Schaden anrichten, als sie nützen; und im Allgemeinen nimmt man an, dass das Gehirn ein Muskel ist (was besonders beunruhigend für diejenigen von uns ist, die in den Gehirn-wissenschaften arbeiten).

Kontrastieren wir diesen trostlosen Zustand mit einer anderen persönlichen Erfahrung. Es ging dabei um den Siemens-Highschool-Naturwissenschaftswettbewerb der George Washington University, wo ich das Amt des Vizepräsidenten für Forschung bekleide. Die Finalisten bei diesem Wettbewerb, die von Highschools des ganzen Landes ausgewählt wurden, stellten die Ergebnisse ihrer Forschungsprojekte vor. Diese gingen weit über alles hinaus, was ich möglicherweise hätte erreichen können, als ich in den 1960er Jahren Schüler der elitären New Yorker Stuyvesant Highschool war. Wie mehrere von den begutachtenden Professoren feststellten, war die Forschung dieser Gymnasiasten tatsächlich derjenigen von Graduiertenstudenten oder gar Postdoktoranden ebenbürtig.

Das ist nun der Kern meiner Sorge: die wachsende Kluft zwischen der kleinen Minderheit von Amerikanern, die zur wissenschaftlichen Elite gehören, und der überwältigenden Mehrheit, die, freundlich ausgedrückt, wissenschaftlich behindert sind. Das ist eine Sorge, die sich auf mehrere unterschiedliche Ebenen bezieht. Zum einen hängt die finanzielle und sonstige Unterstützung der Forschung entscheidend von sachkundigen Wählern ab und noch stärker von gewählten Vertretern, die wissenschaftlich gebildet sind. Da unsere Welt immer mehr Herausforderungen gegenübersteht (man denke an den Klimawandel), hängt außerdem die Art und Weise, wie wir mit diesen komplexen Problemen umgehen, von einem Verständnis der Naturwissenschaft und der naturwissenschaftlichen Methode ab.

Es ist auch beunruhigend, dass unsere Bildungsinstitutionen von der Grundschule bis zum College die Naturwissenschaft zum größten Teil nicht so unterrichten, wie sie von Naturwissenschaftlern tatsächlich betrieben wird. Viel zu oft geht es in Naturwissenschaftskursen um das Erlernen einer riesigen Liste scheinbar zusammenhangloser »Tatsachen«, von denen viele von zweifelhaftem Wert sind. Wir müssen viel

Besseres leisten, und wir müssen es jetzt tun. Schüler und Studenten sollten auf allen Ausbildungsstufen durch bestimmte Fragestellungen und die Gestaltung von Experimenten zur Überprüfung spezifischer Hypothesen in die Naturwissenschaft eingeführt werden. Jede Stadt und Großstadt sollte Kindern ein interaktives Naturwissenschaftsmuseum bieten, und jede professionelle naturwissenschaftliche Organisation sollte ein Bildungs- und Entwicklungsprogramm für die Allgemeinheit haben. Zum Teil wird das schon verwirklicht, aber die Kluft zwischen den wissenschaftlich Gebildeten und Ungebildeten vergrößert sich auch weiterhin. Deshalb mache ich mir auch weiter Sorgen und werde mir Sorgen machen, bis wir einen realistischen Plan haben, um diesen beunruhigenden Trend umzukehren.

# Noga Arikha
## Gegenwart-ismus

Ideengeschichtlerin; Lehrstuhlinhaberin für kritische Studien
am Paris College of Art; Autorin von *Passions and Tempers:
A History of the Humours*

Ich mache mir Sorgen über die Aussicht auf eine kollektive
Amnesie.

Während der Zugang zu Informationen dank des Internets
nie so universal war wie jetzt, scheint die Gesamtmenge des
Wissens von allem Möglichen, das über die Gegenwart hinausgeht, bei denen zu schwinden, die mit dem Internet auf-
wuchsen. Alles vor 1945 (wenn überhaupt) ist eine chaotische,
ferne Landschaft; die Jahrhunderte verschmelzen ineinander
zu einem bedeutungslosen Magma. Berühmte Namen sind ein
Flimmern auf einem Bildschirm, ihre Daten irrelevant, ihre
Zeit verstaubt. Alles wird eingeebnet.

Die verblüffende historische Unbelecktheit, die Studenten
in der ganzen Welt an den Tag legen, wenn sie an der Hoch-
schule ankommen, lässt sich erklären. Zum einen herrscht
Verwirrung darüber, was unterrichtet werden soll. Der Kanon
wird jetzt – in jedem Land – von vielen, die ihn unterrichten
sollen, als eine überholte, »imperialistische« Waffe betrachtet, die man meiden sollte, und nicht als eine erweiterbare,
variable Menge von Arbeiten, die den Test der Zeit bestanden
haben und dem Lernprozess eingefügt werden sollten. Die
Chronologie ist umstritten: Stattdessen können die Schüler
sich allgemeine Themen aussuchen, Perspektiven und Interpretationen analysieren. Geschichte sollte gewiss ein umsich-

tiges Unternehmen sein – wir würden nicht wollen, dass sie
sich in eine Liste mit Daten, Monarchen und Schlachten zu-
rückverwandelt. Aber weil die lobenswerte Betonung des In-
fragestellens an die Stelle des Unterrichts fragwürdiger Tatsachen getreten ist, gingen zeitliche Kontinuitäten verloren,
und die Studenten haben wenig andere Anhaltspunkte als das
Internet, das zu ihrer Referenz-, ihrer Ersatzbibliothek geworden ist.

Das ist also das Problem mit der Technik. Diejenigen, die
heute ins Erwachsenenalter eintreten, werden von den Erfindungen herausgefordert, aus denen die etwas Älteren Nutzen
ziehen: Facebook zerstreut zwar die Aufmerksamkeit aller,
zieht aber die der Jüngeren besonders intensiv an. Wikipedia
ist ein nützlicher Einstieg, den jeder als Ausgangspunkt zu ordentlicher Forschung nutzen kann, aber Schüler nutzen es so,
als ob es schon die ganze Forschung beinhalten würde. Ohne
über den Hintergrund zu verfügen, wie man Bücher durchblät-
tert und auf die alte, analoge Weise lernt, wie man Relevanz,
Über- und Unterordnung, Genauigkeit und Querverweise ein-
schätzt, kommen die Schüler zu den Hochschulen und wissen
nicht, wo sie mit ihrer Ausbildung anfangen und damit auch,
wo sie sich in der umfassenderen Welt einordnen sollen; sie
sind bei ihren ersten Schritten zur Erkenntnis orientierungs-
los. Ein paar wenige lernen, wie und was man fragen soll, und
mögen den Leitfaden finden, um in die Geschichten der Welt
einzutauchen, wobei sie ein Gefühl für perspektivisches Sehen bekommen und dafür, was es bedeutet zu wissen, dass
man nicht weiß. Aber für die Mehrheit werden die Lücken bis
zum Reifealter unerkannt und unausgefüllt bleiben.

Sicherlich tauchen Sorgen immer dann auf, wenn die Technik die Art und Weise der kulturellen Weitergabe ändert. Obwohl es eine Korrelation geben mag zwischen der Beschleunigung des technischen Wandels und der Geschwindigkeit, mit
der die Vergangenheit zurückweicht, sollte man nicht vergessen, dass die Angst vor dem Vergessen stark war, als der Buch-
druck sich verbreitete. Wenn die Vergesslichkeit zugenom-

men hat, dann nicht wegen einer neuen Technik per se, sondern trotz dieser Technik: Das ist deshalb so, weil Lehrplanmoden die Entropie des Internets imitieren, anstatt die Zentripetalkraft bereitzustellen, die notwendig ist, um die Jugendlichen in gebildete Nutzer des Internets zu verwandeln. Wie es scheint, befinden wir uns in einem Zeitalter der Informationsschwemme und nicht der Erkenntnis mit Tiefendimension.

Beispielsweise belohnt die Art und Weise, wie Wissenschaft praktiziert wird, das Kurzzeitgedächtnis und ist gepaart mit einem Gefühl, dass die Gegenwart um der Zukunft willen existiert. Zehn Jahre alte wissenschaftliche Aufsätze gelten jetzt als veraltet; schließlich werden jedes Jahr über eine Million neue Aufsätze veröffentlicht. Infolgedessen geraten einige bahnbrechende Arbeiten aus den 1920er Jahren, etwa aus der Zoologie, in Vergessenheit und werden in neuen Labors reproduziert, als ob es sie nie zuvor gegeben hätte. Fast alles wird archiviert, aber nichts lässt sich finden, wenn man nicht weiß, wie man danach sucht. Viele erfinden das Rad vielleicht neu, da sie kein Bewusstsein davon haben, dass der historische Permafrost voller Schätze ist.

Dasselbe gilt für die längere Wissenschaftsgeschichte, die Kunstgeschichte, die Philosophiegeschichte und die Politik- und Wirtschaftsgeschichte. (Einige unserer gegenwärtigen Nöte entstehen wohl aus der historischen Kurzsichtigkeit der Ökonomen.) Bezugnahmen auf die frühe Moderne sind zu etwas Hochspezialisiertem geworden, das chronologisch schwer einzuordnen ist. Für viele, und nicht nur für Studenten, bezieht sich Geschichte auf die Moderne, nicht darauf, was der Moderne vorhergeht, als die Wissenschaft Magie, alle Kunst gleich und alle Politik autokratisch war. Die Geschichte ist weniger vereinfacht worden, als vielmehr verschwunden. Es gibt Bewusstheitsnester, prämoderne Zeitalter, die von der breiten Öffentlichkeit als faszinierend betrachtet und von Hollywood aufgegriffen werden; für den Westen würden etwa das alte Ägypten, das griechisch-römische Altertum, das

»Mittelalter«, die Renaissance, die Mogule Indiens, der amerikanische Bürgerkrieg und die Französische Revolution dazu gehören. Aber jede wird als selbständige Epoche angesehen – als leicht übergehbare Episode in der potenziell unterhaltsamen Seifenoper oder im Kostümdrama der Weltgeschichte. Und deshalb können tiefere historiographische Fragen überhaupt nicht einmal in Angriff genommen werden.

Natürlich wird Geschichte immer noch von genügend Leuten erforscht, beschrieben und gelesen, so dass die Disziplin als solche überlebt. Die Summe des historischen Wissens wurde schon immer und zu jeder Zeit von einer kleinen Zahl gebildeter Menschen besessen, und das hat sich nicht geändert. Aber unsere Welt ist darauf eingestellt, mit einer mörderisch beschleunigten Gegenwart Schritt zu halten, in der es keine Zeit für die komplexe Vergangenheit gibt; und die Tatsache, dass eine sehr große Zahl gebildeter Menschen mit einem noch nie dagewesenen Zugang zu höherer Bildung und gescannten Quellen kein Gefühl dafür hat, wie die Welt erst gestern noch aussah, deutet auf die Möglichkeit hin, dass wir schließlich bei einem Zustand kollektiver Amnesie landen. Wir laufen Gefahr, in einer Kultur steckenzubleiben, in der jedermann die verschiedenen kausalen Verbindungen ignoriert, die die Gegenwart zu dem machen, was sie ist, und sich lieber auf die zunehmende Komplexität von heute konzentriert – als ob eine leere Tafel die Kreativität und Innovation begünstigte.

Es gibt einen Ausweg: durch die Integration des Geschichtsunterrichts in die Lehrpläne aller Fächer und die Nutzung aller möglichen digitalen oder anderen Mittel, um die Aufmerksamkeit auf langsames Lesen und alte Quellen umzulenken. Andernfalls werden wir dazu verurteilt sein, ohne Perspektive zu leben, der Weisheit und Erfahrung beraubt, mit der wir die Zukunft gestalten könnten, während wir von der Arroganz unseres Gegenwart-ismus darauf beschränkt werden, die Geschichte zu wiederholen, ohne es zu bemerken.

# Kirsten Bomblies
## Verstehen wir die Dynamik unserer entstehenden globalen Kultur?

Juniorprofessorin für organismische und Evolutionsbiologie an der Harvard University

Die Menschheit baut eine globale Superkultur auf. Wir wissen, dass sie dynamisch und aufregend ist, aber verstehen wir auch, wo wir hineingeraten? Ebenso wie lokale Kulturen existiert diese globale Kultur in einer parallelen Welt der Information, die nur lose an physikalische Substrate oder den Geist von Individuen geknüpft sind. Sie hat ein Eigenleben, und wir verstehen ihr Evolutionspotenzial nicht gut genug. Infolgedessen sind wir uns wahrscheinlich auch der möglichen Gefahren, die mit ihr verknüpft sind, nicht angemessen bewusst. Welche unerwarteten emergenten Eigenschaften könnte eine globalisierte Kultur haben?

Zum Glück gibt es aufschlussreiche Parallelen zwischen der biologischen und der kulturellen Evolution. Kulturelle Systeme ändern sich ebenso wie biologische Systeme mit der Zeit. Erbliche Kultureinheiten – das Gegenstück zu Genen in der Biologie – sind schwer zu definieren, aber wir können beobachten, wie Informationen sich ausbreiten und mutieren: beispielsweise als die Pakete, die Richard Dawkins als »Meme« popularisierte. Im Unterschied zu Genen können Ideen (oder Meme) in einem Augenblick weltweit übertragen werden und potenziell ein riesiges Publikum erreichen, so dass die Evolution von Kulturen mit einem Tempo voranschreiten kann, das die Geschwindigkeit unserer biologischen Evolution weit übertrifft. Die Mutation von Ideen ist jedoch analog zur Mutation und dem differentiellen Überleben genetischer Varianten, und deshalb kann unser Verständnis der kulturellen Evolution auch durch biologische Begriffe erhellt werden.

Eine wichtige Lektion aus der biologischen Evolution ist, dass diejenigen genetischen Varianten, die sich am besten fortpflanzen, zur zahlenmäßigen Vorherrschaft gelangen. Obwohl sie das häufig durch einen Nutzen für ihre Träger erzielen, replizieren und verbreiten sich einige Varianten so gut, dass sie sich auch vermehren können, wenn sie ihren Trägern schaden. Manche Ideen breiten sich auf ähnliche Weise aus. Die massenhafte Verbreitung einer faktisch falschen, Uneinigkeit stiftenden oder irreführenden Idee ist nichts Ungewöhnliches. Handelt es sich dabei um einen Krankheitszustand oder einen nützlichen und natürlichen Bestandteil des Dialogs in einer freien Gesellschaft? Eine Komplikation bei der Beantwortung dieser Frage ist, dass die gefährliche Idee einer Person die Offenbarung für eine andere sein kann. Gibt es einen erkennbaren Unterschied zwischen einem harmlosen oder vorteilhaften Ideenfluss und einem bösartigen Zustand?

Trotz Komplikationen bei der Definition kultureller Krankheiten ist es klar, dass sich selbstsüchtige Ideen fortpflanzen können – wir haben das in unserem Leben gesehen. Ich verstehe »selbstsüchtig« hier in einem evolutionären Sinne: als etwas, das sich zahlenmäßig schnell vermehren kann, ohne seinem Wirt irgendeinen Nutzen zu gewähren. Die Soziologie und die Psychologie können zwar die Frage behandeln, warum manche Ideen sich ausbreiten und andere nicht, aber es scheint unvermeidlich zu sein, dass selbstsüchtige Replikanten sich zu einem bestimmten Zeitpunkt in fast jedem evolvierenden System fortpflanzen. In jedem Ökosystem gibt es Parasiten; in fast jedem Genom gibt es selbstsüchtige Elemente; in jeder Gesellschaft gibt es Betrüger. Daher sollten wir wohl in Betracht ziehen, welche schädlichen Eigenschaften sich in einer globalen Kultur ausbreiten können und wie ihre Unannehmlichkeiten mit der Größe und Komplexität der Kultur wachsen. Gibt es oder kann es ein kulturelles Immunsystem geben – ist das System beispielsweise durch das Eindringen gegensätzlicher Ansichten unterschiedlicher Menschen hinreichend selbstüberwachend? Wir müssen wissen, ob bei einer globalen Kultur etwas ernsthaft oder systematisch schiefgehen kann und wie wir es erkennen und beheben können, wenn das geschieht. Ich hoffe, wir können gewährleisten, dass ihre Mängel geringfügig sind und dass sie zu einer allgemein positiven Kraft für die Menschheit wird.

# Jonathan Gottschall
# Wir machen uns zu viele Sorgen über fiktionale Gewalt

Außerordentlicher Professor für Englisch am Washington &
Jefferson College; Autor von *The Storytelling Animal: How
Stories Make Us Human*

Im Gefolge eines Amoklaufs empfinden wir ein dringendes
Bedürfnis zu wissen »Warum?«, damit wir zum »Wie« übergehen können – wie können wir verhindern, dass so etwas noch
einmal geschieht? Wenn jemand in einer Schule, einem Einkaufszentrum oder einem Büro um sich schießt, machen Leute
von der Linken gewöhnlich die lockeren Waffengesetze dafür
verantwortlich und empfehlen, sie strenger zu formulieren.
Auf der Rechten neigt man dazu, die Schuld auf kulturelle
Faktoren zu schieben – gewalttätige Videospiele und Filme,
die die Kultur krank gemacht haben, indem sie mutwillige
Gewalt verherrlichen und junge Menschen gegenüber ihren
Wirkungen abstumpfen – und sieht lockere Gesetze zum Waf-
fenbesitz nicht als Ursache der Massaker, sondern als unsere
beste Verteidigungsmaßnahme gegen sie.

Aber diese Idee, den Medien die Schuld zuzuweisen, ist eine
alte Klamotte und hat üble Auswirkungen. Erstens, wo wollen
wir in praktischer Hinsicht denn die Grenze ziehen? Wenn es
uns gelänge, schießwütige Spiele wie *Doom*, *Call of Duty* und
*Halo* zu verbannen, was würden wir dann mit gewalttätigen
Filmen wie *Der Soldat James Ryan* oder ebenso blutrünstigen
Klassikern wie Homers *Ilias* tun? Sollten wir die Morde aus
Shakespeares Stücken herausschneiden?

Zweitens stehen die Belege dafür, dass Gewalt in den Me-

dien gewalttätiges Verhalten fördert, auf ziemlich schwachen
Füßen. Gewalt ist ein großes – vielleicht *das* große – Erzeug-
nis der Unterhaltungsindustrie. Als Gesellschaft konsumieren wir riesige Mengen von vorgetäuschter Gewalt in Fern-
sehshows, Romanen, Filmen und Videospielen. Und doch hat
eine entschlossene, 50 Jahre lange Suche nach den Folgen der
fiktiven Gewalt in der wirklichen Welt keine schlüssigen
Belege für eine kausale Verbindung gefunden. Manche Forscher behaupten, dass wir uns umso aggressiver im wirklichen
Leben verhalten, je mehr Gewalt wir in den Medien konsumieren. Andere Forscher stimmen damit nicht überein, nehmen aus methodologischen Gründen Untersuchungen auseinander und weisen darauf hin, dass viele Hundert Millionen
Menschen gewalttätige Fernsehsendungen anschauen und gewalttätige Spiele spielen, ohne auch nur den geringsten Drang
zum Morden zu entwickeln. Wissenschaftler wie Steven Pinker machen deutlich, dass wir zwar mehr gewalttätige Unterhaltung konsumieren als je zuvor, unser Risiko, einen blu-
tigen Tod zu erleiden, jedoch nie niedriger war. Je mehr wir
konsumiert haben, umso friedlicher und gesetzestreuer sind
wir geworden.

Hat der Konsum von Gewalt in den Medien tatsächlich zur
Reduktion krimineller Gewalt beigetragen? Die Vorstellung
ist gar nicht so abwegig, wie es auf den ersten Blick scheinen
mag. Kritiker der Gewalt in den Medien stellen sich Szenarien
vor, in denen wir stellvertretend in mutwilliger Brutalität
schwelgen. Aber die Botschaften, die man in den meisten Videospielen findet, haben einen stark prosozialen Charakter.
Abenteuerartige Videospiele fügen die Spieler fast immer
in Szenarien ein, in denen sie die Rolle eines Helden übernehmen, der tapfer den Kräften des Chaos und der Zerstörung
entgegentritt. Wenn man ein Videospiel spielt, trainiert man
nicht für einen Amoklauf, sondern dafür, sich als ein Guter
zwischen das Böse und seine Opfer zu stellen.

Dasselbe gilt für die traditionellen fiktionalen Gattungen –
Film, Fernsehen und Romane. Wenn der Bösewicht einer Ge-

schichte einen Mord begeht, dann wird seine Gewalttätigkeit fast ausnahmslos verurteilt. Wenn der Held tötet, tut er das zu Recht. Fiktionale Medien predigen, dass Gewalt nur unter bestimmten Umständen akzeptabel ist – um die Guten und Schwachen vor den Bösen und Starken zu schützen. Manche Spiele, wie etwa *Grand Theft Auto* scheinen schlechtes Verhalten zu verherrlichen und zu belohnen (wenn auch in einer halb spöttischen Geisteshaltung), aber diese Spiele sind die berüchtigten Ausnahmen, die die allgemeine Regel bestätigen. Was Stephen King in seinem Buch *Danse Macabre* über Horrorgeschichten sagt, gilt allgemein für alle Formen imaginärer Gewalt:

> [D]ie Horrorstory [ist] unter den Fangzähnen und der grusligen Perücke in Wirklichkeit so konservativ wie ein Republikaner aus Illinois im dreiteiligen Nadelstreifenanzug … [I]hr Hauptanliegen ist, uns den Wert der Norm deutlich zu machen, indem sie uns zeigt, was für grässliche Dinge geschehen können, wenn Menschen ins Land der Tabus wandern. Im Rahmen der meisten Horrorgeschichten finden wir eine so ausgeprägte Moral, dass ein Puritaner seine Freude daran haben würde.

Wie sollten wir also auf die Tragödien von Amokläufen reagieren? Erstens müssen wir dem Reflex widerstehen, einen Sündenbock zu finden und abzufackeln, sei es in der Unterhaltungsindustrie oder in der Waffenlobby. Selbst wenn wir instabile Menschen vom Konsum imaginärer Gewalt fernhalten könnten, so könnten sie immer noch eine Menge Anregungen in den Abendnachrichten, in der Geschichte, der Heiligen Schrift oder ihren fiebrigen Träumen finden. Und selbst wenn wir Gesetze verabschieden könnten, die Waffen nicht in die Hände böser Menschen geraten ließen (was ein bisschen viel verlangt ist in einem Land mit geschätzten 300 Millionen Waffen, die sich im privaten Umlauf befinden), wie wollten wir sie davon abhalten, mit improvisierten Sprengladungen zu töten oder indem sie mit einem Geländewagen in Menschenmengen hineinrasen?

Zweitens müssen wir uns bemühen, so schwer es auch ist, diese terroristischen Akte nüchtern zu betrachten. Wir sind viel mehr durch einen schlichten Autounfall auf dem Weg zur Schule, zum Theater oder zu einer politischen Versammlung gefährdet als durch Gewehrfeuer, sobald wir dort angekommen sind. Wir würden viel mehr Menschenleben retten, wenn wir uns beispielsweise auf die Sicherheit auf den Highways konzentrierten und nicht darauf, die Waffen in die Hände »guter Menschen« legen zu wollen oder einen Kulturkrieg über die Rolle der Waffen und der Unterhaltung im Leben Amerikas neu zu entfachen. Es ist zwar ein Klischee, aber wahr: Wenn wir überreagieren, gewinnt der Terrorist. Wenn wir überreagieren, geben wir dem perversen Mem des Amoklaufs die Aufmerksamkeit, die es braucht, um zu gedeihen.

Keine Sorgen bereiten sollte uns also fiktionale Gewalt.

Sorgen bereiten sollte uns hingegen die Art und Weise, wie unser sehr verständlicher Schmerz und unsere Angst zu ineffektiven Reaktionen auf wirkliche Gewalt führen.

# Peter Schwartz
## Eine Welt von in Kaskaden ablaufenden Krisen

Futurist, Geschäftsstratege; Geschäftsführer für globale
Regierungsbeziehungen und strategische Planung bei
Salesforce.com; Autor von *Inevitable Surprises*

Kaum ein Tag vergeht, an dem wir nicht von einer größeren
Krise in der Welt hören, von einer, die sich bereits entfaltet,
oder einer neuen, die gerade anfängt, und nie scheinen sie ein
Ende zu nehmen. Jetzt leben wir in einer Welt der Dauerkrisen
und der großen Angst, die davon ausgelöst wird. Krisen sind
nichts Neues. Menschliche Gesellschaften haben Naturkatastrophen, Kriege, Hungersnöte, Revolutionen, politische Zu-
sammenbrüche, Seuchen, Wirtschaftsdepressionen und noch
mehr erlebt. Aber zwei Bedingungen sind neu. Erstens führt
die wechselseitige Verknüpfung der vielen Systeme in der
Welt häufig dazu, dass eine Krise wie ein fallender Domino-
stein in die nächste stürzt. Zweitens erfahren wir aufgrund
der globalen Nachrichtenübertragung und der neuen Medien
von mehr Krisen als je zuvor.

Eines der besten Beispiele für die enge Verflechtung ist die
jüngste Finanzkrise, die im Subprime-Hypothekenmarkt begann, als die Angst die Hoffnung überwog und durch unser
Bankensystem und unsere Wirtschaft lief, die Eurokrise aus-
löste und das Wachstum in China bremste. Und die monetären
Maßnahmen, zu denen wir griffen, um die Wirtschaft auf dem
Höhepunkt der Krise zu retten, können immer noch eine In-
flationskrise auslösen, wenn sich das Wachstum zu erholen beginnt und die Kapazität der neuen Nachfrage hinterherhinkt.

Die öffentliche Meinung zur Gewalt ist ein gutes Beispiel für die zweite neue Dynamik, die des gesteigerten Bewusstseins. Steven Pinker hat uns auf elegante Weise gezeigt, dass im Leben der meisten von uns die wirkliche Bedrohung durch Gewalt dramatisch zurückgegangen ist. Doch die meisten glauben aufgrund des Trommelwirbels der ständigen Berichterstattung über Gewalt, dass die Bedrohung weitaus größer ist als in Wirklichkeit. Die Abwesenheit spielender Kinder auf Vorortstraßen ist ein Zeichen dafür, wie große Angst die Eltern vor einer möglichen Entführung haben, deren Wahrscheinlichkeit in Wirklichkeit sehr klein geblieben ist.

Wenn also ein Teil des Problems eine Zunahme der Krisen ist, die durch die wechselseitige Verknüpfung angetrieben werden, und wenn ein Teil ein bloßes Wahrnehmungsproblem ist, warum sollten wir uns dann Sorgen machen? Weil die Tatsache, in einer Welt voller großer Angst zu leben, uns häufig dazu verleitet, das Falsche zu tun. Wir akzeptieren eher kurzfristige und lokale Lösungen, anstatt eine systemische und langfristige Perspektive einzunehmen. Glaubt irgendjemand, dass die weiterhin stattfindende Innovation im Finanzsektor in der nahen Zukunft nicht zu einer weiteren Finanzkrise führen wird? Und doch werden die strukturellen Probleme noch nicht einmal erörtert. Unsere gewaltigen Überreaktionen auf den 11. September und den Drogenkonsum haben zu einem Zustand dauerhafter Sicherheitsvorkehrungen geführt, aus dem wir nicht zurückkehren können. Eine sehr große Zahl von Menschen wird zu enormen Kosten für etwas eingekerkert, das nicht einmal ein Verbrechen sein sollte. Und wir alle zahlen die Bin-Laden-Steuer, wenn wir uns mit den Kosten und Störungen der Sicherheitsvorkehrungen an Flughäfen abfinden. Und natürlich spielen unsere politischen Systeme hier gewaltig hinein, weil sie bei systemischen und langfristigen Lösungen bekanntlich schlecht abschneiden, und diese perversen Instinkte werden durch das öffentliche Gefühl einer Dauerkrise noch verstärkt. Es hat einen unvermeidlichen Verlust des Vertrauens in die Fähigkeit der Institutionen gegeben, den Ereignissen vorzugreifen und das Angstzittern einzudämmen, das die Welt jetzt anscheinend nicht abschütteln kann.

Es gibt keinen offenkundigen Weg, von diesem Gefühl wegzukommen, am Abgrund entlangzutaumeln. Wir können die funktionalen Systeme der Welt nicht abschalten, und wir können unser Bewusstsein auch nicht von den Informationssystemen der Welt abtrennen. Das ist unsere neue Wirklichkeit: große Angst, angetrieben von in Kaskaden ablaufenden hintereinander geschalteten wirklichen und eingebildeten Krisen.

# Stephon H. Alexander
# Wer darf im Wissenschaftsstadion mitspielen?

Ernest Everet Just 1907 Professor für Naturwissenschaften und
außerordentlicher Professor für Physik und Astronomie am
Dartmouth College

Ich mache mir Sorgen darüber, wer im Wissenschaftsspiel
mitspielen darf – und wer draußen bleibt. Als ich in New
York aufwuchs, wurde mein Engagement beim Jazz immer er-
mutigt und belohnt. Musikerkollegen, ältere und gleichalt-
rige, blieben integrativ, obwohl sie Spitzenleistungen verlangten; jeder hatte eine Chance, ein Solo zu spielen, und wenn
man gut genug war, konnte man wieder auf die Bühne geholt
werden.

Leider war die berufliche Integration – mit Ausnahme von
ein paar wenigen aufgeklärten Leuten – in bestimmten wissenschaftlichen Disziplinen nicht die kollektive Erfahrung
der unterrepräsentierten Gruppen. (Das geht über die ethnische Zugehörigkeit hinaus und schließt auch unterrepräsen-
tierte Menschen ein, die »anders denken«.) Angesichts der Be-
völkerungstrends in den USA sagen manche, dass wir das
Unternehmen Wissenschaft auf die wachsenden Bevölkerungsgruppen der Latinos und Schwarzen ausdehnen müssen, um
auf den Gebieten konkurrenzfähig zu sein, die mit Naturwissenschaft, Technik, Ingenieurswesen und Mathematik zu tun
haben. Ich mache mir Sorgen, dass es nur wenige ernsthafte
Auseinandersetzungen über die Rekrutierung und Förderung
von Farbigen an Hochschulen gibt, obwohl geldgebende Organisationen dieses Problem auf der Ebene des primären und se-

kundären Bildungsbereichs und der Colleges in Angriff nehmen. Viele Forschungen haben gezeigt, dass ein Mangel an Vorbildern für diese unterrepräsentierten Gruppen nicht nur Spitzenleistungen, sondern auch den Verbleib an der Universität negativ beeinflusst.

Das Problem der mangelhaften Integration in der Wissenschaft geht über den gewöhnlichen Diskurs im Umfeld der Förderung von Minderheiten hinaus. Außergewöhnlich begabte Personen sollten, unabhängig von ihrem Hintergrund, nicht den Eindruck gewinnen, dass ihnen aufgrund einer politischen Maßnahme und nicht aufgrund ihrer Fähigkeiten eine Chance geboten wurde. Die wissenschaftliche Gemeinschaft muss über die Duldung von Unterschieden hinausgehen zu einer *echten Wertschätzung* von Unterschieden, einschließlich jener Unterschiede, die bei uns ein unbehagliches Gefühl auslösen. Insbesondere ist eine Wertschätzung derjenigen nötig, die die Welt anders sehen als wir und anders denken als wir.

Mir ist klar, dass das Problem der Rassenintegration heikel und mit komplizierten soziologischen und politischen Obertönen befrachtet ist. Ich meine aber, dass es ein totgeschwiegenes Thema ist, mit dem wir uns als wissenschaftliche Gemeinschaft auseinandersetzen müssen. Wir müssen ehrlich und offen sein. Da sich die Demographie der Vereinigten Staaten (und der Welt insgesamt) ändert, liegt uns daran, unsere Hochschulen auf allen Ebenen darauf vorzubereiten, Ressourcen und Einfluss mit den gegenwärtig Unterrepräsentierten zu teilen. Im Geiste des Beitrags meines Freundes Brian Eno habe ich die Herausforderung angenommen, mit etwas Unbehaglichem aufzuwarten – weil das produktiver ist, als höflich zu sein.

# Thomas Metzinger
## Eine explodierende Zahl neuer illegaler Drogen

Philosoph an der Johannes-Gutenberg-Universität Mainz; Autor von *Der Ego-Tunnel. Eine neue Philosophie des Selbst: Von der Hirnforschung zur Bewusstseinsethik*

Ich habe das schon seit Jahren vorhergesagt. Aber jetzt geschieht es tatsächlich, und zwar mit einer wirklich unglaublichen, historisch beispiellosen Geschwindigkeit. Die Zahl nichtgetesteter, aber frei erhältlicher psychoaktiver Substanzen steigt dramatisch an. Laut dem am 26. April 2012 erschienenen jährlichen EMCDDA-Europol-Bericht über neue psychoaktive Substanzen wurden 2011 in der Europäischen Union neue Drogen mit einer Rate von etwa einem Präparat pro Woche festgestellt. Insgesamt wurden 2011 49 neue psychoaktive Substanzen festgestellt und offiziell über das Frühwarnsystem der EU bekanntgegeben. Das ist die höchste Zahl von Substanzen, die jemals in einem einzigen Jahr gemeldet wurden, eine Steigerung gegenüber 41 im Jahr 2010 und 24 im Jahr davor. Insgesamt bedeutet das 164 neue Drogen seit 2005 – aber auch, dass der Jahresrekord jetzt drei Jahre in Folge gebrochen wurde.

Alle neuen Präparate, die 2011 gemeldet wurden, waren synthetisch. Sie werden in Untergrundlabors zusammengekocht; und eine zunehmend organisierte Kriminalität entwickelt den Markt und importiert sie – z.B. aus China. Man weiß so gut wie nichts über ihre Pharmakologie, Toxikologie oder allgemeine Sicherheit; fast alle diese Substanzen wurden nie *in vivo* oder im Tierversuch getestet. Das erschwert die

Situation für das medizinische Personal in psychiatrischen Notfallstationen, wenn Kinder von Substanzen auf den Trip gekommen sind, deren Namen die Ärzte nie gehört haben, auch nicht während ihrer Hochschulausbildung – die Stoffe existierten während der Ausbildung der Ärzte noch nicht.

Ich hatte mitunter naiv angenommen, dass die meisten dieser Substanzen sich am Ende als einigermaßen gutartig erweisen würden, aber sogar bei »Spice-Drogen« (synthetische Cannabinoide, die auf pflanzliche Rauchmischungen gesprüht werden und häufig als »legale Highs« vermarktet werden) wurde jetzt über Todesfälle und gravierende Herzprobleme bei gesunden Jugendlichen berichtet.

Im letzten Oktober starb ein Einundzwanzigjähriger in New Orleans an einem einzigen Tropfen 25-I (25I-NBOMe), einem neuen synthetischen Halluzinogen. In den Vereinigten Staaten wurde in Minnesota und North Carolina über mindestens drei weitere Todesfälle durch dieses neue Phenäthylamin (das ursprünglich in Deutschland entdeckt wurde) berichtet, wobei die Opfer 17, 18 und 25 Jahre alt waren.

Jeder weiß von akuten Nebenwirkungen, psychotischen Effekten, Suchterscheinungen – wir haben eine gewisse kulturelle Erfahrung. Wie steht es jedoch mit den Langzeitwirkungen, wie etwa einer früh einsetzenden Abnahme kognitiver Leistungen – mit einem etwas steileren Gefälle als beim normalen Alterungsprozess? Mit unerwarteten krebserregenden Stoffen? Wir werden lange brauchen, um solche Effekte zu entdecken und zu beweisen.

Erinnert sich noch jemand an Thalidomid? Die Situation ist jetzt völlig außer Kontrolle. Und sie ist kompliziert: Wir mögen zwar frühe Generationen von Substanzen mit einem niedrigen gesundheitsschädlichen Profil verbieten (oder versuchen zu verbieten), aber dadurch entfachen wir ein psychopharmakologisches Wettrüsten, das dazu führt, dass die Substanzen durch immer neuere und potenziell gefährlichere Stoffe ersetzt werden.

Im Jahr 2011 wurde die Liste der registrierten Substanzen

von synthetischen Cannabinoiden (23 neue Präparate auf dem Markt) und synthetischen Cathinonen (acht neue Moleküle) dominiert. Jetzt repräsentieren sie die beiden größten Drogengruppen, die vom europäischen Frühwarnsystem überwacht werden, und machen rund zwei Drittel der neuen Drogen aus, über die im selben Jahr berichtet wurde; aber das könnte sich natürlich bald ändern. Der Kampf gegen Drogen ist zwar gescheitert, aber der Prozess wissenschaftlicher Entdeckungen geht weiter. Die Zahl der Substanzen auf dem illegalen Markt wird zunehmen, und vielleicht werden völlig neue Kategorien von Drogen auftauchen – plus die entsprechenden »neurophänomenologischen Zustandsklassen«, wie ich sie gerne nenne.

Was sind die wichtigsten Kausalfaktoren, die diese Entwicklung hervorgebracht haben?

Erstens handelt es sich um eine Kombination aus wissenschaftlichem Fortschritt und menschlicher Natur: Die Grundlagenforschung – z.B. in der Neuropharmakologie – geht einfach weiter, und neue Erkenntnisse und neu entwickelte Technologien erfüllen uralte Wünsche nach spiritueller Selbstüberschreitung, Genuss und Erholung. Hinzu kommt Gier. Für mich sind die neuen psychoaktiven Substanzen ein paradigmatisches Beispiel dafür, wie die Neurotechnik sich zur Bewusstseinstechnik wandelt (die ich gerne als »Phänotechnik« bezeichne). Eine auf niedriger Ebene operierende, praxisbezogene, molekulare Neuropharmakologie erzeugt nicht nur neue Formen subjektiver Erlebnisse, sondern auch höherstufige Wirkungen für die Gesellschaft insgesamt: unsichtbare Risiken, neue Industrien, Wachstumsmärkte.

Der zweite Kausalfaktor ist das Internet. Ein Internetschnappschuss, der im Januar 2012 gemacht wurde, zeigte 693 Onlineshops, die zumindest eine psychoaktive Substanz oder ein entsprechendes Produkt anboten, eine erhebliche Steigerung gegenüber 314 im Januar 2011 und 170 im Januar 2010. Rezepte für viele dieser neuen illegalen Substanzen sowie Berichte aus erster Hand über die Phänomenologie, die mit verschiedenen Dosierungen verbunden ist, sind im Internet erhältlich – und leicht zugänglich für den alternativen Psychotherapeuten in Kalifornien, den arbeitslosen Chemieprofessor in der Ukraine oder die chinesische Mafia. Und jetzt lässt die bloße Zunahme der Geschwindigkeit, mit der neue Drogen auf dem Markt erscheinen, alle etablierten Maßnahmen veraltet wirken.

Aber es gibt zumindest einen tieferen Grund für die Situation, der wir in den kommenden Jahrzehnten gegenüberstehen werden: Vor einem halben Jahrhundert entschied sich die westliche Welt bewusst für eine Kultur der Leugnung und Unterdrückung. In den sechziger Jahren erlebten wir, wie eine halbsynthetische psychedelische Droge aus der Ergolin-Familie sich rund um den Globus ausbreitete, mit Millionen neuer Konsumenten und einer neuen Generation von Untergrund-Chemikern. Das Erscheinen von LSD war eine historisch neue Situation. Wir hätten vielleicht eine Chance gehabt, damals mit der Herausforderung auf der Grundlage ethischer Argumente rational umzugehen. Die wirklich schwierige und wichtigste Aufgabe wäre gewesen, die psychologischen und sozialen Risiken gegen ein allgemeines Prinzip der Freiheit und den intrinsischen Wert der Erlebnisse abzuwägen, die sich aus dem einen oder anderen veränderten Gehirnzustand ergeben. Aber wir entschieden uns, die Sache in den Untergrund zu drängen und in die andere Richtung zu schauen. Ein halbes Jahrhundert später schlägt eine globalisierte und wissenschaftlich gut informierte Untergrundchemie zurück. Noch mehr Kinder werden sterben. Es wäre blauäugiger Optimismus zu glauben, dass wir die Situation noch kontrollieren können.

# Paul Kedrosky
## Geschichte und Kontingenz

Investor; Herausgeber und Autor bei Bloomberg & Partner,
SK Ventures

Bei wie vielen der eingehenden Notrufe bei einer typischen
US-amerikanischen Feuerwache handelt es sich wirklich um
Brände? Bei weniger als 20 Prozent. Wenn Feuerwehren keine
Notrufe zu Bränden erhalten, worum geht es dann hauptsächlich? Sie erhalten Anrufe wegen medizinischer Notfälle, Au-
tounfällen und, jawohl, Katzen, die auf Bäume geklettert sind,
aber nur selten werden sie wegen eines Feuers angerufen. Mit
anderen Worten, sie sind Organisationen, die trotz ihres Namens größtenteils mit allem außer Bränden zu tun haben.

Warum heißen sie dann Feuerwehren? Wegen ihrer Geschichte. Städte wurden gewöhnlich aus brennbaren Materialien – beispielsweise Holz, das direkt aus dem Wald kam – gebaut, bestehen jetzt aber hauptsächlich aus nichtbrennbaren
Materialien – Stahl, Beton und anderen Materialien, die den
Flammen standhalten. Feuerwehren wurden geschaffen, als
die Brandbekämpfung ein dringenderes städtisches Bedürfnis
war, und jetzt lebt ihr Name weiter als Erinnerung an die
brennbare Vergangenheit ihrer Heimatstädte.

Wo man auch hinblickt, sieht man Feuerwehren: nicht
buchstäblich Feuerwehren, sondern Organisationen, Technologien, Institutionen und Länder, die wie Feuerwehren ihr
»Verfallsdatum« überschritten haben oder sonderbar verküm-
mert sind und doch weitverbreitet und von beunruhigender
Wichtigkeit sind.

Eines meiner Lieblingsbeispiele betrifft die Standortwahl von Ansiedlungen. Viele US-amerikanische Städte, die an Flüssen liegen, befinden sich dort, wo sie sind, aufgrund von Portagen – dem Umtransport von Schiffen und Ladungen um unpassierbare Stromschnellen herum. Das erforderte oftmals Aufenthalte über Nacht, was Hotels entstehen ließ, zu Unterhaltungsangeboten und schließlich einer lokalen Industrie führte, die zunächst der Schifffahrt diente, sich dann aber breiter entwickelte. Jetzt sind diese Portagen-Städte jedoch Gefangene der Geschichte und liegen an Flüssen, die für ihre Wirtschaft keine Rolle mehr spielen, sie inzwischen aber mit jahreszeitlich bedingten Überschwemmungen und komplexen Geographien konfrontieren, die der Entwicklung entgegenstehen – alles nur, weil ein paar frühe Reisende, die Transporttechniken benutzten, die obsolet geworden sind, um ein paar Stromschnellen herum mussten. Im Klartext: Wenn wir jetzt noch einmal alles auf Null stellen könnten, würden sich die meisten dieser Städte irgendwo anders befinden.

Es geht hier nicht nur um Städte oder Feuerwehren. Es geht um Geschichte, Pfade, Glück und die Effekte einer »vorhandenen Basis«. Man denke an Glühbirnen. Oder an Universitäten (oder die Anstellung auf Lebenszeit). Papiergeld. Das Postamt. Das sind alles Beispiele für Organisationen oder Technologien, die weitgehend aus historischen Gründen fortdauern, und nicht deshalb, weil sie nach wie vor die beste Lösung für das Problem sind, für das sie geschaffen wurden. Oft sind sie Hindernisse für viel bessere Lösungen.

Ohne Frage wird diese Liste in naher Zukunft länger werden. Vielleicht werden mehrspurige Autobahnen auf die Liste kommen, unmittelbar hinter dem Verbrennungsmotor. Oder immer kostspieligere und dysfunktionale öffentliche Marktplätze. Einkaufszentren als Opfer des Onlinehandels. Oder sogar Risikoanleger im Zeitalter von AngelList und Kickstarter. Wie steht es mit der Staatsbürgerschaft, die auf der Geographie beruht? All diese Dinge scheinen schon etwas verknöchert zu sein, als ob sie im Weg stehen – auch wenn die meisten Menschen es noch nicht gemerkt haben.

Aber es geht nicht darum, Listen aufzustellen. Es geht nicht darum, die Technik hochleben zu lassen und uns dabei zu gratulieren, wie schnell sich die Dinge verändern. Es geht um das Gegenteil. Die Geschichte führt uns immer mehr in die Falle, indem sie Pfade erzeugt – und Aufwendungen und Kosten, sowohl zeitlicher als auch monetärer Art –, die begangen werden müssen, bevor wir die Richtung ändern können, wie wünschenswert diese neuen Richtungen auch immer erscheinen mögen. Die Geschichte – der Pfad, auf dem wir hierher gekommen sind, und die Aufwendungen und Ausdünstungen, die sie uns hinterlassen hat – ist eine zunehmende Belastung für unseren Fortschritt. Unsere gewachsene Umwelt ist eine vorhandene Basis, die wie ein altertümliches Computer-Betriebssystem den Fortschritt aufhält, weil die Kompatibilität solch einen gewaltigen Vorteil verleiht.

Der Schriftsteller William Gibson sagte bekanntlich einmal: »Die Zukunft ist schon da – sie ist nur nicht gleichmäßig verteilt.« Ich mache mir mehr Sorgen darüber, dass die Vergangenheit da ist – nur ist sie so gleichmäßig verteilt, dass wir nicht in die Zukunft gelangen können.

# Gary Marcus
## Unbekannte Unbekannte

Professor für Psychologie; Direktor des New York University Center for Language & Music; Autor von *Guitar Zero: The New Musician and the Science of Learning*

Es gibt bekannte Bekannte und bekannte Unbekannte, worüber wir uns jedoch am meisten Sorgen machen sollten, sind die unbekannten Unbekannten. Nicht weil sie die gravierendsten Risiken darstellen, denen wir gegenüberstehen, sondern weil die Psychologie uns sagt, dass unklare Risiken in der fernen Zukunft diejenigen Risiken sind, die wir wahrscheinlich nicht ernst genug nehmen.

Mindestens vier verschiedene psychische Mechanismen sind hier beteiligt. Erstens werden wir stärker von anschaulichen Informationen berührt als von abstrakten Informationen (selbst wenn die abstrakten Informationen im Prinzip dominieren sollten). Zweitens lassen wir die Zukunft unberücksichtigt und greifen nach dem einen Dollar, den wir jetzt haben können, anstatt nach den zwei Dollar, die wir ein Jahr später bekämen, wenn wir warten würden. Drittens führt die Fokussierungsillusion (die selbst vielleicht von dem allgemeineren Phänomen des Primings angetrieben wird) dazu, dass wir bei unseren unmittelbarsten Problemen verweilen, auch wenn ernstere Probleme im Hintergrund lauern. Viertens haben wir eine Tendenz, an eine gerechte Welt zu glauben, in der die Natur auf natürliche Weise zu ihrem Recht kommt.

Diese vier Mechanismen stammen wahrscheinlich aus verschiedenen Quellen: Einige rühren von Systemen her, die die

Motivation bestimmen (die mangelnde Berücksichtigung der Zukunft), andere von Systemen, die Lust vermitteln (der Glaube an eine gerechte Welt), wieder andere von der Struktur unseres Gedächtnisses (die Fokussierungsillusion und die Voreingenommenheit für Anschauliches). Was auch immer ihre Quelle ist, so erzeugen doch alle vier zusammen in uns einen mächtigen psychischen Antrieb, um die Risiken in der fernen Zukunft, die wir uns nicht vollständig vorstellen können, zu schwach zu gewichten.

Der Klimawandel ist ein gutes Beispiel. 1975 veröffentlichte der Geochemiker Wallace S. Broecker von der Columbia University in *Science* einen wichtigen und vorausschauenden Aufsatz mit dem Titel »Klimawandel: Stehen wir kurz vor einer deutlichen Erderwärmung?«. Aber seine Sorgen wurden jahrzehntelang ignoriert, teilweise deshalb, weil viele Leute fälschlicherweise annahmen, dass die Natur sich irgendwie automatisch korrigieren würde. (Und im Einklang mit unserer Tendenz, Schlüsse vor allem anhand von anschaulichen Informationen zu ziehen, spielte ein gut gemachter Spielfilm über den Klimawandel eine bedeutende Rolle dabei, die Aufmerksamkeit der Öffentlichkeit zu gewinnen, zweifelsohne weit mehr als der ursprüngliche Aufsatz in *Science*.)

Der Oxforder Philosoph Nick Bostrom hat darauf hingewiesen, dass die drei größten Unbekannten, über die wir uns Sorgen machen sollten, Biotechnologie, Nanotechnologie und der Aufstieg von Maschinen sind, die die Menschen an Intelligenz übertreffen. Jede dieser Unbekannten klingt nach Sciencefiction und wurde tatsächlich auch in Sciencefiction-Szenarien eingebracht, aber jede stellt auch eine echte Bedrohung dar. Bostrom postuliert »existenzielle Risiken« – mögliche, wenn auch unwahrscheinliche, Katastrophen, die unsere gesamte Spezies auslöschen würden, so wie ein Asteroid offenbar die Dinosaurier ausgelöscht hat. Wichtig ist, dass viele dieser Risiken seiner Auffassung nach das existenzielle Risiko anderer Befürchtungen übersteigt, die einen beträchtlich größeren Teil der öffentlichen Aufmerksamkeit beanspruchen.

Der Klimawandel mag zwar wahrscheinlicher sein und ist sicherlich auch anschaulicher, aber er wird nicht zur Auslöschung der menschlichen Spezies führen (auch wenn er möglicherweise für einen bedeutenden Teil der Menschheit den Tod bedeuten könnte).

Die Wahrheit ist, dass wir einfach nicht genug über die potenzielle Biotechnologie, Nanotechnologie oder zukünftige Entwicklungen der Künstlichen Intelligenz wissen, um ihre Risiken zu berechnen. Mit überzeugenden Argumenten wurde geltend gemacht, dass im Prinzip jede der drei zur Auslöschung der Menschheit führen kann. Diese Risiken mögen sich vielleicht handhaben lassen, aber ich glaube nicht, dass wir sie handhaben können, wenn wir sie nicht ernst nehmen. Auf lange Sicht werden Biotech, Nanotech und KI der Menschheit wahrscheinlich viel eher nützen, indem sie die Produktivität erhöhen und Krankheiten begrenzen, als dass sie sie zerstören. Aber wir müssen mehr investieren, um herauszufinden, was die Risiken sind, und uns auf sie vorbereiten. Im Augenblick geben die Vereinigten Staaten mehr als 2,5 Milliarden Dollar pro Jahr für die Untersuchung des Klimawandels aus, aber (nach meiner informellen Rechnung) weniger als ein Prozent davon für die Untersuchung der Risiken von Biotech, Nanotech und KI.

Wir sollten uns wirklich Sorgen darüber machen, dass wir nicht genug tun, um uns auf das Unbekannte vorzubereiten.

# Juan Enríquez
## Digitale Tätowierungen

Geschäftsführer von Excel Venture Management; Autor von
*As the Future Catches You: How Genomics and Other Forces Are
Changing Your Life, Work, Health and Wealth*

»Womit sonst kann man drohen als mit dem Tod? Das Interessante, Originelle wäre, jemandem mit Unsterblichkeit zu drohen.« Jorge Luis Borges' Antwort auf die Verbrechen der argentinischen Junta vereinigt in sich gleichermaßen Mut und Angst. Er fürchtete sich nicht so sehr vor der Folter in dieser Welt als vor einem Leben, das im Laufe der Jahrhunderte ständig neu überprüft und neu bewertet wird.

Wir sollten seine Warnung alle beherzigen, da wir durch elektronische Tätowierungen alle rasch unsterblich werden. Während wir alle immer mehr Informationen darüber ins Netz stellen, wer wir sind, was wir tun, mögen, nicht mögen, denken und sagen, entsteht ein großes Datenporträt, das immer schwerer verschwinden, modifiziert, gelöscht werden kann. In einer Welt der großen Daten hinterlassen wir nicht nur Brosamen, sondern wir hinterlassen absichtlich oder unabsichtlich riesige, detaillierte, pointillistische Porträts all unserer Tage.

Früher waren es nur Angehörige der Königshäuser, Präsidenten, Megastars und Superstarathleten, bei denen jeder Schritt ihres Alltagslebens verfolgt, analysiert, geprüft, kritisiert und seziert wurde. Jetzt beschreiben, gliedern und analysieren allgegenwärtige Kameras, Sensoren, Mautstellen, Radiofrequenz-Identifikationen, Kreditkarten, Klicks, Freunde und Trolle unser Leben Minute für Minute, Tag für Tag, Monat für Monat. Gewohnheiten, Feindschaften, Meinungen, Begierden werden aufgezeichnet und für eine sehr lange Zeit sichtbar sein. Wie wir gekleidet waren, was wir gegessen haben, mit wem und wo, was wir gesagt und getan haben, wo wir schliefen ... Es gibt mehr als genug Daten und ehrenrührige Informationen über fast jeden von uns, um eine wöchentliche Peinlichkeit im Stil von *Page Six** zu ermöglichen, ein Heldenprofil in der Zeitschrift *People* und eine detaillierte Biographie zusammenzustellen, bitter und süß.

Nur wenige verstehen, wie neu der Wandel zur allgegenwärtigen und ständigen Aufzeichnung von Daten ist. Hochauflösende Videokameras waren teuer und unhandlich; deshalb sieht man nicht Hunderte von Echtzeit-Videos vom 11. September auf YouTube. Tragbare HD-Filmkameras, die heute weitverbreitet und billig sind, waren 2001 nicht überall erhältlich. Früher wurden die meisten der Straßenkameras von Betreibern bewachter Wohnanlagen, Ladenbesitzern, der Polizei oder Verkehrsbehörden aufgestellt und unterhalten. Diese Sicherheitskameras sind nicht nur immer effektiver geworden (eine einzelne Kamera in Washington führte in weniger als zwei Jahren zur Ausstellung von 116 734 Strafzetteln), sondern Videokameras in den verschiedensten Ausführungen sind nahezu zu Wegwerfartikeln geworden. So billig sind sie, dass sich HD-Kameras und Sensoren wie Bettwanzen verbreitet haben. Wir sind von Tausenden von Kameras umgeben, die unzählige Leute einsetzen: Sicherheitsmannschaften, Taxifahrer, Hausmeister, Telefonbesitzer, Babysitter, Promoter auf Strandpromenaden, Surfer, Vermarkter, Bürger-Reporter, Meteorologen und Dutzende andere mit schwachen Entschuldigungen für das Dauerfilmen. Nicht das Filmen selbst ist der entscheidende Faktor, sondern vielmehr die fast vernachlässigbaren Kosten des Archivierens. Das war früher so teuer,

---

* *Page Six* ist eine Regenbogenwebsite mit Klatsch über Stars aus Film, Sport, Politik etc. (A. d. Ü.).

dass das Band nach einigen Minuten oder Stunden einfach überspielt wurde. Jetzt wird alles aufbewahrt. Wir sehen und kennen einander jetzt so, wie es früher unvorstellbar war. (Man zappe sich nur einmal durch die Hunderte von sich rasch vermehrenden Reality-TV-Kanälen und die Millionen von YouTube-Posts.)

Jedes Mal, wenn wir auf einer der Seiten von Twitter, Facebook, Google, Amazon, YouTube, LinkedIn, Meetup, Foursquare, Yelp, Wikipedia bloggen, etwas laden oder abbuchen, hinterlassen wir elektronische Nuggets – manche besser sichtbar als andere – mit Hinweisen auf unsere Identität, mit wem wir zusammen sind und was wir mögen oder was uns interessiert. In gewissem Sinn tätowieren wir auf elektronischem Weg uns selbst, unsere Vorlieben und unser Leben weit umfassender und detailreicher, als es auf einer mit Tinte gestochenen Haut möglich wäre. Banal einfach anzuwenden, scheinbar harmlos, anfänglich schmerzfrei, sind diese häufigen elektronischen Tätowierungen von langer Dauer und werden uns eines Tages als beinahe Heilige, schlimme Sünder oder beides porträtieren. Elektronische Tätowierungen sind überaus leicht zu kopieren, zu reproduzieren, zu verbreiten und zu speichern. Sie werden unseren Köper lange überleben. In gewissem Sinn erfüllen sie also Borges' größte Befürchtung: Durch sie beginnen wir unsterblich zu werden.

Tätowierungen sind eine ernsthafte Festlegung. Alle Eltern wissen das. Häufig wissen es die Kinder aber nicht. Einmal gestochen, ist eine Tätowierung eine lebenslange Verpflichtung auf eine Kultur, Sache, Person, Leidenschaft, Feindschaft oder Liebe. Ohne ein öffentliches Aushängeschild, das verspricht, bis dass der Tod uns scheidet, kann man bestimmten Bevölkerungsgruppen oder Gangs nicht angehören. Manchmal gibt es nach der Tätowierung kein Verstecken mehr, und es ist schwer, wenn nicht gar unmöglich, die Seite zu wechseln. Ob am Strand, im Bett, im Klassenzimmer, am Arbeitsplatz oder in der Gefängniszelle, jedes Augenpaar urteilt und denkt, dass es weiß, wer wir sind, woran wir glauben, mit wem wir spielen. Tätowierungen verkünden öffentlich Treue, Engagement, Liebe, Hass und Dummheit. Was nach ein paar Tequilas in Las Vegas vielleicht als Symbol für eine niemals endende Romanze erschien, kann zu einer Quelle bitterer Auseinandersetzungen in den künftigen Flitterwochen werden. Multiplizieren wir nun diese Peinlichkeit, Enthüllung, vergangene Geschichte um das Tausendfache, wenn es um elektronische Tätowierungen geht. (Geben Sie »high schoolers« [Gymnasiasten] bei Google ein, und unter den ersten Suchergebnissen finden sich die Ergänzungen »making out« [Zungenkuss], »grinding« [sich beim Tanzen aneinander reiben], »in bikinis«, und »kissing«. Wollen Sie wirklich das detaillierte Video der zukünftigen Oma ohne Opa sehen?)

Unsterblichkeit und radikale Transparenz haben Konsequenzen. Wir stehen in der unmittelbaren Gefahr, dass die Welt weiß, was wir tun und was wir getan haben, und dass all das immer zugänglicher wird für die Prüfung durch unsere Kollegen, Rivalen, Chefs, Liebhaber, Familienangehörige, Verehrer genauso wie durch beliebige Fremde. Die Kameras von SceneTap informieren Sie zu jeder beliebigen Minute, wie viele Leute sich in Dutzenden von Bostoner Bars befinden, wie viele Anteile von Männern und Frauen dort sind und welches Durchschnittsalter sie haben. Das wird bald als veraltet erscheinen. Techniken zur Gesichtserkennung ermöglichen Ihnen mit einer Treffsicherheit von über 90 Prozent per Smartphone jemanden zu identifizieren, der an einer Bar steht. Fügen Sie auf Ihrem Telefon die Namenserkennung und den Standort hinzu, können Sie wahrscheinlich rasch auf eine Reihe von Details darüber zugreifen, ob diese gutaussehende Person dort drüben irgendwelche Vorstrafen hat, wo sie wohnt, was ihr Eigentum wert ist, wie hoch die Hypothek ist, erfahren ihre Präferenzen auf Yelp, ihr Google-Profil, ihren Facebook-Status, ihre Tweets, ihre Bemerkungen über ein Klassentreffen …

Diese umfassenden Aufzeichnungen unseres Lebens werden sichtbar, zugänglich und für sehr lange Zeit schwer zu löschen sein. Es ist so schmerzlos, so leicht, so billig und banal, unserer ohnehin schon sehr bunten und mit Daten übersäten elektronischen Haut eine weitere digitale Tätowierung hinzuzufügen, dass wir nur selten darüber nachdenken, was es über uns langfristig sagen könnte. Wir haben also unseren Körper, unser Image und uns selbst viel detaillierter ausgemalt als selbst die am meisten tätowierte Person auf der Erde.

Auch dann, wenn Sie den heutigen Normen und Bräuchen gemäß untadelig handelten, stellt die elektronische Unsterblichkeit immer noch eine enorme Herausforderung dar. Religionen, Ethiken, Gebräuche und dergleichen ändern sich. Was gegenwärtig einfach als geschmacklos gilt, mag von nachfolgenden Generationen ganz anders beurteilt werden: Nur vage zu wissen, dass große griechische Philosophen sexuellen Umgang mit jungen Männern hatten, ist etwas anderes, als einen direkten Zugang zu sensationslüsternen Videos im Geschichtsunterricht zu haben. Detailliertes Bildmaterial darüber, wie die Gründerväter ihre Sklaven behandelten, könnte ihre Glaubwürdigkeit ernsthaft beeinträchtigen. Die heutige Genetik hat bereits Thomas Jeffersons Kavaliersdelikte aufgedeckt und genau beschrieben. Wären die heutigen Technologien und detaillierten Geschichten vor ein paar Jahrhunderten verfügbar gewesen, hätten wir wahrscheinlich weitaus weniger anerkannte Heilige. Zweifellos werden manche Dinge, die wir heute ganz selbstverständlich tun, ganzen Klassen zukünftiger Gymnasiasten, die sich durch riesige Datenbanken des Lebens anderer Menschen trollen, als unanständig, barbarisch oder sogar kriminell erscheinen.

# Nicholas Humphrey
**Schnelles Wissen**

Darwin College, University of Cambridge; Autor von *Soul Dust: The Magic of Consciousness*

Bei einem Besuch des Basler Münsters im Jahr 1867 blieb Dostojewski wie angewurzelt vor Holbeins Bildnis des toten Christus stehen. Dem Tagebuch seiner Frau zufolge stieg er auf einen Stuhl, um das Gemälde genauer zu betrachten, und blieb dort eine gute halbe Stunde, wobei er jedes Detail in sich aufsog. Zwei Jahre später konnte er in seinem Roman *Der Idiot* eine unheimlich genaue Beschreibung des Gemäldes geben, als ob er es in seinem Geist fotografiert hätte.

Im Jahr 2013 würden wir keine solchen Anstrengungen mehr unternehmen müssen. Wir könnten das Gemälde mit einem iPhone knipsen und könnten es später auf dem Retinex-Display aufrufen. Tatsächlich müssten wir nicht einmal nach Basel reisen. Wir könnten es zu Hause auf Google Images anschauen. Und da wir gerade dabei sind, bräuchten wir nur »Dostojewski + Holbein« einzugeben, um diese Anekdote auf einem Dutzend Websites bestätigt zu finden.

Wissen, das auf Tastendruck zur Verfügung steht, kann ein großer Segen sein. Doch ich mache mir Sorgen darüber, dass es ein eintönig flaches Spielfeld erzeugt, wenn es uns alle auf eine Ebene des beispiellosen Genies erhebt. Wenn jeder von uns so viel, so leicht und genauso wie jeder andere lernen kann, laufen wir Gefahr, zu bloßen Wissenstouristen zu werden, die in 10000 Meter Höhe von einer Attraktion zur nächsten hüpfen, ohne das Gelände zu berücksichtigen, das dazwischen liegt. Direktreisen sind ebenfalls ein Segen. Aber wenn alle zu denselben Orten gehen, wenn die Ankunft, und nicht der Weg das Ziel ist, wenn unterwegs nichts Denkwürdiges passiert, befürchte ich, dass wir trotz unseres außerordentlichen Erfahrungsspektrums am Ende weniger zu sagen haben.

Früher, als wir uns wie Dostojewski bemühen mussten, wurde die Bildung, die wir ansammelten, auf welch exzentrische Weise das auch immer geschah, sowohl geschätzt als auch hochangesehen. Die Landschaft unseres Wissens zeigte Berge und Täler, flache Sandbänke und sprudelnde Geysire. Einige Teile dieses Geländes hatten wir selbst erkundet, zu anderen wurden wir geführt und hatten dafür bezahlt, wieder andere hatten wir durch glücklichen Zufall entdeckt. Aber wie auch immer wir dazu gelangten, wir waren stolz auf das, was wir wussten. Unser Wissen war das Geschenk, das wir zum Tisch der intellektuellen Auseinandersetzung mitbrachten. In einer Diskussion konnten wir es offenbaren, wann und ob wir wollten, wir konnten alles außen vor lassen, wir konnten Unwissenheit vortäuschen und uns unnahbar geben.

Wir sollten uns Sorgen darüber machen, dass diese Dimension individueller Intelligenz verschwindet und mit ihr jene Liebelei, die zur Vermählung von Ideen führt. Bald wird niemand über mehr oder weniger Kenntnisse verfügen als jeder andere. Aber es wird ein Wissen ohne Schattierungen sein, und so wie die universelle Schönheit, die das Produkt kosmetischer Operationen ist, wird es niemanden mehr erregen.

Mary Catherine Bateson
**Systematische Gedanken über das Verpacken unserer Sorgen**

Kulturanthropologin; emeritierte Professorin an der George Mason University; Gastprofessorin am Sloan Center on Aging and Work, Boston College; Autorin von *Composing a Further Life: The Age of Active Wisdom*

Dies scheint eine Gelegenheit für einige systematische Gedanken darüber zu sein, wie wir unsere Sorgen verpacken. Die meisten Menschen scheinen nur zu reagieren, wenn sie in der Lage sind, eine Gefahr zu visualisieren und mit den Opfern mitzufühlen. Das deutet darauf hin, dass wir Folgendes brauchen:

1. Einen realistischen Zeitrahmen. Gutunterrichtete Menschen erwarteten letzten Endes einen Zusammenbruch des Schahregimes im Iran, taten aber nichts, weil es kein festgesetztes Datum gab. Im Gegensatz dazu bereiteten sich viele auf den Übergang zum Jahr 2000 vor, weil der Zeitrahmen so spezifisch war.
2. Eine spezifische Sorge um jene, die Schaden erleiden werden. Liegt eine Gefahr jenseits meiner Lebenszeit, kann sie dennoch als bedeutend erscheinen, wenn sie meine Enkel bedroht. Menschen entwickeln leichter eine Empathie zu Eisbären und Walen als zu Bienen und Fledermäusen. Sie sorgen sich bei Naturkatastrophen mehr, wenn sie in Ländern geschehen, die sie schon einmal besucht haben.
3. Ein Gefühl dafür, was die nächstliegende Gefahr ist, wobei das häufig ein Abfallprodukt oder Nebeneffekt davon ist,

worüber man spricht. »Erderwärmung« war eine schlechte Bezeichnung für eine Gefahr, weil sie behaglich klingt, und selbst »Klimawandel« klingt recht neutral. Extreme Wetterbedingungen, die humanitäre Katastrophen verursachen, erhalten mehr Aufmerksamkeit. Regionale Kriege um den Zugang zu Ressourcen (Öl) oder urbarem Land springen wahrscheinlich eher ins Auge als ein paar Grad Temperaturänderung oder steigende Meeresspiegel. Es ist durchaus möglich, dass die Erderwärmung einen Atomkrieg als Nebeneffekt haben wird, aber das braucht uns nicht zu kümmern.

Es besteht Bedarf an der Erforschung der Sozialpsychologie von Furcht und Angst, die zweifellos anders aussehen wird als das, was wir über die Individualpsychologie von Furcht und Angst wissen. Beispielsweise ist es wahrscheinlich, dass ein Gefühl chronischer Bedrohung in einigen Bevölkerungsteilen ein ständiger Faktor ist. Was ist bei den Amerikanern an die Stelle der Angst vor der »roten Gefahr« getreten, und wie hat diese Ersetzung die Einstellungen zur Einwanderung oder zum Haushaltsdefizit beeinflusst? Wie wesentlich ist der Zustand der ständigen Bedrohung für die soziale Solidarität der Israelis? Wie bewusst hat die US-amerikanische Regierung die Angst vor dem Terrorismus in der US-amerikanischen Politik manipuliert? Inwiefern verdrängt die Angst vor »fremder Gefahr« die Angst vor innerstaatlicher Gewalt? Menschen brauchen wohl ein gewisses Maß an Sorgen, um effektiv zu funktionieren, ob diese Sorgen die Angst vor der Hölle oder die Angst vor den Nachbarn sind. Wenn das der Fall ist, könnte es sicherer sein, sich darüber Sorgen zu machen, dass die Red Sox den Pokal gewinnen.

# Roger Schank
## Sich Sorgen über Dummheit machen

KI-Theoretiker; Kognitionswissenschaftler; Firmenchef von SocraticArts; Autor von *Teaching Minds: How Cognitive Science Can Save Our Schools*

Ich mache mir Sorgen über Dummheit. Sie umgibt uns überall. Wenn der Kongress eine Streitfrage erörtert, scheinen beide Seiten falsch zu liegen. Schlimmer noch, unsere Volksvertreter scheinen nicht in der Lage zu sein, ein begründetes Argument vorzubringen. Ein Kandidat nach dem anderen sagte bei den letzten Wahlen Dinge, für die es absolut keine Belege gab. Anhänger dieser Kandidaten konnten in der Regel nicht zusammenhängend erklären, wofür sie wirklich eintraten.

Oder betrachten wir die Erfahrungen beim telefonischen Kundenservice, wo es klar ist, dass die Person, mit der Sie sprechen, von einem Skript abliest und nicht in der Lage ist, davon abzuweichen, weil sie einfach nicht weiß, worüber sie spricht.

Unsere Highschool-Absolventen sind ausgezeichnet im Bestehen von Tests. Eine Geschichte nach der anderen kommt ans Tageslicht, in der darüber berichtet wird, wie selbst in den besten Schulen geschummelt wird und dass sogar Lehrer daran beteiligt sind. Niemand fragt, was die Schüler nach ihrem Abschluss zu leisten imstande sind, weil niemandem etwas daran liegt. Wir machen uns nur Sorgen darüber, was sie auswendig gelernt haben. Ich mache mir Sorgen darüber, ob sie denken können. Sprechen Sie mit einem frischgebackenen Absolventen, und finden Sie heraus, ob sie es können.

Ich mache mir Sorgen darüber, dass junge Leute nicht mehr miteinander sprechen. LOL und OMG machen noch kein Gespräch aus. Es sind Gespräche, die Überzeugungen in Frage stellen, und nicht Emoticons.

Ich mache mir Sorgen darüber, dass die Nachrichten zu einem Sprachrohr für Ansichten geworden sind, die von ihren Hörern leicht nachgeplappert werden können, weil niemand denkt, dass er denken muss. Überzeugungen zu hinterfragen ist kein Bestandteil der Funktion von Nachrichten mehr.

Ich mache mir Sorgen darüber, dass wir aufgehört haben, »Warum?« zu fragen, und daher aufgehört haben, Antworten liefern zu müssen. Wir sagen, dass wir mehr Mathematik und Naturwissenschaft in der Schule brauchen, und fragen nicht, warum. Wir sagen, dass wir mehr Soldaten und Waffen brauchen, und fragen nicht, warum. Wir sagen, dass ein rezeptpflichtiges Medikament Wunder wirkt, aber wir fragen nicht, was wir wirklich über seine Nebenwirkungen wissen.

Wir verherrlichen die Dummheit in TV-Shows, die zeigen, was für Dummheiten Menschen begehen, damit wir alle über sie lachen können. Wir verherrlichen Menschen, die gut singen können, aber nicht jene, die gut denken können. Wir produzieren eine TV-Show nach der anderen, die zeigt, dass man durch schlechtes Benehmen reich und berühmt wird. Die Tatsache, dass die meisten Wortwechsel in diesen Shows gedankenlos erfolgen und ohne das Bedürfnis, Meinungen durch Belege zu stützen, scheint niemanden zu stören.

Ich mache mir Sorgen darüber, dass hinter dieser Verherrlichung der Dummheit und der Weigerung, angestrengt über wirkliche Probleme nachzudenken, große Unternehmen stehen, die damit eine Menge Geld verdienen. Die Leute, die rezeptpflichtige Medikamente verkaufen, wollen nicht, dass man fragt, wie das Medikament wirkt oder wie die klinischen Tests verliefen oder welchen Schaden es verursachen könnte. Die Leute, die über Ausgabenkürzungen reden, wollen nicht, dass man fragt, warum sie nie über Kürzungen im Verteidigungshaushalt oder Kürzungen der gigantischen Summen sprechen, die wir anderen Ländern geben. Die Leute, die Unternehmen leiten, die aus der Bildung Profit schlagen, wollen nicht, dass irgendjemand fragt, ob es nicht schon genug arbeitslose promovierte Naturwissenschaftler und Mathematiker gibt; sie wollen einfach nur mehr Prüfungen abnehmen und mehr Material für die Prüfungsvorbereitungen verkaufen. Die Leute, die Universitäten leiten, wollen nicht, dass irgendjemand fragt, ob eine Hochschulausbildung für die Mehrheit der Bevölkerung wirklich notwendig ist oder an der Mehrheit unserer Hochschulen überhaupt ordentlich gewährleistet wird. Die Leute, die Nachrichtendienste leiten, haben eine bestimmte Agenda, und die erzeugt keine guten Denker, die verstehen, was in der Welt vor sich geht.

Daher mache ich mir Sorgen darüber, dass Menschen nicht denken können, keine Schlussfolgerungen anhand von Belegen ziehen können und nicht einmal wissen, was solche Belege wären. Man weiß nicht, wie man die richtigen Fragen stellen soll, und noch viel weniger, wie sie zu beantworten wären. Und ich mache mir Sorgen darüber, dass niemand, mit Ausnahme einiger sehr guter Lehrer, die sehr wenig geschätzt werden, versucht, andere das Denken zu lehren.

Ich mache mir Sorgen darüber, dass wir als Gesellschaft weiterhin Entscheidungen treffen werden, die dümmer und dümmer sind, und dass niemand mehr da sein wird, der klug genug ist, um diese schlechten Entscheidungen zu erkennen, oder in der Lage ist, etwas gegen sie zu tun.

# Luca De Biase
# Die kulturellen und kognitiven Konsequenzen der Elektronik

Vorsitzender der Fondazione Ahref; wissenschaftlicher Leiter
der Digital Accademia; Gastdozent für neue Medien und
Journalismus an der Libera Università di Lingue e
Comunicazione IULM, Mailand

Vor 60 Jahren schrieb der italienische Dichter Giuseppe
Ungaretti über die kulturelle Zukunft der Elektronik. Als junger Dichter war Ungaretti vor dem Ersten Weltkrieg kurzfristig von der Bewegung des Futurismus fasziniert gewesen, und
es war ihm sehr ernst mit dem »poetischen« Rhythmus der
Mechanik und der Ästhetik bei technischen Entdeckungen
gewesen. Aber nach dem Zweiten Weltkrieg, im Alter von
65 Jahren, war er besorgt. In der Vergangenheit, schrieb er,
folgte die Technik der menschlichen Vorstellungskraft, aber
in der Zukunft würden die gewaltigen technischen Leistungen, angeführt von der Elektronik, schneller vor sich gehen als
die menschliche Vorstellungskraft; daher wäre es möglich, dass
die Menschheit schließlich dahin kommt, wie Maschinen zu
denken und die Fähigkeit zum Fühlen, zur Liebe und zur
Angst zu verlieren.

In letzter Zeit haben viele Gelehrte diesen Dingen mehr als
nur einen Gedanken gewidmet. Es war eine fruchtbare Debatte, die alles Mögliche berührte, von der Art und Weise, wie
Suchmaschinen unsere Lernstrategien ändern, über die Über-
zeugungseffekte des Schnittstellendesigns bis hin zur Art und
Weise, wie manche offenen Plattformen unsere Tendenz zur
Kooperation anstatt zur Konkurrenz steigern. Aber nach all

diesen Gedanken sind wir paradoxerweise sowohl gelangweilt als auch besorgt. Die Innovation bei den digitalen Technologien bewegt sich mit einem so hohen Tempo, dass wir immer mehr Untersuchungen zu den kulturellen und kognitiven Konsequenzen der Elektronik brauchen. Damit diese Untersuchungen ihr Ziel erreichen, müssen sie sich auf langfristige Veränderungen konzentrieren, was bedeutet, das Problem, wie Ungaretti vorschlug, auf eine holistischere und weniger deterministische Weise zu definieren.

Wie können wir über unser Denken nachdenken, ohne dass sich unser Geist in unseren Kommunikationsmitteln verfängt? Die Mediensphäre ist eine Art von Umgebung, in der die meisten Informationen und das meiste Wissen leben und sich entwickeln. Und das »Informationsökosystem« ist eine fruchtbare Metapher, um einer solchen Medienumgebung einen Sinn abzugewinnen. Diese Metapher hilft Mediologen dabei, die Koevolution von Ideen und Plattformen zu verstehen. Sie funktioniert, wenn man die Bedeutung der Diversität in der Mediensphäre betonen möchte. Und sie führt dazu, die Medien als komplexes System zu betrachten.

Aber während die Metapher des Informationsökosystems an Popularität gewinnt, erzeugt sie auch eine Reihe ungelegener Analogien. So beginnen wir beispielsweise, nach einer »Informationsökologie« zu suchen, und wir machen uns über langfristige Tendenzen Sorgen. Das führt uns dazu, spezifische Probleme über die Risiken von Monokulturen zu definieren, die mögliche Entwicklung von informationsverschmutzenden Agentia, die Existenz nichtnachhaltiger Medienpraktiken. Dieser Ansatz kann nützlich sein, wenn wir uns nicht dazu hinreißen lassen, die Metapher falsch zu interpretieren. Wissenschaft, Wirtschaft, Politik, Unterhaltung und sogar soziale Beziehungen wachsen in der Mediensphäre. Und Ideologien, Fehlinformationen und Aberglaube entwickeln sich ebenfalls im Informationsökosystem. Wir können uns die Informationsverschmutzung nicht im Sinne von »schlechten Inhalten« vorstellen, weil niemand sie so definieren kann, ebenso

wie niemand irgendeine Lebensform in einem Ökosystem als
»schlecht« definieren kann. Die Informationsverschmutzung
betrifft nicht den Inhalt, sie betrifft eher den Prozess. Sie bezieht sich auf die Erhaltung eines kulturellen Gleichgewichts.
Wonach suchen wir dann genau?

Wir suchen nach Möglichkeiten, um unserer Vorstellungskraft freien Lauf zu lassen, neue Ideen zu äußern, auf eine
Weise zu denken, die nicht nur durch die Logik und die Anreize der Mediensphäre erklärt wird. Wie lässt sich das erreichen? Die Dichtung ist eine Art von Forschung, die helfen
kann. Digitale Humanwissenschaften sind ein Pfad zur Steigerung unserer Fähigkeit, anders zu denken. Wir müssen eine
Erkenntnistheorie der Information entwickeln.

Wissen soll uns befreien, vorausgesetzt, wir bewahren unsere Fähigkeit zu entscheiden, was wichtig ist, unabhängig davon, was von der Plattform, die wir benutzen, als wichtig definiert wird. Die Freiheit, sich auszudrücken, ist nicht nur die
Menge verschiedener Ideen, die in Umlauf sind (deren Reichtum nie so groß war wie heute). Die Freiheit, sich auszudrücken, bezieht sich auch auf Entscheidungen, die uns gestatten,
Ideen auszuwählen, die besser sind als andere, um unsere Fähigkeit des Zusammenlebens zu verbessern.

Wir sollten uns Sorgen darüber machen, wie wir es anstellen, die Weisheit zu erwerben, die uns ermöglicht, Entwicklungen zu steuern, wenn wir unsere Fähigkeit verbessern, kostengünstig menschliches Gewebe herzustellen, synthetische
Gehirne zu kultivieren, Roboter zu haben, die sich um unsere
alternden Eltern kümmern, das Internet für die Ausbildung
unserer Kinder sorgen zu lassen. Ungaretti hätte vielleicht gedacht, dass nur ein von einem digitalen Bewusstsein geprägter
Name für Ethik, Ästhetik und Poesie nötig sei.

# Nassim Nicholas Taleb
## Was wir von Feuerwehrleuten lernen: Wie dick sind die dicken Enden?

Distinguished Professor für Risikomanagement am NYU Polytechnic Institute; Autor von *Antifragilität: Anleitung für eine Welt, die wir nicht verstehen*

Vor acht Jahren zeigte ich mit Hilfe von 20 Millionen Daten zu sozioökonomischen Variablen (etwa alle Daten, die damals zur Verfügung standen), dass die gegenwärtigen Werkzeuge in der Ökonomie und Ökonometrie immer dann nicht funktionieren, wenn große Abweichungen oder »Schwarze Schwäne« auftreten. Es gab jedoch ein gewaltiges, heikles Problem. Einfach gesagt, eine Beobachtung unter 10000 – d.h. ein Tag in 40 Jahren – kann die »Wölbung« der Häufigkeitsverteilung erklären, ein Maß für das, was wir »dicke Enden« nennen, d.h. wie stark die jeweilige Verteilung von der Gauß-Verteilung abweicht, oder die Rolle unwahrscheinlicher Ereignisse für die Bestimmung der Gesamteigenschaften. An der US-amerikanischen Börse bestimmte ein einziger Tag, der Crash von 1987, 80 Prozent der Wölbung. Das gleiche Problem findet man bei Zinssätzen und Wechselkursen, Rohstoffen und anderen Variablen. Das Problem ist nicht allein, dass die Daten »dicke Enden« hatten – etwas, das man zwar wusste, aber irgendwie vergessen wollte –, sondern besteht auch darin, dass wir nie in der Lage sein werden zu bestimmen, wie »dick« die Enden sind. Niemals.

Die Implikation ist, dass diejenigen Werkzeuge, die in der Ökonomie verwendet werden und auf der Quadrierung von Variablen beruhen (technischer ausgedrückt, auf der euklidischen oder L-2-Norm), wie etwa die Standardabweichung, Varianz, Korrelation, Regression oder der Risikobetrag – die Art von Dingen, die man in Lehrbüchern findet –, *wissenschaftlich* nicht valide sind (außer in einigen seltenen Fällen, in denen die Variable beschränkt ist). Die sogenannten »p-Werte«, die man in Untersuchungen findet, haben bei ökonomischen und Finanzvariablen keine Bedeutung. Selbst die raffinierteren Techniken der Wahrscheinlichkeitsrechnung, die in der Finanzmathematik verwendet werden, funktionieren in der Ökonomie nicht, außer in ausgewählten Nischen.

Die Ergebnisse der meisten Aufsätze in der Ökonomie, die auf diesen statistischen Standardmethoden beruhen – die Art von Dingen, die man in Statistikkursen lernt –, können daher nicht mit einer Replikation rechnen, und tatsächlich lassen sie sich auch nicht replizieren. Außerdem laden diese Werkzeuge dazu ein, törichte Risiken einzugehen. Auch alternative Techniken ergeben keine zuverlässigen Maße für seltene Ereignisse, außer dass wir einschätzen können, ob ein unwahrscheinliches Ereignis unter Preis fungiert, ohne ihm jedoch einen genauen Wert zuordnen zu können.

**Belege**

Die Geschichte nahm folgende deprimierende Wendung: Ich stellte diese Belege – in Ergänzung zu mathematischen Apriori-Ableitungen, die die Unmöglichkeit bestimmter statistischer Behauptungen nachwiesen – als Begleitmaterial für *Der schwarze Schwan* zusammen. Die Aufsätze standen jahrelang im Internet, wurden auf *Edge* veröffentlicht (ironischerweise erfolgte die *Edge*-Veröffentlichung nur wenige Stunden, bevor der Bankrott von Lehman Brothers verkündet wurde). Sie wurden zigtausendmal auf SSRN (Social Science Research Network) heruntergeladen. Obendrein wurde eine technische Version in einer von Fachkollegen begutachteten Statistik-Zeitschrift veröffentlicht.

Ich dachte, dass die Geschichte an diesem Punkt abgeschlossen sei und man die Belege beachten würde; schließlich hielt ich mich an die genauen Regeln wissenschaftlicher Offenlegung, Kommunikation und Überlassung von Belegen. Nichts geschah. Und es wurde noch schlimmer: *Der schwarze Schwan* wurde millionenfach verkauft, und nichts geschah. Es kann also nicht sein, dass die Ergebnisse nicht angemessen verbreitet wurden. Ich sagte sogar (zweimal) vor einem Kongresskomitee aus. Es gab sogar eine gottverdammte, vom Modell verursachte Finanzkrise, und nichts geschah. Die einzigen Entgegnungen, die ich erhielt, lauteten, ich würde mich »wiederholen«, sei »egozentrisch«, »arrogant«, »wütend« oder etwas noch weniger Stichhaltiges, und hatten zum Ziel, den Boten zu dämonisieren. Niemandem gelang es zu erklären, warum es *keine* Scharlatanerie, *kein* regelrechter wissenschaftlicher Betrug sei, diese Techniken anzuwenden.

### Das Fehlen von Eigeninteresse

Die Sache wurde mir klar, als ich eines Tages eine Nachricht von einem Feuerwehrmann erhielt. Darin erklärte er, dass er meine Ideen zu Risiken, die die Enden einer Verteilung betreffen, äußerst leicht verständlich fand. Seine Frage war: Wie kommt es, dass Risiko-Gurus, Akademiker und Konstrukteure von Finanzmodellen das nicht kapieren?

Nun, die Antwort sprang mir direkt ins Auge: Sie lag in der Nachricht selbst. Der Mann konnte es sich als Feuerwehrmann nicht leisten, Risiken und statistische Eigenschaften misszuverstehen. Er würde durch seinen Fehler direkten Schaden erleiden. Mit anderen Worten, er hat ein Eigeninteresse. Und darüber hinaus ist er ehrenhaft, weil er sein Leben für andere riskiert, und nicht andere um seinetwillen Risiken eingehen lässt.

Die Grundursache für diesen Modellbetrug muss also das Fehlen von Eigeninteresse sein – in Kombination mit zu viel Geld und Macht, die auf dem Spiel stehen. Wenn die Modellkonstrukteure und die Leute, die Vorhersagen machten, durch ihre Fehler selbst Schaden erlitten hätten, wären sie aus dem Genpool ausgeschieden worden – oder hätten das Niveau ihrer

Moral angehoben. Jemand anders (die Gesellschaft) zahlt den Preis für die Fehler. Das akademische Metier besteht darin, dass man ein Spiel spielt, die Herausgeber »angesehener« Zeitschriften zufriedenstellt oder »viel zitiert« wird. Wenn man sie darauf anspricht, bieten sie die nihilistische Verzerrung an, man müsse »ja irgendwo anfangen« – womit sich auch die Astrologie als Grundlage für Wissenschaft rechtfertigen ließe. Und die ganze Sache ist unglaublich zirkulär: Ein »erfolgreiches Promotionsprogramm« ist eines, das »gute Ergebnisse« auf dem »Arbeitsmarkt« für Akademiker erzielt. An einer bestimmten Wirtschaftshochschule, wo ich mich weigerte, Risikomodelle und »moderne Portfolio-Theorie« zu unterrichten, wurde mir unverblümt gesagt, meine Aufgabe als Professor bestünde darin, dafür zu sorgen, dass die Studenten Stellen fänden. Ich finde das alles äußerst unmoralisch – unmoralisch, aus Profitgier Schaden anzurichten. *Primum non nocere* (Zuallererst soll man keinen Schaden zufügen).

Nur eine Vorschrift von Eigeninteresse – d. h. direkter Schaden aufgrund der eigenen Fehler – kann den Spielaspekt solcher Forschungen durchbrechen und eine gewisse Form des Kontakts mit der Wirklichkeit herstellen.

# Bart Kosko
## Laternenlicht-Wahrscheinlichkeiten

Informatiker und Professor für Elektrotechnik und Jura an der University of Southern California; Autor von *Noise*

Wir sollten uns Sorgen darüber machen, dass ein Großteil unserer Wissenschaft und Technik noch immer bloß fünf Hauptmodelle für Wahrscheinlichkeit benutzt, obwohl es mehr Wahrscheinlichkeitsmodelle als reelle Zahlen gibt. Ich bezeichne sie als *Laternenlicht*-Wahrscheinlichkeiten. Diese Wendung bezieht sich auf den alten Witz über den Betrunkenen, der irgendwo im Dunkeln seine Schlüssel verloren hat und unter der Straßenlaterne nach ihnen sucht, weil es dort hell ist.

Die fünf Laternenlicht-Wahrscheinlichkeiten erklären einen großen Teil der beobachteten Welt. Sie haben einfache, geschlossene Definitionen. Daher sind sie leicht zu lehren. Schlagen Sie irgendein Buch über Wahrscheinlichkeit auf, und Sie werden sie finden. Wir haben eine Menge Theoreme mit Bezug auf sie bewiesen. Und sie lassen sich auf viele andere geschlossene Wahrscheinlichkeiten verallgemeinern, die ebenfalls einen großen Teil der Welt zu erklären scheinen, und finden Eingang in Modelle der wirklichen Welt vom Finanzwesen über die Kommunikationstechnik bis zur Reaktortechnik.

Aber wie genau sind sie? Wie gut entsprechen sie den Tatsachen, anstatt einfach nur die schwierige Aufgabe der Auswahl eines guten Zufallsmodells der Welt zu vereinfachen?

Ihre praktische Anwendung geht selten mit einem statistischen Hypothesentest einher, der ein objektives Maß dafür liefern kann, wie gut die Annahme einer Laternenlicht-Wahrscheinlichkeit mit den vorliegenden Daten übereinstimmt. Und jedes Modell ist mit ausdrücklichen technischen Bedingungen verknüpft, die die Daten erfüllen müssen. Doch die Daten verletzen diese Bedingungen in der Praxis regelmäßig.

Jeder kennt die erste Laternenlicht-Wahrscheinlichkeit: die normalverteilte Glockenkurve. Tatsächlich meinen die meisten Menschen, dass die normalverteilte Glockenkurve *die* Glockenkurve ist. Aber es gibt ganze Familien von Glockenkurven mit dickeren Enden, die ein breites Spektrum von ansonsten unwahrscheinlich »seltenen« oder »Schwarzer Schwan«-Ereignissen erklären, je nach dem, wie dick die Enden sind. Dabei wird immer noch angenommen, dass die Glocke regelmäßig oder symmetrisch ist. In den meisten Lehrbüchern findet man diese Glockenkurven aber einfach nicht.

Es gibt auch einen einfachen Test für eine solche »Normalität« mit dünnen Enden in Zeitreihendaten, wie etwa die Entwicklung von Preisen oder Proben menschlicher Rede: Alle höherstufigen Kumulanten des Prozesses müssen null sein. Eine Kumulante ist ein besonderer Durchschnittswert des Prozesses. Wenn man sich die höherstufigen Kumulanten eines angeblich normalverteilten Prozesses anschaut, findet man in der Regel immer das Gleiche: Sie sind nicht alle null. Also kann der Prozess nicht normalverteilt sein. Doch im Laternenlicht machen wir weiter und nehmen an, dass der Prozess trotzdem normalverteilt ist – zumal so viele andere Forscher unter ähnlichen Umständen das Gleiche tun. Das kann zu einer ernstlichen Unterschätzung des Auftretens seltener Ereignisse führen, wie etwa Kreditausfällen. Genau das geschah in den Analysemodellen der jüngsten Finanzpanik, als Finanzingenieure eine Möglichkeit fanden, die Kurve der Normalverteilung auf komplexe, miteinander korrelierte Derivate anzuwenden.

Die zweite und die dritte Laternenlicht-Wahrscheinlichkeiten sind das Poisson-Modell und das Modell exponentieller

Wahrscheinlichkeit. Poisson-Wahrscheinlichkeiten modellieren zufällige Zählereignisse, wie z.B. die Anzahl von Treffern auf einer Website oder die Zahl der Autos, die auf eine Autobahn einfädeln, oder die Zahl der Regentropfen, die auf einen Bürgersteig fallen. Exponentielle Wahrscheinlichkeiten modellieren, wie lange es bis zum nächsten Poisson-Ereignis dauert – wie lange es dauert, bis der nächste Kunde zur Tür hereinkommt oder der nächste Regentropfen aufs Pflaster fällt. Das lässt sich dahin verallgemeinern, wie lange man auf die nächsten zehn Internettreffer oder die nächsten zehn Regentropfen warten muss. Die moderne Warteschlangentheorie beruht auf diesen beiden Laternenlicht-Wahrscheinlichkeiten. Es geht immer um die Wartezeiten auf Poisson-Ereignisse in Warteschlangen. Und somit beruht das Internet selbst auf diesen beiden Laternenlicht-Wahrscheinlichkeiten.

Aber Poisson-Modelle haben eine Achillesferse: Ihre Durchschnitte müssen gleich ihren Varianzen (Streuungen um ihre Mittelwerte) sein. Auch das ist in der Praxis regelmäßig nicht der Fall. Exponentielle Modelle haben ein ähnliches Problem; ihre Varianzen müssen dem Quadrat ihrer Mittelwerte gleich sein. Das ist eine feinkörnige Beziehung, die in der Praxis ebenfalls selten erfüllt ist und in den meisten Fällen nur bis zu einem unscharfen Grad gilt. Ob die Annäherung gut genug ist, ist eine Sache der Beurteilung – die vom Laternenlicht jedenfalls sehr erleichtert wird.

Die vierte Laternenlicht-Wahrscheinlichkeit ist das Modell einheitlicher Wahrscheinlichkeit. Jeder kennt auch das Einheitsmodell, weil es der Sonderfall ist, in dem alle Ergebnisse gleich wahrscheinlich sind. Es entspricht genau dem, was der Laie sich darunter vorstellt, etwas »zufällig« zu tun, wie z.B. Strohhalme zu ziehen oder einen nummerierten Tischtennisball aus einem Bingomischer zu ziehen. Aber Strohhalme haben unterschiedliche Längen und Dicken, und deshalb sind die Wahrscheinlichkeiten, mit denen sie gezogen werden, wahrscheinlich nicht genau gleich. In der Praxis wird es immer schwieriger, gleich wahrscheinliche Ergebnisse zu produzieren, wenn die Zahl der Ergebnisse zunimmt. Es ist sogar eine theoretische Tatsache, dass man wegen der Eigenart der Unendlichkeit nicht zufällig eine ganze Zahl aus der Menge der ganzen Zahlen ziehen kann. Daher ist es hilfreich, sich auf die allgemeine Praxis unter dem Laternenlicht zu berufen und einfach anzunehmen, dass die Ergebnisse alle gleich wahrscheinlich sind.

Die fünfte und letzte Laternenlicht-Wahrscheinlichkeit ist das binomiale Wahrscheinlichkeitsmodell. Es beschreibt die kanonische Zufallsmetapher des Münzwurfs. Das binomiale Modell verlangt binäre Ergebnisse wie Kopf oder Zahl und verlangt außerdem unabhängige Versuche oder Würfe. Die Wahrscheinlichkeit eines Kopfwurfs muss ebenfalls von einem Wurf zum nächsten gleich bleiben. Das scheint recht einfach zu sein. Aber es kann schwierig zu akzeptieren sein, dass der nächste Wurf einer ungezinkten Münze ebenso wahrscheinlich Kopf wie Zahl ist, wenn die vorherigen drei unabhängigen Münzwurfergebnisse alle Kopf waren.

Selbst die Eingeweihten kratzen sich am Kopf angesichts des Verhaltens der binomialen Wahrscheinlichkeit. Betrachten wir einen ungezinkten Groschen. Ungezinktheit bedeutet hier, dass der Groschen die gleiche Wahrscheinlichkeit hat, bei einem Wurf mit Kopf oder Zahl oben zu landen (und folglich beschreibt die vierte Laternenlicht-Wahrscheinlichkeit dieses elementare Ergebnis). Die Wahrscheinlichkeit von Kopf ist $1/2$. Werfen Sie jetzt den Groschen mehrmals. Dann beantworten Sie folgende Frage: Ist es wahrscheinlicher, dass Sie dreimal Kopf bei sechs Münzwürfen erhalten, oder ist es wahrscheinlicher, dass Sie dreimal Kopf bei nur fünf Münzwürfen erhalten? Die richtige Antwort ist: weder noch. Die Wahrscheinlichkeit für dreimal Kopf ist in beiden Fällen genau $5/16$. Das ist kaum intuitiv einleuchtend, folgt aber unmittelbar aus der Zählung aller möglicher Ergebnisse.

Laternenlicht-Wahrscheinlichkeiten haben sich als besonders enge Beschränkung für moderne Bayes'sche Schlussverfahren erwiesen. Das ist enttäuschend, und zwar sowohl angesichts der Explosion moderner Bayes'scher Berechnungen als auch der weitverbreiteten Ansicht, dass das Lernen selbst eine Form der Anwendung von Bayes' Theorem ist, um Überzeugungen zu aktualisieren, wenn man neue Daten oder Belege bekommt. Bayes' Theorem zeigt, wie man die Wahrscheinlichkeit einer logischen Umkehrung berechnet. Es zeigt, wie man die Wahrscheinlichkeit von Lungenkrebs bei einer Biopsie anpasst, wenn wir wissen, was die Grundwahrscheinlichkeit von Lungenkrebs ist und die Wahrscheinlichkeit, dass wir eine solche Biopsie bei einem Patienten beobachten würden, der tatsächlich Lungenkrebs hat. Aber nahezu alle Bayes'schen Modelle schränken diese Wahrscheinlichkeiten nicht nur auf die bekannten Laternenlicht-Wahrscheinlichkeiten ein. Sie schränken sie weiter ein, so dass sie eine sehr restriktive »Konjugationsbeziehung« erfüllen. Das Ergebnis hat einen Großteil moderner Bayes'scher Berechnungen in eine selbstgeschaffene Zwangsjacke gesteckt.

Die Konjugation ist verlockend. Angenommen, die Wahrscheinlichkeit für Krebs ist normalverteilt. Nehmen wir außerdem an, dass die bedingte Wahrscheinlichkeit der Biopsie unter der Voraussetzung von Krebs normalverteilt ist. Diese beiden Wahrscheinlichkeiten sind konjugat. Dann geschieht etwas, das wie mathematische Magie aussieht. Die gewünschte Wahrscheinlichkeit von Lungenkrebs unter der Voraussetzung der Wahrscheinlichkeit der Biopsie ist selbst eine normalverteilte Wahrscheinlichkeitskurve. Und so wird eine Normalverteilung mit einer Normalverteilung konjugiert, um eine neue Normalverteilung zu produzieren. Das gestattet uns, dieses neue normalverteilte Modell als gegenwärtige Schätzung von Lungenkrebs zu nehmen und den Prozess dann bei einer neuen Biopsie zu wiederholen.

Der Computer kann Hunderte und Tausende solcher datenbasierten Iterationen berechnen, und das Ergebnis wird immer eine normalverteilte Glockenkurve sein. Ändert man jedoch eine der beiden normalverteilten Inputkurven, dann wird das Ergebnis im Allgemeinen nicht normalverteilt sein. Daraus entsteht ein perverser Anreiz, innerhalb des Laternenlichts zu bleiben und weiterhin eine Normalverteilungskurve mit dünnen Enden anzunehmen, um sowohl die Daten als auch unsere Überzeugungen zu beschreiben. Dasselbe geschieht, wenn wir versuchen, die Wahrscheinlichkeit von Kopfwürfen bei einer gezinkten Münze zu schätzen, und dabei die Binomialverteilung und eine Betakurve verwenden, die die Einheitsverteilung verallgemeinert. Und eine ähnliche Konjugationsbeziehung besteht zwischen Poisson-Wahrscheinlichkeiten und Exponentialen und ihren Verallgemeinerungen auf Gamma-Wahrscheinlichkeiten. Wir haben also drei grundlegende Konjugationsbeziehungen. Die meisten Bayes'schen Anwendungen nehmen irgendeine Form einer dieser drei Beziehungen an – und fast immer zum Zweck der leichteren Berechnung oder um mit der allgemeinen Praxis übereinzustimmen.

Auf diese Weise lässt sich keine Revolution bei der Berechnung von Wahrscheinlichkeiten durchführen.

# Richard Foreman
## Die Welt, wie wir sie kennen

Dramatiker und Regisseur; Gründer des Ontological-Hysteric Theater

Die Antworten auf die diesjährige *Edge*-Frage befassen sich mit Problemen dieser Welt oder des gegenwärtigen Diskurses, die meines Erachtens letztendlich weder durch unmittelbares Denken noch unmittelbares Handeln korrigiert werden können. Die Zeit wird natürlich die Parameter verändern, worin diese Probleme verortet sind, und sie werden von neuen, sich entwickelnden Parametern absorbiert oder überflügelt werden, die schließlich zu ihrer Auflösung führen werden. Selbst wenn mit »dem Ende der Welt« gedroht wird, so wird auch das zu einem anderen Zustand führen – was vielleicht unvorstellbar ist, aber selbst als vage Anspielung werden wir Menschen es als jenseits des Vorstellbaren und als nicht wünschenswert abtun. Aber diese verständliche Zurückweisung geht aus derselben psychischen Grundlage hervor, die von dem Ausdruck »Sich-Sorgen-Machen« impliziert wird, dem Dreh- und Angelpunkt der diesjährigen Frage.

Man kann sagen, dass das »Sich-Sorgen-Machen« als Mittel aufgefasst werden kann, sich auf ein bestimmtes Problem zu konzentrieren. Aber gerade der Akt der Auswahl eines Problems aus den vielen vorhandenen stellt die Falle auf, in die wir in dem Moment hineingehen, in dem wir über die Welt nachzudenken anfangen. Wir sollten uns tatsächlich nicht über ein einzelnes ausgewähltes Problem, sondern über *alle möglichen* Probleme Sorgen machen.

Am wichtigsten ist jedoch Folgendes: Was bedeutet »Sich-Sorgen-Machen« anderes als der unvermeidliche Sturz in das menschliche Bewusstsein, das den Geist fokussiert – und dabei zwangsläufig Wissenschaft, Politik und alles andere in *der Welt, wie wir sie kennen*, hervorbringt. Es scheint keine verantwortungsvolle Alternative zu geben; tatsächlich ist es die einzige historische Alternative zum unrühmlichen, »glückseligen« Zustand der Passivität und Ferne von der wirklichen Welt, wie wir sie durch unsere streng konditionierten Mechanismen kennen.

Vielleicht – vielleicht aber auch nicht. Ich weise nicht nur auf unterdrückte mystische Traditionen hin – und auf akzeptablere Philosophen, wie etwa Heidegger und phänomenologisch orientierte Zeitgenossen –, sondern vor allem auf meine frühe akademische Inspiration in der Kunsttheorie, nämlich Anton Ehrenzweigs große Werke *Ordnung im Chaos* und *The Psychoanalysis of Artistic Vision and Hearing*. Ehrenzweig weist nach, wie Künstler in vielen Disziplinen und in vielen verschiedenen historischen Epochen nicht aus der normalen fokussierten Sichtweise heraus operieren, sondern aus einer weitwinkligen, unfokussierten Wahrnehmung heraus – und entdeckte danach bald ähnliche, teils verborgene Thesen in anderen »offiziellen« abendländischen Gedankensystemen. Aber wie bezieht sich die Theorie auf Probleme der wirklichen Welt von der Art, über die wir uns jetzt Sorgen machen sollen? Nun, eine Defokussierung von zwanghaft besorgniserregenden Problemen führt häufig zum plötzlichen Auftauchen einer Lösung, wo frühere, zielgerichtete Anstrengungen oft gescheitert sind (Heureka! – Poincaré usw.).

Worüber sollten wir uns also Sorgen machen? Vielleicht über die Unfähigkeit, mit dem Sich-Sorgen-Machen aufzuhören, wenn das Aufhören (ganz alleine nach ordentlicher Vorbereitung durch Konzentration und »Sorgen«) zu einer plötzlichen Vision führen kann.

Ja, es ist knifflig. Und schwierig. Und manchmal ein beängstigendes Risiko – alles, was wir »wissen«, aufzugeben, wo es doch das »Wissen« ist, das das unkontrollierbare Virus der Sorge hervorbringt. Aber ich behaupte, dass die diesjährige Frage ein verborgener Trick ist. Ich bin mir zwar sicher, dass das nicht die Absicht war, aber ich sehe sie als Fangfrage für ein halb brillantes, halb schlafendes menschliches Bewusstsein.

# James J. O'Donnell
## Sich Sorgen machen – die moderne Leidenschaft

Altphilologe, Universitätsprofessor an der Georgetown University; Autor von *The Ruin of the Roman Empire*

Sich Sorgen zu machen ist eine Sorge. Ein ernsthaftes Problem identifizieren und rational handeln, um es zu analysieren und zu mildern: ausgezeichnet. Ein ernsthaftes Problem identifizieren, alle möglichen Schritte unternehmen, um es zu mildern, und erkennen, dass man nicht mehr tun kann: ausgezeichnet.

Aber sich Sorgen um etwas zu machen ist eine moderne Leidenschaft. Um sich ordentlich Sorgen zu machen, sollte man es in Gruppen tun, in großen Gruppen; man sollte etwas identifizieren, das geschehen könnte, aber nicht geschehen muss; man sollte vergessen, Daniel Kahnemans *Schnelles Denken, Langsames Denken* zu lesen; und man sollte sich mit dem Thema beschäftigen und versuchen, Angst bei sich selbst und vor allem bei anderen zu schüren; man sollte ganz sicher gehen, dass man keine rationale (besonders quantitative) Analyse durchführt oder die Arbeiten von Leuten beachtet, die solche Analysen machen; und man sollte sich jeglicher Handlung enthalten, die das Problem zum Verschwinden bringen könnte.

Ihre Angst wird schlussendlich verschwinden, weil das Problem höchstwahrscheinlich verschwinden wird; oder vielleicht werden sich Ihre Befürchtungen erfüllen, und Sie werden an einem anderen Ort sein; oder Sie werden tot sein. Sie werden Ihr Unglücklichsein und Ihr Stressniveau maximiert haben und mit ein bisschen Glück auch das der anderen, ohne etwas dafür zu gewinnen.

Die Menschen des Altertums kannten dieses Verhalten natürlich, und die Griechen nannten es *deisidaimonia* und die Lateiner *susperstitio*. Sie gebrauchten diese Wörter, um ein Verhalten zu bezeichnen, das zu nichts Gutem führt. Wir haben das letztere Wort zwar entlehnt, aber es nur sehr beschränkt angewandt, nämlich auf Tätigkeiten, bei denen die Angst vor dem vorgestellten Göttlichen kriecht. Die Menschen des Altertums brauchten keine umfassendere Kategorie, weil man dem allgegenwärtigen Göttlichen die Schuld für alles geben konnte. Wir haben noch kein besseres Wort zur Bezeichnung des allgemeinen Kriechens vor dem, was unsere eigenen Vorstellungen uns zeigen. Wir könnten eines gebrauchen. Unterdessen kann ein umfassendes Bewusstsein der Kulturen und Taten der Menschen und Staaten in unserer Zeit und allen früheren Zeiten, die wir kennen, ein ausgezeichnetes Heilmittel gegen Sorgen und eine Anstiftung zu rationalem Verhalten sein.

Es gibt eine Menge anderer Essays zu dieser typischerweise faszinierenden *Edge*-Frage, die sich mit Sorgen befassen und das Wort locker verwenden – sollten wir uns also darüber Sorgen machen? Ich würde folgenden Test zur Entscheidung einsetzen: Wenn das, worüber meine Kollegen auf diesen Seiten sprechen, auf Belegen, insbesondere quantitativen, von Fachkollegen begutachteten oder begutachtbaren Belegen beruht und unser Verständnis erweitert und die Menschen zu einer Wertschätzung intelligenter Handlungen bringt, die wir als Einzelne oder als Gesellschaft unternehmen können, werde ich das nicht »Sorgen« nennen. Und davon gibt es eine Menge.

Aber wenn es darum geht, dass der Komet ISON von seiner Bahn abkommt und auf die Erde stürzt und wir nichts dagegen tun können – dann ist das eine Sorge, über die wir uns Sorgen machen sollten.

# Robert Provine
## Das Geschenk der Sorge

Psychologe und Neurowissenschaftler an der University of Maryland; Autor von *Curious Behavior: Yawning, Laughing, Hiccupping, and Beyond*

Sorgen sind eine Art von Denken und Gedächtnis, die sich entwickelt haben, um dem Leben Richtung zu verleihen und uns vor Gefahr zu schützen. Ohne ihre quälenden Einflüsterungen würden wir zu einem unbekümmerten Pangloss'schen Lebensstil neigen, der durch Drogenmissbrauch, Arbeitslosigkeit und Bankrott gekennzeichnet wäre. Warum sollten wir nicht rauchen, ein letztes Glas vor dem Heimweg trinken, die Wasservorräte verschmutzen oder Steuern hinterziehen? Alles wird gut sein! In unserem Zeitalter des Sich-Wohlfühlens und der lächelnden Gesichter, das im Allgemeinen frei von Pest, Hunger und Krieg ist, fällt es leicht, einen selbstgefälligen Optimismus aufzusetzen und ein Verhalten schlechtzureden, das uns unsere gesamte Evolutionsgeschichte hindurch gute Dienste geleistet hat.

In den populären Medien werden wir ständig an die angeblichen persönlichen und sozialen Vorteile eines vergnügten, ungezügelten Optimismus erinnert und gelehrt, die zersetzenden Wirkungen von Pessimismus und Sorgen zu fürchten. Ich spreche aus Erfahrung. Als Experte für Lachen und Humor werde ich häufig von Reportern kontaktiert, die nach Zitaten für Storys suchen, die sie über »Lachen Sie sich gesund«, »Die Macht der positiven Einstellung« und dergleichen schreiben sollen. Sie zeigen sich desinteressiert, wenn ich berichte, dass das Lachen ebenso wie das Sprechen sich entwickelt hat, um das Verhalten anderer Menschen zu ändern, und nicht, um uns selbst gesund zu machen, und dass jegliche medizinischen Wirkungen sekundär sind. Gleichfalls unbeliebt sind meine Kommentare zur Schattenseite des Lachens bei Spott, Hohn und Gewalt. Um der Wiederherstellung des Gleichgewichts willen akzeptiere ich die Rolle des Griesgrams und verteidige den Wert der Sorgen.

Auf der Grundlage einer berühmten, sich über einen langen Zeitraum erstreckenden Längsschnittuntersuchung von 1178 Jungen und Mädchen mit hohem IQ, die 1921 von Lewis Terman begonnen wurde, stellten Howard Friedman und seine Kollegen fest, dass Gewissenhaftigkeit dasjenige Persönlichkeitsmerkmal ist, das am ehesten Langlebigkeit versprach. Im Gegensatz zu den Erwartungen war Fröhlichkeit (Optimismus und Sinn für Humor) *umgekehrt* mit der Lebensdauer verknüpft. Mit anderen Worten, Gewissenhaftigkeit, ein Korrelat von Sorgen, zahlt sich in einem langen Leben aus. Ein mäßiges Sorgenniveau ist gewöhnlich am besten, ein Beispiel für die U-förmige Funktion, die aus der Physiologie und den Verhaltenswissenschaften vertraut ist. Zu viele Sorgen lassen uns in einem aufgeregten Zustand der Verzweiflung, Angst und Paranoia auf Grund laufen; zu wenig nehmen uns die Motivation und Richtung. Sorgen tragen zur Aufgabenliste des Lebens bei, aber ihre schonungslosen Aufforderungen sind unangenehm, und wir versuchen, sie zu verringern, indem wir bestimmte Einträge von der Liste streichen. Die Liste wird ständig feineingestellt und aktualisiert. So wie die Lebensprobleme gelöst werden, werden Themen der Sorge ausgelöscht, oder wenn ein gefürchtetes Ereignis nicht eintritt oder nicht mehr aktuell ist, ersetzen wir es durch neue, adaptivere Themen der Sorge. Fazit? Hören Sie auf, sich Sorgen über Sorgen zu machen. Es ist besser für Ihre Gesundheit.

# Was ist Ihre gefährlichste Idee?
Die führenden Wissenschaftler unserer Zeit
denken das Undenkbare
Herausgegeben von John Brockman
Aus dem Englischen von Hans Günter Holl

Band 17918

Kopernikus, Giordano Bruno und viele mehr büßten sogar
mit ihrem Leben für ihre ketzerischen Ideen. Die großen
Theorien der Wissenschaft waren oft auch die umstrittensten.
Doch welche Ideen bedrohen unsere festen Ansichten, unser
Weltbild heute?

Die führenden Wissenschaftler unserer Zeit offenbaren erstmals ihre provokantesten, ihre gefährlichsten Überzeugungen. Brian Greene, Jared Diamond, Freeman Dyson, Martin
Rees und viele mehr lassen uns teilhaben an den Grenzbe-
reichen ihrer Disziplinen.

»Wichtige, scharfsinnige und ambitionierte Fragen ...
von einer atemberaubenden Bandbreite.«
*New Scientist*

## Fischer Taschenbuch Verlag

# Welche Idee wird alles verändern?

Die führenden Wissenschaftler unserer Zeit über
Entdeckungen, die unmittelbar bevorstehen
Herausgegeben von John Brockman
Aus dem Amerikanischen von Sebastian Vogel

Band 18718

Die führenden Wissenschaftler unserer Zeit geben ungemein
spannende und ungewöhnliche Antworten auf die Frage, welche wissenschaftlichen Entdeckungen ihrer Meinung nach
unmittelbar bevorstehen, die wir alle noch erleben werden.
Die Beiträge u.a. von Steven Pinker, Richard Dawkins, Craig
Venter, Ian McEwan, Lisa Randell bilden die perfekte Sammlung von Essays für alle, die sich für die neueste Forschung
interessieren, aber nicht die Zeit oder den langen Atem für
lange wissenschaftliche Werke haben. Spannende, ungewöhnliche und unterhaltsame Ausblicke auf unsere unmittelbare
Zukunft.

»Die dringlichsten wissenschaftlichen Themen
von heute – und morgen. Absolut klug und interessant.«
*The Observer*

## Fischer Taschenbuch Verlag

# Leben, was ist das?

Ursprünge, Phänomene und die Zukunft
unserer Wirklichkeit
Herausgegeben von John Brockman
Übersetzt von Kurt Beginnen und Sigrid Kuntz

Band 18240

Das bereits legendäre Zusammentreffen der sechs Wissenschaftsgiganten unserer Zeit: Der Physiker Freeman Dyson, der Biochemiker J. Craig Venter, der Quantenforscher Seth Lloyd, der Molekulargenetiker George Church, der Chemiker Robert Shapiro und der Astrophysiker Dimitar Sasselov diskutieren in diesem Band über nicht weniger als den Ursprung und die Zukunft des Lebens und darüber, was ihre neuesten Forschungen für unser bisheriges Konzept von Leben bedeutet.

»Einer dieser besonderen Momente,
die die Menschheit in einigen Jahren als den
entscheidenden Zeitpunkt in der Geschichte ausmachen
werden. Schließlich wurde hier nicht weniger als
der Beginn des biotechnischen Zeitalters
offiziell ausgerufen.«
*Süddeutsche Zeitung*

Fischer Taschenbuch Verlag